Peter Hagen, Martin Haberer

Teich kompakt

bauen, pflanzen, pflegen

364 Farbfotos
46 Zeichnungen

Ulmer

Inhalt

Wasserpflanzen

Webcodes - Ihre direkte Verbindung zu vielen Fachinformationen im Internet!

Einfach im Internet auf www.ulmer.de im Suchfeld den Webcode, den Sie auf vielen Buchseiten finden, eintippen – fertig!

Damit gelangen Sie schnell und zielgerichtet zu hunderten von weiterführenden Fachinformationen.

Oder direkt auf die Portalseite unter www.ulmer.de/wassergarten

Vorwort

Der Trend zu Wasser im Garten ist seit vielen Jahren ungebrochen – ein Grund für uns, dieses übersichtliche „gesammelte Werk“ zu Teichbau nebst Pflege und Bepflanzung auf den Markt zu bringen. Neben Einsteigern wollen viele Wassergartenfreunde, die sich seit Jahren mit diesem Thema in ihrem Garten beschäftigen, Veränderungen an ihren bestehenden Wasseranlagen vornehmen. Animiert wird man unter anderem durch die vielen Neuheiten, die für den Bereich Wasser im Garten auf den Markt gekommen sind und in Gartencentern und Baumärkten angeboten werden.
Neben neuen oder wiederentdeckten Methoden, einen Gartenteich in einem Gelände abzudichten, gibt es unzählige neue technische Einrichtungen, Wasseranlagen im wahrsten Sinne des Wortes „ungetrübt“ genießen zu können.
Befasst man sich näher mit Wasser als dekoratives Element, stößt man auf Techniken zum Wasser speichern, Wasser bewegen, Wasser filtern, Wasser pflegen und Wasser inszenieren. Schier unerschöpflich sind die vielen Accessoires, mit denen ein Teich oder auch das Umfeld einer Wasseranlage bereichert werden können, von denen hier eine Auswahl vorgestellt wird. Abgerundet wird das Buch durch reichhaltig bebilderte Porträts der wichtigsten Sumpf- und Wasserpflanzen. Prägnante Beschreibungen zu Standort, Wuchshöhe und Eigenschaften helfen bei der richtigen Auswahl und Platzierung der Pflanzen; Symbole bringen die essentiellen Informationen auf den Punkt.
Das Buch „Teich kompakt“ ist eine informativer Ratgeber zur richtigen Planung, fachgerechten Gestaltung, Ausführung, Pflege und Bepflanzung. Dieses wertvolle Sammelwerk zu allen wichtigen, aber doch in der Praxis falsch ausgeführten Bereichen im Wassergarten sollte in keinem Regal eines Hobbygärtners fehlen.

Peter Hagen
Homburg/Saar, im Herbst 2006

Planung

Der Bau eines Teiches muss sehr genau überlegt und geplant werden, denn viele verschiedene Faktoren sollen zusammenpassen.

Viel Mühe und Arbeit kann man sich ersparen, wenn der Standort für den Teich sorgfältig geprüft und ausgewählt wird. Auch die Größe und die Form des Teiches festzulegen ist wesentlicher Bestandteil der Vorüberlegungen.

Die Lage eines Teiches im Garten

Ein passendes Gelände zu finden ist, gerade im kleinen Garten, oft nicht einfach. Will man an seinem Teich eine lange Zeit Freude haben, so sollten ungeeignete Flächen gar nicht erst in Betracht gezogen werden. Ungeeignete Flächen für einen Teich sind starke Hanglagen, oder aber Flächen, die mit großen Nadel- oder Laubbäumen bewachsen sind. Desgleichen eignen sich winzige Vorgärten kaum für eine Wasserfläche, da ein gut funktionierender Teich auch eine gewisse Mindestgröße haben sollte (s. Seite 17). Das ideale Gelände liegt inmitten einer Rasenfläche mit einem angrenzenden Strauch- oder Gehölzrand.

Bei der Planung ist wichtig, dass der Gartenteich von allen Seiten begehbar ist. Das heißt, es muss ein Weg um den Teich herumführen, der höchstens durch ein Einlauf eines Wasserfalls oder Bachlaufes einmal unterbrochen sein darf. Dieser Weg darf ruhig schmal sein und in den meisten Fällen sind ein paar Schrittplatten völlig ausreichend. Verzichtet man auf diese Umrandung, wird die Pflege des Teiches unnötig erschwert.

Bäume, Licht und Schatten

Zu große Bäume in der unmittelbaren Nähe wirken sich nachteilig aus. Durch ihr starkes Wurzelwerk kann der Aushub des Teichprofils schwierig werden. Darüber hinaus fügen die Erdarbeiten im Wurzelbereich dem Baum Schaden zu. Je nach Baumart, so z. B. bei Weiden, kann die Haltbarkeit einer Teichfolie durch einwachsende Wurzeln beeinträchtigt werden.

Ein weiterer Einwand sind im Herbst anfallende Laubmassen, die in den Teich fallen. Sie verschmutzen stark den Teichboden und sorgen für eine unerwünschte Anreicherung von Nährstoffen. Aus dem verrottenden Laub entstehen im Winter Faulgase, was wiederum für die Fauna schlecht ist. Der höhere Nährstoffgehalt des Wassers fördert auch den Algenwuchs.

Ebenso wichtig ist es die Lichtverhältnisse des vorgesehenen Standortes zu untersuchen. Zu starke Beschattung durch Bäume oder Bauwerke kann unerwünschte Folgen haben. Alle Wasserpflanzen in und an einem Teich sind

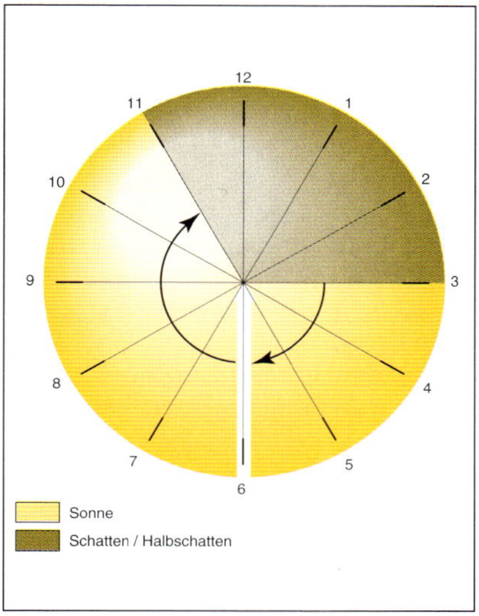

Eine Beschattung in der Zeit der stärksten Sonneneinstrahlung kann sich positiv auf die Wasserqualität auswirken.

ausgesprochen lichthungrige Pflanzen. Deshalb ist es wichtig, den Teich auch an einem ausreichend hellen Platz zu planen.

Absolut schattige Plätze sind für Teiche ungeeignet, die Wasserpflanzen wachsen schlecht und Seerosen kommen nicht zur Blüte.

Der ideale Standort ist eine Fläche, die im Sommer von morgens bis etwa 11 Uhr volle Sonne hat. In der Zeit von 11 bis 15 Uhr kann Halbschatten bis Schatten vorherrschen. Sicherlich ist es nicht einfach solch einen Standort zu finden. In der freien Natur können wir diesen Standort bei natürlichen Teichen oder Seen häufig beobachten.

Die erwünschte Beschattung während der Mittagshitze kommt in erster Linie der Wasserqualität zugute. Warmes Wasser ist sehr sauerstoffarm und leistet verstärktem Algenwuchs Vorschub. Die Gefahr, dass solches Teichwasser umkippt und somit Teichlebewesen und Pflanzen gefährdet sind, liegt auf der Hand.

Der Teich in der Rasenfläche ist mit Sicherheit der beliebteste Platz an dem ein Gartenteich eingerichtet wird. In seiner Konstruktion wirft er wenig Probleme auf. Damit er aber nicht langweilig wirkt, muss die Randzone gleich in die Planung mit einbezogen werden. Gerade dieser Bereich bietet unzählige Möglichkeiten für die Gestaltung. Gleichzeitig sieht man hier aber auch die meisten Fehler und Versäumnisse.

Hügel und Gefälle

Ein Gelände mit Gefälle kann ein sehr reizvoller Platz für den Teich sein. Die Konstruktion wirft meist einige Probleme auf. In der Regel muss das Gefälle abgefangen werden, um für den zukünftigen Teich eine ebene Fläche zu schaffen. Diesen Ausgleich schafft man mit Hilfe von Steinmaterial, das keilförmig aufgeschichtet und dann mit Erdreich abgedeckt wird.

Ein natürliches hügeliges Gelände bietet die idealen Voraussetzungen für eine Teichanlage. Sehr interessant ist die Gestaltung mit mehreren Teichen unterschiedlicher Größe, in verschiedenen Formen und vor allem, dem Gelände entsprechend, auf unterschiedlichen Höhenstufen. Diese lassen sich für verbindende Bachläufe oder Wasserfälle hervorragend nutzen. Folienteiche und auch GFK-Becken (Glasfaserverstärktes Polyesterharz) eignen sich am besten für eine solche Situation.

Leider wird man in einem normalen Garten nur selten ein entsprechendes Gelände vorfinden. Eine nachträgliche Bodenmodellation ist meist mit hohen Kosten verbunden und setzt natürlich eine Mindestgröße des Gartens voraus. Aufgeschüttetes Erdreich kann sich durch nachträgliche Setzungen als besonders tückisch erweisen. Um dies zu umgehen, müssen Aufschüttungen, die tragfähig sein müssen, entsprechend mit Steinmaterial unterbaut werden.

Mitten rein – oder doch lieber am Rand?

Wer seinen Teich mitten im Grundstück plant, sollte dies vor der tatsächlichen Ausführung nochmals überdenken, denn ein so zentraler Schwerpunkt kann alle weiteren Möglichkeiten einer zukünftigen Gartenentwicklung blockieren. Ein Teich lässt sich nicht gerade so einfach versetzen wie ein junger Baum.

Ein weniger zentral gelegener Ort ist also in der Regel die bessere Lösung. Zudem lassen sich natürliche Gegebenheiten häufig nutzen. Fällt das Gelände zum Grundstücksrand mehr oder weniger leicht ab, so kann ein Bachlauf von nahezu beliebiger Länge eine ideale Ergänzung sein.

Mit dem Nachbarn sollte man vorher sprechen und klären, ob er in absehbarer Zeit an der Stelle, an der der Teich geplant ist, einen größeren Laubbaum pflanzen will, der sich dann später ungünstig auf den Teich auswirken könnte.

Der Wasserfall entspringt in einer Ecke des Gartens.

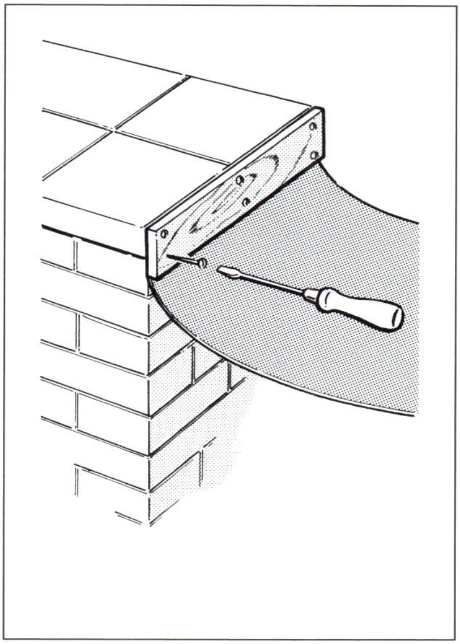

Folienteiche, die an eine Mauer oder Terrasse anschließen, benötigen eine Abschlusskante aus Metallprofilen oder Holzleisten. Die Folie wird mit Silikon oder Kautschukkleber angeklebt, so kann sie beim Anschrauben nicht mehr verrutschen.

Der Teich an einer Mauer

Diese Lage für einen Gartenteich ist besonders schön, wenn es sich um ein Mauereck handelt.

Das Eck lässt sich, wenn schon nicht naturnah, so optisch doch sehr wirkungsvoll, für einen Wasserfall verwenden, der in der Mauer beginnt. Die Lage an der Mauer selbst sorgt für einen gelungenen Abschluss des Gartens und ermöglicht problemlos weitere Gartenplanungsarbeiten.

Nicht jeder hat natürlich eine schöne alte Mauer aus Bruchsteinen, oftmals handelt es sich um weniger schön aussehende Betonmauern. Doch auch diese können durch Bepflanzung mit selbstklimmendem Wilden Wein sehr positiv auf die Gestaltung einwirken.

Der Teich an der Terrasse

Die Aussicht von einem Sitzplatz aus, sich am reichen Leben eines Gartenteichs erfreuen zu können, macht diese

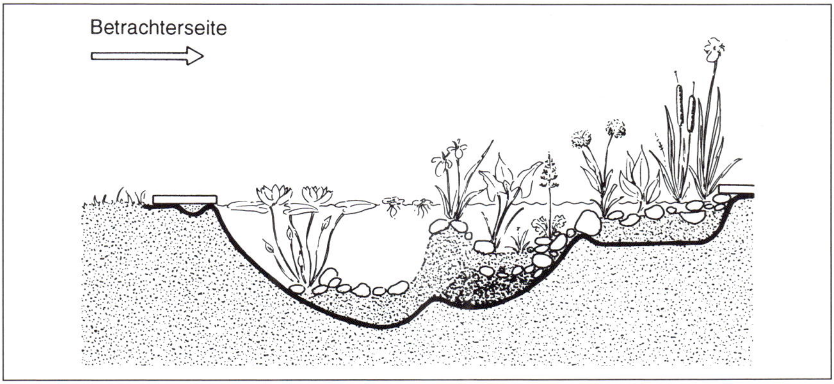

Grenzt der Teich an eine Terrasse, so sollten die Seerosen durch einen entsprechenden Aufbau der Pflanzzonen in den Vordergrund gestellt werden, sonst werden sie durch hohe Pflanzen verdeckt.

Rechtwinklige Teichformen können sich im Anschluss an Terrassen anbieten.

Lage besonders reizvoll. Es lohnt sich auf jeden Fall zu prüfen, ob der Teich an einem bestehenden Sitzplatz entstehen, oder ein weiterer Sitzplatz am Teich gebaut werden kann.

Die Anschlussstelle zwischen Teich und Sitzplatz bedarf besonderer Sorgfalt. Am einfachsten ist es, wenn man Fertigbecken verwendet, die auf einer Seite eine lange, gerade Kante haben. Auch Stege oder Holzdecks (S. 100) können zu gelungenen Lösungen führen.

Ein anderes Problem ist die Sicherheit an solch einem Teich. Liebhaber von Seerosen wollen diese meist im Vordergrund haben. Man bedenke, dass die Betrachterseite an der Terrassenkante liegt und diese sollte in diesem Fall die tiefste Stelle sein.

Der Teich erreicht also an der Kante relativ rasch eine Tiefe von 80 bis 100 cm. Höher wachsende Pflanzen im Vordergrund würden leider die Sicht auf den Teich versperren. Besondere Schutzmaßnahmen, eventuell eine Beleuchtungsanlage oder auch der Verzicht auf die Seerosenüppigkeit und eine flachere Randgestaltung können in diesen Fällen zur Sicherheit beitragen.

Der Teich auf der Terrasse

Nicht selten haben Terrassen eine Größe, die es erlaubt einen Teich dort einzurichten. Generell bieten sich zwei Möglichkeiten an:

1. Der im Boden eingelassene Teich.
2. Der aufgesetzte Teich, also ein Teich-

profil, das auf dem Terrassenboden aufsitzt.

Für den in der Terrasse eingelassenen Teich bieten sich runde oder eckige, geometrische Formen. Ist die Terrasse groß genug, können auch nebeneinander kleine Teiche in unterschiedlichen Größen angelegt werden. Durch geschickte Bepflanzung, mit Seerosen und anderen Wasserpflanzen, bieten sich mannigfaltige Möglichkeiten.

Der aufgesetzte Teich benötigt von vornherein mehr Platz und die Einfassung des Beckens muss sorgfältig ausgewählt werden. Die früher gerne verwendeten Bahnschwellen dürfen aus Gründen des Umweltschutzes nicht mehr benutzt werden. Es gibt aber eine Reihe von anderen Hölzern mit denen gute Lösungen möglich sind (S. 101). Kleine Mäuerchen aus Klinker, Sandsteinriemchen oder auch Kleinpflaster ergeben mit einiger Sorgfalt und etwas

Mit Holz lassen sich schöne Lösungen für Teiche auf Terrassen realisieren.

Betonsteine für die Umrandung sind eine einfache Lösung, die ästhetisch nicht immer befriedigen kann.

handwerkliche Erfahrung gute Einfassungen.

Als Trockenmauer aufgeschichtete Natursteine sind eine hervorragende Lösung, die gleichzeitig auch am meisten Platz braucht. Zu bedenken ist das Gewicht eines solchen Teiches, besonders wenn die Terrasse als überbauter Kellerraum errichtet wurde.

Bei kleinen Terrassen kann der Bau eines Sprudelsteinbeckens in Erwägung gezogen werden (S. 107). Im Grunde sind der Phantasie nur Grenzen durch den Geschmack gesetzt. In jedem Fall sollte das Material der Terrasse und der Teichumrandung miteinander harmonieren.

Sicherheit am Teich

Häufig wird die Frage nach der Sicherheit von Gartenteichen zu einem entscheidendem Kriterium. Einige Vorkehrungen können die Gefahr von Unfällen oder ihre Folgen mindern. Teichanlagen sollten von vornherein in eingezäunten Grundstücken gebaut werden. Hiermit soll auf die Verkehrssicherungspflicht von Teichbesitzern aufmerksam gemacht werden. Eine verbindliche rechtliche Aussage hierzu ist im Rahmen dieses Buches nicht möglich. Doch das sollte man wissen: Liegt ein Teich in einem umzäunten Gebiet, so kann der Besitzer sich darauf verlassen, dass Unbefugte nicht in sein Gelände eindringen. Geschieht dies trotzdem und passiert ein Unfall, so kann der Besitzer hierfür nicht haftbar gemacht werden. Anders verhält es sich bei Teichanlagen in Geländen ohne Zaun. Der Teichbesitzer ist dann verpflichtet Vorkehrungen in einer zumutbaren Größenordnung zu treffen, die einen Unfall ausschließen. Eine Teichanlage kann im Rahmen einer Haftpflichtversicherung abgesichert werden. Die Bedingungen hierfür sind mit den einzelnen Versicherungsgesellschaften abzuklären.

Teiche und Kinder

Wenn Kinder von etwas geradezu magisch angezogen werden, dann ist es Wasser. Kleinstkinder, die gerade laufen lernen und ein Gartenteich sind leider zwei Dinge, die sich nur sehr schwer miteinander verbinden lassen. Vernunft ist einem kleinen Kind noch nicht gegeben und Appelle – das darfst du nicht – sind kaum angebracht. Es bieten sich zwei Alternativen an: man wartet bis das Kind größer ist und schwimmen kann oder baut einen Teich mit Sicherungsmaßnahmen.

Für die Sicherheit werden im Fachhandel Teichnetze angeboten, die aus einem Zaungeflecht bestehen, das über die Teichoberfläche gespannt wird. Zum Lieferprogramm gehören lange Bodenanker, mit denen das Netz am Rand befestigt werden kann. Solch ein Netz wirkt anfangs wenig attraktiv, sobald es aber einmal von Wasserpflan-

Vorbeugender Schutz für Kinder an Teichen

- keine Tiefzone direkt am Rand
- keine ungesicherten Brücken oder Stege
- flache Uferzonen und Böschungen
- grobe Steine und Kiesel am Rand
- Pflanzen (Binsen) am Rand, an denen man sich notfalls festhalten kann.

Teiche bedeuten nicht nur Gefahr, sie laden auch zum Spielen und Entdecken ein.

zen durchwachsen ist, ist es weitgehend unsichtbar.

Bei richtiger Befestigung liegt das Netz knapp über der Wasseroberfläche und verhindert, dass ein Kind in das Wasser fallen kann. Entscheidend ist aber vor allem der richtige Bau der Anlage. Vermeiden sie steile Hänge am Teichrand. Ein ganz sanft abfallendes Teichprofil bietet schon eine große Sicherheit.

Für Kinder, mit denen man schon reden kann, gibt es eine recht interessante Möglichkeit der Kindersicherung, die auf Ablenkung beruht. Sie besteht ganz einfach darin, dass den Kindern ein eigener »kindersicherer Teich« gebaut wird, in dem sie spielen können. Der Mittelpunkt eines solchen Kinderteiches kann eine Sandburg sein. Der richtige Teich stellt eine Verbotszone dar. Es gibt im Grunde genommen wenige Tipps, die zu einer absoluten Kindersicherheit am Teich führen. Die besten Maßnahmen sind die Aufklärung über die Gefahren, die ein Teich in sich birgt, und die richtige Bauweise.

Seit neuestem gibt es elektronische Warngeräte in Form eines Schwimmkörpers, die einen Alarmton abgeben, sobald ein Gewicht ab 15 kg unvermutet in das Wasser fällt. Sofern sich der Gartenteich nicht gerade außerhalb der Hör- und Sichtweite befindet, könnte dies eine wirksame Kindersicherung darstellen.

Teichbauarten im Vergleich

In nur ganz wenigen Gebieten wird ein so dichter Tonboden oder ein solcher Grundwasserstand auftreten, dass auf jegliche Baustoffe für die Auskleidung eines Teichprofils verzichtet werden kann. Selbst in diesen »natürlichen« Teichen ist im Sommer die Gefahr gegeben, dass sie bei großer Hitze rissig werden und dann sehr schnell Wasser verlieren.

Auf dem Markt werden sehr viele verschiedene Baumöglichkeiten und Materialien angeboten, die für den Teichbau geeignet sind. Jedes Baumaterial hat seine eigenen Vor- und Nachteile. Einen ersten Überblick gibt die Tabelle. Ansonsten kann man in den Spezialkapiteln zu den Bauweisen recht schnell herausfinden, was den eigenen Fähigkeiten und Bedürfnissen entspricht.

Mehr Teich fürs Geld – Kostenvergleich

Jeder, der einen Gartenteich plant, möchte gerne wissen, was so etwas tatsächlich kostet. Der Kostenaufwand dafür ist nicht unerheblich und zumindest am Anfang kaum überschaubar. Eine vom »Fachmann« gebaute Teichanlage ist infolge der Lohnkosten sicherlich teurer, allerdings hat man so die Gewährleistung einer fachgerecht ausgeführten Arbeit. Preiswerter ist es, den Teich in Eigenleistung zu erstellen. Die Kostenrechnung bezieht sich dann nur auf Materialkosten.

Der größte Teil der kostenverursachenden Materialien wird sofort benötigt. Nur wenige Kostenstellen, wie Pumpen, Wasserspiele und besonders aufwendige Gestaltungen für den Teichrand, lassen sich auf einen späteren Zeitpunkt verschieben.

Holt man sich ein Angebot von einem Landschaftsgärtner ein, so werden hierzu gerne Angaben zu m^2 verlegter Teichabdichtung, sprich Folie, gemacht. Man beachte bitte, dass dies mit dem tatsächlichen Teichmaß nicht übereinstimmt. Die eigentliche Wasseroberfläche fällt kleiner aus.

Die Kostenberechnung bezieht sich auf eine Teichfoliengröße von 60 m^2, was eine tatsächliche Wasseroberfläche von etwa 40 m^2 ergibt. Würde man den gleichen Teich mit verschiedenen Abdichtungsmaterialien bauen, ergeben sich auf Grund der unterschiedlichen Preise für die Abdichtung ganz andere Werte. Fertigbecken müssen auf Grund ihrer festgelegten Größen in diesem Fall ausgeklammert werden. Auch der Arbeitsaufwand ist für die verschiedenen Teichbaumaterialien sehr unterschied-

Teicharten – Webcode: teich645

Teichbauten im Vergleich			
Teichart	Vorteil	Nachteil	Materialien
Folienteich	preiswert, Formgebung kann geplant werden, PVC lässt sich auf der Baustelle gut verschweißen, für alle Teichgrößen einsetzbar, viele Materialien recyclebar	PVC gilt als ökologisch bedenklich	PVC (Polyvinylchlorid) PE (Polyethylen), EVA (Ethylvinylacetat), Kautschuk, Bituminierte Folien
Fertigbecken	schneller Einbau, sehr haltbar	teuer, Größe ist begrenzt, Verbindung mehrerer Becken aufwendig, Pflanzzonen häufig zu klein	PVC (Polyvinylchlorid), HDPE oder GFK (glasfaserverstärkter Kunststoff)
Polyester	Formgebung kann geplant werden, sehr haltbar, gut geeignet für Fischbecken	arbeitsintensiv, verlangt handwerkliches Geschick und sorgfältige Ausführung, teuer	Glasfasermatten werden mit Polyesterharzen im Gelände eingebaut
Betonbecken	Formgebung kann geplant werden, dauerhaft	arbeitsintensiv, verlangt Spezialkenntnisse und größte Sorgfalt, sonst schadensanfällig, reparaturunfreundlich, steile Böschungen müssen geschalt werden	Spezialbeton mit Stahlarmierung
Naturbaustoffe	umweltfreundlich, natürlicher Übergang zum Teichrand möglich	arbeitsintensiv, teuer, durch technisch notwendigen flachen Böschungswinkel (1:3) nur für größere Teiche geeignet, nur auf bindigen, lehmigen Böden	Tonmineralien (Montmorillonit, Bentonit) in Form von Ziegeln, Pulver und Vliesen

Beispielrechnung für Materialkosten (in Euro)		
Material	Einzelpreis	Summe
60 m² Teichfolie 1mm	6,50	390,00
40 m² Teichvlies	3,90	156,00
1 cm² gesiebter Sand		22,00
5 m HT Rohr, Muffen, Anschlüsse		50,00
10 Sack Teicherde	4,50	45,00
60 Sumpf und Wasserpfl.	3,90	234,00
2 cm² Sand als Deckschicht	22,00	44,00
7 cm² gewasch. Kies	33,00	231,00
1,5 T Oberrheinkiesel	95,00	142,50
1 t Gletscherfindlinge		300,00
200 Stauden	2,50	500,00
25 Kleingehölze	13,50	337,50
1 Teichpumpe		250,00
5 m Spiralschlauch	3,50	17,50
1 Quellstein mit Bohrung		200,00
1 Satz Kleinbauteile		20,00
Gesamtkosten		2939,50

lich. Gelegentlich wird man sich für die auszuführenden Arbeiten Hilfe holen müssen. Dies verursacht weitere Kosten, es sei denn, die Teichanlage wird mit Nachbarschaftshilfe errichtet. Die angegebenen Zahlen sind als Richtwerte zu betrachten, alle Werte können sich auf Grund örtlicher Gegebenheiten oder individueller Wünsche nach oben oder unten verändern.

Entscheidungshilfen für die Formgebung

- Die Form den Gegebenheiten des Geländes anpassen
- Möglichst auf lange gerade Linien verzichten
- Die unterschiedlichen Wassertiefen von vornherein berücksichtigen
- Einbuchtungen und Halbinseln planen
- Daran denken, dass ein fertiger Teich immer sehr viel kleiner wirkt, als bei seiner Planung.

Form und Profil des Gartenteichs

Teiche sollten so naturnah wie möglich gestaltet werden. Hierdurch sind von vornherein eckige oder quadratische Formen weitgehend ausgeschlossen. Solche Formen kommen auch in der Natur nicht vor und eignen sich in der Regel nur für sehr formal angelegte Gärten. Da bei den meisten Teichbaustoffen eine flexible Gestaltung möglich ist, sollte davon auch rege Gebrauch gemacht werden. Die beliebteste Form ist immer noch die Nierenform, die sich durch vielfältige Veränderungen, wie z. B. weitere Einbuchtungen oder Halbinseln beliebig weiter gestalten lässt.

Die zukünftige Form des Teiches lässt sich durch einen sehr einfachen, aber wirksamen Trick auf dem zukünftigen Gelände markieren. Hierzu benötigt man einen farbigen Gartenschlauch, der sich wirksam vom Gelände abhebt. Mit Hilfe des Schlauches werden die Konturen des Teiches abgelegt. Dieses Spiel kann durch Veränderungen des gelegten Schlauches so lange fortgeführt werden, bis jedes Familienmitglied mit der Form und der Größe einverstanden ist.

Ein Teich kann gar nicht groß genug sein, denn ein kleiner Teich macht oft unverhältnismäßig mehr Arbeit.

Das geringe Wasservolumen macht ihn bei großer Hitze anfällig gegen Sauerstoffarmut. Oft wachsen die Pflanzen so stark, dass sie häufig zurückgeschnitten oder geteilt werden müssen. Ist der Teich zu klein, so müssen die Böschungen viel zu steil angelegt werden, um die Mindesttiefe zu erreichen. Ein runder Gartenteich von 4 m Durchmesser erreicht bei einer Uferneigung von 1:2 (auf 100 cm Länge 50 cm Gefälle) gerade in der Mitte die Mindesttiefe von 90 bis 100 cm. Beachten Sie also, dass wenigstens eine Stelle ausreichend breit sein muss, um die Böschungen nicht zu steil machen zu müssen.

Bevor der Gartenschlauch entfernt wird, sollte der Umriss mit dem Spaten auf dem Gelände in Form eines kleinen Grabens markiert werden. Genauso gut kann Kalk oder Sand als Markierung gestreut werden.

Halbinseln und Buchten können als gestalterische Mittel große Teichanla-

◁ *Runde Formen sind auch für kleinere Teiche vorzuziehen.*

Teichform – Webcode: teich647

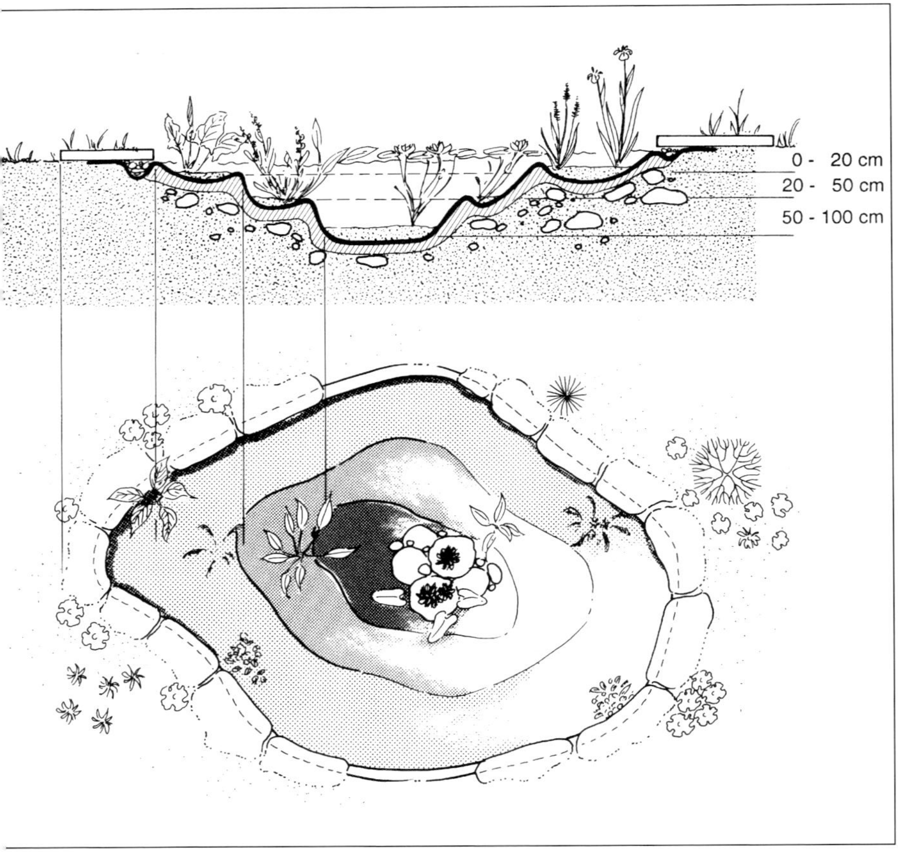

Der Teich im Profil und aus der Vogelperspektive mit der Anordnung der Pflanzzonen.

gen ab 100 m² Wasserfläche bereichern. Bei kleineren Teichen wirken Halbinseln eher deplaziert und verkleinern das Gesamtbild.

Ähnlich verhält es sich mit zu großzügig geplanten Buchten. Auch diese wirken erst ab einer bestimmten Teichgröße. Dies sollte allerdings niemanden davon abhalten seinen Teich in geschwungenen Formen zu gestalten.

Bei den Halbinseln, vor allem wenn es sich bei dem Teichbaumaterial um Folie handelt, muss darauf geachtet werden, dass der Untergrund der Halbinsel soweit verdichtet ist, dass er auch später begehbar ist. Je nach vorhandenen Bodenverhältnissen ist der Einbau einer Schotterschicht hier unerlässlich.

Die Sumpfzone

Jeder Gartenteich zeichnet sich durch unterschiedliche Wassertiefen aus. Die interessanteste Zone mit der vielfältigsten Flora und Fauna ist zweifelsohne die Sumpfzone. Etwa 60 % aller Sumpf- und Wasserpflanzen kommen in diesem Bereich vor. Leider ist es kaum möglich einen Teich nur aus solch einer Zone entstehen zu lassen. Ohne ausreichende Wasserzufuhr, die nur aus der nächst tieferen Wasserzone möglich ist, wäre eine Sumpfzone alleine nicht überlebensfähig. Durch die zu geringe Wassertiefe würde der Teich sich im Sommer sehr schnell stark aufheizen. Sauerstoffarmut bis hin zum »Umkippen« des Gewässers sind dann die Folge.

Die Sumpfzone hat eine Wassertiefe von 0 bis 20 cm und muss mit der nächst tieferen Zone verbunden sein. Der Anteil der Sumpfzone sollte etwa 40 % von der Gesamtteichfläche ausmachen.

Die Flachwasserzone

Die nächst tiefere Wasserzone ist die Flachwasserzone. Sie hat eine Tiefe von 20 bis 50 cm.

Auch hier wachsen sehr schöne Wasserpflanzen. Die Anzahl der Arten, unter denen ausgewählt werden kann, ist allerdings schon deutlich eingeschränkt. Sehr dekorativ wirken in diesem Bereich größere Steine, Findlinge oder Sprudelsteine, besonders wenn sie noch halb vom Wasser bedeckt werden.

Sind Halbinseln, Stege oder Brücken geplant, so sollten sie hier gebaut werden. Da nicht zuletzt diese Zone maßgebend auf den Wasserinhalt eines

Der Übergang von feuchten Standorten zum flachen Wasser ist für viele Pflanzen der ideale Standort. Hat man ausreichend Platz im Garten, sollte diese Zone sehr großzügig gestaltet werden.

Teiches einwirkt, sollte diese Fläche etwa 35 % der Teichgröße einnehmen.

Die Tiefwasserzone

Die Tiefwasserzone sollte zwischen 80 und 100 cm tief sein und in der Gesamtfläche eines Teiches nicht mehr als 25 % einnehmen, wobei diese Prozentzahl schon eher an der oberen Grenze angesiedelt ist. Für die Funktionsfähigkeit eines Teiches ist diese Zone entscheidend. Nur durch eine Tiefwasserzone ist gewährleistet, dass sich die Wassertemperatur im Sommer nicht unnötig schnell erhöht. Liebhaber von Fischen bieten diesen Tieren und natürlich auch allen anderen Teichlebewesen durch ausreichende Wassertiefe einen optimalen Winterschutz.

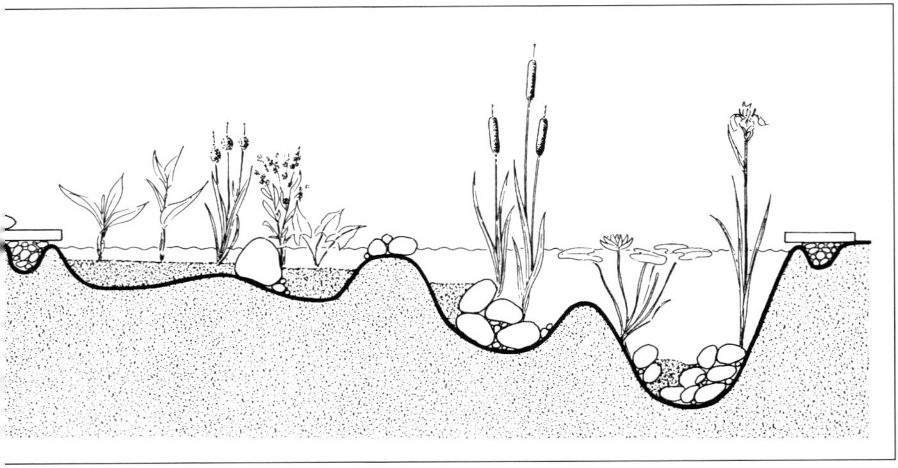

Der Teich im Profil und aus der Vogelperspektive mit der Anordnung der Pflanzzonen.

Der Wunsch fast eines jeden Teichbesitzers ist natürlich eine blühende Seerose.

Auch hier ist die Tiefwasserzone wichtig, denn ein Großteil aller Seerosen wächst am besten in einer Tiefe von 50 bis 80 cm. Natürlich gibt es solche, die im flacheren Wasser gedeihen. Viel tiefer muss die Tiefwasserzone nur in sehr großen Teichen sein. Bei Tiefen über 150 cm tun sich Seerosen, die im Winter einziehen, mit dem Austreiben sehr schwer. Es dauert dann zu lange, bis die Blätter und Blüten an die Wasseroberfläche gelangen.

Erdarbeiten und Höhenmessung

Böden kennen, lagern und nutzen

Erdarbeiten sind bei dem Bau eines Teiches unerlässlich und sie stellen mit Sicherheit den anstrengendsten Teil der Arbeit dar. Die Böden lassen sich entsprechend ihrer Kornzusammensetzung in unterschiedliche Bodenarten gruppieren. Je höher der Anteil an Feinteilchen im Boden ist, um so schwerer ist er und um so arbeitsaufwendiger ist seine Bearbeitung.

Bei einer Gesamtaushubtiefe eines Teiches von 90 cm fallen je nach Standort mehrere verschiedene Bodenarten an. Die wertvollste Schicht ist die Mutterbodenschicht. Sie sollte, wie alle vorkommenden Bodenarten, getrennt, aber in unmittelbarer Nähe des Teiches gelagert werden. Mutterboden, oder auch Oberboden, ist die oberste Schicht des Bodens, die reich an Bodenlebewesen ist und Humus enthält.

Sie ist meist 20 bis 30 cm stark. Neuer Boden ist nicht unbegrenzt verfügbar, da er ja nicht produziert werden kann. Bei einem Ankauf muss man meist nehmen, was aus derzeitigen Bauvorhaben im Straßenverkehr oder Hausbau verfügbar ist, ohne großen Einfluss auf die Qualität zu haben. Meist sind daher auch die Gartenböden in Neubaugebieten von recht bescheidener Beschaffenheit und erst nach mehrmaliger Bodenverbesserung gut nutzbar. Deshalb sollte mit dem Oberboden sehr sorgsam umgegangen werden.

Beim Aushub des Teiches stößt man also rasch auf den Unterboden. Er ist die

Fertig ausgehobenes Teichprofil. Der Aushub wird in unmittelbarer Nähe gelagert.

Boden- und Felsarten, entsprechend ihrem Zustand beim Lösen

Oberboden. Oberboden (Mutterboden) ist die oberste Schicht des Bodens, die besonders reich an Bodenlebewesen ist und Humus enthält. Er ist meist 20 bis 30 cm stark.

Wasserhaltender Boden. Bodenarten, die wegen ihres hohen Wassergehalts von weicher bis fließender Beschaffenheit sind und das Wasser nur schwer abgeben.

Leichter Boden. Nicht bindige Sande und Kiese bis zu 70 mm Korngröße, bei denen keine oder nur geringe Bindung mit lehmigen oder tonartigen Bodenarten vorhanden ist.

Mittelschwerer Boden. Bodenarten, die in naturfeuchtem Zustand einen erheblichen Zusammenhalt haben. Diese Bodenarten können noch mit einem Spaten bearbeitet werden.

Schwerer Boden. Bodenarten mit festem Zusammenhalt und von zäher Beschaffenheit, z. B. fetter, steifer Ton. Ferner Bodenarten der vorherigen Klasse, die stark ausgetrocknet sind. Diese Bodenarten können mit einem Spaten nicht mehr bearbeitet werden, sondern müssen besonders aufgelockert werden.

Leichter Fels. Locker gelagerte Gesteinsarten, die stark klüftig, bröckelig, brüchig, schiefrig oder verwittert sind. Ferner Sand oder Kiesschichten, die durch chemische Vorgänge verfestigt sind und Mergelschichten mit Steinen über 200 mm Durchmesser.

Schwerer Fels. Festgelagerte Gesteinsarten, die nur mit Bohr- und Sprengarbeiten zu lösen sind.

unter dem Oberboden liegende verwitterte Bodenschicht, die unter Zusatz von Bodenverbesserungsmitteln (Sand, Kompost etc.) auch für Pflanzen geeignet sein kann.

Darüber hinaus ist man vor keiner Überraschung sicher. Von dicken Tonschichten über mächtige Steine bis hin zum Bauschutt lässt sich fast alles finden.

Mutterboden wird später für die Randgestaltung des Teiches benötigt. Verfügt man über Lehm oder Tonböden, so bilden diese eine ideale Grundlage für das Teichsubstrat. Es ist also ganz besonders wichtig, sich ein genaues Urteil über den Zustand und die Qualität der ausgehobenen Erde zu machen und dann eine getrennte Lagerung der verschiedenen Erdmassen vorzunehmen.

Mit dem Aushub können Sie Höhenunterschiede schaffen, die den Garten bereichern. Am besten lagert man den Aushub an der Stelle, an der der Teichrand modelliert werden soll. Der entstehende Wall eignet sich als Teichböschung, oder man kann damit den Bachlauf gestalten. Hohe oder steile Böschungspartien können mit Trockenmauern oder Palisaden vor Abschwemmungen geschützt werden. Auf jeden Fall dürfen im Randbereich von Bäumen weder Böden gelagert werden, noch Aufschüttungen stattfinden. Selbst Auffüllungen von wenigen Zentimetern können die Wurzeln älterer Bäume ernsthaft in ihrer Funktion beeinträchtigen.

Ausheben des Teichprofils

Beim Ausheben des Teichprofils entstehen leider die meisten Fehler. Dies liegt in erster Linie daran, dass dem interessierten Teichbauer selten eine gute Beratung zuteil wird und des Weiteren die Anleitungen, die gelegentlich einer Teichfolie in Form eines Prospektes beigelegt sind, ganz erhebliche Mängel aufweisen.

Leider trifft dies auch für eine Reihe von Bauanleitungen zu, die man in Fachbüchern findet. Schmale, stufenförmige Terrassen im Teich sind ebenso widersinnig, wie ein großes, tiefes Loch mit steilen Wänden. Rund 70 % aller Wasserpflanzen wachsen in einer Wassertiefe von 0 bis 30 cm.

Die schönsten Teiche entstehen durch eigenständige Pflanzzonen mit individuellen Wassertiefen. Diese Zonen sind dann zwar miteinander unter Wasser verbunden, aber durch kleine Dämme voneinander getrennt. Durch unterschiedliche Breiten der Dämme kann auf ganz einfache Weise auch eine kleine Insel mitten im Teich entstehen.

Zum Ausheben des Teichprofils muss kein Bagger bestellt werden. Es bleibt fast immer bei Handarbeit.

Man beginnt mit dem Aushub der Sumpfzone, die flachste, aber auch größte Teichfläche. Nachdem man die Grasnarbe vorsichtig ausgestochen hat, hebt man diese Fläche 10 bis 20 cm tief aus. Die nächste Pflanzzone darf dann schon eine Tiefe von 20 bis 30 cm aufweisen, wobei sie sorgfältig durch einen Damm von der ersten abgeschottet sein soll. Die dritte Pflanzzone hat eine Tiefe von 40 bis 50 cm und die eigentliche Tiefzone ist 80 bis 150 cm tief.

Wie groß die einzelnen Flächen sein dürfen, ist eine Frage des Platzes. Sollen die Seerosen zum Mittelpunkt der Anlage werden, so sollte die tiefste Stelle eines Teiches an der Betrachterseite liegen, weil nur sie in dieser Wassertiefe wachsen. Liegen andere Pflanzzonen vor diesem Bereich, so versperren die dort höher wachsenden Wasser- oder Sumpfpflanzen die Sicht auf die Seerosen.

Ganz entscheidend ist, dass das Gefälle von einer Pflanztiefe zur anderen ganz sanft ausläuft und nicht terrassenartig, steil angelegt wird.

Aushubtiefe

Soll der Teich an einer bepflanzten Stelle beispielsweise eine Tiefe von 30 cm haben, so muss der Aushub an dieser Stelle tiefer sein. Er setzt sich zusammen aus:

\+ 30 cm gewünschte Wassertiefe
\+ 2 cm Sandschicht unter der Folie
\+ 4–6 cm starke Kiesabdeckung

= ca. 38 cm beträgt die tatsächliche Aushubtiefe

Vorbereitung der Teichsohle

Das ausgehobene Teichprofil sollte frei von Steinen und herausstehenden Wurzeln sein. Besonders in den Randbereichen muss der Boden gut verdichtet werden, sonst gibt es später durch Setzungen unliebsame Überraschungen. Zur Gestaltung des Teichprofils gehört das Auskleiden mit Sand. Besteht der Untergrund aus reinem Lehmboden ohne Steine, dann kann man sich diese Arbeit sparen.

Ansonsten ist eine 2 bis 3 cm starke Sandschicht aufzubringen. Diese Sandschicht schützt später vor Steinen, die die Folie verletzen könnten.

Den selben Zweck erfüllen Schutzvliese, die ausreichend dick sein müssen.

Der Sand wird sorgfältig auf der Teichsohle verteilt.

Sie können, je nach Situation, anstatt oder in Ergänzung zur Sandschicht verwendet werden.

Die besten Vliese sind die so genannten Geotextilvliese, die, wie der Name schon sagt, eine Verbindung aus Steinwolle und Polyestergewebe sind. Sie sind unterschiedlich stark, von 0,5 bis 5 mm und wiegen 100 bis 300 g/m².

Das Auslegen des Vlieses erfolgt auf der fertig vorbereiteten Oberfläche des Teichprofils. Zu beachten ist dabei, dass der Rand des Vlieses nicht zusammen mit der Folie am Teichrand eingegraben wird. Dies würde die Gefahr von verstärkter Kapillarwirkung mit sich bringen. Beim Verlegen selbst sollte man darauf achten, dass die Oberfläche des Teichprofils nicht unnötig betreten wird, da hierbei leicht das aufgebrachte Sandbett zerstört wird. Alle diese Schichten sind bei der Festlegung der einzelnen Wassertiefen zu berücksichtigen. Ebenso ist die einzubringende Substratschicht von vornherein mit einzukalkulieren.

Nivellierung des Teichrandes

Wenn die Höhe des Teichrands nicht stimmt, gibt es nach Fertigstellung der Arbeit oft herbe Enttäuschungen. Nichts ist an einem Teich hässlicher, als eine unnatürlich große Böschung, nur weil der Teich nicht eben liegt und das Wasserniveau, das man sich vorgestellt hat, nicht erreicht wird.

Je ebener ein Teich in einem Gelände liegt, desto geringer ist die Gefahr, dass das Teichniveau nicht stimmt. Selbstverständlich werden diese Messungen vor Beginn der Abdichtungsarbeiten durchgeführt. Kontrollmessungen im Fortgang der Arbeiten sind ratsam.

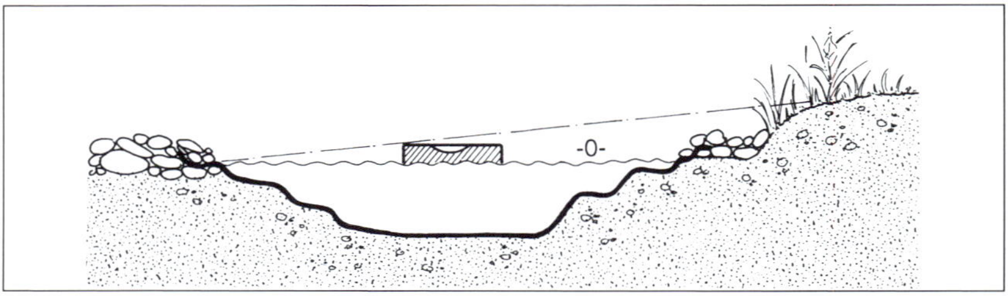

Gerade bei einem leichtem Gefälle müssen die Ränder sorgfältig eingemessen werden.

Mit einer Laserwasserwaage lassen sich Teichränder genau einlesen.

Zur Regulierung des Teichrandniveaus gibt es drei Möglichkeiten. Die einfachste Möglichkeit ist der Einsatz eines **Nivelliergeräts**. Mit dessen Hilfe lassen sich die einzelnen Differenzen des Niveaus sehr schnell einlesen und mit Hilfe von kleinen Pfählen und entsprechenden Markierungen dann schnell korrigieren. Die so markierten Unterschiede werden dann durch Abgraben oder Auffüllen verändert. Muss ein Wall mehr als 50 cm hoch aufgeschüttet werden, dann ist es zweckmäßig, das Ganze noch mit Steinen zu unterfüttern, da ansonsten die Gefahr gegeben ist, dass er sich setzt und das Niveau verändert.

Die zweite Möglichkeit, mit **Richtlatte und Wasserwaage** zu arbeiten, ist vor allem bei kleineren Teichen anzuwenden. Hierzu wird senkrecht in die Mitte des Teiches ein Pfahl eingeschlagen. Über diesem Pfahl legt man eine Richtlatte, auf der eine Wasserwaage aufliegt. Mit der Richtlatte fährt man nun den gesamten Teich ab und zeichnet Differenzen am Teichrand ein. Am besten geht man dabei so vor, dass Dachlattenstücke rund um den Teich eingeschlagen werden.

Mit einem Filzstift wird dann der Höhenunterschied auf der Latte eingetragen. Durch diese Markierungen kann

Eine Schlauchwaage ist mit einfachen Mitteln selbst herzustellen.

später abgelesen werden, wo der Rand aufgeschüttet und wo er etwas niedriger angesetzt werden muss.

Die Verwendung einer **Schlauchwaage** ist die dritte Möglichkeit. Hinter dem so hochtrabenden Namen verbirgt sich ein durchsichtiger, möglichst nicht milchiger Klarsichtschlauch, dessen Enden jeweils mit einem Kork oder besser Gummistopfen verschlossen werden. Diesen Schlauch erhält man im Gartenfachhandel. Wichtig ist ein Schlauch von sehr hoher Elastizität mit einem Innendurchmesser von 6 bis 8 mm. Die Stopfen bekommt man im Haushaltswarenhandel, notfalls tun es auch zwei passende Holzstifte.

Mit Hilfe eines Trichters füllt man den Schlauch mit Wasser, was am einfachsten geht, wenn der Schlauch noch nicht am anderen Ende verschlossen ist.
Hält man beide Enden in der gleichen Höhe, so kann mit einem Filzstift die Wassermarke im Schlauch angezeichnet werden, wobei wenigstens 15 cm Luft an beiden Enden des Schlauches sein sollten. Legt man nun den gefüllten Schlauch durch das ausgegrabene Teichprofil, so wird die Wassersäule sich bei Messpunkten auf gleicher Höhe wieder an der Markierung einstellen. Ein Unterschreiten der Wassermarke am eingezeichneten Strich zeigt an, dass der Messpunkt höher als der Referenzpunkt, ein Überschreiten, dass er entsprechend tiefer liegt. Der Teichrand muss also abgegraben oder aufgefüllt werden, damit der gesamte Teichrand ein einheitliches Höhenniveau hat. Am besten setzt man ringsum Markierungspfähle auf die Höhe, die man, vom Referenzpunkt ausgehend, durch den Abgleich an der Wasserstandsmarkierung einmisst.

Zwischenzeitlich sind Wasserwaagen mit Lasertechnik zu erschwinglichen Preisen auf den Markt gekommen. Ihre Messgenauigkeit kommt einem Nivelliergerät nahe. Durch Anlegen möglichst vieler Messpunkte kann mit solch einem Gerät das Teichprofil sehr genau eingelesen werden.

Abdichtung des Teiches

In den seltensten Fällen kommt man bei einem künstlich angelegten Teich schon einmal ohne jegliche Abdichtung aus. Dies trifft eigentlich nur für Gegenden zu, die einen sehr schweren Tonboden oder sehr hohen Grundwasserbestand haben. Für die Erhaltung solcher Teichanlagen ist eine ständige Kontrolle nach Wühlmausgängen erforderlich, damit der Teich auch für eine lange Zeit dicht bleibt. Für künstliche, im Garten angelegte Teiche ist eine Abdichtung eigentlich immer anzuraten.

Der Folienteich

Die Teichfolie ist nach wie vor das beliebteste Material, das zur Abdichtung von Gartenteichen verwendet wird. Mit all ihren Vor- und Nachteilen steht sie beim Teichbau noch immer an der ersten Stelle.

Jeder der einen Folienteich baut, sollte auf Teichvlies als Unterlage auf dem gewachsenen Boden nicht verzichten. Das Vlies schützt die Folie, insbesondere an den tiefen Stellen, an denen der Wasserdruck am stärksten auftritt, vor sich durchdrückenden Steinen und Wurzeln. Im allgemeinen wird es in 200 cm breiten Bahnen geliefert.

Das Material kann in seiner Beschaffenheit sehr unterschiedlich sein. Preiswertes Material wird aus Stoffresten produziert, die mit PVC versetzt sind. Sie sind selten stärker als 3 mm. Besonders gutes Vlies ist aus Steinwolle gefertigt und weist mindestens eine Stärke von 5 mm auf.

Wann kann der Folienteich gebaut werden?

Der günstigste Zeitpunkt für den Einbau der Folie liegt zweifellos in der warmen Jahreszeit, wobei dies für die meisten Teichfolienprodukte gilt. Viele Folienarten sind bei niedrigen Temperaturen sehr steif und lassen sich nur mit großen Anstrengungen im Teichprofil einbauen. Unnötiger und daher zu vermeidender Faltenwurf ist dann die Folge. Schon die ersten stärkeren Sonnenstrahlen im Frühjahr machen eine auf dem Rasen ausgebreitete Folie so weich, dass sie sich dem Teichprofil anpasst. Es reicht nicht aus, eine Folie im beheizten Keller oder in einer Garage auszulegen. Die zusammengefaltete Folie würde sich an der Oberfläche zwar geringfügig erwärmen, der Rest des Materials sich aber als zu steif erweisen. Die beste Teichbauzeit liegt daher in der Zeit vom späten Frühjahr bis Spätsommer. Sollte sich der Herbst als noch sehr warm erweisen, so kann auch dann noch gearbeitet werden. Nachteilig ist dann jedoch, dass man den Teich dann kaum noch bepflanzen kann. Viele Wasserpflanzen beginnen bereits schon im Spätsommer einzuziehen.

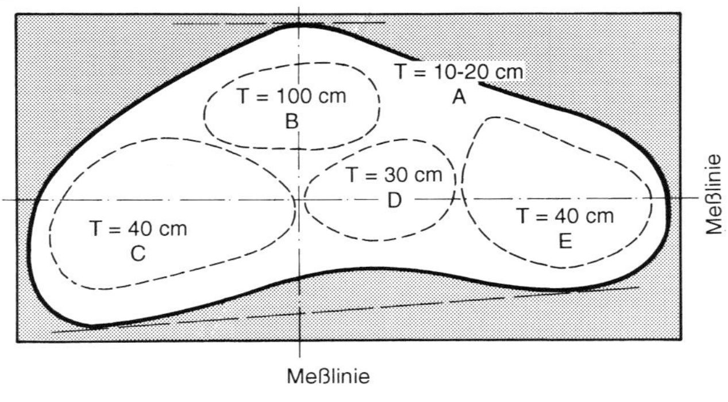
T = 10-20 cm
A
T = 100 cm
B
T = 30 cm
D
T = 40 cm
C
T = 40 cm
E
Meßlinie
Meßlinie

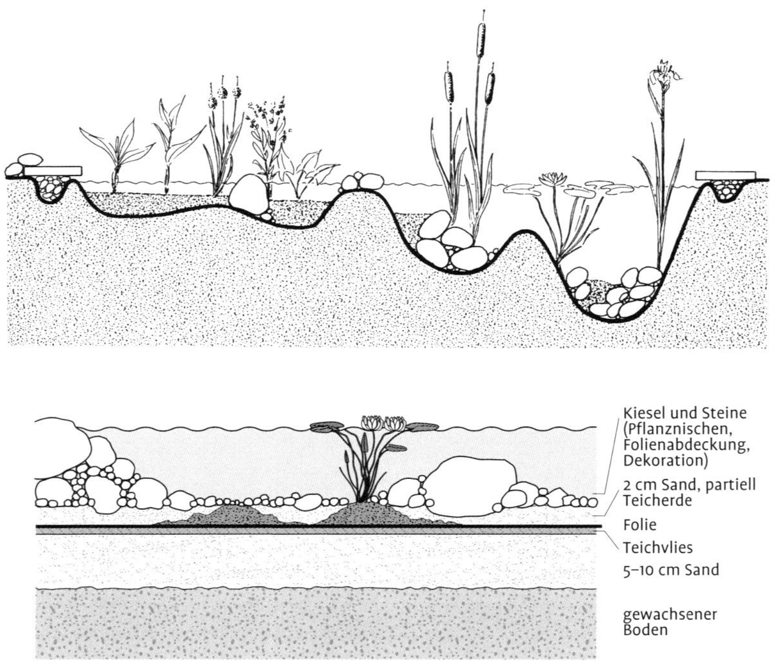
Kiesel und Steine (Pflanznischen, Folienabdeckung, Dekoration)
2 cm Sand, partiell Teicherde
Folie
Teichvlies
5–10 cm Sand
gewachsener Boden

Ermittlung der Foliengröße

Eine ganz entscheidende Frage ist die Ermittlung der benötigten Menge an Teichfolie. Mit einer Faustformel lässt sich die benötigte Foliengröße errechnen:
Länge + 2 × Tiefe + 60 cm = Folienlänge
Breite + 2 × Tiefe + 60 cm = Folienbreite

Nachfolgend wird eine genauere Methode vorgestellt. Ein nicht stimmendes Folienmaß, vor allem, wenn das Teichprofil größer als die gekaufte Folie ist, bereitet im Nachhinein viel Arbeit und unnütze Kosten.

Am einfachsten ermittelt man das benötigte Folienmaß mit Hilfe eines Rollbandmaßes. Mit diesem wird einmal, unter Einbeziehung der gesamten Teichform, durch den längsten und durch den breitesten Teil gemessen. Das Bandmaß muss dann auf der ganzen Länge dem Bodenprofil aufliegen und darf keinesfalls gespannt werden. Verfügt man nicht über ein Bandmaß entsprechender Länge, so kann auch eine Wäscheleine durch den Teich gelegt werden, die dann mit einem Zollstock nachgemessen werden kann. Entscheidend ist, dass bei beiden Möglichkeiten die genaue Form des Teiches vollständig abgegriffen wird.

◁ Oben: Um die Größe der Folie zu berechnen, wird an der jeweils längsten und breitesten Stelle mit einem Bandmaß oder einer Schnur gemessen. Die Höhenunterschiede müssen mitgemessen werden.

Unten: Aufbau eines Folienteiches: Randgestaltung und Profil.

Faustzahlen für die Foliengröße bei PVC

Teichgröße (m)	Folienmaß (m)
*1.50 × 2.50	3.00 × 4.00
*2.50 × 3.50	4.00 × 5.00
*3.50 × 4.50	5.00 × 6.00
*5.50 × 6.50	7.00 × 8.00
*7.50 × 8.50	9.00 × 10.00

* hierbei handelt es sich bereits um ein Sondermaß. Handelsüblich sind Folien bis zu 8 m Breite. Alles was über dieses Maß hinausgeht, muss bestellt oder in Eigenarbeit verschweißt werden.

Es wird sich nicht vermeiden lassen, immer ein wenig mehr Folie kaufen zu müssen, als man tatsächlich benötigt. Hinzu kommt ein Sicherheitsfaktor, der sich durch einen 40 cm breiten Zusatz für den Folienrand errechnet.

Rundungen, Überlappungen und Falten lassen sich theoretisch zwar berechnen, es ist in der Praxis aber nicht nötig, da man Teichfolien nur in quadratischen oder rechteckigen Maßen kaufen kann. Folienreste oder nennen wir es an dieser Stelle Übermaße, brauchen nicht abgeschnitten zu werden. Man rollt sie vorsichtig ein und baut sie im Teichrand ein.

Beispiel: Ein Teich misst:

– an der längsten Stelle	7.50 m
– an der breitesten Stelle	4.80 m
– Zuschlag für den Teichrand	0.40 m

Benötigtes Folienmaß
7.90 × 5.20 = 41.8 m²

Teichfolien im Vergleich

Folienart	Polyvinylchlorid (PVC)	Polyethylen (PE)	synthetischer Kautschuk (EPDM)	Ethylvinyl-acetat (EVA)	Ethylen-Butylacrylat-Copolymerisat-Bitumen (ECB)	Polyvinyl, verstärkt mit Polyolefinen (Schwimmteichfolien)	Polyvinyl mit glasfaserverstärktem Kunststoff (GFK)
lieferbare Materialstärke	0,5/0,8/1,0/ 1,5/2,0 mm	0,5/0,8/ 1,0 mm	1,0/2,0 mm	0,5/ 1,0 mm	2,0/2,5/ 2,8/3,0 mm	1,0/2,0 mm	0,8/1,0 mm
lieferbare Bahnbreiten	1/2/4/6/8 m	jede Größe ohne Nähte	0,43/0,65/1,15/ 1,5 m oder bis 900 m² am Stück	bis 10 m ohne Naht	0,52/1,4 m	4–8 m	2/4/6/8 m
lieferbare Bahnenlängen	25–30 m	20–25 m	20 m	25–30 m	15–20 m	20–25 m	bis 25 m
mögliche Nahtverbindungen	Tetrahydrofuran (Quellschweißmittel) Verschweißen mit Heizkeilen Folienkleber Heißluft	Spezialklebeband (bedingt)	mit einem Spezialkleber, der dem Vulkanisieren entspricht sowie mit einem Spezial-Sekundenkleber	Spezialschweißgerät	Heißluft elektronisch verschweißbar	wie PVC-Folie	kaum möglich, wenn dann mit zusätzlichem PVC-Fugenband
Elastizität	sehr gut	schlecht	mittel	gut	mittel	gut	sehr gut
Witterungsabhängigkeit beim Verlegen	ja	nein	nein	ja	nein	ja	ja
Farben u. Strukt.	ja	nein	nein	nein	nein	ja	nein
Umweltbelastung	hoch	niedrig	niedrig	niedrig	niedrig	hoch	hoch
Garantiezeiten	10–15 Jahre	10 Jahre	20 Jahre	10–15 J.	10–15 Jahre	10–15 Jahre	10–15 Jahre
Preis	preiswert	niedrig	hoch	preiswert	hoch	hoch	mittel
Gewicht/m² b. angegebener Stärke	1000 g bei 1,0 mm	660 g bei 1,0 mm	1100 g bei 1,5 mm	900 g bei 1,0 mm	1300 g bei 2,0 mm	1200 g bei 1,3 mm	1100 g bei 1,0 mm

Sollte eines Tages der Wunsch nach einer Teicherweiterung entstehen, gestalten sich die Arbeiten durch Anschweißen einer neuen Folie bedeutend einfacher.

Qualität der Folie

Für den Verbraucher ist der Teichfolienmarkt vollkommen unübersichtlich geworden. Dies liegt daran, dass es viele verschiedene Hersteller gibt, die zudem auch noch völlig unterschiedliche Produkte anbieten. In dem Kasten finden Sie eine kurze Beschreibung der wichtigsten Teichfolientypen.

Aus dem PE-Material gibt es auch eine doppelte, grün-schwarze Folie, die mit einem Netzgitter versehen ist. Dieses Netz besteht aus einem Polypropylen-Drehfaden und verleiht der Folie eine besonders hohe Reißfestigkeit. Die Fäden verlaufen im Abstand von 8 mm in Längs- und Querrichtung. Nachteilig wirkt sich die geringere Elastizität der Folie aus, sowie die Tatsache, dass sie nicht verschweißt werden kann. Letzteres wird allerdings durch die Tatsache kompensiert, dass jedes gewünschte Folienmaß geliefert werden kann. Die Folie hat eine Stärke von 0.8 mm. Reparaturen können mit einem von der Firma lieferbaren Butylkautschukband ausgeführt werden.

Die Folienstärke

Die Folienstärke ist von der Teichgröße vollkommen unabhängig, vielmehr ist der Untergrund maßgebend. Der ideale Untergrund ist ein reiner Ton- oder Lehmboden ohne jeden Anteil von Steinen. Am ungeeignetsten ist dagegen ein Gelände mit spitzen, scharfkantigen Steinen und von großen Baumwurzeln durchsetzter Boden.

PVC-Folien sind in den Stärken 0.5 mm, 0.8 mm und 1.0 mm erhältlich. Auf einem idealen Untergrund kommt man gut mit den dünnen Folien aus. Sind Steine vorhanden, muss man wenigstens die 1.0 mm starke oder gar noch stärkere Qualitäten, die natürlich auch teurer sind, wählen.

Ganz besonders hochwertige Folien aus dem PVC-Bereich werden von einigen Herstellern auch noch in den Stärken 1.2 mm, 1.5 mm und sogar in 2.0 mm angeboten.

Allerdings gibt es in der Regel keinen Vorteil bei der Verwendung dieser Folienstärken. Im Gegenteil, die Folienstücke werden viel zu schwer und steif.

Garantie und Qualität von Folien

Die Garantiezeit liegt je nach Hersteller und Produkt zwischen 10 und 15 Jahren und erstreckt sich auf:

- UV-Beständigkeit
- Reißfestigkeit
- Wurzelfestigkeit
- Temperaturbeständigkeit
- werkseitige Schweißnähte
- Verrottungsbeständigkeit
- Beständigkeit gegen Chemikalien und Mikroorganismen

Ein nicht zu unterschätzendes Qualitätsmerkmal ist die Lieferbarkeit. Es gibt Hersteller bzw. Vertreiber, die in der Lage sind, innerhalb von 48 Stunden bis zum Endverbraucher zu liefern.

Entscheidend ist auch die richtige Verwendung. Ist eine Folie am Teichrand über Jahre der Sonne ausgesetzt, so ist trotz UV-Beständigkeit ihre Haltbarkeit bereits stark eingeschränkt. Deswegen müssen alle Folienteile bedeckt sein.

Auf einer Rasenfläche wird die Folie erst einmal ganz ausgebreitet.

PE-Folien gibt es in den Stärken 0.5 mm, 0.8 mm und 1.0 mm. Dies trifft gleichermaßen für EVA-Folien zu.

Kautschuk-Folien weisen in der Regel eine Stärke von 1.1 mm auf. Stärkeres Material wäre vom Preis her nicht vertretbar und ist wegen der hohen Belastbarkeit dieser Folienart auch gar nicht von Nöten.

ECB-Folien, also bituminierte Folien, gibt es in Stärken von 1.0 bis 2.0 mm.

Rollenbreiten bei PVC-Folien

Die Rollenbreite der Teichfolien ist bei fast allen Herstellern gleich. In Längen von bis zu 25 Metern gibt es die Teichfolie gefaltet in den Breiten von 1.0 m, 2.0 m, 4.0 m, 6.0 m und 8.0 m. Über 2 m breite Bahnen bestehen in der Regel aus zusammengesetzten 2.0 m Bahnen. Nur sehr wenige Hersteller gehen unter das Maß von 2.0 m. So genannte Billigfolien, die man auch auf dem Markt vorfindet, sind geschweißte Folien in den Bahnbreiten 1.0 oder 1.50 m. Markenfolien haben oftmals auf der Folie ein aufgeklebtes Maßband, was dem Käufer eine Kontrolle über die gekaufte Länge ermöglicht. Seit geraumer Zeit werden auf der Folie selbst die Firmenzeichen des Herstellers eingeprägt. Ebenso nützlich hat sich das Einprägen von Herstellerdaten in der Schweißnaht erwiesen, was bei vielen Herstellern inzwischen schon selbstverständlich ist, nicht zuletzt aus Garantiegründen.

Farbe der Folie

Die Farbe der Teichfolie spielt eine absolut untergeordnete Rolle. Es gibt schwarze, grüne und braune Foliensorten. Zum Teil dienen die Farben bei einzelnen Herstellern zur Kennzeichnung der Qualitäten, doch trifft dies nicht immer zu. Eine schwarze Folie muss nicht von vornherein eine schlechtere Qualität haben. Dunkle Folien verbessern die Wasserspiegelung und suggerieren uns »unergründliche« Tiefen.

Struktur der Folie

Alle Teichfolien haben eine glatte und eine rauhe Seite. Beim Verlegen der Folie sollte die glatte Seite nach unten gelegt werden und die rauhe Seite nach oben liegen. Die Oberflächenstruktur der Folien ist sehr unterschiedlich und kann sehr grob oder fein strukturiert sein. Eine Ausnahme bilden die so genannten Trapezfolien oder Strukturfolien. Es sind Teichfolien die eine trapez- oder pyramidenartige Struktur auf der Oberfläche aufweisen. Sie werden in der Regel aus PVC-Material gefertigt. Ein Verschweißen mit dem Quellschweißmittel ist nicht möglich, da seine Lösungskraft nicht ausreicht die Struktur soweit aufzulösen, dass eine feste Verbindung hergestellt werden kann. Schweißen ist also nur mit Heißluftfönen oder einem elektronischen Folienschweißgerät möglich.

Trapezfolien haben eine besondere Folienstärke, die zwischen 1.2 mm und 1.5 mm liegen kann. Gemessen wird hierbei allerdings die Pyramide, die eigentliche Folienstärke beträgt zumeist nur 1.0 mm.

Entsorgung von Altfolie

Einige Firmen, die sich mit der Produktion von Folien befassen, bieten seit geraumer Zeit die kostenlose Rücknahme von Altfolie aus ihrer Produktion an. Dieser Service ist, im Zuge von bewussterem Umweltdenken der Verbraucher, keineswegs zu unterschätzen. Die Firmen, die sich zu diesem Service bereit erklären, mahlen die gereinigten Folien, die dann zur Extrusion aufgearbeitet werden. Aus diesem so entstandenen Material werden dann andere, minderwertigere Folien oder Kunststoffprodukte gefertigt.

Besonderheiten bei PVC-Folie

Ob eine Folie regeneratfrei ist oder nicht, ist ein sehr wichtiges Qualitätsmerkmal. Was bedeutet nun eigentlich das Wort Regenerat? Beinhaltet eine Folie Regenerat, so ist sie aus wiederverarbeitenden PVC-Resten hergestellt. Dies können im einzelnen Folienreste und weitere, wiederverwendete PVC-Artikel sein.

Regeneratfreie Folie wird aus einheitlichem PVC-Granulat hergestellt und ist somit als einwandfrei zu bezeichnen. Diese Art von Folien zeichnen sich durch höhere UV-Beständigkeit und Frostsicherheit aus. Der Hersteller belohnt den Kauf zudem durch eine wesentlich höhere Garantiezeit.

Regenerat-Folie birgt neben den bereits oben erwähnten Nachteilen noch eine ganz wesentliche Gefahr in sich.

Drei Arten von Nahtverbindungen für PVC-Folien:
- Heißluft mit einem Industrie-Heißluftfön,
  Geräte dieser Art gibt es in jedem Baumarkt zum Preis von etwa 25,– Euro
- Verschweißen Quellschweißmittel (Tetrahydrofuran)
- Verkleben von Folien mit PVC-Kleber

Diese Art von Folien können, wenn sie nicht von Wasser bedeckt der Sonne ausgesetzt sind, ausgasen und eine fatale Wirkung auf Pflanzen und Tiere im Teich haben.

PVC ist ohne »Weichmacher« ein sehr steifes Material. Damit es geschmeidig wird und leicht zu verarbeiten ist, sind Weichmacher in der Folie. Diese können Probleme bereiten, weil sie chemisch nicht stabil gebunden sind und »auswandern« können. Hierdurch wird die Folie mit der Zeit porös und dann so brüchig, dass sie wertlos ist.

Natürlich muss eine Folie UV-stabilisiert sein. Leider lässt sich dies nur mit Cadmium, einem recht umstrittenem Schwermetall, erreichen. Es gibt Hersteller, die die UV-Stabilität mit Hilfe von Zink erreichen. Wer im Einzelnen noch mit Cadmium arbeitet, liegt nicht offen und müsste im Zweifelsfall mit dem jeweiligen Folienhersteller abgeklärt werden.

Das Verbinden von Folien

Bei größeren Teichanlagen reichen die auf dem Markt angebotenen Normmaße oftmals nicht aus. Der einfachste Weg, das gewünschte Folienmaß zu erhalten, ist die Bestellung im Fachhandel. Jede renommierte Firma, die Teichfolien herstellt, ist jederzeit bereit, gegen einen Aufpreis und gelegentlich auch eine geringe Wartezeit, jedes beliebige Folienmaß herzustellen.

Dies ist ein sehr sicherer Weg, denn auch die zusätzlichen, maschinellen Schweißnähte unterliegen der Garantie. Bei EVA, PE, Kautschuk und Folien mit Gewebeeinlagen ist es ohnehin für den Privatmann so gut wie unmöglich, das Folienmaß zu vergrößern, da es bei diesen Folientypen nur mit einem unverhältnismäßig großen Aufwand möglich ist. In den Fabrikationsstätten werden solche Folienbahnen elektronisch gesteuert, auf riesigen Maschinen mit Heißluft und Chemikalien geschweißt.

Bei PVC-Folien ist ein Verbinden von Folienteilen schon eher möglich. Es ist dennoch sehr wichtig, sich mit der Materie genauestens auseinanderzusetzen. Bevor überhaupt daran gedacht wird ein Stück Folie miteinander zu verbinden, ist es zweckmäßig, von der Folie ein Stückchen abzuschneiden und diese zum Händler zu bringen, bei dem die neue Folie gekauft wird.

Materialliste für das Folienschweißen
1. ein langes, etwa 25 cm breites, glattes Brett
2. ein Heißluftfön
3. Quellschweißmittel oder Kleber
4. eine kleine Schale, nicht aus PVC
5. ein Flachpinsel
6. ein Rollbandmaß und ein Meterstab
7. eine Schere und ein Teppichbodenmesser
8. ein Tapetenroller aus Metall, geriffelt

Jeder gute Fachhändler ist bereit das Folienstück zu untersuchen und anhand der Probe dann festzustellen, welche Schweißmethode sich anbietet.

Kleben von Folie

Das Aneinanderkleben von Folien ist die einfachste und schnellste Methode, allerdings dürfen hierbei auch nur kleine Stücke zusammengesetzt werden. Hierzu werden die zu verklebenden Bahnen auf einem glatten Brett etwa 5 cm weit übereinander gelegt und von einer Person zusammengehalten. Eine weitere Person streicht nun mit einem Flachpinsel den glasigen, zähflüssigen PVC-Kleber zwischen die beiden Folien und drückt diese an. Die so verklebte Naht wird mit einem weiteren Brett abgedeckt, so dass die Folienbahn zwischen zwei Brettern liegt. Diese sollte dann noch mit einem schweren Gegenstand, einem Betonstein oder ähnlichem, beschwert werden. Die Klebenaht ist nach 12 Stunden belastbar.

Quellschweißmittel

Müssen längere Folienbahnen zusammengesetzt werden, so ist es besser, Quellschweißmittel zu verwenden. Bei diesem Vorgang muss die Folie in ihrer ganzen Länge ausgelegt und direkt an der Schweißnaht mit einem glatten Brett unterlegt werden. Die zweite Bahn kommt unmittelbar an der Naht über diese Folie, wobei eine Überlappung von 5 bis 8 cm ausreicht. Zum Schweißen werden 2 Personen benötigt.

Einer hält die Folie zusammen und streicht mit einem Flachpinsel das Quellschweißmittel zwischen die beiden

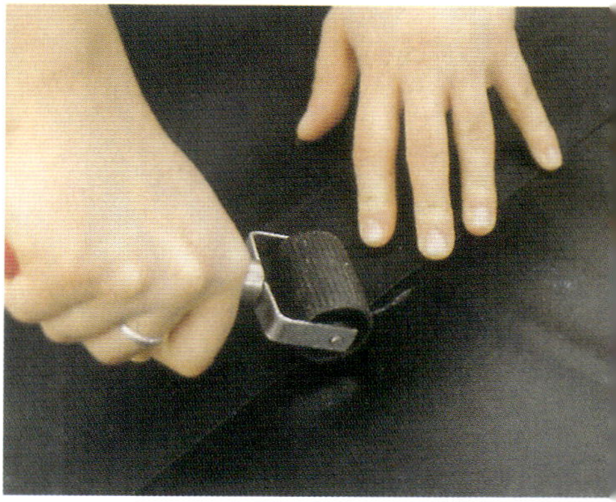

Oben: Mit einem Pinsel wird das Quellschweißmittel zwischen die überlappenden Bahnen aufgetragen.

Unten: Der Teppichroller sorgt für einen flächigen und lückenlosen Kontakt.

Folien, die zweite Person drückt mit einem Tapetenroller die Folie zusammen. Es muss so lange gerollt werden, bis die Folien fest miteinander verbunden sind.

Das Quellschweißmittel mit dem Wirkstoff Tetrahydrofuran ist äußerst

Umgang mit dem Quellschweißmittel Tetrahydrofuran

1. bei der Arbeit darf nicht geraucht werden und jeglicher Umgang mit offenem Feuer hat zu unterbleiben. Quellschweißmittel entzünden sich sehr rasch.
2. Die Dämpfe von Tetrahydrofuran dürfen nicht eingeatmet werden, sie sind äußerst gesundheitsschädlich.
3. Die Chemikalie wirkt auf die Haut reizend. Kommt man mit dem Mittel in Berührung, sollte es sofort mit Wasser abgespült werden. Gelangt das Mittel versehentlich ins Auge, ist sofort ein Augenarzt aufzusuchen.
4. Beim Arbeiten mit Quellschweißmittel immer nur ganz geringe Mengen in einen Behälter einfüllen. Bitte darauf achten, dass dieser Behälter nicht aus Weich-PVC ist, er würde sich sofort auflösen.
5. Es erklärt sich von selbst, das Mittel von Kindern fernzuhalten.

aggressiv und löst die Oberfläche der Folien auf. Da der Wirkstoff sehr flüchtig ist, ist die Flüssigkeit sehr schnell verdampft und die Folien sind dann miteinander verbunden.

Leider klingt dieser Arbeitsvorgang in der Theorie bedeutend einfacher als er in der Praxis ist. Ein wesentlicher Faktor ist die Temperatur. Je wärmer es ist, desto leichter lassen sich Folienbahnen miteinander verbinden. Schwierigkeiten treten bei Falten und an vorhandenen Nähten auf. Kalte und vor allem auch feuchte Folie kann mit Quellschweißmittel nur sehr schlecht verbunden werden. Gelingt der Schweißvorgang nicht sofort beim ersten Mal, muss der Arbeitsgang abgebrochen werden. Die Struktur der Folie ändert sich durch das aggressive Quellschweißmittel so, dass ein erneuter Einsatz erst nach mehreren Stunden möglich ist.

Da man wegen einer missglückten Schweißnaht ungerne wartet, kann man die Folie durch gezielt eingesetzte Heißluft wieder in einen Zustand versetzen, dass sie erneut mit Tetrahydrofuran behandelt werden kann. Hierzu reicht bereits ein normaler Fön.

Wenn die Schweißstelle an einer bereits vorhandenen Naht nicht hundertprozentig dicht geworden ist, so sollte sie mit einem weiteren Folienstück einfach nochmals überklebt werden.

Einige Hinweise zu speziellen Problemen

Größere Falten bilden sich gerne bei zu kalter Folie, oder aber wenn die Bahnen schlampig ausgelegt sind. Außerdem können sich Falten bilden, wenn zwei verschiedene Folienstärken miteinander verbunden werden sollen. Ist man im Folienschweißen einigermaßen firm, so kann man solche Falten spitzwinkelig aufschneiden und verklebt sie mit einem großzügig bemessenen Folienstück ähnlich wie beim Fahrradflicken. Gar zu freizügig sollte man mit dieser Möglichkeit nicht umgehen. Denn jede Verbindung ist eine potentielle Schwachstelle.

Ist die Folienbahn auf der einen Seite verschweißt, sollte die ganze Bahn einmal gewendet und von der Rückseite ebenfalls verschweißt werden. Dieser Arbeitsvorgang ist sehr wichtig, denn er gewährleistet, dass die neue Folienbahn auch wirklich dicht ist.

Selbst unter optimalen Bedingungen, d. h. die Folie ist sauber ausgelegt, mit einem glatten Brett unterlegt und es ist warm, sollten die einzelnen Schweißvorgänge nie länger als etwa 30 cm sein. Wird zu großzügig mit der Länge umgegangen, läuft man Gefahr, dass am Ende einige Stellen nicht sauber miteinander verbunden sind.

Oftmals kommt auch der Wunsch auf, einen bereits vorhandenen Teich zu vergrößern. Hierzu muss der Teich vollkommen abgelassen werden. Die Folie muss an der Stelle, an der die Vergrößerung vorgenommen werden soll, vorsichtig ausgegraben und sorgfältig gereinigt werden. Die Weiterverarbeitung bereitet dann keine Probleme und wird vorgenommenden wie vorausgehend schon beschrieben. Da ein Wenden der Folie im vorhandenen Teich nicht möglich ist, muss um so exakter gearbeitet werden. Außerdem ist eine Folienüberlappung von 10 cm anzuraten.

Überprüfung der selbstgefertigten Schweißnähte

Nichts ist ärgerlicher, als wenn man feststellen muss, dass der Teich nach vollendeter Arbeit undicht ist.
Daher ist es sehr wichtig, die Schweißnähte auf ihre Dichtigkeit zu überprüfen. Hierzu bedient man sich eines sehr einfachen Tricks. Man fährt mit den Fingernägeln an der gesamten Länge der Schweißnaht entlang und spürt so sofort jede Unregelmäßigkeit auf. Diese Stellen müssen dann nachbehandelt werden. Wenn immer möglich, sollte die Folie gewendet werden. Etwaige Schwachstellen können dann noch behoben werden. Wer ganz sicher gehen möchte, kann die Nähte auch noch mit Flüssigfolie versiegeln, die im Fachhandel erhältlich ist.

Heißluftschweißen

Die technisch schwierigste Methode ist das Verbinden von PVC-Folien mittels Heißluft. Die Arbeitsvorbereitungen bleiben dieselben, nur wird statt dem Quellschweißmittel, Heißluft verwendet. Die preiswerten Geräte entwickeln enorm hohe Temperaturen und sind fast immer auch regelbar. Bevor man solch ein Gerät verwendet, sollte man mit einigen Folienresten üben. Bei guten Geräten werden verschiedene Vorsatzdüsen mitgeliefert. Zum Folienschweißen eignet sich am besten eine etwa 2 bis 3 cm breite Flachstrahldüse.

Für den eigentlichen Arbeitsvorgang sind wiederum zwei Personen unerlässlich. Einer klappt die zu verschweißenden Bahnen vorsichtig auf und der Zweite bläst mit dem Fön die heiße Luft zwischen die Bahnen.

Die so aufgeweichten Folien müssen dann sofort mit einem Metalltapetenroller zusammengedrückt werden, dies unter Umständen unter weiterer Zugabe von Heißluft. Ist die Schweißnaht gut gelungen, so entsteht durch den Druck des Rollers an der Überlappungsstelle eine kleine, fortlaufende Wulst. Auf gar keinen Fall darf die Folie mit den Händen gehalten werden, da sie sehr heiß wird.

Zum Aufklappen verwendet man ein flaches Stück Holz und dort, wo nicht geschweißt wird, hält man die Folie mit einer Hand zusammen.

Es gehört eine große Portion Erfahrung dazu, den richtigen Zeitpunkt zu

Der Umgang mit dem Heißluftföhn bedarf einiger Übung.

erfassen, an dem die Folie so weit ist, dass sie miteinander verbunden werden kann. Lässt man die Heißluft nur eine Sekunde zu lang einwirken, wirft die Folie Blasen und es entstehen Löcher und Risse. Diese Stücke können dann kaum noch miteinander verbunden werden. Diese Art der Folienverbindung ist aus diesem Grund dem nicht kundigen Teichbauer eigentlich abzuraten. Heißluft bewährt sich immer dann, wenn es um die Verbindung von besonders komplizierten Teilen geht. Unter Umständen auch unter Zusatz von Quellschweißmittel. Anzuraten ist Heißluft-Verbindung immer dann, wenn in einem vorhandenen Teich eine Vergrößerung geplant ist, oder aber, wenn besondere Teile, z. B. eine gesonderte Tiefzone in einem Teich eingeschweißt werden soll.

Die Verwendung von Heißluft bei PE- und EVA-Folien ist im Privatbereich nicht anzuraten. Prinzipiell können diese Folien mit Heißluft verbunden werden, doch geht dies nur, wenn die Bahnen eingespannt auf einer großen Fläche liegen. Sind diese Bahnen nicht eingespannt und werden mit Heißluft bearbeitet, verändern sie ihre Form und werden wertlos.

Verlegen der Folie

Bei vorgefertigten Sondermaßen für sehr große Teiche empfiehlt es sich die zusammengelegte Bahn mitten in den Teich zu legen. Jeder gute Folienhersteller wird dem Foliensondermaß eine Planskizze beilegen, auf der dann zu ersehen ist, wie die Folie aufzufalten ist. Je größer die Folie, umso mehr Personen werden zum Auslegen benötigt.

Hat der Teich eine ganz normale Größe, die innerhalb der lieferbaren Folienmaße liegt, so wird die Folie zunächst auf einer freien Fläche in unmittelbarer Teichnähe ausgelegt. Für etwa 5–8 Minuten lässt man die Folie in der Sonne liegen und zieht sie dann mit mehreren Personen über den Teich hinweg.

Durch die Sonneneinstrahlung ist die Folie so weich geworden, dass sie sich fast automatisch dem Teichprofil angleicht und kaum Falten wirft. Ganz ohne Faltenbildung wird es dennoch nicht gehen, doch können diese, wie

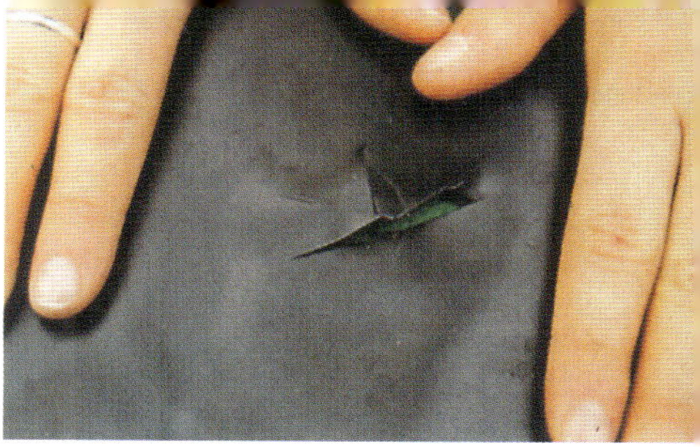

Risse in der Folie müssen wieder abgedichtet werden.

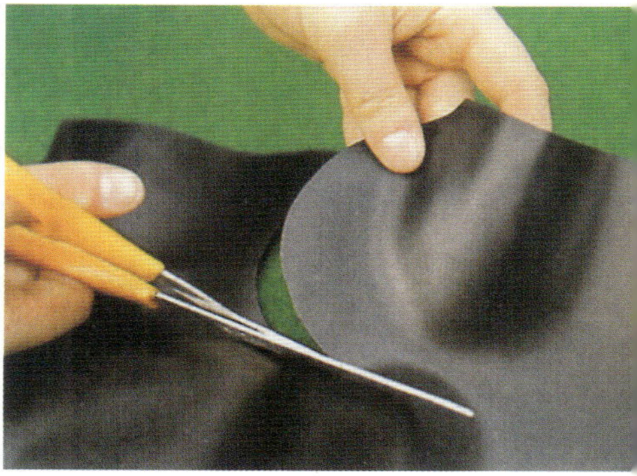

Aus einem Folienrest schneidet man ein Reparaturstück.

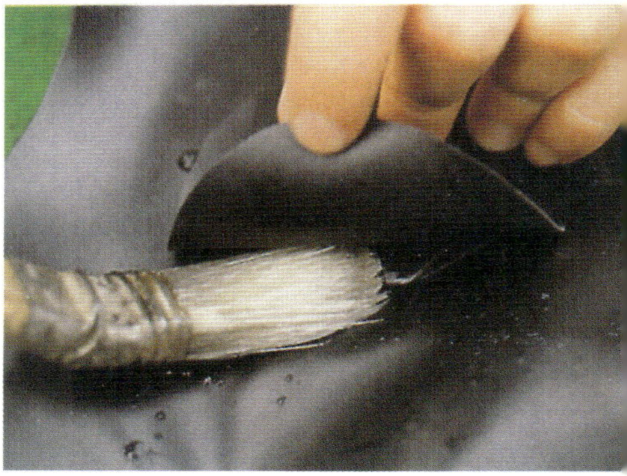

Das Quellschweißmittel wird über die ganze Fläche aufgetragen.

Beim Festrollen muss ringsum eine saubere Naht entstehen.

später noch beschrieben wird, sehr gut kaschiert werden. Das Auslegen der Folie darf natürlich nur auf glatten Flächen geschehen, spitze Steine oder Wurzeln könnten die Folie sonst verletzen.

Am besten eignet sich eine Rasenfläche. Allerdings dürfen hier 5–8 Minuten keinesfalls überschritten werden, da sonst der Rasen unter der schwarzen Folie sehr schnell kochend heiß wird. Für eine 6 × 8 Meter große Folie werden zum Ziehen 4 bis 6 Personen benötigt. Der Leichteste von allen geht dann ohne Schuhe in den Teich hinein, drückt die Folie an den Stellen an, wo sie noch nicht sauber anliegt und glättet Falten. Wichtig ist dabei, dass das Sandbett unter der Folie nicht zerstört wird.

Was muss beim Verlegen von Teichfolie beachtet werden

- Teichprofil muss restlos fertiggestellt sein
- Auslegen der Folienbahn in unmittelbarer Nähe des Teiches
- Unbedingt warmes, trockenes Wetter abwarten
- Ausgerollte Folie bei sehr heißem Wetter nicht länger als 15 Minuten auf den Rasen legen
- Je größer die Folienbahn, desto mehr Personen werden zum Ziehen benötigt
- Teichprofil nicht mehr betreten, die Folie wird über den Teich gezogen und sinkt in den Teich
- Falten glätten
- Überlauf einbauen

Die erste Wasserfüllung

Manch einer wird sich über diese Maßnahme ärgern und es als pure Verschwendung bezeichnen, wenn er seinen Teich mit Wasser füllen soll, obwohl die Arbeiten noch lange nicht abgeschlossen sind.

Trotzdem halte ich es für unabdingbar, denn nur so ist gewährleistet, dass die Folie sich hundertprozentig an das Teichprofil anschmiegt. Die Folie gibt ein wenig nach und erst jetzt bleibt am Rand die Folienmenge über, die einge-

Was macht man gegen Falten?

Auch im Teichbau ist dies eine berechtigte Frage und trotzdem wird es nie ohne gehen. Man kann es sich jedoch durch verschiedene Maßnahmen leichter machen.

- keine senkrechten Wände, sondern sanftes Gefälle
- keine engen Kurven
- keine krassen Übergänge zwischen den Wassertiefen
- symmetrische Formen und lange gerade Kanten vermeiden
- je größer der Teich umso geringer die Faltenbildung
- Folie nicht bei kalten Temperaturen verlegen. Sie wird weich und geschmeidig, wenn es warm ist.
- nicht zu dicke Folie wählen
- Falten in PVC-Folie, die nach dem Ausrichten bleiben, können mit Quellschweißmittel oder Kleber mit der Folie verklebt werden. Bei großen Falten kann noch ein Folienstreifen über die eingeklappte Folie geschweißt werden.
- kleine Falten mit Kieselsteinen unterschiedlicher Größe kaschieren

Arbeitsablauf für den Bau eines Folienteiches

1. Auswahl des Platzes für den Teich
2. Festlegen der Form
3. Abtragen und Lagern der Mutterbodenschicht
4. Einteilung der Wasserzonen
5. Nivellierung und Ausgleichen des Teichrandes
6. Glätten der einzelnen Wasserzonen
7. Einbau einer Sandschicht
8. Einbau von Schutzvlies
9. Einbau der Folie
10. Tiefzone mit Wasser füllen
11. Eingraben des Folienrandes
12. Einbringen der Wasserpflanzenerde
13. Wasser aus der Tiefzone entfernen
14. Bepflanzung mit Wasser- und Sumpfpflanzen
15. Aufbringen einer Sandschicht zwischen den Pflanzen
16. Dekoration mit Kieseln
17. Einbau technischer Einrichtungen
18. Wasserfüllung

graben wird und maßgebend für die Randgestaltung ist. Die Wasserfüllung muss zu diesem Zweck nicht bis ganz oben reichen, aber die Tiefzonen sollten schon gefüllt sein. Außerdem ist das Wasser natürlich nicht verloren, denn mit einer Gartenpumpe kann es abgepumpt und zur Bewässerung des Gartens verwendet werden.

Wie viel Wasser ist im Teich?

Bei Fertigbecken gibt es vom Hersteller immer eine genaue Angabe darüber, wie viel Wasser das Becken beinhaltet. Diese an sich unbedeutende Frage wird sehr schnell wichtig, wenn der Teichbesitzer Teichpflegemittel oder aber Präparate zur Algenbekämpfung einsetzen will. Spätestens dann muss er genau

Sobald die Tiefzone mit Wasser gefüllt ist, kann mit der Gestaltung aller weiteren Teichbereiche begonnen werden.

wissen, wie viel Wasser in seinem Teich ist. Überdosierungen dieser Präparate führen zu sehr unliebsamen Überraschungen bei Tieren und Pflanzen.

Die Ermittlung der Wassermenge, die ja nur einmal erfolgen muss, ist auf zweierlei Arten möglich. Einmal füllt man ein möglichst großes Gefäß, dessen Volumen bekannt ist und hält die Zeit fest, die zum Füllen benötigt wurde. Multipliziert man diese Zahl dann mit der tatsächlichen Einlaufzeit des Wassers in den Teich, erhält man den Teichinhalt in Litern. Einfacher geht das Ganze, wenn man vor und nach dem Befüllen des Teiches die Wasseruhr abliest.

Der Überlauf

Einer der vielen Gründe, warum ein Teichbesitzer mit seinem Biotop nicht zufrieden ist, ist die Tatsache, dass ein Überlauf fehlt. Dieses relativ einfach einzubauende Teil ist ebenso wichtig wie ein Zulauf, denn starke Regenfälle können den Wasserspiegel innerhalb kurzer Zeit stark ansteigen lassen. Nur durch eine Regulierung von Zu- und Ablauf bleibt ein Gleichgewicht erhalten. Fehlt der Überlauf, dann sucht sich das Wasser den einfachsten Weg und läuft über den Folienrand ab. Hierbei wird dann die Folie unterspült, was sofort Schäden am Randprofil verursacht. Durch einen eingebauten Überlauf ist dieses Unterspülen nicht möglich. Viel entscheidender ist aber, dass der Teichbesitzer den Wasserstand durch den Überlauf regulieren kann und somit bei großer Hitze durch Zulauf über einen Schlauch die Wasserqualität sehr rasch verbessern kann. Der eingebaute Überlauf kann an einer passenden Stelle im Garten enden, oder aber als direkter Anschluss an die Hauskanalisation.

Sickergruben mit einer Kiesschüttung als Auffange für das Wasser aus dem Überlauf haben sich bewährt.

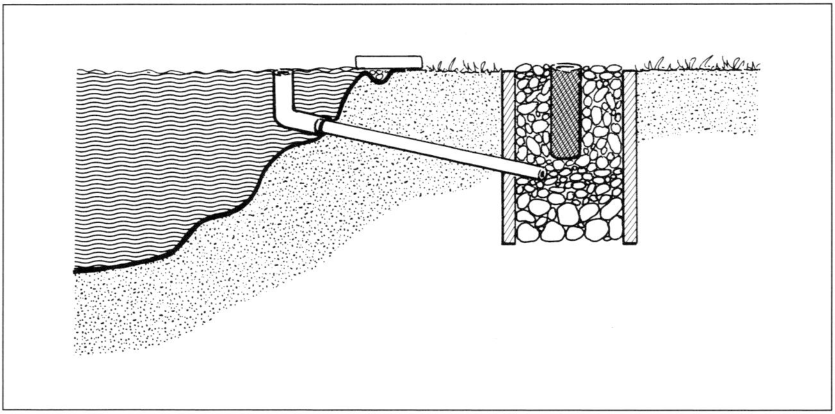

Ein Überlauf verhindert regelmäßige Überschwemmungen. Durch das Winkelstück kann der Wasserstand geregelt werden. Hier wird das überschüssige Wasser in eine mit Kies gefüllte Grube geleitet und versickert.

Überlauf – Webcode: teich649

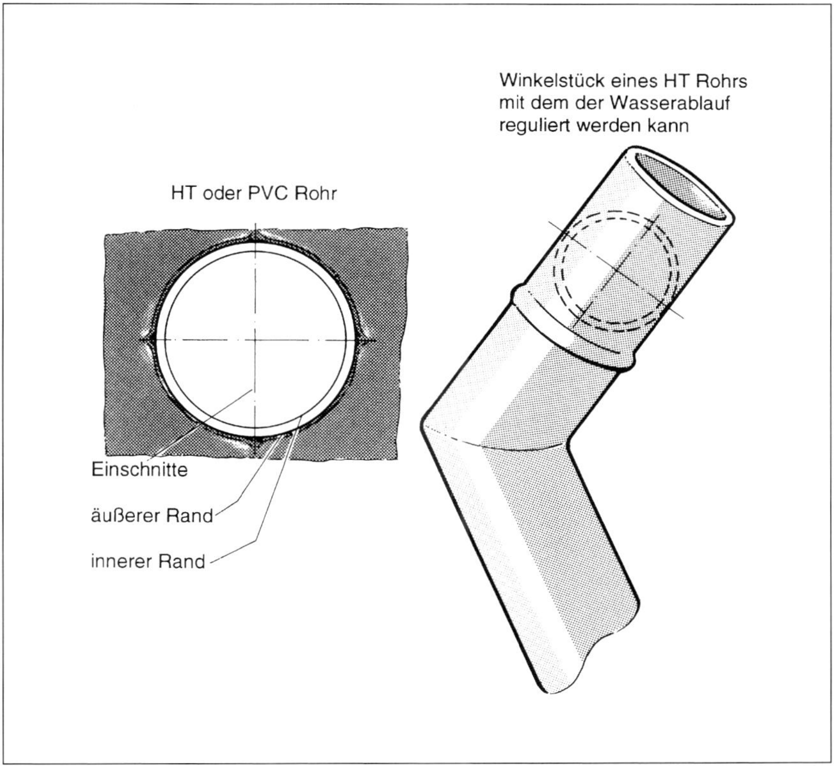

Bei der Durchführung des Überlaufrohres durch die Folie muss sehr sorgfältig gearbeitet werden.

Für den Überlauf wird folgendes Material benötigt.

- PVC-Abwasserrohr mit Muffe oder
- (HT-Rohr)
- PVC-Rohr (Winkelstück 45°)
- Teppichbodenmesser
- PVC-Folienkleber

Über die Einbauhöhe des Überlaufs sollte man sich von vornherein genau im Klaren sein. Zum Einbau wird das Rohr mit der Muffe hinter die Folie gehalten und fest angedrückt. Der mitgelieferte Gummiring wird entfernt. Durch den Druck auf die Folie zeichnen sich zwei Ringe ab, der innere und der äußere Durchmesser des Rohrs. Mit dem Tapetenmesser wird nun der innere Durchmesser, der sich auf der Folie abzeichnet, kreuzförmig eingeschnitten. Die vier sich bildenden Folienlappen werden nach innen geklappt und der Winkel wird in das Rohr gepresst.

Dies geht nicht sehr einfach, aber die Folienlappen übernehmen die Aufgabe des Gummiringes und dichten Folie und Rohr zugleich hermetisch ab. Aus reinen

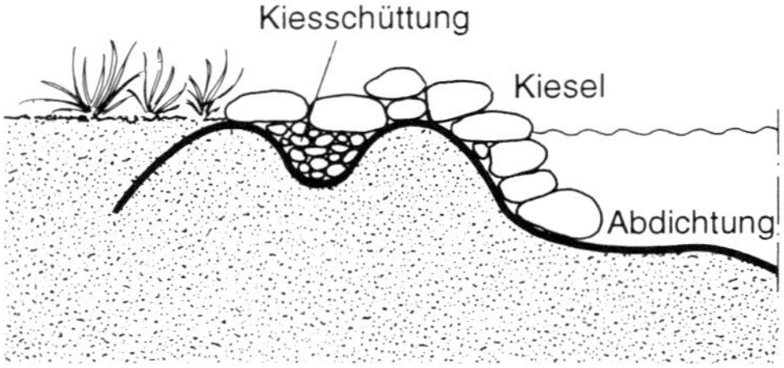
Kiesschüttung
Kiesel
Abdichtung

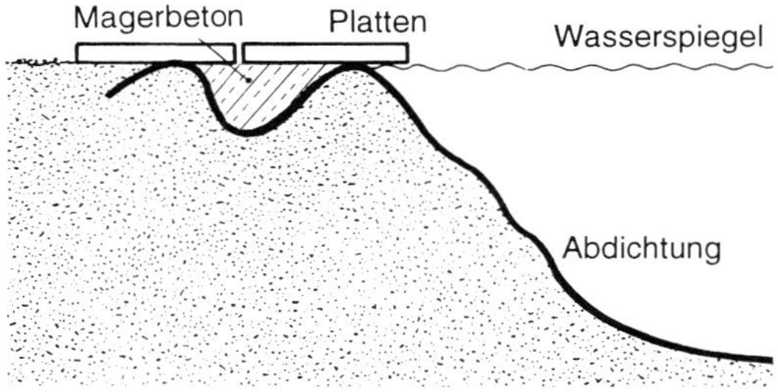
Magerbeton
Platten
Wasserspiegel
Abdichtung

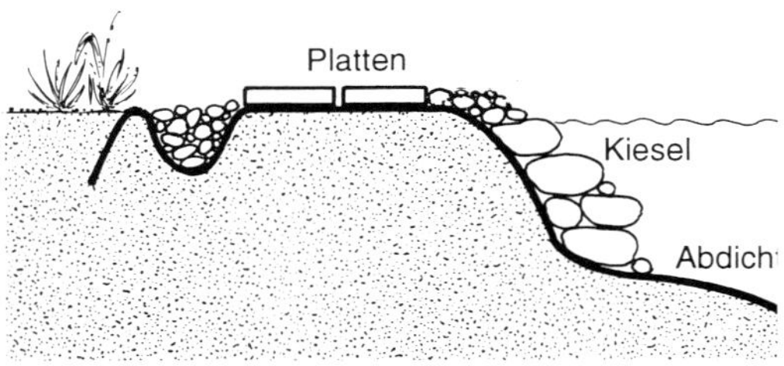
Platten
Kiesel
Abdich

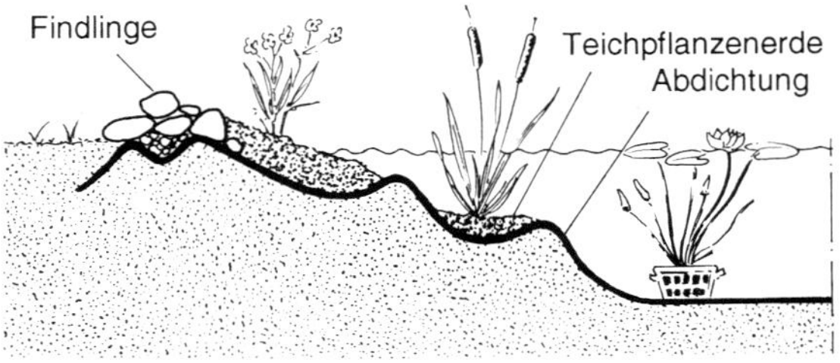
Findlinge
Teichpflanzenerde
Abdichtung

Sicherheitsgründen sollte der Rand zwischen Rohr und Folie noch mit PVC-Folienkleber eingestrichen werden.

Der Durchmesser des Rohres ist abhängig von der Größe des Teiches. Im Allgemeinen reicht ein Rohr mit einem Durchmesser von 8 bis 12 cm. Damit Schmutz und vor allem aber auch Kleinlebewesen nicht durch das Rohr fallen, sollte es mit einem Sieb abgedeckt werden.

Es gibt Firmen, die in Verbindung mit ihrer Teichfolie auch einen Ablauf liefern. Dieser besteht aus einem quadratischen Folienstück, an dem ein Folienschlauch angeschweißt ist. Um eine Verbindung zwischen Folie und Ablauf herzustellen, wird dieses Stück auf die Folie geschweißt und der Schlauch dann mit einem PVC-Rohr verbunden. Auch hierfür sollte im Teich selbst ein Winkelstück eingesetzt werden, wodurch der Wasserstand besser reguliert werden kann.

Die aus PVC-Material gefertigten HT-Rohre können bei richtiger Arbeitsweise auch mit der Folie direkt verbunden werden. Mit Quellschweißmittel ist dies nicht möglich wohl aber mit PVC-Kleber. Zu diesem Zweck wird das Rohr an der zu verklebenden Stelle ganz leicht mit einer Feile aufgerauht und vor dem Verkleben mit einem Fön erwärmt. Die 4 Folienlappen, die sich durch den Kreuzschnitt bilden, werden dann auf das PVC-Rohr geklebt. Die Rückseite sollte dann mit einem zusätzlichen Klebestreifen rund um das Rohr gesichert werden. Sollte der Arbeitsvorgang misslingen, weil die Folie seitlich zu weit eingerissen ist, so ist es am einfachsten, alles an anderer Stelle zu wiederholen und das zu große Loch einfach zu überkleben. Man beachte dabei, welche Folien sich kleben lassen. Die Folienstärke eines Teiches spielt dabei keine Rolle; lediglich je dünner sie ist, desto größer ist die Gefahr, dass sie einreißt.

Gewebeverstärkte Folien können mit dieser Methode nicht mit einem Überlauf versehen werden. Hier besorgt man sich vom jeweiligen Folien-Hersteller eine aufklebbare Manschette, in die das Überlaufrohr eingepasst wird. Die Manschette wird auf die Folie aufgeklebt und verschraubt.

◁ *Wasserverluste werden durch eine Kapillarsperre verhindert. Verschiedene Möglichkeiten sind hier aufgezeigt.*

Randausbildung und Kapillarsperre

Diese so simpel klingende Überschrift hat wesentlich mehr Bedeutung als man zunächst vermuten mag, denn hier entstehen elementare Fehler.

Unter gar keinen Umständen darf die Folie am Rand im Erdboden vergraben, oder einfach unter der Grasnarbe versteckt werden. Ein funktionierender Teich muss am Rand mit einer Kapillarsperre enden.

Bei einer falsch eingegrabenen Teichfolie wird durch die Kapillarität des Bodens, unter Umständen auch noch mit Unterstützung von Graswurzeln, das Teichwasser regelrecht abgesaugt. Das Resultat ist ein Teich, der ständig Wasser verliert und somit seinem Besitzer wenig Freude bereitet.

Zur Unterbindung der Kapillarität gibt es viele gute Ideen, die hier im Einzelnen aufgezeigt und anhand von Skizzen näher erklärt werden sollen. Ziel ist es in jedem Fall den Kontakt des umliegenden Bodens mit Bodenschichten des Teiches und der Sumpfzonen zu unterbrechen.

Die Kapillarsperre – Möglichkeiten ihrer Ausführung

Die beste Kapillarsperre erfolgt mit einer Kieselschüttung, die in einem dachrinnenähnlichen Foliengraben unmittelbar am Teichrand beginnt und eine Breite von 15 cm und Tiefe von 10 bis 15 cm hat. Die Kiesel können dann nach Bedarf mit Natur- oder Kunststeinplatten abgedeckt werden.

Die gleiche Rinne kann auch mit Magerbeton aufgefüllt werden. Hierdurch können größere Platten asymetrisch verlegt werden, so dass sie gelegentlich auch einmal in den Teich hineinragen, was ein sehr schönes Bild ergibt.

Bei geraden Flächen eignen sich Kanthölzer sehr gut als Kapillarsperre. Wird nur ein Kantholz verwendet, dann muss die Folie mit Dachpappennägeln am Holz befestigt werden. Bei zwei übereinander liegenden Hölzern wird die Folie s-förmig um die Hölzer gelegt und auf der Rückseite mit Dachpappennägeln befestigt. Nachteilig ist hierbei, dass sehr viel Folie für den Randbereich benötigt wird. Die Dachpappennägel dürfen nicht unterhalb der Wassergrenze angesetzt werden, da dies sofort zu Undichtigkeiten führen würde.

Eine weitere Kapillarsperre lässt sich mit Hilfe einer dünnen, keilförmigen Magerbetonschicht erstellen, die eine Breite von etwa 30 bis 40 cm hat und an der stärksten Stelle nicht dicker als 15 cm ist. Der Magerbeton liegt dabei direkt auf der Folie und endet an der Grasnarbe. Die Betonfläche wird dann mit unterschiedlichen Kieseln belegt, solange der Zement noch weich ist. Später ergibt dies ein Muster ähnlich wie Waschbeton, nur wesentlich schöner, weil Kiesel in unterschiedlichen Größen verwendet werden. Wurzeln von Gras oder auch anderen Pflanzen haben keine Möglichkeit bis an das Wasser zu kommen. Für die Dekoration eignen sich am besten Rheinkiesel, sie sind farblich am schönsten.

Ist genügend Folie für den Rand übrig, so kann sie am Ende auch einfach über den Rand gezogen und dann senkrecht nach unten vergraben werden. Als Abdeckung eignen sich dann wieder Natur- oder Kunststeinplatten.

Eingelassene, halbierte Palisaden können ebenfalls einen schönen Teichabschluss bilden, der das Einwachsen von Wurzeln oder die Kapillarwirkung unterbindet. Diese Hölzer haben den Vorteil, dass sie der Form des Teiches angepasst werden können. Die Befestigung erfolgt wiederum mit Dachpappennägeln. Diese Methode eignet sich ganz besonders dann, wenn die Teichnivellierung nachträglich durch eine Aufschüttung korrigiert wurde.

Wenn ein Teich an der Kante einer Terrasse endet, so kann die Folie direkt an der Terrassenwand befestigt werden. Für einen dauerhaften Halt sollte über die Folie ein dünnes Brett oder besser eine Aluminiumlatte gelegt werden und diese dann zusammen mit der Folie direkt an die Wand gedübelt werden. Um sich die Arbeit ein wenig zu erleichtern, kann die Folie vorher mit einem Bitumenkleber an der Wand befestigt werden.

So naturnah kann ein Teich schon nach kurzer Zeit aussehen. Wie er entsteht, sehen Sie auf den folgenden Bildseiten.

◁ *Skizzen und Pläne zur Größe und Form und zur Verteilung der Zonen sind vorbereitet. Die Werkzeuge stehen bereit.*

Die unterschiedlichen Teichtiefen werden ▷ nacheinander ausgehoben.

Unten: Die Teichform wird abgesteckt und es kann mit dem Aushub des Mutterbodens begonnen werden. ▽

◁ *Grobe Steine müssen entfernt werden.*

△

◁ *Das richtige Höhenniveau eines Teiches ist äußerst wichtig. Man erhält es mit Hilfe einer Schlauchwaage. Auch das beste Augenmaß kann die Messung nicht ersetzen.*

Bei kleinen Teichen reicht zum Nivellieren auch eine Wasserwaage. ▷

△
Bei steinigem Boden wird zuerst ein Vlies eingebaut. Die einzelnen Bahnen überlappen sich einfach. Ein Verkleben ist unnötig.

◁ Zum Auslegen der Folie wählt man einen möglichst sonnigen Tag. Von der Mitte der Teichgrube aus wird die Folie auseinandergefaltet.

Rechts oben: Je größer die Folie ist, umso mehr Helfer werden benötigt. Von den Außenrändern her wird die Folie in die endgültige Lage gezogen. ▷

Zum Glätten der Falten sollte man ohne Schuhe in den Teich steigen. ▷

◁ *In die spätere Tiefwasserzone kommt eine etwa 10 bis 20 cm starke Erd- oder Sandschicht.*

◁ *Links unten: Das Pflanzsubstrat wird dann mit einer dünnen Schicht Kies abgedeckt. Bei der Arbeit mit der Schubkarre darf die Folie nicht verletzt werden.*

Ohne das Pflanzsubstrat aufzuspülen wird Wasser in die Tiefzone eingelassen. ▷

Anschließend wird in die Sumpfzone Pflanzsubstrat eingefüllt. Anders als gezeigt sollte man nur parziell an den Stellen, wo Pflanzen eingebracht werden, Erde einfüllen oder einfach entnehmbare Pflanzkörbe verwenden. ▽

Jetzt werden auch die höher liegenden Zonen mit Kies abgedeckt.

Der nächste Schritt ist die Dekoration mit größeren Steinen.

▽

Weit überlappende Folie kann abgeschnitten werden. Auf jeden Fall muss ein ausreichender Rest für die Kapillarsperre bleiben.

Der Folienrand wird eingegraben. Die Folie wird über den flachen Wall geführt, durch den kleinen Graben und von da wieder senkrecht nach oben. So entsteht eine zuverlässige Kapillarsperre. Die sorgfältig abgestochenen Rasensoden sollten hinterher nicht mehr als Abdeckung eingesetzt werden.
▽

△
Der letzte Arbeitsgang ist das Bepflanzen des Teiches.

◁ *Solche Findlinge wirken am Uferbereich und im Wasser sehr reizvoll.*

Schon nach kurzer Zeit kann ein neugebauter Teich so aussehen. Das Ergebnis spricht für sich. ▷

Die Beine des Stegs stehen in kiesgefüllten Kübeln, das Stegende liegt hinter dem Ufer auf.
▽

Fertigbecken

Die einfachste und schnellste Methode Teichbesitzer zu werden, ist der Einbau eines Fertigbeckens. Die preiswerteste Lösung ist es nicht. Sie hat aber den Vorteil, dass der Wunsch nach einem Wassergarten auch in einem noch so kleinen Garten durchaus realisiert werden kann. Gestalterisch und was die Pflege betrifft, gibt es gelegentlich einige Bedenken. In ihrer Form unterscheiden sich die Teichbecken der verschiedenen Hersteller nur unwesentlich und man bekommt sie in vielen Größen und unterschiedlichen Tiefen. Viele Firmen bieten ein reichhaltiges und zum Teil sehr sinnvolles Zubehör an.

Ganz entscheidend, vor allem bei großen Becken, ist die Frage der Qualität der Teichbecken, die sehr unterschiedlich ist. Vor dem Kauf eines Teichbeckens ist eine sehr intensive Kundenberatung unerlässlich.

Man sollte auch bedenken, dass ein Fertigbecken in einer Verkaufsausstellung in einem Regal sehr viel größer wirkt, als wenn es erst einmal im Garten an Ort und Stelle eingelassen ist.

Die Lieferung vom Händler zum Kunden ist fast immer mit zusätzlichen Kosten verbunden, nur wenige Hersteller liefern zu einem Pauschalsatz direkt an. Bei großen Becken ist die Anlieferung Verhandlungssache und abhängig von der Beckengröße und dem Weg.

Fertigbecken und Folienbauweise im Vergleich

	Teichbecken	Folie
Form	festgelegt	variabel
Preis	teurer	billiger
Größe	oft zu klein	variabel
Tiefe	oft zu flach	variabel
Flachzone	zu klein	variabel
Bepflanzung	nur in Körben	direkt
Einbau	sehr schnell	aufwendig
Haltbarkeit	sehr gut	gut
Erweiterung	nur bei wenigen Modellen	jederzeit
Erscheinungsbild	häufig künstlich	naturnah
Reparaturen	sehr aufwendig	einfach
Fauna	eingeschränkt möglich	naturnah
Wasserqualität	schwer zu regulieren	reguliert
Algenwuchs	meist hoch	reguliert

Ein Fertigbecken mit einer integrierten Sumpfzone.

Da wir uns im ersten Teil mit dem Bau eines Folienteiches befassen, bietet sich ein Vergleich mit einem Fertigbecken an dieser Stelle an.

Betrachtet man sich die Tabelle genau, so gibt es eindeutige Pluspunkte für die Folie, dennoch sind die wenigen Vorteile, die wiederum für ein Teichbecken sprechen, nicht zu unterschätzen.

Dies bezieht sich in erster Linie auf die Schnelligkeit, in der solch ein Biotop eingebaut werden kann sowie dessen Haltbarkeit.

Form und Größe

Wenn man den Markt für Teichfolien schon als unübersichtlich bezeichnet, so herrscht auf dem Markt für Teichbecken nahezu ein Chaos. Form und Größe stellen die wichtigsten Kriterien dar. Neben der maximalen Länge und Breite ist die Wassertiefe von Bedeutung. Symmetrische Formen spielen bei Teichbecken eine untergeordnete Rolle, sie finden Verwendung bei Wasserspielen und Springbrunnenanlagen sowie in Gärten in denen metrische Formen vorherrschen.

Am beliebtesten sind die klassische Nierenform und weitere geschwungene Formen, die sich in Verbindung mit einer geschickten Randgestaltung zu einem interessanten Biotop gestalten lassen. Von großer Bedeutung sind bei einem Teichbecken noch die einzelnen

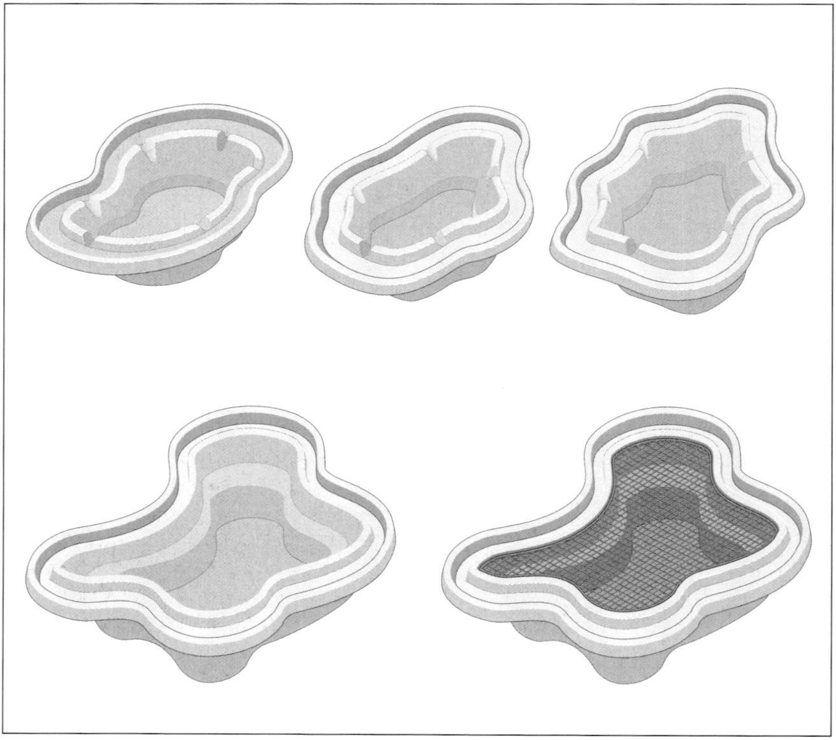

Die Formenvielfalt bei Fertigbecken ist sehr groß. Eckige Formen eignen sich am besten an oder auf Terrassen.

Pflanzzonen, da sie später maßgebend zum Erscheinungsbild des fertigen Teichbeckens beitragen. Diese Pflanzebenen sollten in einem Teichbecken nach Möglichkeit in verschiedenen Höhen angebracht sein und so breit wie möglich sein.

Von sehr kleinen Becken, also solchen, die wenig länger als 1 m und kaum breiter als 80 cm sind, ist eher abzuraten.

Wenn sie in der Anschaffung auch preiswert erscheinen, so machen sie ihrem Besitzer im Nachhinein wenig Freude. Hier ist das Wasservolumen zu gering. Das Wasser erwärmt sich im Sommer zu rasch, mit allen negativen Konsequenzen daraus. Hierdurch kann ein Kleinbecken sehr arbeitsaufwändig werden.

Materialien für Fertigbecken

Kleinbecken werden in der Regel aus PE (Polyethylen) gefertigt, größere Becken hingegen aus mit Glasfasern verstärkten

Polyesterharzen. Hierbei muss unterschieden werden zwischen Material das im Spritzgussverfahren und solchem, das lagenweise im Schichtbauverfahren auf großen Formen hergestellt wurde. Je länger die Glasfasern sind, die zusammen mit dem Polyesterharz verarbeitet werden, desto größer ist die Stabilität. Diesen, in absoluter Handarbeit gefertigten Becken, die natürlich auch teurer sind, ist von vornherein ein großer Vorteil einzuräumen. Diese so genannten GFK-Becken sind zwar nahezu unverwüstlich, schneiden aber in der Frage der Entsorgung schlecht ab. Die PE-Becken und alle anderen nicht glasfaserverstärkten Becken können recycled und wiederverwertet werden. Zum Teil bieten die Hersteller, ähnlich wie bei Teichfolie, auch schon eine Rücknahmegarantie an.

Ganz entscheidend ist die Wand- bzw. Materialstärke eines Fertigbeckens. Von besonderer Bedeutung ist dies bei den GFK-Becken, die im Spritzgussverfahren gefertigt sind. Ferner ist die Wandstärke in Verbindung mit der Beckengröße maßgebend. Leider wird die Wandstärke von den Herstellern gerne verschwiegen. Je größer ein Teichbecken ist, desto stärker sollte natürlich das Material sein. Besonders wichtig ist dies an stärker gefährdeten Stellen, wie der Tiefzone oder an Ecken und Kanten. Bei besonders großen Becken bauen die Hersteller von vornherein Stabilisatoren in Form von Querriegeln und Versteifungen ein.

Sumpfzone – Ja oder Nein?

Die Frage ist im Grunde genommen schnell beantwortet und die Antwort sollte unbedingt »ja« lauten, denn in diesem Bereich siedeln sich schließlich die meisten Pflanzen an und für viele Tierarten eines Teiches ist sie sogar lebensnotwendig. Leider wird diese Zone aber nur von wenigen Fertigbeckenherstellern eingeplant und bei Kleinbecken ergibt sich nicht einmal im Nachhinein die Möglichkeit, eine Sumpfzone einzubauen. Oftmals sind die Sumpfzonen in Form von Rinnen, die den gesamten Beckenrand umlaufen, auch zu schmal. Eine zu schmale Sumpfzone ist immer noch besser als keine und bautechnisch kann eine Sumpfzone auch noch nachträglich eingeplant werden. Zum einen bieten verschiedene Hersteller Verbindungssätze an, mit denen Teichbecken untereinander verbunden werden können (insbesondere bei GFK-Becken). Zum anderen kann auf die bewährte Teichfolie zurückgegriffen werden. Hierzu wird ein flaches Beckenprofil wie beim Folienteichbau angelegt und das Folienende wird in die wellenförmige Sumpfzone des Fertigteichs eingelegt. Damit die Folie in der vorgeformten Sumpfzone des Beckens auch hält, wird diese zuvor mit Silikonkleber dünn bestrichen. Noch überstehende Folienreste können leicht mit einem Teppichbodenmesser abgeschnitten werden. Nach einer Wartezeit von 6 Stunden ist die Sumpfzone aus Becken und Folie voll belastbar. Eine Problemzone ergibt sich an den Stellen, wo die »eingeklebte« Folie beginnt bzw. endet. Hier lässt man die Folie am besten ein wenig überstehen und kaschiert dies später mit Steinen und Pflanzen. Im Sommer ist eine ständige Kontrolle des Wasserstands erforderlich, weil ein natürliches Überlaufen aus dem Fertigbecken nicht unbedingt gewährleistet ist.

Mit speziellen Halterungen lassen sich Pflanzkästen in Fertigbecken anbringen.

Der Fachhandel bietet aber noch weitere Möglichkeiten für den nachträglichen Einbau einer Sumpfzone in Fertigbecken an. Diese Sumpfpflanzkästen gibt es gerade, eckig oder auch gebogen und sie werden mit Haltern, ähnlich wie bei Balkonkästen, einfach auf den Beckenrand gesteckt. Die Kästen sind durch diese Haken etwa 5 bis 10 cm tief im Wasser, Löcher im Boden der Gefäße sorgen für die Wasserversorgung.

Damit die Form der Kästen der Beckenform auch angepasst ist, sollten beide den gleichen Hersteller haben. Eine weitere, sehr schöne Möglichkeit, ergibt sich mit einem System, das aus kleinen Containern besteht, die auf einem Kunststoffriemen mit Knöpfen sitzen. Diese Container können durch die Knöpfe individuell in der Höhe verstellt werden, die Riemen selbst sind ariabel einsetzbar am Rand. Hierdurch ist sogar eine Umgestaltung des Teichrandes möglich.

Der Einbau eines Fertigbeckens

Der Einbau von Fertigbecken im Gelände erweist sich schwieriger, als der Einbau von Folie. Es wird umso komplizierter, je mehr Ebenen das Teichbecken hat und je größer es ist.

Hanglagen für Fertigteiche sollten von vornherein nicht in Betracht gezogen werden, da sie, vor allem bei größeren Becken, immer die Gefahr in sich bergen, dass das nachträglich aufgeschüttete Material abrutschen kann und dadurch das Becken zerstört wird.

Nachdem man sich vergewissert hat, dass das Gelände für das Becken weitgehend eben ist, stellt man es auf die Fläche auf der es später einmal eingegraben wird und sticht mit einem Spaten die Form des Beckens ab. Zunächst wird die Mutterbodenschicht entfernt und dann bis zur Tiefe der ersten Ebene des Beckens gegraben. Es ist zweckmäßig gleich 10 bis 15 cm breiter auszuheben, als das Becken breit ist.

Ist die erste Ebene ausgehoben, wird die Fläche mit einem Rechen geglättet und das Becken in die ausgehobene Fläche gestellt. Hierdurch wird dann auto-

Grundregeln für den Einbau von Fertigbecken

Das Becken muss sorgfältig in Waage eingebaut sein, nachträgliche Korrekturen, wie man es bei Folie gewohnt ist, sind unmöglich. Jeder Hohlraum unter dem Beckenboden kann durch das Gewicht des Wassers dazu führen, dass das Becken auseinanderbricht.

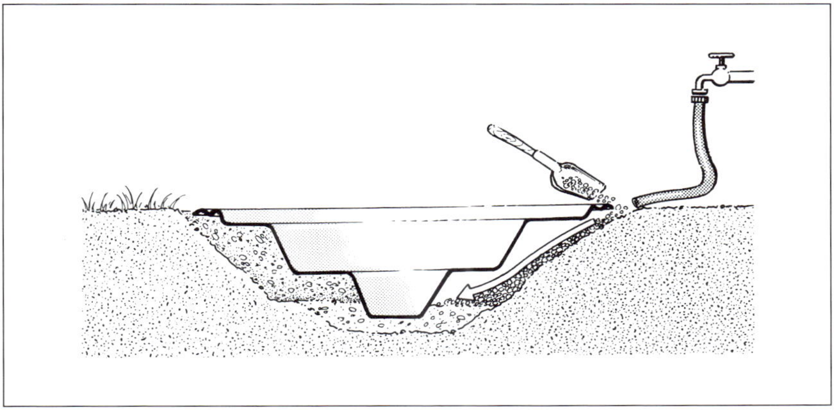

Fertigbecken werden vorsichtig mit Wasser und Aushub eingeschlämmt. Damit es nicht verrutscht, sollte es teilweise mit Wasser gefüllt werden.

matisch die tiefste Stelle abgezeichnet, denn die Fertigteiche verjüngen sich alle zur Mitte hin. Es wird jetzt diese Zone ausgehoben wobei unterschiedliche Böden auch unterschiedlich gelagert werden sollten. Hat man die Umrisse dieser Zone ausgehoben, stellt man das Becken wieder in die Teichform, wodurch sich die nächst flachere Zone wieder in der Form abzeichnet.

Man verfährt so weiter, bis alle Pflanzzonen auf diese Weise ausgehoben sind. Wichtig ist, dass jede einzelne Pflanzzone im Boden ein wenig breiter als das Becken ist.

Unter dem Beckenboden wird eine Schicht Rheinsand eingebracht, bis das Becken absolut plan und satt auf dem Sandbett steht. Als Werkzeug benötigt man dabei unbedingt eine Richtlatte und eine Wasserwaage. Der nächste Schritt ist eine Wasserfüllung von einem Drittel der Beckenhöhe. Erfolgt das nicht, verrutscht das Becken unweigerlich in seiner Lage.

Der Rand zwischen dem Teich und Gelände wird nun mit dem Aushubmaterial verfüllt. Stein und Kiesmaterial sollte hierzu nicht verwendet werden.

Arbeitsablauf beim Einbau eines Fertigbeckens

1. Fertigbecken an die geplante Stelle setzen
2. Umrisse des Beckens am Boden abzeichnen
3. 10 bis 20 cm breiter als das Becken ausheben
4. Mutterbodenschicht abheben
5. Profil des Beckens ausheben
6. Tiefe des Aushubs durch Einstellen des Beckens überprüfen
7. Standfläche des Beckens mit einer Sandschicht versehen
8. Beckenoberkante mit Wasserwaage und Richtlatte einpassen
9. Tiefzone mit Wasser füllen
10. Raum zwischen Aushubprofil und Beckenrand mit Erde unter Zugabe von Wasser auffüllen

Der Aushub entspricht dem Profil des Beckenbodens. Das Becken muss plan auf einer Sandschicht aufliegen.

Das Füllmaterial sollte unbedingt mit Wasser eingeschwemmt werden. Bei kleinen Becken reicht hierzu eine Gießkanne, bei größeren Becken ist ein Schlauch mit geringem Wasserdruck anzuraten. Passieren kann dabei nichts, denn das Gewicht des Wassers im Becken hält das Becken in seinem Bett. Gefahr droht jedoch, wenn das Einspülen des Füllmaterials mit zu hohen Wasserdruck geschieht und das Becken unterspült wird.

Eine Besonderheit bilden die Beckenformen, die zusammengeschraubt werden. An diesen Verschraubungen sind Wülste oder breite Nähte, die ebenfalls sehr sorgfältig im Boden eingebaut sein müssen, damit später keine Hohlräume unter dem Beckenboden entstehen. Die Ausgleichsschicht aus Sand muss um einiges höher sein als der Überstand der Naht. Nach Erstellen des Sandbettes am Boden baut man ein Kantholz in der Stärke der Naht ein und entfernt dies unmittelbar vor dem Einbau des Beckens. Bei Becken, die aus mehreren Teilen zusammengesetzt sind, sind hierfür einige helfenden Hände gefragt, damit das Becken durch mehrfaches Rein- und Rausheben nicht auseinander bricht. Die zusammenschraubbaren Teichbecken werden von verschiedenen Herstellern angeboten und bestehen, wie bei einem Baukasten, aus wenigen Grundformen, die aber ganz individuell verarbeitet werden können. Plant man das Becken sehr groß, so ist ein Verschrauben im Boden unvermeidlich. Hierbei muss peinlich darauf geachtet werden, dass zwischen Verschraubung und Dichtung während der Arbeit kein Sand gelangt, der sofort zu Undichtigkeiten führen kann. Während der Montage muss ständig darauf geachtet werden, dass das Becken bzw. die Teilform auch in Waage eingebaut ist.

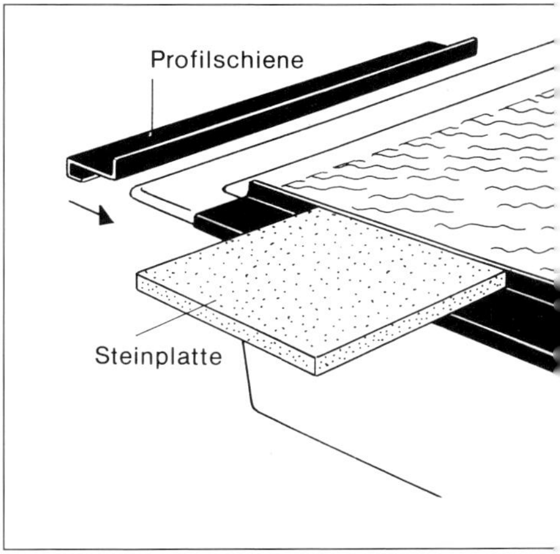

Sollen die Beckenränder von Fertigbecken mit Gehwegplatten abgedeckt werden, sind Profilschienen die sicherste Lösung.

Zubehör für Fertigbecken

Die Hersteller von Fertigbecken vertreiben fast alle interessantes Zubehör, das es dem Teichbesitzer ermöglicht, unterschiedliche Becken des gleichen Produzenten miteinander zu verbinden. Dies geschieht mit Überbrückungs- oder Verbindungselementen. Diese Teile, ebenfalls aus GFK, werden einfach auf den Teichrand gedrückt und stellen dann eine wasserdichte Verbindung zwischen zwei Teichen dar. Viele Teichbecken-Firmen bieten Bachläufe als Fertigteile an. Auch hierfür gibt es den passenden Anschluss für das Becken.

Im hügeligen Gelände oder wenn die Teichbecken etwas weiter auseinander liegen, gibt es ein verschraubbares Rohrsystem, das die Teiche miteinander unterirdisch verbindet. Hierzu sollten die einzelnen Teichbecken in einem unterschiedlichen Höhenniveau eingebaut sein. Die Differenz sollte etwa 20 bis 30 cm von Becken zu Becken betragen. Die notwendige Bohrung für das Verbindungsstück lässt sich mit Hilfe einer Lochfräse sehr einfach im Teichbeckenrand anbringen. Das Verbindungsstück setzt man am besten in einer Höhe von 5 bis 10 cm an. Mit einem flexiblen 2 Zoll Schlauch wird die Verbindung an den mitgelieferten Verschraubungen befestigt. Die Verbindungsschläuche liegen in einem Graben, der später wieder verfüllt wird. Das Ganze klingt wesentlich komplizierter als es ist. Eine Zeichnung verdeutlicht den einfachen Einbau nochmals.

Ein Überlauf kann als fertiges Bauteil sehr leicht im Fertigbecken eingebaut werden. Damit der Wasserstand möglichst hoch bleibt, ist es wichtig, den Überlauf so hoch wie es geht in der Beckenwand einzusetzen.

Dies geschieht wieder mit Hilfe der Lochfräse, die an jeder Bohrmaschine angeschlossen werden kann. Zwei mitgelieferte Gummidichtungen vor und hinter der Verschraubung sorgen für die Dichtigkeit des Überlaufs.

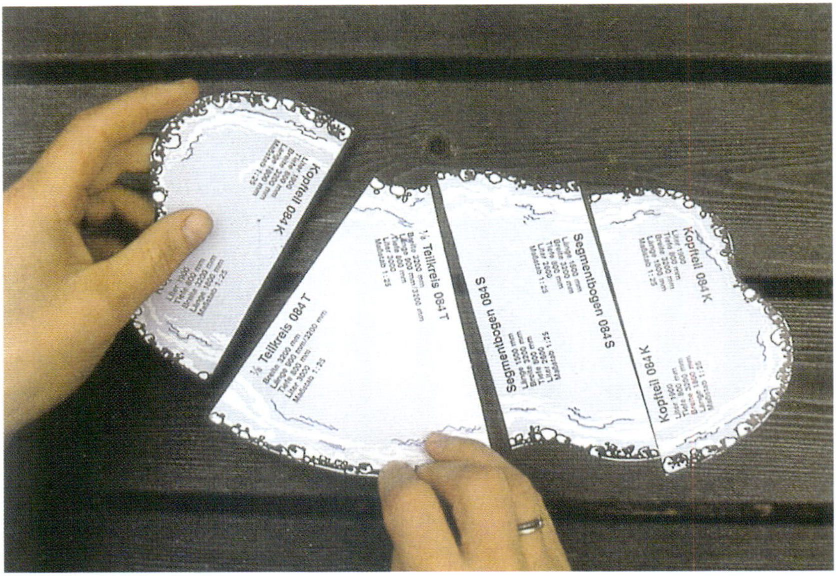
Kopfteil 084 K
½ Teilkreis 084 T
Segmentbogen 084 S
Segmentbogen 084 S
Kopfteil 084 K
Kopfteil 084 K

◁ *Größere Fertigbecken können auch aus verschiedenen Einzelelementen zusammengestellt werden.*

◁ *Unten: Zusammenschraubbare GFK-Becken werden im Garten montiert.*

Zwischen die einzelnen Elemente darf kein Schmutz gelangen. ▷

Die Kontaktstellen werden mit einer durchgehenden Schicht Silikon vorbereitet.
▽

◁ *Oben: Die Beckenteile werden verschraubt und anschließend auch von innen an den Verbindungsstellen noch einmal mit Silikon abgedichtet.*

Ein Minibagger kann den Aushub sehr erleichtern. Verleihfirmen stehen im Branchenbuch unter Baumaschinenvermietung.

◁ *Ein fertig montiertes GFK-Becken.*

△ Für die Feinarbeiten ist wieder Handarbeit notwendig. Die Aushubsohle muss völlig eben sein (Wasserwaage!) und wird mit einer Ausgleichsschicht aus Sand bedeckt. Die Hölzer dienen beim gleichmäßigen Abziehen der Sandschicht als Höhenkontrolle.

◁ Das ausgerichtete Becken wird mit Erde beschwert, damit es beim Verfüllen nicht mehr verrutscht.

Oben: Der Aushub wird verfüllt und eingeschlämmt. Der Bagger ist nur noch für größere Erdbewegungen zuständig. Die Sumpfzone ist bereits mit Kies bedeckt und bepflanzt. ▷

Die Ränder werden in Handarbeit planiert und zur Bepflanzung oder Raseneinsaat vorbereitet.

Gartenteiche aus Polyesterharz und Glasfasermatten

Eigentlich kennen wir diesen Baustoff schon von den Fertigbecken. In diesem Kapitel geht es aber um Teiche, die nach eigenen Ideen im Gelände modelliert und dann mit Glasfasermatten und Polyesterharz ausgekleidet werden.

Nach heutigem Stand der Technik verspricht solch ein Teich höchste Qualität und vor allem auch Lebensdauer. Diese einmalige, etwas teurere Investition wird schon nach wenigen Jahren zeigen, dass sie auf lange Sicht gesehen doch eher preisgünstig ist, da absolut problemlos und sehr haltbar. Diese Teichbautechnik wird gerne von Fischzüchtern angewendet. Eine bestimmte einzuhaltende Größe ist nicht vorgegeben. Sowohl für strapazierfähige Teiche, als auch solche mit komplizierten Formen (z. B. Terrassenteiche, Sprudelbecken) ist diese Bauweise eine Überlegung wert. Lediglich genau einzuhaltende Arbeitsschritte sind bei der Verwendung dieses Baustoffes zu beachten.

Bau eines Beckens

Sehr wichtig ist die richtige Vorbereitung des Untergrundes für die Beschichtung mit Polyesterharz und Glasseidenmatten.

◁ *Oben: Deutlich zu erkennen sind die in Containern ausgepflanzten Pflanzen der tieferen Zonen.*

◁ *Der Rasen ist wieder gewachsen, die Wasserpflanzen haben Fuß gefasst, das Becken ist zu einem Teil des Gartens geworden.*

Materialliste für den Selbstbau eines GFK-Beckens

Für eine Abdichtung von 5 m² Teichfläche werden bei einer dreifachen Beschichtung folgendes Material benötigt:

1 l Grundierung
16 m² Glasfasermatte (450 g/m²)
30 kg Polyesterharz
2 kg Schnellversiegelung
1 kg Schlußlack
1 kg Farbpaste
1 kg MEKP Härter
5 l Reinigungsmittel
1 Fellroller
1 Rillenroller

Hierfür eignen sich mehrere Methoden. Am einfachsten tränkt man Jutegewebe in einem Behälter mit angerührtem Gips und legt die so getränkten Matten dann auf das Teichprofil auf. Wichtig ist dem Gipsbrei einen Abbindeverzögerer beizumischen. Die Jutestücke sollten auch nicht größer als einen halben bis ganzen Quadratmeter sein, sonst werden sie zu schwer. Die Stoßstellen sollten 5 bis 8 cm überlappen. Jutegewebe wird im Teppich- und Tapeten-Fachhandel als Dekorationsmaterial angeboten. Es sollte möglichst fein gewoben sein, damit der Gipsbrei nicht sofort durch das Gewebe dringt. Angeboten wird es in Bahnbreiten von 100 bis 150 cm.

Der Abbindeverzögerer wirkt etwa eine halbe Stunde. Daher sollten nicht mehr als 3 bis 4 Matten mit Gipsbrei hergestellt und in das Teichprofil gelegt werden. Die Überlappungen und der Gipsbrei der auf den Jutematten verlaufen ist, wird dann mit einer Maurerkelle glatt gestrichen.

Ist der Untergrund sehr trocken, so werden die mit Gips getränkten Matten trotz Verzögerer sehr schnell antrocknen. Je feuchter der Untergrund ist, desto länger dauert das Abbinden. Gipsbrei wirkt auf die Haut sehr aggressiv. Es ist zweckmäßig, bei diesem Arbeitsgang Gummihandschuhe zu tragen.

Das Ganze ähnelt einem Tapeziervorgang. Nach einem Tag haben die Gips-Jute-Matten soweit abgebunden, dass der nächste Schritt folgen kann. Sollten die Matten bis dahin noch nicht voll abgebunden haben, d. h. sie sind noch feucht, kann unter gar keinen Umständen mit dem nächsten Arbeitsgang begonnen werden. Dies kann z. B. durch den erdfeuchten Zustand des Untergrunds der Fall sein.

Bevor wir uns diesem zuwenden, noch eine weitere Methode zur Untergrundvorbereitung. Hierzu wird das Teichprofil mit Bitumenpapier ausgelegt. Eine Methode, die sicherlich preiswerter und schneller ist. Nur das Bitumenpapier bereitet beim Verlegen in einem schön geformten Teich Schwierigkeiten, denn es muss glatt und faltenlos auf dem Teichprofil aufliegen. Dies geht nur, wenn das Papier in Stücke und Streifen geschnitten wird. Die Verbindungen stellt man mit Kreppband her.

Die weiterführenden Arbeiten sind nach der Untergrund-Vorbereitung alle gleich. Zunächst wird ein Haftgrund mit einem Fellroller aufgebracht. Nach 1 bis 3 Stunden wird der Polyesterharz aufgestrichen, nachdem er zuvor mit 1 % Härter versetzt wurde. Sofort im Anschluss werden die Glasseidenmatten aufgelegt und mit weiterem Polyesterharz mit Hilfe eines Fellrollers getränkt. Die Konzentration des Härters kann hierfür auf 2 % erhöht werden. Die Stoßstellen der Seidenglasmatten werden 3 cm überlappt.

Dieser Arbeitsvorgang wird in drei Lagen durchgeführt und wiederholt sich immer wieder. Etwaige Luftblasen werden mit einem Rillenroller entlüftet, der aus Kunststoff oder Metall besteht. Je nach Größe des Teiches ist es nicht notwendig, den Arbeitsvorgang an einem Tag zu beenden. Der Anschluss erfolgt auch nach Abbinden am nächsten Tag problemlos. Bei einer Temperatur von +18 °C härtet Polyesterharz nach 40 Minuten. Daher darf nie auf einmal zuviel Harz und Härter angerührt werden. Das Auflegen (»Laminieren«) der drei Lagen erfolgt am besten so, dass man mit der Randlage beginnt, mit den Seitenteilen weitermacht und schließlich mit den Bodenlagen die Auskleidung beendet.

Der nächste Arbeitsgang ist das Ausgleichen von Unebenheiten mit Schleifpapier, was in einem Gartenteich mit Sicherheit aber nur eine untergeordnete Rolle spielt. Nur an Stellen, die nach der Fertigstellung sichtbar bleiben, wird dies notwendig sein.

Jetzt wird der Teich noch eingefärbt, denn die weiß bis grauen Matten bilden keinen passenden Untergrund. Zur Verwendung kommt wiederum Polyesterharz, der mit 20 % Farbpaste und 3 % Härter versetzt ist. Für einen Teich wählt man am besten schwarz oder dunkelgrün. Das Aufbringen der Farbschicht erfolgt wieder mit dem Fellroller und kann nach etwa 1 Stunde nochmals wiederholt werden. Als letzter Arbeitsgang kommt dann die Schlusslackierung, die mit einem farblosen LT Lack + 3 % MEKP Härter ausgeführt wird. Dieser Lack härtet bereits nach 15 Minuten.

Das Becken sollte zunächst für ein paar Tage im Leerzustand, möglichst bei Sonnenschein aushärten. Erst die Schlusslackierung verleiht dem Laminat absolute Wasserdichtigkeit.

Die Firmen, die Produkte zur Teichlaminierung vertreiben, weisen ausdrücklich auf die Anwendungs- und Sicherheitsvorschriften hin. Es ist äußerst wichtig, die einzelnen Produkte getrennt voneinander zu lagern.

Gartenteiche aus Beton

Ein Gartenteich aus Beton war früher üblich, denke man an die vielen, blaugestrichenen Becken, die als Springbrunnenteich in vielen Vorgärten zu sehen waren. Dieser Baustoff ist in der heutigen Zeit bei Teichen weitgehend durch andere Baustoffe verdrängt worden. Dies liegt im Wesentlichen an 3 Dingen:
- der Bau ist sehr aufwändig
- der Bau muss an einem Tag fertig gestellt sein
- es wird viel zusätzliches Material benötigt, was hohe Baukosten verursacht.

Von dem Bau eines Betonteiches ist daher eher abzuraten. Es mag dennoch immer wieder Situationen geben, in denen diese Bauweise gewählt wird.

Bau eines Betonteiches

Beim Bau eines solchen Teiches ist wie üblich eine sehr genaue Planung die erste Grundvoraussetzung. Bedenke man doch, dass bei diesem Baustoff spätere Änderungen nur noch mit einem Preßlufthammer vorgenommen werden können.

Sehr entscheidend ist, dass das Gefälle im Teich 30 % nicht übersteigt. Dies aus zwei ganz wesentlichen Gründen:
- bei 25 bis 30 % Gefälle kann sich Eis im Winter problemlos nach oben drücken, wodurch der Teich auch bei lang anhaltender Kälte nicht gefährdet ist.
- bei diesem Neigungswinkel kommt man gerade noch daran vorbei, für den Teich eine Schalung bauen zu müssen.

Eine sehr gute Untergrundvorbereitung ist die nächste Voraussetzung. In einem Verleihgeschäft für Baumaschinen leiht man sich eine kleine Rüttelplatte und verdichtet damit mehrfach das fertige Teichprofil. Für ein Betonbecken eignen sich am besten sandige oder kies- bis steinhaltige Böden.

Um eine bessere Haftung des Betons zu gewährleisten, sollte das verdichtete Teichprofil mit grober Dachpappe ausgelegt werden (rauhe Seite nach oben). Auf diese Dachpappe wird eine Lage des dünnsten Baustahlgewebes gelegt. Dieses Gewebe ist so dünn, dass es mit der Form des Teiches noch eingelegt werden kann. Diese Armierung ist am wichtigsten in den frostgefährdeten Regionen, also am oberen Rand. Geben die Matten zu wenig nach, zerschneidet man sie mit einem Bolzenschneider und lässt sie überlappen.

Der nächste Schritt ist die Einbringung der Betonmasse. Ich würde niemanden dazu raten, Beton mit einem Mischer selbst herzustellen. Hier spart man am falschen Platz. In jedem Ort gibt es Firmen, die Fertigbeton vertreiben und da sollte man ihn auch bestellen. Ferner bieten diese Firmen Spezialbeton an, der für Teichbau besonders geeignet ist. Auf Wunsch wird der gelieferte Beton mit einem Verzögerer angeliefert, hierdurch härtet er nicht so schnell und kann länger verarbeitet werden. Zum anderen kann dem Fertigbeton gleich noch ein Dichtungsmittel beigegeben werden. Hierdurch ist der Teich von vornherein wasserdicht.

Bei einer normalen Teichgröße von 6 × 4 m rechnet man mit einer etwa 10 cm dicken Schicht Beton. Größere Teiche sollten wenigstens eine 15 cm dicke Schicht Beton mit Baustahl haben. Die Fläche muss vorher ausgerechnet werden und dann mit der geplanten Betonschicht multipliziert werden, dies ergibt die Menge an Beton, die benötigt wird. Bei einer Teichfläche von 20 m und einer gewünschten Betonstärke von 15 cm müssen 3 m^3 Fertigbeton bestellt werden.

Je nach Teichgröße werden für den Bau 3 bis 4 Personen benötigt. Am einfachsten geht es natürlich, wenn das Lieferfahrzeug bis an den Teich fahren kann und den Fertigbeton dann an die gewünschte Stelle ablädt. Meist ist dies aber nur ein Wunschdenken, denn die tonnenschweren Fahrzeuge passen selten in einen Garten.

Zwei Personen werden zum Transport und zum groben Verteilen des Betons benötigt. Dies muss so geschehen, dass nicht sinnlos in dem sehr empfindlichen Teichprofil herumgelaufen wird. Eine zusätzliche Person muss dann den Beton mit einem Handstampfer festrütteln und der Andere glättet alles mit einer Kelle. Teiche, die eine Größe von mehr als 5 m Länge haben, sollten mit einer Dehnungsfuge versehen werden. Dies ist ein Schlitz von 2 cm Breite, der in Querrichtung durch die Betonfläche läuft und später mit Silikon ausgespritzt wird. Die Dehnungsfuge legt man mit einer dünnen Holzlatte in den Beton, die nach Abbinden des Betons problemlos entfernt werden kann.

Um später auch ganz sicher zu gehen, sollte man den fertigen Teich nach 10 bis 12 Tagen mit einem Polyesterharz, wie auf Seite 75 beschrieben, einstreichen. Ist es beim Bau des Betonteiches sehr heiß, dann sollte die Fläche öfter mit Wasser besprüht werden. Bei Unterlassung bekommt das Teichprofil sonst schnell Risse, die im Winter auffrieren und den Teich dann undicht machen.

Am wenigsten Probleme dürfte der Einbau eines Überlaufes bereiten, der gleich in Form eines 10 bis 15 cm starken HT-Rohres in der Betonschicht mit eingebaut werden kann. Als problematisch gestalten sich bei Betonbecken immer wieder die im Winter auftretenden Spannungsrisse, die einen Teich schnell undicht werden lassen. Besonders gefährdet sind in jedem Fall die Ränder eines solches Teiches.

Umrüstung eines Schwimmbeckens zum Gartenteich

Ehe man sich dazu entschließt, ein altes Schwimmbecken und sei es nur ein Kinderplantschbecken, abzureißen oder einfach zuzuschütten, könnte man sich überlegen, dieses als Gartenteich umzugestalten. Natürlich muss so etwas in das Planungskonzept eines Gartens passen. Keinesfalls darf es nur eines Teiches wegen an einer Stelle belassen werden, die hinterher nur Probleme bereitet.

Technisch gesehen kann ein altes Schwimmbecken mit zwei Baustoffen zum Gartenteich umfunktioniert werden. Dies ist die Teichfolie und zum anderen der glasfaserverstärkte Kunststoff

(GFK). An der zumeist rechteckigen Form eines Schwimmbeckens lässt sich kaum noch etwas ändern, wohl aber im Innenleben. Da ein Schwimmbecken in der Regel unterschiedlich tief ist, füllt man zunächst eine Kiesschicht in das Becken und erreicht so eine gleichmäßige Tiefe von 60 bis 80 cm. Als Schüttmaterial eignet sich hier ein nicht zu grobes Kies-Sand-Gemisch (Korngröße 0 bis 30 mm). Ist die Fläche sehr groß, dann kann mit Hilfe des Kies-Sand-Gemisches sogar ein Teichprofil von der oberen Kante bis auf die Höhe des neuen Bodens in einem Winkel von 40 bis 45 Grad aufgeschüttet werden. Um sich diese Arbeit zu erleichtern, sollte das Material feucht sein, sonst rutscht es nach. Durch diese Veränderung der Ecken bekommt der neue Teich sofort ein gefälligeres Aussehen. Die spätere Abdichtung unter den Wassermassen üben auf die Ausschüttung soviel Druck aus, dass diese nicht nachrutschen kann.

Eine interessante Variante besteht darin, dass die Abdichtung nicht ganz bis in die Ecke verbaut wird. Der so entstandene Hohlraum wird über die Kiesschüttung mit Erde aufgefüllt und ergibt somit ein schönes zusätzliches Pflanzbeet. Die nächste Arbeit ist das Abdichten dieses Teichprofils. Die GFK-Bauweise ist der Folie vorzuziehen, weil sie bei der Randgestaltung des Beckens keine Probleme bereitet.

Bei der Verwendung von Folie muss der Plattenrand, der ein Schwimmbecken fast immer umgibt, abgehoben werden. Unter den Platten wird dann die Folie mit Bitumenkleber befestigt und darüber wieder die Randplatten. Je größer die Platten sind, desto einfacher wird sich dies gestalten.

Eine andere Möglichkeit wäre das Ankleben der Teichfolie im Beckenrand. Hierzu wird ebenfalls Bitumenkleber verwendet mit zusätzlicher Unterstützung einer am oberen Rand angedübelten Schiene. Als Material hierfür eignet sich ein dünnes Flacheisen aus Edelstahl, was man als zweite Wahl preiswert kaufen kann. Andere Materialien sind weniger geeignet, weil sie entweder rosten, oder wie Aluminium stark oxidieren und somit Einfluss auf die Wasserqualität nehmen.

Gartenteiche aus Naturbaustoffen

In der heutigen Zeit, in der das umweltgerechte Denken immer mehr zur Selbstverständlichkeit werden sollte, darf in einem Buch über Teichtechnik die Beschreibung von Teichen aus Naturbaustoffen nicht fehlen. Leider ist nicht jedermann, der einen Teich baut auch bereit, diesen Baustoff einzusetzen. Dies mag zunächst einmal an der Größe liegen, denn solch ein Teich ist weitgehend uninteressant, wenn er nicht mindestens eine Wasseroberfläche von 40 m^2 hat. Zweitens scheut der eine oder andere auch die Kosten und eventuell auch noch die Mehrarbeit. Letztlich spielt auch der Boden, in dem der Teich gebaut werden soll, eine Rolle. Reine Sandböden sind ungeeignet. Nur auf weitgehend bindigen, lehmigen Böden ist diese Abdichtungsform ohne größeren Aufwand für den Unterbau sicher einzusetzen.

Teichbau mit Tonelementen

Dieses Abdichtungssystem hat sich inzwischen sehr gut bewährt. Es handelt sich um vorgefertigte, ziegelartige Elemente aus reinem Naturton. Bei ihrer Verwendung sind zwei Punkte von besonderer Wichtigkeit: die Teichgröße und die Boden- und Untergrundbeschaffenheit.

Hier sollte man sich zuerst Klarheit verschaffen, ob der vorgesehene Teichstandort sich eignet.

Tonziegel, wie sie für die Teichabdichtung verwendet werden.

Tonelemente (DIA-Teichbauelement)	
Maße (L × B × H)	32 × 27 × 10
Gewicht	16 kg pro Stück
Material	plastischer, knetbarer, hoch vorverdichteter Naturton
k-Wert (Wasserdurchlässigkeit)	10^{-11} m/sek.
Form und Profil	Seitliche Verzahnung und Schrägschnitte stellen die Materialüberlappung her
Lieferform	Auf Leihpaletten à 5,4 m², Gewicht 1,05 t. Elemente in PE-Folienbeuteln. Krananlieferung auf Wunsch.
Voraussetzungen für den Einsatz von Naturbaustoffen	
Steigungsverhältnis der Böschungen	maximal 1:3 oder 18 Grad
Mindestgröße bei frostfreier Tiefe	35 bis 40 m², bei einer Wassertiefe von 1 m sind wenigstens 3 m lange Böschungen notwendig. Bei einer Kreisform entspricht dies einem Durchmesser von 6 m
Untergrund	trockener, fester, »gewachsener« Boden. Bei schlecht zu verdichtenden, sandigen oder nassen Böden müssen Trennvliese oder ein Schotterunterbau vorgesehen werden

Lagenweise und dicht an dicht werden die Ziegel auf dem verdichteten Untergrund verlegt.

Die Teichgröße wird bestimmt durch das Steigungsverhältnis der Böschungen. Es darf maximal nur 1:3 (etwa 18 Grad) betragen. Ein Teich, mit einer Wassertiefe von etwa 1.00 m, hätte dementsprechend mindestens 3.00 m lange Böschungen bzw. einen Durchmesser von etwa 6.00 m. Die kleinste, machbare Größe eines Naturteiches aus Ton liegt – frostfreie Tiefe vorausgesetzt – bei etwa 35 bis 40 m^2. Eine steilere Ausbildung der Böschungen führt unweigerlich zu späteren Undichtigkeiten des Teiches.

Über die Boden- bzw. Untergrundbeschaffenheit kann eine Probegrabung Aufschluss geben.

Trockener, fester und »gewachsener« Boden eignet sich am besten und kann problemlos als Baugrund dienen. Schwierig wird es bei aufgefüllten oder sehr sandigen, schlecht verdichtbaren

Einer der wichtigsten Arbeitsgänge: Verstampfen. ▷

Aufbau eines Teiches mit einer Abdichtung aus Tonziegeln.
▽

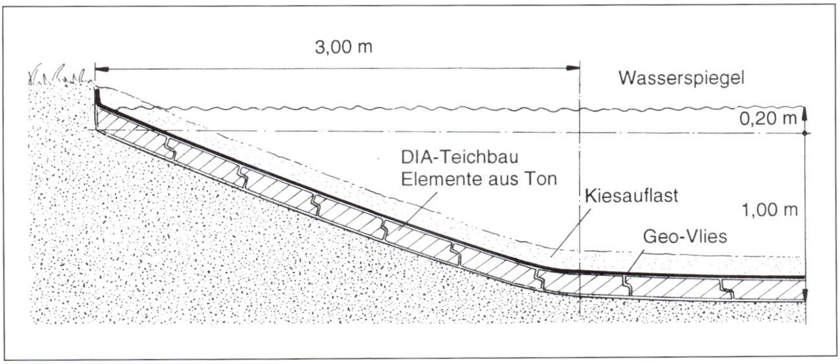

Die verstampften Ziegel werden mit Vlies und einer Kiesschicht abgedeckt.

Böden. Hier ist es ratsam, in jedem Fall ein Geotextilvlies als Trenn- oder Sauberkeitsschicht vorzusehen.

Ist der Boden nass, schmierig und schlecht verdichtungsfähig oder ist Schichtenwasser vorhanden, dann wird es unumgänglich sein, eine etwa 15 bis 20 cm starke Tragschicht aus Schotter- oder Mineralgemisch (Körnung 2 bis 32, Größtkorn bis 45 mm) vorzusehen. Die Tragschicht ist zu verdichten und mit einem Geotextilvlies (Vliesklasse 4, mindestens 270 g/m²) zu bedecken. Die Vliesbahnen müssen dabei etwa 50 cm seitlich überlappen.

Sind die oben aufgeführten Punkte geklärt und die Konturen des Teiches festgelegt, kann mit den Aushubarbeiten begonnen werden. Im Profil, von der Geländeoberkante gesehen, ist eine etwa 25 bis 30 cm tiefe, senkrechte Kante zu schaffen, erst dann beginnen die Böschungen (1:3). Diese Kante dient als Wiederlager für Ton und Kies. In diesem Knickbereich muss besonders sorgfältig gearbeitet werden, denn hier entstandene Unebenheiten zeigt später exakt und schonungslos der Wasserspiegel. Durch die Aushubarbeiten aufgelockerter Boden muss nachverdichtet werden.

Nach Fertigstellung der Aushub- und Planierungsarbeiten kann mit dem Einbau der Teichbauelemente aus Ton begonnen werden. Das Verlegen der Elemente erfolgt immer von links nach rechts, beginnend am linken oberen Rand der Teichgrube. Es dürfen keine Fugen und Spalten größer als 2 cm entstehen, d. h. die Elemente müssen sauber und eng aneinander liegen. Bei Bedarf können die Teichbauelemente problemlos mit dem Spaten bearbeitet werden (wie z. B. bei Rundungen). Beim Verlegen muss immer darauf geachtet werden, dass keine Fremdkörper, wie Steine, Boden, Laub, Holz etc. zwischen die Fugen geraten. Dieses Schadensrisiko kann das, oben schon erwähnte, Geotextilvlies als Trenn- und Sauberkeitsschicht erheblich mindern.

Grundsätzlich darf nur so viel verlegt werden, wie am gleichen Tage auch fertig gestellt, d. h. verstampft und mit Vlies und Kies oder Schotterauflast abgedeckt werden kann! Da es sich bei den Teichbauelementen um erdfeuchten, plastischen Ton handelt, dürfen sie nicht austrocknen. Folglich sind sie während des Einbaus, vor jeglichen Witterungseinflüssen (Sonne, Regen, etc.) durch Abdecken mit Folie oder Jute unbedingt zu schützen. Ein durch Regen aufgeweichter oder aufgequollener Ton ist nicht begeh- oder verstampfbar.

Um auch das Regen- oder Schichtenwasser aus der Teichgrube fernzuhalten, wird an der tiefsten Stelle ein Pumpensumpf (Loch mit Eimer oder Tonne) gegraben und darin eine Teichpumpe mit Schwimmerschalter aufgestellt. In Verbindung mit der schon erwähnten Tragschicht kann eine solche Vorkehrung das Teichgrundplanum, besonders bei größeren Anlagen mit längerer Bauzeit auch über Tage und Wochen hinweg, wasserfrei halten. Der Pumpensumpf wird nach Beendigung der Abdichtungsarbeiten wieder verfüllt, verdichtet und anschließend mit mehreren, einzeln zu verdichtenden Lagen Tonelementen verschlossen.

Der nächste entscheidende Schritt ist das Verstampfen der Teichbauelemente zu einer homogenen, wasserundurchlässigen Tonschicht. Dies sollte immer gleich dann geschehen, wenn ein Teilbereich fertig verlegt ist. Der Hersteller schreibt hier einen Vibrationsstampfer der Firma Wacker BS 45 Y vor. Das Gerät hat ein Eigengewicht von etwa 55 kg und 600 bis 800 Schläge pro Minute. Die Stampfer können beim Hersteller oder bei Baumaschinenvermietungen ausgeliehen werden.

Das Verstampfen muss in drei bis vier Durchgängen ausgeführt werden. Anhand der Stampfgeräusche lässt sich gut feststellen, ob eine homogene Tonschicht entstanden ist oder nicht. Optimal ist ein gleichmäßig, klatschendes oder knallendes Geräusch. Ein dumpfes, hohl klingendes Geräusch zeigt an, dass der Ton noch nicht ausreichend bearbeitet oder der Untergrund nicht ausreichend verdichtet ist.

Die fertig gestellten Flächen werden sofort mit einem Geotextilvlies (Polymer) und der erforderlichen Kies- oder Schotterauflast von 15 bis 20 cm Stärke, abgedeckt. Bei kleineren Anlagen bis zu 3000 m^2, ohne Beanspruchung und Belastung der Abdichtung durch Begehen, ist ein Geotextilvlies von 135 g/m^2 mit einer 15 bis 20 cm starken Kieslauflast (Körnung 8 bis 16 mm) absolut ausreichend.

Bei größeren Anlagen mit hoher Beanspruchung und Belastung der Abdichtung (z. B. im öffentlichen Bereich, bei Badeteichen, Bachläufen, Pflanzenkläranlagen, Regenrückhaltebecken) sollte der Rat des Herstellers eingeholt werden. In solchen Fällen muss ein Geotextilvlies von mindestens 270 der 350 g/m^2, sowie eine 15 m starke Auflastschicht aus Schotter oder Mineralgemisch (Körnung 2 bis 32) aufgebracht werden. Diese Tragschicht wird dann mit einer Deckschicht aus Kies, Geröll oder Pflanzsubstrat überdeckt. Die Auflastschicht muss in korrekter Stärke auf der gesamten Fläche gleichmäßig aufgebracht werden. Besonders an den Teichrändern muss sie sorgfältig gearbeitet sein, weil hier die Gefahr der Austrocknung des Tons am größten ist. Das Auflastmaterial sollte möglichst kalkfrei sein. Kalkhaltiges Material hebt nur unnötig den pH-Wert des Teichwassers, was verbunden mit der sommerlichen Aufheizung, zu einem übermäßigen Algenwachstum führen würde. Die abschließende Pflanzung wird in Pflanzbehältern vorgenommen, die dann problemlos im Kies oder der Deckschicht versenkt werden können.

Teichbau mit Montmorillonit

Montmorillonit ist eine besondere Form von Tonmineralen und findet sich in unterschiedlich hohen Anteilen in Folien, die in Lagerstätten abgebaut werden. Chemisch gesehen ist Montmorillonit ein Aluminium-Silikat-Hydroxid. Das Naturprodukt wird als Pulver aufbereitet und in Säcken angeboten. Durch seine sehr hohe Wasserbindungskraft quillt eine 1 cm starke Schicht zu einer wasserundurchlässigen Schicht von 25 mm auf. Diese Eigenschaft macht das Mineral zu einem sehr geeigneten Teichbaumaterial, bei dem keinerlei »künstliche« Abdichtungsmaterialien benötigt werden. Zunächst wird das Teichprofil ausgehoben, wobei möglichst die Punkte aus vorausgegangenen Kapiteln zu beachten sind. Die Neigung der Teichwände darf auf keinen Fall größer als 1:3 sein, d.h. etwa 18 Grad. Besser ist eine geringe Neigung von 1:4 (etwa 14 Grad). Oberbodenschüttungen, große Steine (ab 2 m Durchmesser), organische Bestandteile wie Holz, Pflanzen und Wurzeln sind vom Teichplanum zu entfernen. Bei der Modellierung des Teichprofils ist zu beachten, dass später eine etwa 20 bis 40 cm starke Schicht Auflastmaterial eingebracht werden muss. Dies bedeutet, dass das Profil von vornherein tiefer ausgehoben werden muss.

Ist das Teichgrundplanum hergestellt, besteht die wichtigste Aufgabe darin, den Untergrund zu verdichten. Optimal ist eine Proctordichte von 95 %. Proctordichte ist der Wert für die Sicherheit gegen Erdsetzungen und damit gleichzeitig ein Maß für die Wasserundurchlässigkeit. Erreicht wird dies mit Hilfe einer Rüttelplatte oder besser noch mit einer Vibrationswalze. Bei Steigungen von 1:3 gerät der Einsatz dieser Maschinen allerdings an ihre Grenzen. Nach der Verdichtung werden die Säcke mit dem Teichbaumaterial (Montmorillonit) ausgelegt. Man beginnt 50 cm vom oberen Teichrand und legt alle 2 cm einen Sack aus. Die zweite Reihe legt man 2 m tiefer aus. Es hat sich als zweckmäßig erwiesen, die Säcke in Längsrichtung auszulegen und an den Stirnseiten zu öffnen. Ausgeschüttet werden sie in Richtung des nächsten Sacks. Mit Hilfe eines Gummischrubbers lässt sich nun das gleichmäßig verteilte Material sehr gut ausbreiten. Um die Arbeit zu ermöglichen, ist es extrem wichtig, dass das Planum völlig eben und frei von Steinen ist.

Angestrebt wird ein Auftrag von 1 cm Stärke. Stärker aufgebrachtes Material quillt zu sehr auf, verliert aufgrund der gelartigen Konsistenz an Belastungsfähigkeit und Stabilität, und macht den

Teich an dieser Stelle undicht. Die aufgebrachte Schicht wird nun mit etwa 20 bis 40 cm steinfreiem Füllsand abgedeckt. Um die Pulverschicht nicht zu verletzten, sollte immer vom Teichboden zum Teichrand gearbeitet werden. Die Korngröße des Abdeckmaterials darf nicht größer als 20 mm sein. Beinhaltet die Abdeckschicht einem gewissen Anteil an Lehm oder Ton, wäre dies von Vorteil. Sollen trotzdem stärkere Steine verwendet werden, so bringt man zunächst eine dünne Sandschicht als Trennung auf. Um die Pulverschicht nicht zu beschädigen, sollte man zum Laufen beim Aufbringen der Abdeckschicht ein breites Brett in den Teich legen. Nur so kann gewährleistet werden, dass die Pulverschicht auch in ihrer Stärke von 1 cm erhalten bleibt. Hier liegt eine der größten Fehlerquellen bei dieser Bauweise.

Sobald die gesamte Fläche mit Abdeckmaterial ausgekleidet ist, wird diese wiederum intensiv verdichtet. Hierzu reicht eine nicht zu starke Rüttelplatte. Mehrere Durchgänge mit dem Rüttler sind notwendig, um die Proktordichte von 95 % zu erreichen. Der Teich muss nun sofort geflutet werden. Hierbei ist aber sehr langsam vorzugehen, um Pulverschicht oder Abdeckmaterial nicht wegzuspülen. Am besten befestigt man das Ende des Schlauches in einem Eimer und stellt diesen in den tiefsten Punkt des Teiches, wobei der Eimerrand möglichst waagerecht sein muss.

40 kg des Pulvers reichen für eine Fläche von 4 bis 5 m². Auf einer Palette sind 25 Sack des Materials. Dies reicht für eine Abdichtungsfläche von etwa 110 m². Daraus ergibt sich z. B. eine Teichfläche von etwa 14 × 8 m, bei einer Tiefe von maximal 120 cm. Aufgrund des Böschungswinkels von 1:3 eignet sich der Bau mit Montmorillonit erst ab einer Teichgröße von etwa 50 bis 60 m².

Probleme mit dieser Teichbauweise kann es schon mal an den Teichrändern geben, wenn durch Wellenwirkung des Wassers die Abdeckschicht weggespült wird und die darunterliegende Pulverschicht nicht quillt oder austrocknet. Abhilfe kann hier geschaffen werden, indem die Abdeckung im Wellenschlagbereich mit einer zusätzlichen Grobbeschüttung versehen wird. Interessant ist, dass die Pulverschicht auch nach längerem Austrocknen sofort wieder aufquillt, wenn sie nass wird und damit den Teich wieder abdichtet. Ebenso verhält sich das Material bei Frost. Dieser Quellprozess kann allerdings bis zu etlichen Tagen dauern, und mit zum Teil erheblichen Wasserverlusten muss in dieser Zeit gerechnet werden.

Das Motto »Viel hilft viel« ist bei der Verwendung von Montmorillonit grundlegend falsch. Im Gegenteil, es würde den Teich durch zu starkes Aufquellen von vornherein undicht machen. Auch schwere Steine oder Findlinge können durch die Punktbelastung die Abdichtung zerstören. Bei Regen oder feuchtem Untergrund darf das Montmorillonit nicht ausgebracht werden. Es würde schon vor dem Verdichten quellen und damit seine Wasserundurchlässigkeit verlieren.

Teichbau mit Bentonitmatten

Bentonit enthält Montmorillonit und hat ganz ähnliche Eigenschaften. In diesem Fall ist das Material zwischen zwei mechanisch vernadelten Spinnvliesstoffen eingekapselt. Dieser Vliesstoff besteht aus Polyester. Im gequollenen Zustand hat das Bentonit in Verbindung mit den Fasern eine zufriedenstellende Wasserundurchlässigkeit.

Der Teichbau mit diesem Material vollzieht sich nach ähnlichen Spielregeln wie mit reinem Montmorillonit. Der Neigungswinkel der Böschung sollte 1:3 nicht überschreiten und der Untergrund muss ebenfalls sehr gut verdichtet sein. Danach können die Matten aufgebracht werden. Die Bahnen müssen seitlich 10 bis 20 cm überlappen. Die Überlappung muss innen und außen mit einem Bentonitbrei satt eingestrichen werden. Anschließend wird der Stoß noch einmal mit einem 20 bis 30 cm breitem Streifen und Bentonitbrei überdeckt. Die Abdeckung erfolgt aus völlig steinfreiem, lehmhaltigen Kies- oder Füllboden, der ebenfalls intensiv verdichtet werden muss. Probleme mit dieser Teichbauart tauchen an den Rändern auf, meist durch Frosteinwirkung, Trockenheit und einer hohen Kapillarwirkung des Vlieses.

Eine zufrieden stellende Dichtigkeit kann nur bei bindigen, bedingt wasserdurchlässigen Böden erreicht werden. Ansonsten ist mit regelmäßigen Wasserverlusten zu rechnen.

Bentonitmatten finden heute Verwendung bei dem Bau großflächiger Biotope. Hier werden wechselnde Wasserstände gewünscht. So z. B. bei der Wiedervernässung von Auenlandschaften, für Gräben, Bäche, beim Bau von Deichen und Dämmen. Auch Deponien werden damit abgedeckt. Das Material ist leider nicht recyclingfähig und kann nur bedingt wieder verwendet werden. Ihr Einsatz wird erst bei einer Objektgröße von mindestens 1000 m^2 interessant.

Stimmen die technischen Voraussetzungen, so ist die Einbindung des Teiches in den Garten eine Frage der Pflanzenwahl. ▷

Bepflanzen und Gestalten

Unabhängig von der Bauweise nimmt ein Gartenteich erst nach der Bepflanzung und Dekoration seiner Innen- und Außenflächen Gestalt an. Die ganze Wirkung eines Teiches hängt im Wesentlichen von der Randgestaltung ab. Ein besonderes Geschick erfordert die Planung des Randes in technischer Hinsicht. Nichts ist entscheidender für das Gesamtbild als der nahtlose Übergang von der Sumpfzone in den Trockenbereich. Man vergleiche hier das Kapitel über die Kapillarsperre (Seite 45).

Das Teichsubstrat

Das Wort Substrat bezeichnet eine Erdmischung für besondere Aufgaben. Für einen Teich benötigt man sehr einfach gehaltene Erdmischungen, die in erster Linie nährstoffarm sein müssen. Ungeeignet sind Kompost, nährstoffreicher Mutterboden und reiner Torf. Mutterboden ist ein äußerst dehnbarer Begriff, da er in jeder Gegend anders ausfällt. Hat man das Glück einen reinen Lehmboden vorzufinden, der auch noch möglichst steinfrei ist, dann hat man ideale

Voraussetzungen. Dieser Lehmboden wird dann in einem Mischungsverhältnis von 70:20:10 mit gesiebtem Sand und Torf gemischt. Ein besseres und preiswerteres Teichsubstrat kann man kaum herstellen. Benötigt wird im Allgemeinen nur eine geringe Menge, was in erster Linie von der Teichgröße abhängt. Die zu bepflanzenden Flächen werden lediglich mit einer 5 bis 8 cm starken Schicht Teichsubstrat versehen. Hierbei muss nicht einmal der ganze Teich mit Substrat bedeckt werden.

Wer nicht Lehm in seiner Nähe vorfindet, der kann fertige Wasserpflanzenerde auch im Gartenfachhandel kaufen. Diese ist zwar etwas teurer, aber sie ist im Großen und Ganzen als gut zu bezeichnen. Da auch diese fertigen Erdmischungen einen hohen Anteil an mineralischen Bestandteilen aufweisen, sind sie vom Gewicht her sehr schwer. Im Allgemeinen werden sie in 20 Liter Gebinden abgegeben.

Wann ist die beste Zeit zum Pflanzen?

Der beste Zeitraum für eine Teichbepflanzung ist dann, wenn es die meisten Pflanzen zu kaufen gibt und das sind die Monate von April bis August. Ab August fangen die einen oder anderen Wasserpflanzen auch schon an einzuziehen. Für ein gutes Anwachsen der Wasserpflanzen sind gleichzeitig hohe Wassertemperaturen von Bedeutung. Wasserpflanzen, die in Pflanzcontainern angeboten werden, unterliegen keiner restriktiven Pflanzzeit. Interessant ist, dass immer mehr Wasserpflanzen in Pflanzkörben als Solitärpflanzen angeboten werden. Sie wachsen schneller an und sorgen sofort für ein optimales Erscheinungsbild des Teiches.

Das Verhältnis Wasserfläche zu Bepflanzung

Die Bepflanzung in einem Teich sollte eher etwas »sparsamer« ausfallen. Ähnlich wie bei einer Gartenbepflanzung verhält es sich auch mit einem Teich. Anfänglich sieht es ein wenig spärlich aus; nach 3 Jahren sieht es so aus wie man es sich vorgestellt hat und nach dem 5. Jahr beginnt das Auslichten. Bei einem Teich kann das, je nach Art der Pflanzen auch schon früher geschehen. Ein Drittel der Gesamtoberfläche eines Teiches sollte von Pflanzen freigehalten werden. Das Freihalten der Wasseroberfläche ist im Grunde genommen die Frage nach der richtigen Wahl der Seerose. Sehr viele Sorten wachsen derart schnell, dass schon innerhalb eines Jahres die Wasseroberfläche bedeckt ist. Ein so zugewachsener Teich wirkt langweilig, weil ihm das belebende Element Wasser optisch fehlt. Bei starker Sonneneinstrahlung beschattet ein zugewachsener Teich sich selbst. Dies wirkt sich positiv auf die Wasserqualität aus. Kurzfristig darf ein Teich auch mit verschiedenen Schwimmpflanzen besetzt werden. Diese vermehren sich sehr stark, beschatten die Wasserfläche und entziehen mit ihren Wurzeln dem Wasser große Mengen Nährstoffe. Ein großer Teil dieser Schwimmpflanzen kommt aus den Tropen und ist bei uns nicht winterhart. Die Vermehrungsrate dieser Pflanzen ist so groß, dass man sich rechtzeitig, bevor es kalt wird, einen kleinen Vorrat zum Überwintern in den Wohnraum holen kann. Von dem

Wasser inszenieren – Webcode: teich670

Einsatz der bei uns heimischen Wasserlinse ist eher abzuraten, man bekommt sie kaum wieder los.

Die Teichbepflanzung

Die Teichbepflanzung hängt von der Art des Teiches ab. Am schönsten und einfachsten ist die direkte Bepflanzung, wobei auf Wasserpflanzenkörbe ganz verzichtet werden kann. Bei Folienteichen, selbstgeformten Polyesterbecken und Teichen aus Naturstoffen ist dies durchaus möglich. Schwieriger ist das schon bei Fertigbecken, weil hier fast immer die abgetrennten Pflanzzonen, mit Ausnahme der Sumpfzone, fehlen.

Bei der direkten Bepflanzung wird eine 5 bis 8 cm dicke Schicht Teichsubstrat auf die Abdichtung aufgebracht. Diese Erdschicht ist nur da nötig, wo später auch wirklich Pflanzen sitzen sollen. Bei einem Folienteich lassen sich an diesen Stellen zusätzlich noch Mulden in die bereits vorhandene Abdichtung drücken. Unterboden und Folie geben in jedem Fall noch so viel nach. Beim Verteilen mit einer Schaufel muss sehr vorsichtig gearbeitet werden, damit die Folienhaut nicht verletzt wird. Nachdem nun alle Pflanzenstandorte mit Erde bedeckt sind, werden die Teichpflanzen verteilt. Hierzu ist es sehr sinnvoll, sich zuvor einen kleinen Pflanzplan anzufertigen, um zu wissen, welche Pflanze wo sitzen soll. Kann man diesen Plan selbst nicht erstellen, erhält man dort Rat, wo die Wasserpflanzen gekauft wurden.

Bei der Verteilung der Pflanzen ist unbedingt darauf zu achten, dass die höchsten Pflanzen nach hinten kommen und die Betrachterseite des Teiches mit den niedrigsten Pflanzen im Vordergrund ist. Bei der Bepflanzung eines Teiches ist Vielfalt gefragt. Vielfalt muss nicht unbedingt Menge bedeuten, denn wenig kann bei Wasserpflanzen auch schon zuviel sein. Die Ursache dafür ist, dass Wasserpflanzen ganz einfach die Neigung haben sich recht rasch auszubreiten, sobald sie einmal Fuß gefasst haben. Andererseits darf man mit einer Bepflanzung aber auch nicht zu sparsam umgehen, denn das ist für die Wasserqualität nicht gut. Lieber sollte man in Kauf nehmen, einen Teil der Pflanzen nach Ablauf von 2 bis 3 Jahren wieder zu entfernen.

Vor dem Verteilen der Pflanzen ist es wichtig, diese auf einem freien Platz am Teich zu sortieren. In guten Gärtnereien oder Gartenfachmärkten werden 60 bis 80 verschiedene Wasserpflanzen angeboten, die immer mit einem aussagekräftigen Etikett versehen sein sollten. Neben dem botanischen und dem deutschen Namen erscheint hier auch die notwendige Wassertiefe und die zu erwartende Endhöhe der Pflanze. Darüber hinaus noch Blühtermin und Blütenfarbe.

Für einen Teich in der Größenordnung 4×6 m werden 40 bis 50 Pflanzen benötigt. Dies bedeutet 1.6 bis 2.0 Pflanzen pro m^2, bezogen auf die Wasseroberfläche eines Teiches.

Zum eigentlichen Pflanzvorgang steigt man vorsichtig in den Teich und lässt sich die vorsortierten Pflanzen einzeln zureichen und pflanzt sie in das Substrat. Man beginnt immer mit den höchsten Pflanzen und setzt die Seerosen zuletzt. Das Substrat wird beim nächsten Arbeitsgang zwischen den Pflanzen mit weißem, gesiebtem Sand

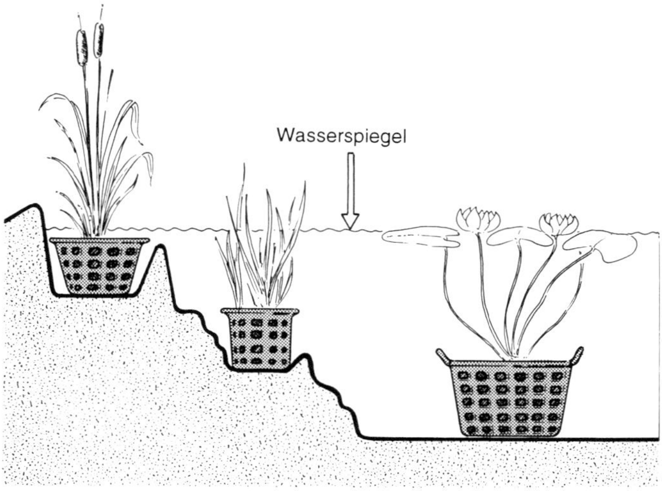
Wasserspiegel

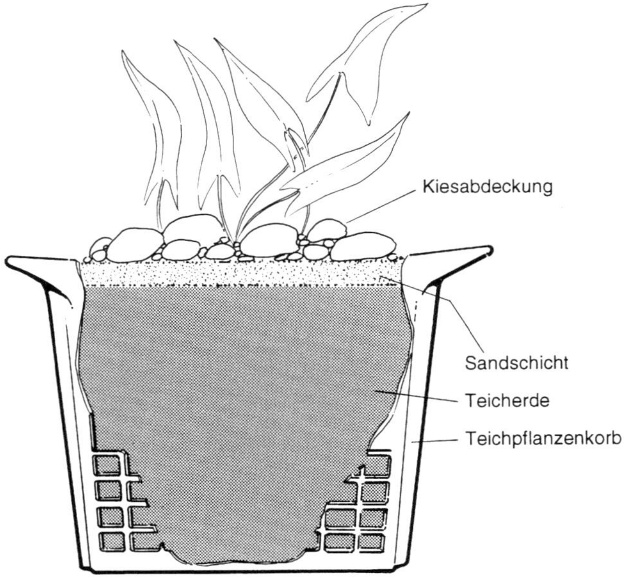
Kiesabdeckung
Sandschicht
Teicherde
Teichpflanzenkorb

◁ *In den Pflanzrinnen der Fertigbecken wird die Erde leicht ausgespült, deshalb bietet es sich an, Wasserpflanzenkörbe zu benutzen.*

abgedeckt. Hierzu reicht eine 2 bis 3 cm starke Schicht. Diese Sandabdeckung ist sehr wichtig. Sie verhindert zum einen das Aufschwemmen der Teicherde, zum anderen dient sie als Trägerschicht für die später aufgelegte Kiesschicht. Verzichtet man auf den Sand, würden alle in den Teich gebrachten Kiesel oder Steine in dem Substrat versinken und der Teich wäre ständig trüb.

Wasserpflanzenkörbe haben den Vorteil, dass man sie fix und fertig an Land bepflanzen kann und sie dann nur noch im Teich verteilen muss. Einen weiteren Vorteil bei den Körben ist darin zu sehen, dass sie eine sehr schnelle Verbreitung der Wasserpflanzen verhindern. Nachteilig ist, dass auch wenn man die Körbe mit noch so viel Geschick im Teich eingebaut, sie immer wieder sehen wird. Hier helfen eigentlich nur größere Steine, die mit einer Größe von 20 bis 25 mm in der Lage sind, solch einen Pflanzkorb weitgehend zuzudecken. Auf der obersten Substratschicht des Pflanzkorbes kommt ebenfalls eine Sandschicht, die das Einsinken der Steine verhindert.

Wenn immer möglich, sollte man auf den Einsatz der Körbe verzichten. Anders verhält es sich bei der Seerose. Hier sollte man sich einen engmaschigen Kunststoff-Kartoffelkorb besorgen. Für die oftmals sehr wüchsigen Seerosensorten werden fast immer viel zu kleine Körbe gekauft. Anstatt auf eine bestimmte Farbe der Seerose zu bestehen, wäre die Frage nach ihrer Wüchsigkeit wesentlich wichtiger. Bestimmt ist nicht jedem bekannt, dass verschiedene Seerosensorten innerhalb kürzester Zeit bereits armdicke Wurzeln entwickeln. Eine im Korb gepflanzte Seerose kann auf einfachstem Weg auch nachträglich noch im Tiefbereich versenkt werden. Hierzu werden an den Griffen des Korbes Haken eingehängt, die mit einem Strick versehen sind. Zum Versenken stehen rechts und links der Tiefzone je eine Person und lassen den Korb langsam ab. Voraussetzung ist natürlich, dass die Teichbreite dies zulässt. Von einem allmählichen Ablassen in immer tiefere Wasserzonen halte ich nichts. Jede Seerose treibt bei einer Wassertiefe von 80 bis 100 cm im Sommer innerhalb kürzester Zeit mit ihren Blättern nach oben durch. Durch das Umpflanzen in den Korb kann schon einmal passieren, dass ein paar Blätter absterben. Bei ausreichender Wassertemperatur treiben diese aber schnell wieder aus.

Querschnitt durch einen bepflanzten Wasserpflanzenkorb. Grobmaschige Körbe können mit einer Lage Zeitungspapier ausgekleidet werden.

Die Bepflanzung des Teichrandes

Der Teichrand oder das Ufer ist die Grenze zwischen Wasser und Land. In der Natur wird sie von arttypischen Pflanzen besiedelt. Dies ist in erster Linie von dem Feuchtigkeitsgrad des Randgebietes abhängig. Ferner spielen Bodenart und Lichtverhältnisse eine Rolle. Im schattigen, humosen, leicht feuchten Bereich sind Farne und auch Gräser hierfür die passenden Pflanzen. Doch dürfen auch hier nicht blühende Pflanzen fehlen. Eine ausschließlich grüne Teichrandgestaltung wirkt auf Dauer bestimmt langweilig.

Ist ein Teich auch noch so schön mit allen Arten von Wasserpflanzen besetzt, seine eigentliche Wirkung erhält er doch erst durch ein richtig bepflanztes Umfeld. Für den Lebensbereich Wasserrand unterscheiden wir zweierlei Arten von Pflanzen; einmal solche, die im trockenen Bereich stehen, zum anderen die, die noch gerade einen feuchten Standort bevorzugen.

Je nach Pflanzengröße und Habitus können die Stauden für die Teichrandgestaltung in Gruppen, oder aber auch als Solitärpflanze verwendet werden. Mit den Großpflanzen geht man eher sparsam damit um, weil der Platzanspruch teilweise sehr groß für die einzelne Pflanze ist. Bei kleineren Arten rechnet man 3 bis 6 Stück pro Quadratmeter, Solitärpflanzen werden immer einzeln gesetzt.

Ein weiteres, sehr wichtiges Gestaltungselement sind die Gräser, die an keinem Teich fehlen dürfen.

Steine, Findlinge, Zierkiesel in und am Teich

Eine Teichgestaltung ohne Steine ist eigentlich undenkbar. Ihre Verwendung reicht von der einfachen Kiesschüttung, bis hin zum Findling. Besonders dekorativ wirken Steine, wenn sie vom Wasser bedeckt sind und sich hierdurch farblich voll entfalten. Dies trifft besonders für Mischkiesel, z. B. den Oberrheinkiesel zu, der sehr gerne für die Abdeckung der Teichoberfläche verwendet wird. Durch die unterschiedlichen Farben und Formen wirken sie im Wasser sehr lebendig. Größere Steine und Findlinge entwickeln ihre ganze Schönheit, wenn sie nur teilweise vom Wasser bedeckt sind und sich auf ihrer Oberfläche Moose und Algen ansiedeln. Außerdem können Steinaufbauten im Gartenteich für Tiere lebensrettend sein. Stein- oder Kiesschüttungen bis in den oberen Randbereich ermöglicht Igeln und anderen Kleintieren einen lebensrettenden Ausstieg aus dem Wasser.

Aufwendige Steinarbeiten in einem im japanischen Stil angelegtem Teich. ▷

Doch auch am Teichrand und im näheren Umfeld des Teiches spielen Steine und Findlinge bei der Gestaltung eine bedeutsame Rolle. Von der Verwendung von Kalkgestein direkt im Wasser ist abzuraten, weil hierdurch der pH-Wert des Wassers unnötig angehoben wird. Dies fördert den unerwünschten Algenwuchs. Im Trockenbereich kann Kalkgestein, das es in den unterschiedlichsten Formen gibt, bedenkenlos eingesetzt werden. Bei der Verwendung von größeren Steinen im Teich sind auf der Abdichtung besondere Vorkehrungen zu treffen. Steine haben je nach Größe ein nicht zu unterschätzendes Gewicht und könnten die Abdichtung verletzen und den Teich undicht machen.

Bei Folienteichen sollte ein Stück Folie zusätzlich unterlegt werden. Ferner muss darauf geachtet werden, dass nichts unter dem Stein liegt, was durch das Steingewicht durch die Folie gedrückt werden kann. Bei Teichen mit Abdichtungen aus Naturbaustoffen sollten

Verwendung von Granitpflaster und Granitfindlingen in einem großen Hausgarten. ▷

Großformatige Findlinge zur Randgestaltung.

Detail einer Randgestaltung mit Steinen. Bei scharfkantigen Steinen ist die Verwendung von Vlies zum Schutz der Abdeckung ratsam.

Der Übergang zur umliegenden Staudenfläche ▷ ist durch die Verwendung von Kieseln fließend.

große Steine nur im Randbereich eingebaut werden. Für Fertigteiche eignen sich große Steine und Findlinge nur im Außenrandbereich.

Von scharfkantigen und eckigen Steinen im Teich ist abzuraten, die Verletzungsgefahr für die Abdichtung ist zu groß. Im Handel gibt es eine Vielzahl von Steinmaterialien, die sich der Teichbauer in Gartenfachmärkten oder in Baustoffgroßhandlungen besorgen kann. Die Namensgebungen für Steine sind regional sehr unterschiedlich und sie geben gelegentlich Aufschluss über ihre Herkunft.

Kiesel werden nach Liter oder m^3 verkauft. Oftmals werden sie in wetterfesten Kunststoffsäcken in den unterschiedlichsten Größen angeboten. Größere Kiesel, Steine und Findlinge werden nach Gewicht verkauft. Natürlich kann man einen Findling auch messen und sich somit das Gewicht errechnen. Das durchschnittliche Volumengewicht von Findlingen liegt bei etwa 2,6 to pro m^3. Diese Berechnungsmethode ist aber recht ungenau. Auf Seite 97 steht eine kleine Auswahl von Steinmaßen mit ihrem Schätzgewicht. Die Tabelle zeigt, wie schnell das Gewicht zunimmt, wenn der Stein nur wenige Zentimeter größer ist.

Kieselarten

Als Kiesel ist Steinmaterial zu bezeichnen, das einen Durchmesser von 8 bis 200 mm aufweist. Dieses Material eignet sich in erster Linie zur Abdeckung der Teichabdichtung. Im Fachhandel werden diese Kiesel unter verschiedenen Namen in Säcken verpackt oder lose angeboten.

Die Preise für Kies und Kieselarten richten sich nach Art des Materials und natürlich nach dessen Größe. Lose Ware wird immer wesentlich preiswerter als Sackware sein.

Zierkiesel		
Kieselart	Größe von – bis	Farbe
Marmorkiesel	8–200 mm	weiß
Quarzkiesel	8– 50 mm	schwarz/weiß
Moränenkiesel	50–200 mm	bunt
Rheinkiesel	8– 60 mm	bunt
Gletscherkiesel	30– 50 mm	grau/weiß
Seekiesel	40– 60 mm	grau/blau
Granitkiesel	70–250 mm	grau/rosa
Nordlandkiesel	70–250 mm	bunt

Loser Oberrheinkies aus einer Kiesgrube muss vor der Verwendung im Teich gründlichst über einem Kompostsieb mit Wasser gespült werden, weil er mit einem hohen Schmutzanteil versehen ist.

Zur Kieselabdeckung sollte aus optischen Gründen unterschiedlich großes Material benutzt werden. Man beginnt damit an der tiefsten Stelle und baut von unten nach oben auf. Selbst bei etwas steileren Stellen bleibt der Kies liegen, wenn das Material unterschiedlich stark ist. Es hält sich sozusagen selbst und kann nicht nachrutschen. Zum Einbauen der Kiesschicht verwendet man eine Flachschaufel.

Materialien von Findlingen

Bei Steinen oder Findlingen unterscheidet man Materialien wie Granit, Sandstein, Gneis, Dolomit, Kalkgestein, Muschelkalk, Marmor, Lavagestein, Porphyr, Basalt, Konglomerate und Sedimentgesteine.

An dieser Stelle sei darauf hingewiesen, dass es Firmen gibt, die sich auf die Fertigung von künstlichen Felsenlandschaften spezialisiert haben. Diese Felsendekorationen sehen täuschend echt aus und werden aus Glasfaserbeton gefertigt. Das Material ist 12 mm stark und wiegt pro m^2 nur 22 kg. Die Steine oder Felslandschaften sind innen hohl,

Gesteinsarten von Findlingen

Steinart	Farbe	Bemerkung
Oberrheinmoräne	bunt	oft flacher Aufbau
Granit	grau/weiß	eiförmig – kugelig
Tessiner	bunt/geädert	sehr schön
Porphyr	rotbunt	farblich sehr interessant
Carrara-Marmor	weiß	schöne, glatte Oberflächen
Nordische	rotbunt	oft mit Adern durchsetzt
Gletscher	grau	eiförmige bis kugelige Formen
Sandstein	rot, grau, gelb	relativ weich
Basalt	grau/schwarz	selten abgerundet
Diabas	schwarz/grün	kristalliner Basalt
Kalklochsteine	beige	mit Aushöhlungen
Serpentin	bunt	mit vielen Adern
Lava Brocken	braun	sehr rauhe Oberflächen
Bachkugeln	vielfarbig	sehr dekorativ
Konglomeratfindlinge	vielfarbig	Zusammenschluss vieler Steinarten

Findlinge und Ihr Gewicht	
Durchmesser des Findlings	ungefähres Gewicht
30 cm	42,5 kg
50 cm	200,0 kg
90 cm	1200,0 kg
110 cm	2100,0 kg
140 cm	6400,0 kg
180 cm	9200,0 kg

Das Angebot an Steinen im Fachhandel ist groß.

wodurch im Inneren die gesamte Pumpentechnik auf Wunsch versteckt werden kann. Glasfaserbeton ist unbrennbar, wasserdicht, bruchfest und wetterbeständig. Die Formen für eine ganze Landschaft werden vom Originalfelsen entnommen und erhalten somit ihr natürliches Aussehen.

Randeinfassungen

Platten

Bei vielen Teichen wird der Rand mit einem begehbaren Plattenrand versehen. Dies hat den Nachteil, dass kein fließender Übergang vom Teich in den weiteren Bereich des Gartens geschaffen werden kann. Doch bieten Platteneinfassungen auch Vorteile, die nicht zu unterschätzen sind. Gras und andere Vegetation wird daran gehindert in den Teich zu wachsen. Der Teich ist rundum begehbar und die Kapillarwirkung des Bodens ist unterbrochen.

Die Einfassung kann mit Natursteinplatten oder aber mit Kunststeinplatten ausgeführt werden. Ferner bieten sich hier kesseldruckimprägnierte Hölzer an. Zur Verlegung selbst gibt es zwei Möglichkeiten: einmal trocken, d. h. in Sand verlegt, oder aber in Beton. Zu beachten ist bei allen Methoden, dass die Platten fest sitzen, nicht zu weit über dem Teichrand überstehen und die Abdichtung nicht verletzen.

Beim »trocken verlegen« wird um den Teich herum ein etwa 30 cm tiefer Graben ausgehoben (Breite entsprechend der Platten) und mit Mineralgestein (Korngröße 0 bis 32 oder 0 bis 50 mm) aufgefüllt und mit einem Stampfer verdichtet. Auf diese Schicht wird 5 cm Sand (Korngröße 0 bis 3 mm) aufgebracht, der dann mit einer Maurerkelle geglättet wird. Mit Hilfe einer Wasserwaage werden die Steinplatten dann ausgerichtet und mit einem Gummihammer auf die endgültige Höhe gebracht. Die Platten sollten am Teichrand nicht mehr als 5 cm überstehen.

Eine geschlossene Umrandung aus Platten wirkt meist sehr formal und streng.

Holz, Granit und Kiesel in unterschiedlichen Größen ergeben hier auf kleinstem Raum eine stimmige Randgestaltung.

Bei der Verlegung in Beton verfährt man auf ähnliche Weise. Statt Sand wird aber ein Magerbetongemisch (B 15) 1:6 mit feinem Kies (Korngröße 0 bis 30 mm) verwendet. Die Platten erhalten hierdurch einen wirklich festen Sitz.

Natursteinplatten und Natursteinpflaster

Als Material sieht Naturstein am besten aus, ist aber auch gleichzeitig teurer.

Sowohl Natursteinplatten als auch Pflasterzeilen aus Natursteinen eignen sich. Der Naturstein sollte keine geschliffene Oberfläche haben, die Gefahr, dass man auf einer feuchten Platte ausrutschen kann, ist sonst groß. Porphyr, Granit und Sandstein sind die wohl am häufigsten verwendeten Steinarten.

Für Pflasterzeilen eignen sich am besten Granit-, Basalt- oder Porphyr-Pflastersteine. Gelegentlich kommt man auch schon einmal an altes Katzenkopfpflaster heran, das früher für den Straßenbau verwendet wurde. Diese durch den Verkehr rundpolierten Steine wirken sehr dekorativ. In Gebieten, in denen es noch industrielle Metallverhüttungen gibt, kann man preisgünstig an Kupferschlackesteine gelangen.

Diese Würfel, mit einer Kantenlänge von etwa 25 cm sehen farblich interessant aus und eignen sich für diesen Zweck bestens. Ein Rand aus Pflastersteinen braucht nicht breiter als rund 30 cm zu sein. Wird ein Überstand am

Mit jedem Material verändert sich die Wirkung: Holz, Kiesel, Betonplatten.

Teichrand gewünscht, ist dies selbstverständlich nur mit Platten möglich.

Betonsteine und Klinker

Auch künstliche Steine aus Beton sind sehr zweckmäßig. Sie sehen in den Steinfarben Granit oder Sandstein täuschen echt aus und sind preiswerter als Naturstein. Zum Teil werden solche Randsteine aus Beton auch maßgerecht für Fertigteiche angeboten. Diese trapezförmigen Platten gibt es in verschiedenen Abmessungen. Sie fügen sich auch bei unregelmäßig geformten Teichen dem Beckenrand harmonisch an. Zusätzlich lieferbare Eckplatten runden zusammen mit Passplatten das System ab. Die Kantenlänge von 25 bis 30 cm erlaubt später ein Begehen des Randes.

Auf die im Garten allgemein weit verbreitete Waschbetonplatte kann an einem Teich verzichtet werden. Die Produzenten von Betonteilen für den Garten haben eine große Palette von weiterem Plattenmaterial, das sich zu diesem Zweck eignet. Außer Trapezplatten gibt es mehreckige, runde, quadratische oder rechteckige Formen. Die Verlegung ist denkbar einfach. Die zunächst noch leicht künstlich anmutenden Platten bekommen schon nach wenigen Monaten eine Patinaschicht und wirken dann wie Naturstein. Künstliche Randsteinplatten haben eine Stärke von 5 bis 8 cm. Sie werden trocken oder in Magerbeton verlegt. Je kleiner eine Randplatte ist, desto besser ist es, wenn sie in Beton verlegt wird. Hierdurch ist ein Verrutschen von vornherein unterbunden.

Hartgebrannte Ziegel und Klinkersteine sind ein weiteres, gut geeignetes Material, das sich für die Randbefestigung eignet. Ziegel und Klinker gibt es in den verschiedensten Ausführungen. Bedingt durch ihre nur sehr geringe Breite sollten sie wenigstens zweireihig auf Magerbeton verlegt werden. Die Form des Materials ermöglicht vielfältige Verlegemuster.

Stege, Brücken, Holzdecks und Sitzplätze

Ein Gartenteich mit einer Brücke, einem Holzsteg oder ganz einfach einem Holzdeck erschließt dem Betrachter unter Umständen ganz neue Dimensionen. Ihr Bau setzt jedoch einige Bedingungen voraus, die sich in erster Linie auf die Größe und die Form des Teiches beziehen. Den Bau dieser Holzelemente sollte man unterlassen, wenn der Teich nicht mindestens eine Wasseroberfläche von 30 m^2 hat. Solche Bauelemente wirken sonst eher störend und nehmen den optischen Reiz einer kleineren Teichanlage.

Imprägnierte oder mit Holzschutzmitteln behandelte Hölzer sind häufig ein Gegenstand der Kritik von Umweltschützern, was zweifellos auch berechtigt ist. Dennoch gibt es hier recht gravierende Unterschiede, die sich durch die Art der Imprägnierung äußern. Vollkommen auszuschließen sind bitumenhaltige Holzschutzpräparate, sie würden Giftstoffe an das Teichwasser abgeben.

Kesseldruckimprägnierte Hölzer aus dem Holzfachhandel sind als weitgehend umweltfreundlich zu bezeichnen, sofern sie richtig behandelt worden sind. Die Imprägnierung erfolgt unter Druck mit Salzen, die nach 4 bis 6 Wochen Lagerung bei 15 bis 20 °C durch Wasser nicht mehr auszuspülen sind.

Holzarten für die Verwendung im Freien

Fichte. Sie hat ein weiches, nicht sehr widerstandsfähiges Holz und ist nur mit Imprägnierung dauerhaft. In der Regel hat sie den niedrigsten Preis. Haltbarkeit zwischen 5 und 8 Jahren.

Tanne und Douglasie. Diese Hölzer werden seltener angeboten und liegen in ihrer Eignung für das Freiland zwischen Fichte und Kiefer.

Kiefer. Ihr Holz ist etwas widerstandsfähiger und wird im Freiland häufig verwendet. Eine Imprägnierung ist ratsam. Haltbarkeit zwischen 8 und 10 Jahren.

Lärche. Sie ist sehr beständig, relativ selten lieferbar, aber auch ohne Imprägnierung recht gut zu verwenden.

Red Cedar. Dieses rötliche, edel wirkende Holz wird in letzter Zeit verstärkt angeboten. Es stammt aus Kanada und ist auch ohne Imprägnierung gut haltbar, hat aber einen hohen Preis. Haltbarkeit zwischen 12 und 15 Jahren.

Laubhölzer. Vor allem Eiche und Robinie eignen sich gut für das Freiland. Preis und Lieferbarkeit machen sie zu Hölzern für besondere Zwecke. Haltbarkeit zwischen 15 und 20 Jahren.

Tropische Hölzer. Solange nicht sichergestellt ist, dass die Hölzer aus nachwachsenden Beständen stammen, sollten sie nicht verwendet werden. Sie sind auch ohne Imprägnierung dauerhaft, aber schwer zu bearbeiten.

Da Bahnschwellen mit Imprägnierung aus Umweltschutzgründen nicht mehr verbaut werden dürfen, erhält man diese inzwischen als Imitate aus Stein.

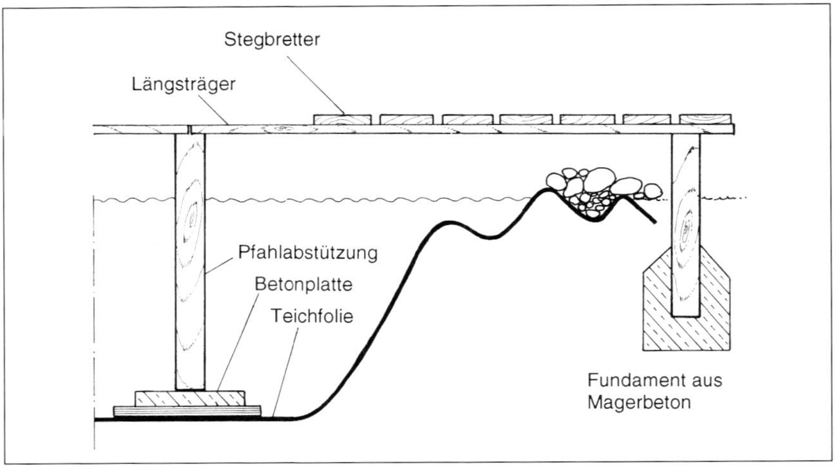

Die Standfläche von Stützpfählen muss durch Platten vergrößert werden. Zusätzlich wird die Abdichtung durch eine doppelte Folienunterlage oder Vliese geschützt.

Kesseldruckimprägnierte Hölzer, die für den Garten- und Landschaftsbau angeboten werden, sind zumeist Fichte und gelegentlich auch Kiefer.

Auch nicht imprägnierte Hölzer ausgewählter Art lassen sich zu diesem Zweck verwenden. Ihr Preis liegt meist wesentlich höher.

Stege

Stege sind Verlängerungen von Wegeführungen, die im Wasser enden. Die Schwierigkeit beim Bau besteht darin, dass nicht einfach eine Pfahlabstützung für den Steg im Wasser aufgebaut werden kann. Die Abdichtung des Teiches würde bei unsachgemäßem Einbau sofort Schaden nehmen, oder den Teich undicht machen. Die Pfahlabstützung eines Steges im Wasser muss mit ihrer Standfläche soweit vergrößert werden, dass sie auf der Oberfläche der Abdichtung keinen Schaden anrichten kann. Dies erreicht man relativ einfach durch dicke Teichfolienstücke, die als Unterlage für eine Betonplatte gelegt werden. Die Platte muss nicht größer als 50 cm^2 sein. Die Zeichnung verdeutlicht den Einbau. Eine wichtige Voraussetzung für diese Maßnahme ist natürlich, dass der Boden an dieser Stelle eben ist.

Stege können als Bausatz fertig gekauft werden. Ebenso lassen sie sich aber auch mit kesseldruckimprägniertem Holz aus einer Holzhandlung selber bauen. Der Grundaufbau besteht aus zwei Balken die 10 × 10 oder 12 × 12 cm stark sind. Je nach Steglänge werden dann, der Wassertiefe angepasst, Kanthölzer der gleichen Stärke als Pfahlaufbau benötigt. Man rechnet mit einem Abstand von 100 bis 130 cm. Die Abdeckung der Tragebalken kann dann einfach mit Planken geschehen, oder aber mit Holzfliesen, die es in vielen Ausfüh-

Stege – Webcode: teich659

rungen und Maßen gibt. Wichtig ist, dass alle Teile intensiv mit möglichst umweltfreundlichen Holzschutzmitteln behandelt sind, um einem vorzeitigen Verrotten des Holzmaterials vorzubeugen.

Brücken

Etwas einfacher ist der Einbau einer Brücke, wenngleich hier ganz bestimmte Formen der Teichanlage eine Voraussetzung sind. Brücken überspannen die Wasseroberfläche von einem zum anderen Teichrand oder reichen vom Rand auf eine im Teich gebaute Insel. Gute Holzhandlungen und Firmen, die sich auf die Ausstattungen von besonderem Teichzubehör spezialisiert haben, vertreiben Brücken, die sich hierfür eignen. Vom Selbstbau ist eher abzuraten, da bestimmte statische Werte einzuhalten sind, die die Begehbarkeit entscheidend beeinflussen. Ferner ist die Auswahl der angebotenen Modelle so groß, dass fast kein Wunsch offen bleibt.

Viele Firmen sind zudem bereit, auch Sondermaße anzufertigen. Um die Lebensdauer und vor allem auch die Sicherheit einer solchen Brücke zu gewährleisten, ist es unbedingt nötig, die Enden der Brücke auf einem kleinen Betonlager aufzusetzen. Leicht gebogene Brücken, mit oder ohne Geländer, wirken dekorativer, als nur einfache gerade Flächen. Diese Betonlager müssen nicht sehr breit sein, sollten aber unbedingt bis auf eine Frosttiefe von 80 cm angelegt werden.

Besonders reizvoll ist ein Gartenpfad mit integrierter Brücke.

Größe und Form von Brücken sollten sich dem Teich und dem Gartenstil anpassen.

Schmalere Partien, wie zum Beispiel an Bachläufen, lassen sich recht einfach und wirkungsvoll mit größeren Steinplatten überbrücken.

Parallel gelegte Granitstelen oder breite Holzbalken sind ebenso geeignet.

Holzdecks

Fertige Holzdecks sind kaum im Handel, dafür sind sie relativ einfach zu bauen. Das Grundmaterial sind wiederum Kanthölzer 10 × 10 oder 12 × 12. Damit das Balkenmaterial nicht direkt auf dem Boden aufliegt und schnell faulen kann, legt man im Abstand von 1 m kleine frostsichere Punktfundamente an, auf denen das Balkenmaterial befestigt wird. Werden in den Punktfundamenten gleichzeitig Gewindestangen eingelassen, kann das Balkenmaterial problemlos auf den Fundamenten befestigt werden. Zum Abdecken eignen sich dann wieder die im Holzhandel mannigfaltig angebotenen Holzfliesen oder einfach starke Bretter, die ein problemloses Begehen der Holzfläche ermöglichen. Auch eine Kombination aus Sitzdeck und Steg ist ohne weiteres möglich, wenn der Unterbau soweit verankert ist, dass er einen Überhang auf die Wasseroberfläche aus statischen Gründen erlaubt. Die Oberfläche des Holzdecks sollte mit Spalten versehen sein, so dass Regenwasser ablaufen kann. Der Abstand dieser Spalten muss so eng sein, dass die Füße von Gartenmöbeln nicht durchrutschen.

Bewegtes Wasser

Wasser in Bewegung bringt Leben in den Teich. Mit relativ geringem technischen Aufwand können Veränderungen, die Wasser bewegen, auch noch zu einem späteren Zeitpunkt, wenn der Teich schon lange fertig gestellt ist, verwirklicht werden. Neben einem starken optischen Effekt ist bewegtes Wasser auch zusätzlich noch für die Gesunderhaltung des Teiches maßgebend verantwortlich: Durch die Wasserbewegung gelangen große Mengen Sauerstoff in den Teich. Auf der anderen Seite nehmen viele Pflanzen, z. B. auch Seerosen, zu stark bewegtes Wasser übel. Der Fantasie, wie man das Wasser am Teich in Bewegung setzen kann, sind keinerlei Grenzen gesetzt. Auch ist bewegtes Wasser an keine Größe eines Teiches gebunden, es wirkt immer. Selbst ein winziges Becken, auf dem nur ein Sprudelstein sitzt, erzielt in Verbindung mit einer geschickten Bepflanzung seine volle Wirkung.

◁ *Um Wasser in Bewegung zu setzen, bedarf es einiger Technik.*

Unten: Mehr zur Repräsentation dienen solche Anlagen.

Sprudelsteine und Mühlräder

Auf noch so engem Raum, am besten in unmittelbarer Nähe der Terrasse, kann ein Becken mit einem Sprudelstein oder Mühlrad geplant werden. Aus bautechnischen Gründen wird ein quadratisches Teichbecken aus GFK-Material oder PVC verwendet. Im Handel werden komplette Anlagen angeboten, die es auch als runde Form gibt. Beim Selbstbau kann auf Fertigbecken auch gänzlich verzichtet werden. An Stelle eines Fertigbeckens werden Rasenkantensteine 100 × 30 × 8 im Boden eingegraben und dann mit Teichfolie ausgekleidet. Die Rasenkantensteine werden mit Hilfe einer Wasserwaage verlegt, damit die Ränder auch in Waage sind.

Um das so geschaffene Becken abzudichten, sollte die Folie über den oberen Rand der Rasenkantensteine gezogen und im Boden vergraben werden. Auf den Rand der Rasenkantensteine wird ein Gitterrost gelegt, den man nach Maß im Eisenwarenhandel erhält. Dieser Rost sollte mit einer Öffnung versehen werden, die es ermöglicht an die Pumpe zu gelangen, ohne den gesamten Aufbau entfernen zu müssen.

Damit die Folienhaut nicht durch das Gewicht des Rostes und der Steinabdeckung verletzt wird, sollte eine weitere Lage Folie auf die Oberkante der Randsteine gelegt werden. Ein grobes Vlies wird als nächster Arbeitsgang über den

Rost gelegt. Es verhindert, dass später Laub und Schmutz in das Becken fällt und die Pumpe verstopft. Jetzt kann der Sprudelstein oder das Mühlrad auf den Rost gesetzt werden, nachdem zuvor die Pumpe und der Schlauch installiert wurden.

Sprudelsteine sind kleinere Findlinge bis zu einer Größe von 50 cm im Durchmesser. Am besten wirken bunte Steine, z. B. Konglomeratgestein, die ihre ganze Schönheit erst entwickeln, wenn sie nass sind. Kaufen kann man solche Steine in Gartenfachmärkten oder bei Baustoffhändlern. Nicht immer ist gerade der Stein, den man auswählt auch gebohrt. Dies übernimmt ein Steinmetz gegen eine Kostenberechnung von etwa 2,– Euro pro cm Bohrung. Je nach Größe des Steines sollte die Bohrung ½″ bis ¾″ stark sein. Der Schlauch, der dann durch diese Bohrung geführt wird, darf so gut wie kein Spiel haben. Ist er der Bohrung nicht angepasst, läuft zu viel Wasser in die Bohrung zurück und erreicht nicht die Steinoberfläche. Durch eine Kronenbohrung im Stein ergibt sich die Möglichkeit eine Schaumdüse zu installieren. Eine Kronenbohrung ist eine Erweiterung im oberen Bereich des Bohrkanals, die ein Steinmetz mit einem Spezialwerkzeug ausführt.

Der Stein oder das Mühlrad muss in seiner Größe zum Rost passen. Ist der Rost zu klein, läuft man Gefahr, dass das Becken durch Spritzwasser ständig geleert wird. Den Rost deckt man mit flachen, bunten Kieselsteinen der Größe 150 bis 300 mm ab. Hierdurch ist die Technik nicht mehr sichtbar. Im Handel sind zu diesem Wasserbereich eine gan-

Sprudelstein aus einem Findling

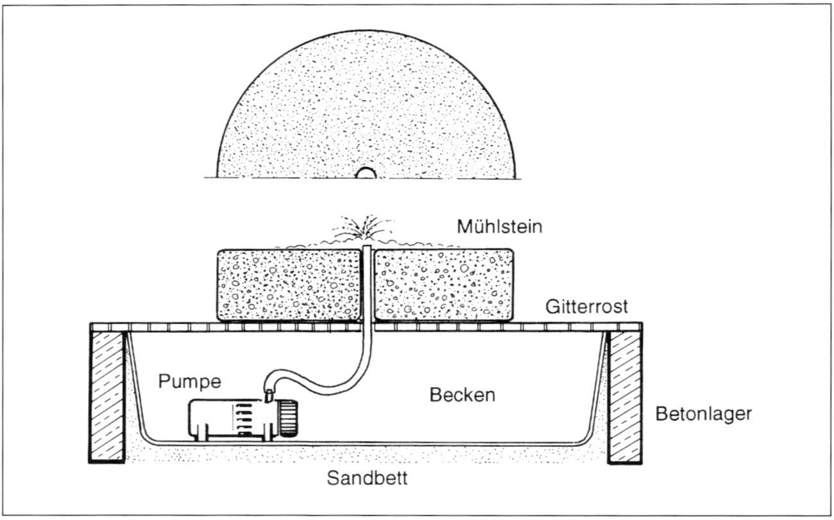

Eine solche Kleinanlage kann mit einfachen Mitteln gebaut werden. Der Rost sollte eine Öffnung haben, damit die Pumpe gewartet werden kann.

ze Reihe von Modellen, bei denen die künstlichen Mühlräder versenkt im Becken eingepasst sind, oder wo auch zwei Mühlräder übereinander sitzen. Der Einbau eines solchen Bausatzes erweist sich einfacher als der Eigenbau solch einer Anlage.

Ihre eigentliche Wirkung erzielen diese Wassergärtchen eigentlich erst durch eine geschickt ausgewählte Bepflanzung. Besonders dekorativ wirken hier Gräser und Farne. Das Wasser, das aus dem Sprudelstein oder dem Mühlstein quillt, verursacht ein gurgelndes Geräusch. Hierzu bedarf es anfangs einer gewissen Gewöhnung, später wirkt es eher beruhigend.

Echte Mühlsteine einzubauen scheitert zumeist an den Kosten und nicht zuletzt auch an dem Gewicht. Die künstlichen Mühlsteine sind aus GFK-Material gefertigt und mit einem Kies/Sand-Gemisch gesandet. Hierdurch wirken sie sehr echt. Es gibt sie in verschiedenen Durchmessern. Besonders dekorativ wirken sie als Gruppe in unterschiedlichen Höhen eingebaut. Der Bau einer Mühlsteingruppe ist baugleich einer Einzelanlage. Eine Verteileranlage in Verbindung mit einer stärkeren Pumpe bringt mehrere Anschlüsse zum gleichmäßigen Sprudeln.

Der Bau eines Bachlaufes

Ein Bachlauf muss ebenso sorgfältig geplant werden, wie der Teich selbst. Entscheidend sind hierzu die Größe des Teiches, die Länge des geplanten Bachlaufes und das Gefälle im Garten. Es darf später nicht so sein, dass der Teich

Bachlauf – Webcode: teich655

durch den Bachlauf leergepumpt wird. Hierzu gibt es eine Faustregel: Für jeweils 1000 Liter Wasserinhalt eines Teichs kann man etwa 200 cm Bachlauf planen. Bei einem Teich mit einem Wasserinhalt von 5000 l darf der Bachlauf eine Länge von 10–12 m aufweisen. Diese Länge erscheint auf den ersten Blick enorm. Bedenke man hier jedoch, dass der Verlauf des Baches sich gewunden durch den Garten schlängelt oder in Kurven um den Teich herum verläuft. Planen kann man den Bachlauf mit Hilfe eines Gartenschlauches, wie wir es schon von der Formfestlegung des Teiches kennen. Ein Bachlauf ist übrigens ein ideales Verbindungsstück zwischen einem oder mehreren Teichen im Garten. Der Gestaltung sind hier keinerlei Grenzen gesetzt.

Die Bachbettabdichtung ist am einfachsten mit Teichfolie zu bewerkstelligen. Hierzu sollte man bei seinem Folienlieferanten nachfragen, ob nicht Folienreste von Rollenware vorhanden ist, die man zumeist preiswert erstehen kann. Die Folie sollte eine Breite von 150 bis 200 cm haben. Der Handel hält besandete Bachlauffolien bereit, die es in den Breiten 60, 80 oder 100 cm gibt. Bei hochwertigen Folien ist ein Teil des Steinmaterials direkt in die Folie eingearbeitet.

Natürlich kann ein Bachlauf auch aus anderen Materialien entstehen. Ton und Beton, sowie Glasfasermatte mit Polyesterharz bieten sich an, doch sind sie für diesen Zweck sehr arbeitsintensiv. Nicht zuletzt werden auf dem Markt auch viele Fertigteile für Wasserläufe angeboten. Sie wirken wegen ihres gleichmäßigen Baus sehr künstlich. Nur durch eine sehr geschickte Randbepflanzung

Alte Tröge dienen hier als Quelle für einen Bachlauf.

Materialien für den Bau eines Bachlaufs

1. Teichfolienreste oder Fertigteile
2. Quellschweißmittel oder Heißluftfön
3. Unterbaumaterial für Stufen (Schotter und Magerbeton)
4. Kies (7–25 mm)
5. Oberrheinkiesel (50–125 mm)
6. runde Ziersteine unterschiedlichster Größe
7. Stauden, Gräser und Farne

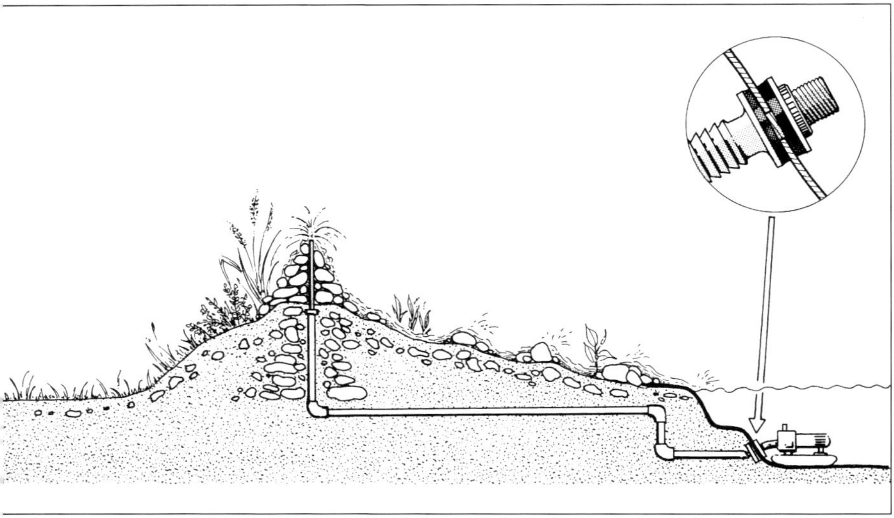

Rohrführung für einen kleinen Bachlauf.

kann dies kaschiert werden. Neben den optischen Reizen eines Bachlaufs ergibt sich gleichzeitig auch noch Nutzen.

Der Bachlauf ist ein magischer Anziehungspunkt für zahlreiche Tierarten, wie Frösche, Kröten, Molche, Libellen oder Schmetterlinge. Ferner hat er, je nach Länge, eine gute Filterwirkung für den Teich und er bringt zusätzlich Sauerstoff in das Wasser.

Ein interessant gestaltetes Bachbett sollte mit Stufen in unregelmäßigen Abständen und verschiedenen Höhen ausgestattet sein. Dies wird sehr einfach erreicht durch den Einbau von senkrecht aufgestellten Betonrandsteinen oder kleineren Platten. Ebenso gut sind größere, kantige Steine. Für den optischen Eindruck ist von Bedeutung, dass der Bachlauf so geplant ist, dass er aus mehreren kleinen Tümpeln oder Pfützen besteht und nicht nur aus einem gerade verlaufenden Bett. Diese Miniwasserflächen sind auch dann geflutet, wenn die Pumpe des Bachlaufes einmal nicht in Betrieb ist.

Nachdem der Verlauf des Bachbettes festgelegt ist, werden die gewünschten Stufen von Stufe zu Stufe eingemessen und festgelegt. Die Stufenhöhe muss nicht mehr als 20 bis 30 cm betragen. Man rechnet mit einem Abstand von 1 bis 2 m zwischen den Stufen. Ist ein Garten absolut eben, was selten der Fall ist, nimmt man das Erdmaterial vom Aushub des Teiches, um ein Gefälle zu erhalten.

Der nächste Schritt ist das Ausheben des Bachbettes. Dies klingt dramatischer als es ist. Eine Tiefe von 20 bis 30 cm reicht vollkommen aus. Die Flächen unterhalb der Stufen werden als Minitümpel ausgeformt. Eine Schüttung von 5 cm gewaschenem Sand dient als

Auskleidung und ermöglicht eine rundliche Ausformung.

Die Wasserversorgung des Bachlaufes geschieht mit einem Pumpenspiralschlauch, der unmittelbar neben dem Bach verlegt ist und einer Pumpe, die in 30–50 cm Wassertiefe des Teiches sitzt. Der Schlauch sollte so im Boden eingegraben sein, dass man jederzeit an ihn heran kann, ohne das Teichbett gleich zu zerstören. Die Pumpe ist besser ein wenig überdimensioniert als zu schwach. Ein fast trockenes Bachbett ist sicherlich nicht die Vorstellung eines Teichbesitzers. Näheres zu den Leistungen einer Pumpe in der Tabelle auf Seite 117.

Ist der Verlauf des Baches sehr gewunden, so sollte der Schlauch auf möglichst direktem Weg zum Anfang des Baches verlegt werden. Unnötig viele Windungen führen zu einem hohen Druckverlust bei der Fördermenge der Pumpe. Der Kopf eines Bachlaufes kann ein kleiner gebohrter Findling sein. Dekorativer wirkt eine kleine Steinschüttung aus der das Wasser wie aus einer Quelle sprudelt.

Auf die vorbereitete Fläche kommt nun die Abdichtung. Bei Teichfolie ist es am einfachsten, die Stücke auszulegen und dann passend in den Rundungen und Windungen des Bachlaufs zusammenzuschweißen. Zu lange, gerade Stücke passen schlecht in den Kurvenverlauf und würden zu einer sehr starken Faltenbildung führen.

Das Eingraben der Folie geschieht nach den Regeln des Baus eines Folienteiches. Die Kapillarsperre ist anzuraten, der Wasserverlust ist sonst zu hoch. Sobald der Folienrand eingegraben ist, kann mit der Dekoration des Bachbetts begonnen werden. Mit einer dünnen

Bachbett mit Kieseln gestaltet

Schicht Kies (7 bis 25 mm) wird die Oberfläche der Abdichtung abgedeckt, bis sie nicht mehr sichtbar ist.

Als weiteres dekoratives Element kommen nun auf diesen Kies dickere Kiesel in der Größe 50 bis 125 mm. Am besten wirkt hier wieder der bunte Oberrheinkies. Den Abschluss bilden dann größere Steine oder Bachfindlinge bis zu einer Größe von 30 bis 35 cm. Sie werden rechts und links am Bach platziert. Als kleine Gruppe auch einmal im Bett selbst, sorgen sie für kleine Wirbel und Strudel. Eckiges, kantiges Steinmaterial wirkt im Bachlauf künstlich und birgt zudem die Gefahr in sich, die Abdichtung zu verletzen

Zwischen den größeren Steinen und am Rand selbst, wirken Sumpfpflanzen wie Sumpfdotterblume, Sumpfprimel, Zwergbinsen, Pfennigkraut sowie Gräser und Farne am besten.

Durch das ständig feuchte Umfeld und einem gewissen Mikroklima wächst hier eine Vielzahl von Pflanzen sehr gut. Schon innerhalb einer Vegetationsperiode ist der Rand des Bachlaufs vollkommen verwachsen. Moose und Flechten tun ihr übriges und verleihen ihm ein natürliches Aussehen.

Der Bau eines Wasserfalls

Ein Wasserfall ist wesentlich kürzer und vor allem auch steiler angelegt als ein Bachlauf. Sein Bau sollte von den Gegebenheiten des Geländes und der Lage des Teiches abhängig gemacht werden. Am dekorativsten wirkt er in Mauerecken oder auf Inseln im Teich selbst. Auch die Erdmassen, die vom Aushub des Teiches übrig geblieben sind, sind eine ideale Möglichkeit für den Bau eines Wasserfalls. Eine Höhe von 100 bis 150 cm ist durchaus ausreichend. Entscheidend ist, dass der Wasserfall in möglichst vielen Stufen angelegt ist und am Fuß nochmals eine Stufe hat, die etwa 30 cm über dem Wasserspiegel liegt. Die sprudelnde Bewegung des Wassers macht den Wasserfall erst reizvoll.

Eine Seerose wird diese Wasserbewegung eher übel nehmen.

Als Baumaterial gibt es sehr viele unterschiedliche Baustoffe. Neben Fertigteilen zum Bau eines Wasserfalls aus GFK-Material kann praktisch alles verwendet werden, mit dem sich Stufen bauen lassen. Am natürlichsten wirken Steinplatten aus Sandstein, die wegen ihrer geringen Härte sehr leicht bearbeitet werden können. Baut man seinen Wasserfall aus Natursteinen, so ist es zweckmäßig, sich den gegebenen Steinvorkommen seiner Wohngegend anzupassen. Sie wirken selbstverständlicher und sind meist preiswerter am Ort zu erhalten. Kalksteinplatten sind am wenigsten geeignet. Der Abrieb des Steinmaterials führt zu Veränderungen der Wasserwerte.

Um Wasserverlust durch den Betrieb des Wasserfalls zu vermeiden, ist eine Abdichtung mit Folie oder einem anderen Abdichtungsmaterial unterhalb der Steinplatten einzubauen. Der erste Arbeitsgang besteht darin, Stufen in das Erdreich zu graben, in dem der Wasserfall untergebracht wird. Wenn immer möglich, sollten hierbei zwei Dinge berücksichtigt werden. Auch ein Wasserfall wirkt entschieden gefälliger, wenn er in Kurven angelegt ist. Zweitens erzielt man eine besondere Wirkung, wenn vor jeder Stufe eine kleine Ausbuchtung gestaltet ist. In Verbindung mit einer großzügig ausgelegten Teichpumpe fördert der Wasserfall dann genügend Wasser. Durch das spritzende und zerstäubende Wasser bildet sich rund um den Wasserfall ein ideales Mikroklima, das sich besonders positiv auf Teich- und Teichrandbepflanzung auswirkt.

Materialien für den Bau eines Wasserfalls

- Folienreste
- Kanthölzer, Schwellen
- Plattenförmige Steine
- Quellschweißmittel
- Spiralschlauch
- Wasserfallpumpe mit Anschlüssen
- Kiesel und Dekorationssteine
- Magerbeton
- Gesiebter Sand
- Wasserwaage und Maurerkelle

Wasserfall – Webcode: teich654

Wasser tropft über einen Stein in den Teich. Weniger ist oft mehr.

Je höher ein Wasserfall gebaut wird, desto bedeutender sind die Vorarbeiten, die dafür geleistet werden müssen. Ist er länger und höher als 2 m, so ist es ratsam, die einzelnen Stufen mit Randsteinplatten oder ähnlichem Material einzeln abzufangen. Eine gründliche Bodenverdichtung im Bett des Wasserfalls ist in jedem Fall anzuraten. Gegebenenfalls wird zusätzlich eine etwa 30 cm dicke Schicht Mineralbeton eingebaut und mit einem Handstampfer oder einer Rüttelplatte intensiv verfestigt.

Ist die Form festgelegt und ausgehoben, wird sie abgedichtet. Am einfachsten geht das mit Teichfolie. Die geringsten Probleme ergeben sich, wenn beim Teichbau auch Folie verwendet wurde. In diesem Fall wird einfach die Unterlegfolie des Wasserfalls an die Teichfolie angeschweißt oder mit PVC-Kleber verklebt. Bei anderen Folien reicht unter Umständen eine großzügige Überlappung in den Teich hinein. Um Wasserverlusten vorzubeugen ist es wichtig, dass die Folie muldenförmig im Wasser-

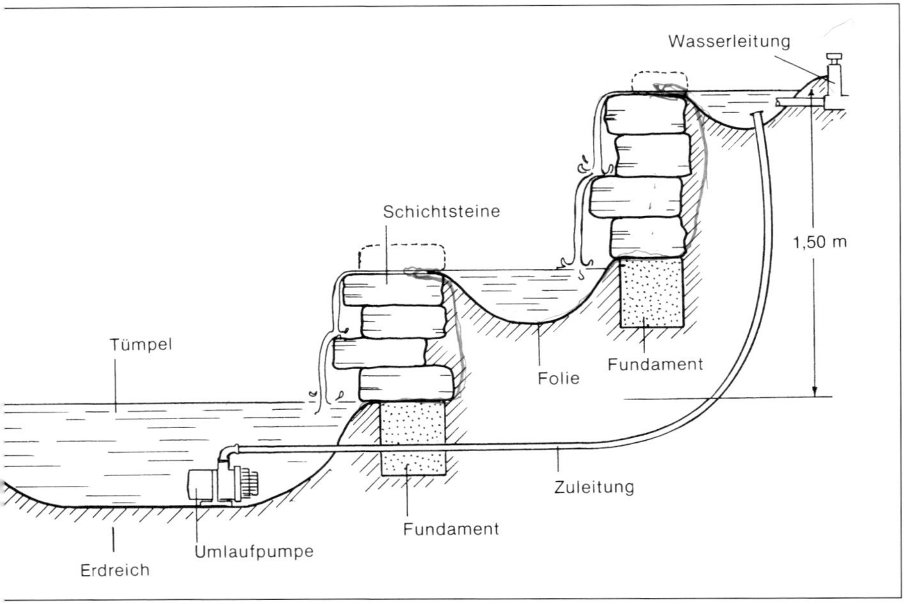

Sehr aufwendig wird diese Lösung durch die notwendige Fundamentierung der zwei Stufen.

fallbett liegt und an den Rändern so eingegraben ist, dass die Kapillarwirkung des Bodens unterbunden ist.

Am wirkungsvollsten ist ein Wasserfall, wenn er nach diesen vorbereitenden Arbeiten mit Kieseln und Steinen bis hin zum Findling, dekoriert wird. Die Folie darf hinterher nicht mehr sichtbar sein.

Ebenso interessant lässt sich der Wasserfall mit Steinplatten gestalten. Sind diese sehr groß und schwer, ist es ratsam, sie in Beton zu verlegen. In Beton verlegte Wasserfallplatten müssen über ein frostsicheres Fundament mit 80 cm Tiefe verfügen. Verzichtet man darauf, das Fundament in diese Tiefe zu führen, kann ein kalter Winter den Wasserfall bereits zerstören. Auf eine schützende Folie im Unterbereich kann in diesem Fall verzichtet werden. Zum Bau sollte Spezialbeton verwendet werden, der von vornherein die gemauerten Stellen wasserdicht macht. Diese Zusatzstoffe gibt es im Baufachhandel.

Die Speisung des Wasserfalls erfolgt über eine Teichpumpe, die mit einem Schlauch verbunden wird, der im oberen Bereich unter einem flachen Stein versteckt liegt. Unter diesem Stein quillt dann das Wasser heraus, was wie eine natürliche Quelle wirkt. Natürlich kann dort auch ein Quellstein sitzen. Ebenso dekorativ wirkt ein alter Sandsteintrog, aus dem das Wasser in den Wasserfall läuft.

Die Pumpe sollte eher zu stark sein, man kann sie notfalls drosseln, nichts wirkt trauriger als ein müdes Rinnsal, das einen Wasserfall darstellen soll. Die Minimalanforderung an eine Pumpe liegt für einen Wasserfall von 1 m Höhe bei 1800–2200 l/h. Der Schlauch, der das Wasser transportiert, muss auf dem kürzesten Weg nach oben führen um Reibungsverlust zu unterbinden, Schlauchverjüngungen sollten vermieden werden. Damit man notfalls auch einmal an dem Schlauch arbeiten kann, sollte er niemals unter dem Wasserfallbett liegen, sondern immer daneben. Eine entsprechende Bepflanzung, die viel Feuchtigkeit verträgt und gleichzeitig nicht so stark wächst, dass der Wasserfall sofort zuwuchert, rundet den Bau ab.

Berechnungstabelle zur Ermittlung einer geeigneten Teichpumpe für Wasserfälle oder Bachläufe

Bachlauf-/Wasserfallhöhe (in cm)	Pumpenleistung in l/Std.					
400	15000	15000	15000	20000	20000	20000
350	11000	11000	15000	15000	20000	20000
300	8800	8800	11000	11000	15000	15000
250	6600	8800	8800	8800	11000	11000
200	6600	6600	8800	8800	8800	11000
150	6600	6600	6600	8800	8800	8800
100	4400	6600	6600	8800	8800	8800
50	3300	3300	4400	6600	6600	8800
cm	20	30	40	50	60	70
	Bachlauf-/Wasserfallbreite					

Das Berechnungsbeispiel sagt aus, dass für einen 150 cm hohen Bachlauf bzw. Wasserfall mit einer Breite von 40 cm eine Pumpenleistung von 6600l/h benötigt wird.

Teichpflege

Planungsfehler vermeiden

Zählt man alle Gartenteiche, einschließlich Miniteiche, Balkonteiche, Schwimmteiche oder Feuchtbiotope in Deutschland zusammen, so kommt man immerhin auf die stattliche Summe von etwa 6 000 000 Gartenteichen. Nachforschungen haben ergeben, dass sich diese Menge um nahezu 200 000 Teiche pro Jahr erweitert. Rechnet man diese Zahl statistisch um, ist fast jeder 13. Gartenfreund gleichzeitig stolzer Besitzer eines Gartenteiches.

Leider ist nicht jeder Teichbesitzer mit seinem Teich glücklich. Die Ursachen sind in erster Linie in baulichen Mängeln oder aber auch in falscher Pflege und Behandlung zu suchen. Die Natur macht es uns im Grunde genommen sehr genau vor, wie ein Teich beschaffen sein muss, damit er funktioniert und man an ihm auch Freude hat:

- Er muss **ausreichend groß** sein und, bezogen auf seine Größe, so viele Tiefstellen aufweisen, dass er auch in niederschlagsarmen Zeiten genug Wasser hat und im Winter nicht bis zum Grund zufrieren kann. Dabei fällt die Uferzone natürlicher stehender Gewässer sanft zur Gewässermitte hin ab.
- Ein funktionstüchtiger natürlicher Teich besitzt in der Regel einen **Wasserzulauf** und einen **Wasserablauf** für den Wasseraustausch.
- Natürliche Teiche liegen meistens nicht ganztägig in der Sonne, oft haben sie in der heißesten Zeit ein wenig **Beschattung** durch die umgebende Vegetation.
- Eine ganz wesentliche Rolle spielt der **Bewuchs mit Wasserpflanzen** für die unterschiedlichsten Wassertiefen. Teiche in der freien Natur zeichnen sich häufig durch einen sehr üppigen Pflanzenbewuchs aus.
- In einem natürlichen Teich findet man eine Artenvielfalt an Fischen und anderen Teichbewohnern vor, deren Zusammensetzung und Individuendichte sich auf einfachste Weise von selber regelt; so wird ein **Gleichgewicht im Artenspektrum** und in den Bestandszahlen weitgehend gewährleistet.

Die „Funktionsfähigkeit" eines Teiches ist also von lediglich fünf Punkten abhängig. Allerdings ist äußerst wichtig, jeden Punkt bei der Anlage eines „künstlichen" Gartenteiches zu berücksichtigen. Ergeben sich auch nur geringe Abweichungen von diesen Grundvoraussetzungen, sind Probleme und damit unglückliche oder unzufriedene Gartenteichbesitzer vorprogrammiert. Man kann nicht einfach erwarten, dass sich aus einem mit einer Abdichtung versehenen Loch im Garten von alleine ein funktionstüchtiger Gartenteich entwickelt.

Woran liegt es nun, wenn ein Gartenteich unter falschen Voraussetzungen gebaut wurde und seinem Besitzer hinterher mehr Kummer als Freude bereitet? All zu häufig sind es gut gemeinte Ratschläge vom Nachbarn. Fachbücher über Teichbau gibt es in großer Zahl, leider werden die Informationen darin beim Selbstbau nicht immer verwirklicht. In kaum einem Bereich der Gartengestaltung werden so viele Fehler begangen wie ausgerechnet beim Bau eines Gartenteiches. Darum kann man vor Baubeginn eines Gartenteiches nicht genug Informationsmaterial zusammentragen und dann versuchen, das Gelernte in die Tat umzusetzen. Das vorliegende Buch soll dem Teichbesitzer helfen, die physikalischen und chemischen Vorgänge innerhalb eines Teiches sowie deren Zusammenwirken besser zu verstehen. Es soll dazu motivieren, begangene Fehler nachträglich auszubessern, Ursachen für Probleme zu ergründen und Lösungen dafür zu finden. Keinesfalls sollte die „Lösung" darin bestehen, den unansehnlichen Gartenteich einfach zuzuschütten, was leider häufig vorkommt.

Die richtige Größe

Die Größe eines Gartenteiches hat einen ganz entscheidenden Einfluss auf den späteren Pflegeaufwand. Je größer ein Teich ist, desto pflegeleichter wird er auch sein. Sehr kleine Teiche sind problematisch, weil sich die geringe Wassermenge zu schnell erwärmt. Natürlich hat nicht jeder, der einen Teich bauen will, auch ausreichend Platz dafür. Es ist nicht einfach, generelle Dimensionierungsvorschläge für die „richtige" Teichgröße zu geben. Eine Gestaltung unter Berücksichtigung der eingangs erwähnten fünf Punkte und eine Wasserfläche von 4 × 6 m mit ausreichender Wassertiefe dürften zu einem problemlosen Teich führen.

Entscheidend für die Gestaltung ist, welche Erwartungen man an seinen zukünftigen Teich stellt. Teichbesitzer und die damit verknüpften Nutzungen kann man grob in vier Gruppen einteilen:

Freunde der Koikarpfenhaltung haben das Wissen und die Ansprüche von Aquarianern. Ihre Teiche werden unter vollkommen anderen Gesichtspunkten gebaut. Das Wasser muss ständig glasklar sein, Pflanzen und dekorative Elemente spielen eine eher untergeordnete Rolle. Die Hauptsache sind die Koikarpfen, die immer gut zu sehen sein müssen und nur bei bester Wasserqualität überleben können.

Naturverbundene bepflanzen ihren Teich dekorativ, versehen ihn mit einem Wasserfall oder Bachlauf und wissen, dass auch Algen zu den Wasserpflanzen gehören, mit deren Auftreten man sich eben abfinden muss.

Ordnungsliebende nehmen schon die leichteste Wassertrübung übel und wollen möglichst rasch und gründlich mit Chemikalien Abhilfe schaffen.

Fertigteichliebhaber haben mit einem Folienteich bereits schlechte Erfahrungen gemacht und sich in einem zweiten Anlauf ein Fertigbecken mit steil abfallenden Wänden und vorgefertigten Pflanzrinnen beziehungsweise -stufen gekauft. Fische möchten sie natürlich auch im Teich haben. Leider hat ihnen zuvor niemand davon abgeraten, in den kleinen Teich Fische einzusetzen. Wenn schon Fisch, dann

Teichgröße – Webcode: teich646

Ein schön gestalteter Gartenteich mit einer großen Wasserfläche

sollte es auf keinen Fall ein Goldfischweibchen sein, das innerhalb kürzester Zeit für Überbesatz des ohnehin kleinen Lebensraumes sorgt (siehe auch Seite 226ff.).

Strapazierfähige Teichbaumaterialien

Für den Bau eines Teiches stehen viele verschiedene Materialien zur Verfügung. Welches letztlich zur Anwendung kommt, ist vom Geldbeutel und dem zur Verfügung stehenden Platz abhängig. Teichbau mit natürlichen Baustoffen, wie **Tonziegel oder Montmorillionit** können nur für relativ große Teiche verwendet werden, da die Bauweise lediglich einen Böschungswinkel von etwa 40 ° zulässt.

Die gebräuchlichsten Teichbaumaterialien sind die unterschiedlichen Folienarten. Am bekanntesten dürfte hierbei die Teichfolie aus **Polyvinylchlorid (PVC)** sein. Man bekommt sie in unterschiedlichen Stärken von 0,5 bis 1,5 mm. Auch die Einfärbung der PVC-Folien ist nicht immer gleich: Neben schwarzer Folie gibt es auch grüne und braune. Manche Hersteller versehen ihre Teichfolie auch noch mit einer Oberflächenstruktur, auf der sich Mikroorganismen ansiedeln können.

Teichfolien aus **Polyethylen (PE)** zählen zu den umweltfreundlicheren Kunststoffen, die im Teichbau verwendet werden. Ihre Verarbeitung ist nicht ganz so problemlos wie bei PVC-Folien. Auch diese Folie ist in unterschiedlichen Stärken erhältlich.

Der Wasserfall ist bei diesem Teich das dominierende Element

Für sehr tiefe Teiche kann man sich eine der soeben genannten Folien kaufen, wobei die Stärke dann bei mindestens 1 mm liegen sollte. Eine gute Alternative bieten **Kautschuk-Butyl-Folien** mit besonders ausgeprägter Reißfestigkeit. Hierbei handelt es sich aber auch gleichzeitig um die teuerste Teichfolie.

Für Schwimmteiche sollten Sie auf die im Handel üblichen **Schwimmteichfolien** zurückgreifen.

Besonders stabile und formschöne Gartenteiche lassen sich aus **Glasfasermatten** gestalten, die mit Polyesterharz dauerhaft verbunden werden. Nachteilig sind lediglich der hohe Preis und der noch höhere Arbeitsaufwand.

Bei relativ wenig Platz für einen Teich kann man nur zum Kauf eines **Fertigbeckens aus glasfaserverstärktem Kunststoff (GFK)** raten. Es hat sich aber herausgestellt, dass Fertigteichbesitzer die meisten Probleme mit ihrem Teich haben. Dies liegt an der Bauart der Becken, die keine ausreichende Wassertiefe und Bepflanzung zulässt.

Lage des Gartenteiches

In den meisten Büchern über Teichbau wird sehr eingehend die richtige Lage des Teiches beschrieben. Deswegen soll zu diesem Thema auch nur das Wichtigste gesagt werden. Entscheidend ist eine Lage, die sowohl der Optik und Einbindung in die übrige Gartengestaltung als auch den physikalisch-chemischen Prozessen im Teichwasser gerecht wird. Im Sommer während großer Mittagshitze sollte ein Teich nicht ständig der prallen Sonne ausgesetzt sein. Lässt sich dies nicht vermeiden, muss er so bepflanzt werden, dass Pflanzen die Wasseroberfläche in der kritischen Zeit beschatten.

Lage des Teiches – Webcode: teich642

Dies ist mit großblättrigen Schwimmblattpflanzen wie Seerosen möglich.

Große Laub- und Nadelbäume in unmittelbarer Teichnähe stellen ein vorprogrammiertes Problem dar. Besonders im Herbst verlieren diese Bäume große Mengen an Laub und Nadeln, die zwangsläufig im Teich landen und dort für eine starke Überdüngung (Eutrophierung) des Teichwassers sorgen. Ebenso ungeeignet sind Pflanzen, die über ein ausgeprägtes Wurzelsystem verfügen. Bambus- oder auch Weiden-Arten sind durchaus in der Lage, eine Teichfolie mit ihrem Wurzelwerk zu durchdringen.

Die ausreichende Wassertiefe

Jeder Teich sollte unabhängig von seiner Größe über eine vernünftige Wassertiefe verfügen. Je größer man ihn plant, desto großzügiger kann die Tiefe gewählt werden. Fertigbecken haben in der Regel eine Tiefe von lediglich 60 cm, nur große Modelle sind tiefer. Leider lässt man den Kunden oft in dem Glauben, diese Tiefe sei auch während der Wintermonate für die Fische ausreichend. Einige Tage mit Temperaturen unter dem Gefrierpunkt genügen, um eine Eisschicht von 40 bis 50 cm Stärke in dem Becken auszubilden. Den Fischen bleiben dann kaum mehr als 10 bis 20 cm Lebensraum. Deshalb sollten Sie in Ihrem Teich Bereiche mit einer Wassertiefe von 150 cm schaffen. Nicht nur die Teichfische werden es Ihnen danken. Eine ausreichende Wassertiefe ist gleichbedeutend mit besserer Wasserqualität und damit weniger Problemen im Teich selbst.

Die Wassertiefe eines Teiches hat aber auch entscheidenden Einfluss auf die Gestaltung des Teiches selbst. Die tiefste Stelle im Teich muss im Einklang mit den übrigen Tiefenzonen stehen. Sie darf nicht zu Lasten höher gelege-

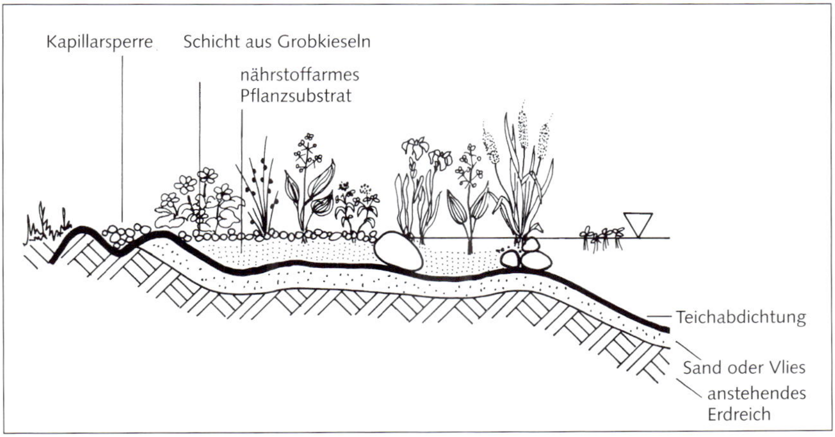

So sollte der Uferbereich mit einer funktionierenden Kapillarsperre gestaltet sein

ner Bereiche dominieren, denn dann wäre der Teich nichts anderes als ein Wasserloch mit steilen Wänden. Ein gut gestalteter Teich hat mehrere unterschiedliche Wassertiefen, einschließlich einer möglichst großzügigen Sumpfzone. Wulstartige Erhebungen am Rande der verschiedenen Tiefenzonen ermöglichen jeweils das Befüllen mit nährstoffarmem Substrat. So benötigt man keine Pflanzkörbe zum Einbringen von Ufer- und Unterwasserpflanzen und der Teich wird sehr pflegeleicht.

Wasserablauf – Wasserzulauf

In den wenigsten Fällen wird beim Teichbau daran gedacht, einen Überlauf einzuplanen beziehungsweise gleich mit einzubauen. Ein überlaufender Teich kann im Teichrandbereich unterspült und dadurch undicht werden.

Leider wird ein derartiger Überlauf nur sehr selten eingeplant

Durch einen Überlauf kann auf sehr bequeme Art **Teichwasser abgelassen** oder auch ausgetauscht werden. Besonders im Sommer, wenn die Teichwasserqualität durch starke Erwärmung leidet, ist ein derartiger Überlauf von großer Bedeutung. Das abzuleitende Wasser kann einfach über ein Rohrsystem an den Kanal angeschlossen werden. Ist der Weg bis zum nächsten Kanal zu weit, reicht in der Regel auch ein kleiner Sickerschacht in der Nähe des Teiches. Auf den Seiten 190ff. werden mehrere Möglichkeiten aufgezeigt, wie man auch in einem bereits vorhandenen Gartenteich einen Überlauf nachträglich einbauen kann.

Wenn man in einem Gartenteich Wasser ab- oder überlaufen lässt, dann muss auch eine Möglichkeit der **Frischwasserzufuhr** vorhanden sein. In der Regel können Sie dazu das Wasser eines den Garten durchfließenden oder das Grundstück tangierenden Baches nutzen. Der Anstau oder das Umleiten natürlicher Gewässer ist für private Zwecke rechtlich nicht zulässig.

Die einfachste Lösung wäre die Zuleitung von frischem Leitungswasser über einen Gartenschlauch. Dieses Verfahren ist in der Fachwelt umstritten, denn im Leitungswasser sind leider sehr viele Stoffe, die man im Teich lieber nicht hätte. Andererseits ist es noch wesentlich besser, frisches Leitungswasser einzuleiten, als ungehindert die Wassertemperatur weiter ansteigen zu lassen. Eine sowohl ökologisch sinnvolle als auch ökonomisch interessante Möglichkeit der Frischwasserzuleitung bietet sich über eine Dachentwässerung von Regenwasser.

Ein funktionierender Teich

- verfügt über einen Wasserzulauf/ Wasserüberlauf
- besitzt ein ausgewogenes Wassertiefen-Verhältnis
- hat eine ausreichend dimensionierte Tiefzone
- wird üppig bepflanzt
- liegt nicht ganztägig in der Sonne
- beherbergt die passenden Fischarten in richtiger Individuendichte

Hierbei sollten Sie aber beachten, dass das von einem Dach abgeleitete Regenwasser stark mit Stoffen belastet sein kann, die den pflanzlichen und tierischen Teichbewohnern abträglich sind. Bei diesem Verfahren sollte also unbedingt eine gute Fallrohrfilteranlage vorgeschaltet sein. Der Fachhandel für Regenwassernutzung bietet hierzu eine breite Palette verschiedener Filteranlagen an.

Teichrandgestaltung – gewusst, wie!

Ein Teichrand kann in seiner Beschaffenheit sehr unterschiedlich sein. Es ist eine Frage der Bauweise, über deren Konsequenzen man sich von vornherein im Klaren sein sollte. **Naturnahe Teiche** haben einen fließenden Übergang von der Sumpfzone zum umgebenden Gelände. Dies hat zur Folge, dass der Teichrand und sein Umfeld immer feucht sein werden. Bis sich der Wasserstand dieses ökologischen Teiches eingependelt hat, vergeht ein längerer Zeitraum, bei dem man einen größeren Wasserverlust im Teich einkalkulieren muss. Naturnah gestaltete Teiche unterscheiden sich von anderen Teichen durch die wechselvolle und artenreiche Uferzone. Durch den nahtlosen Übergang in das freie Gelände werden sich verschiedene Pflanzen aus dem Sumpfrand des Teiches verstärkt

Der frei liegende Folienrand führt früher oder später zu Problemen

Zu steile Teichränder können mit Hilfe von Kokosmatten etwas „entschärft" werden

ausbreiten. Die klare Abgrenzung zwischen Teich und Umfeld verschwimmt und ist kaum sichtbar. Dadurch verstärkt sich die Gefahr einer frühzeitigen Verlandung des Teiches. Diese Bauweise lohnt sich deshalb nur bei etwas größeren Teichen, deren Wasseroberfläche zwischen 15 bis 20 m^2 liegt.

Bei einer **formalen Bauweise** sind Teich und Umfeld optisch und baulich klar voneinander abgegrenzt. Eine Kombination aus beidem ist nur schwer möglich und von den meisten Teichbesitzern auch nicht gewollt. Platten aus Kunst- oder Naturstein sind geeignet, um diese Trennung hervorzuheben und zu erhalten. Dieser Plattenbelag kann in den Trennbereich zwischen Sumpfzone und anstehendem Erdreich oder bei genügend Platz auch direkt dahinter verlegt werden. Solch einen Plattenweg legt man am besten trocken in Sand. Gefällt er eines Tages nicht mehr, kann er ohne Einsatz eines Presslufthammers wieder entfernt werden. Um auch diese Teiche optisch in die Gartenlandschaft einbinden zu können, bietet der Markt eine Fülle von geeigneten Gräsern, Farnen oder Blütenstauden an. Diese Teichbegleitpflanzen stehen allesamt außerhalb der Sumpfzone, verleihen dem Teich aber eine bestimmte Wirkung und steigern dessen Zierwert. Erst das sorgfältig geplante Umfeld macht einen Teich perfekt.

Die wichtigsten Wasserwerte

Der Wunschtraum eines jeden Teichbesitzers ist kristallklares Wasser, das vielen Pflanzen und tierischen Teichlebewesen einen optimalen Lebensraum bietet und „sauber" aussieht. Beachten Sie bei einer Teichneuanlage, dass das Wasser zumindest nicht sofort glasklar sein kann. Tiere, Pflanzen und das Wasser benötigen eine gewisse Zeit, bis sich ein Gleichgewicht zwischen den im Teich ablaufenden Prozessen eingestellt hat. Zum besseren Verständnis sollen nun die komplizierten biologischen, chemischen beziehungsweise biochemischen Vorgänge im Teichwasser etwas näher erläutert werden.

In destilliertem Wasser könnten Pflanzen und Tiere nur kurzfristig überleben. Im Teichwasser befinden sich verschiedene Stoffe, die in ihrer Gesamtheit als Salze bezeichnet werden. Ihre Konzentration kann sehr unterschiedlich sein und somit entscheidenden Einfluss auf die Wasserqualität haben.

Karbonhärte

In vorwiegend kalkhaltigen Gebieten finden wir im Wasser Kalzium- und Magnesiumsalze (Karbonate), die an Kohlensäure (H_2CO_3) gebunden sind. Ihr im Wasser gelöster Anteil wird durch die so genannte „Karbonhärte" ausgedrückt. Diese spiegelt sich im messbaren KH-Wert wider. Anders ausgedrückt bedeutet dies, dass bei 1 °dH 10 mg Kalziumoxid in 1 l Wasser gelöst sind.

Außerdem befinden sich die Salze der Schwefelsäure im Wasser, deren im Wasser gelöster Anteil die Nicht-Karbonhärte (NKH) ausmacht. Beide Salzkonzentrationen zusammengezogen, also KH und NKH, ergeben die Gesamthärte (GH) von Wasser. Sind nur geringe Mengen an Karbonaten gelöst, so spricht man von „weichem Wasser"; umgekehrt bei einem höheren Anteil an gelösten Karbonaten von „hartem Wasser". Des Weiteren ist das Teichwasser mit organischen Bestand-

Wasserwerte im Überblick
fette Zahlen = sehr ungünstige Wasserwerte, magere Zahlen = günstige Wasserwerte

pH-Wert	**5**	**6**	7	8	**9**	**10**	**>**	...
GH-Wert	<	**5**	**6**	**7**	8	9	10	11
KH-Wert	**<**	**2**	**3**	**4**	5	6	7	8
Ammoniak (mg)	0,0	0,25	**0,5**	**0,75**	**1,0**	>	...	...
Nitrit (mg)	0,0	0,25	**0,5**	**0,75**	**1,0**	**>**	...	...
Nitrat (mg)	20	40	**60**	**80**	**100**	>	...	...
Sauerstoff (%)	**40**	**50**	**60**	70	80	90	100	...

teilen (beispielsweise Huminsäuren, Eiweiße, Fette, Stärke) angereichert.

Durch Niederschläge in Form von Regen oder Schneefall gehen laufend Karbonate verloren, denn das Wasser wird dadurch regelrecht verdünnt. Nicht zu unterschätzen sind auch die Veränderungen des Teichwassers durch die Einleitung von Leitungswasser. Eine regelmäßige Überprüfung der Karbonhärte ist der wichtigste Wassertest. Wird im Teichwasser die Karbonhärte erhöht oder gesenkt, verändert sich gleichzeitig der Leitwert (Microsiemens = ms) – pro Karbonhärte-Punkt um etwa 30 ms. Dieser Wert drückt die Gesamtmenge der im Wasser gelösten Salze aus, im Idealfall liegt er zwischen 200 bis 300 ms.

Sauerstoff

Im Teichwasser befindet sich Sauerstoff (O_2), der für alle aeroben Prozesse innerhalb des Teiches wichtig ist. Dieser Sauerstoff stammt zum einen aus der Luft, zum anderen wird er von den Wasserpflanzen selber tagsüber durch Photosynthese produziert. Allerdings besitzen Sauerstoff spendende Unterwasserpflanzen kaum Zierwert und liegen abgesenkt am Teichgrund, weshalb sie nur unzureichend in Gartenteichen eingesetzt werden.

Der Gehalt an Sauerstoff in einem Teich unterliegt recht großen Schwankungen, die auf mehrere Faktoren zurückzuführen sind. Pflanzen und Algen, die tagsüber während der Photosynthese Sauerstoff und Zuckerstoffe (Assimilate) produzieren, veratmen nachts die gleiche Menge zur

Sauerstoffgehalt in Abhängigkeit von der Wassertemperatur

Wassertemperatur (°C)	Sauerstoffgehalt (mg/l)
35	6,9
30	7,6
25	8,3
20	9,1
15	10,1
10	11,3
5	12,8
4	13,2

Energiegewinnung. Hinzu kommt der Sauerstoffverbrauch durch tierische Organismen und biologische Abbauprozesse. So kann es rasch zu einer Sauerstoff-Unterversorgung im Teich kommen. Bei flachen Teichen ist die Gefahr des „Umkippens" am größten, denn sie erwärmen sich zu rasch.

Die Löslichkeit von Sauerstoff im Wasser hängt in erster Linie von der Wassertemperatur ab. Je wärmer Wasser ist, desto geringer ist seine Löslichkeit, Sauerstoff erreicht seinen Sättigungsgrad bei 16 mg/l. Deswegen ist es so unermesslich wichtig, die Gartenteiche tief genug zu gestalten, denn nur bei ausreichender Wassertiefe kann auch bei hohen Außentemperaturen das Wasser noch so kühl bleiben, dass es ausreichend Sauerstoff beinhaltet. Ein Sauerstoffgehalt von 12 mg/l wäre ideal.

Der eigentliche Sauerstoffmangel besteht vor allem in den frühen Morgenstunden, wenn die „Neuproduktion" über die Photosynthese noch nicht eingesetzt hat. Erfolgt dann zusätzlich eine rasche Wassererwärmung, sind Probleme vorprogrammiert.

Kohlendioxid

Ein anderer sehr wichtiger, gasförmiger Stoff im Wasser ist das Kohlendioxid (CO_2). Es wird nachts von Pflanzen produziert, die im Gegenzug Sauerstoff dafür aufnehmen. Dieser Prozess läuft tagsüber in umgekehrter Reihenfolge.

Weitere Kohlendioxid-Produzenten sind alle im Teich lebenden Tierarten. Kohlendioxid ist für die Unterwasserpflanzen eine wichtige Nährstoffquelle. Die Produktion von Kohlendioxid und Sauerstoff durch Pflanzen bezeichnet man als Photosynthese oder Kohlenstoffkreislauf.

Der Gehalt an Kohlendioxid im Wasser ist wichtig für eine gute Pufferwirkung, die wesentlich zur Stabilisierung des pH-Wertes beiträgt. Der Verbrauch von Kohlendioxid kann bei einem schlecht belüfteten Teich so hoch sein, dass der pH-Wert auf über 8,5 ansteigt. Wenn in einem Teich kein freies Kohlendioxid mehr verfügbar ist, greifen die Wasserpflanzen auf die Kohlensäure zurück, dadurch fallen Karbonate aus.

Der Säuregrad des Wassers wird als pH-Wert ausgedrückt. Teichwasser sollte einen pH-Wert von 6,8 bis 8,3 aufweisen. Darunter oder darüber liegende Werte führen rasch zu Komplikationen im Teich. Weitgehend konstant gehalten werden, kann er nur durch einen ausreichenden Kohlendioxid-Gehalt im Wasser.

Der Nährstoffkreislauf

Innerhalb einer Gartensaison gelangen große Mengen organischer Stoffe in das Teichwasser, die durch Bakterien-

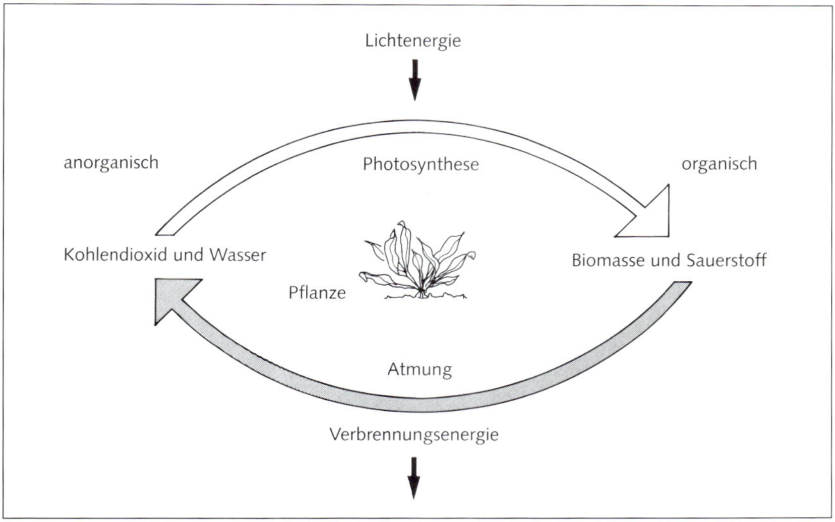

Schematischer Kreislauf der Photosynthese und der Atmung

einwirkung zu Nährstoffen umgewandelt werden. Die Quellen dieses Nährstoffeintrags sind vielfältig; kennt man sie, kann man einer zu hohen Belastung entgegenwirken. In der nebenstehenden Grafik sind alle wichtigen Ursachen dargestellt, die eine Eutrophierung des Teichwassers fördern.

Durch Fäulnisbakterien wird der organisch gebundene Stickstoff (Eiweißverbindungen) zersetzt. Hierdurch entstehen zwei andere Stickstoffverbindungen, die als **Ammonium** (NH_4) und **Ammoniak** (NH_3) bezeichnet werden. Je höher nun der pH-Wert des Teiches liegt, desto größer ist der Anteil an Ammoniak, der eine Gefährdung für alle Teichlebewesen darstellt. Wie der Ammoniakgehalt mit dem pH-Wert des Teichwassers in Verbindung steht, kann aus der nebenstehenden Tabelle abgeleitet werden.

In einem funktionstüchtigen Teich werden Ammonium und Ammoniak durch bestimmte Bakterien (*Nitrosomonas*) in **Nitrit** (NO_2) umgewandelt. Nitrit ist bereits in Konzentrationen von 0,2 mg/l für Fische höchst giftig und muss im Teich so rasch wie möglich weiter verarbeitet werden. Durch eine weitere Bakterienart (*Nitrobacter*) wird in einem nachfolgenden Oxidationsprozess das giftige Nitrit in **Nitrat** (NO_3) umgewandelt. Die Umwandlung des organisch gebundenen Stickstoffs zu Nitrat wird als **Nitrifikation** bezeichnet. Bei der Umwandlung der beiden Stickstoffverbindungen verbrauchen die Bakterien große Mengen an Sauerstoff. Man bezeichnet sie daher auch als aerobe (Sauerstoff liebende) Bakterien. Dieser Vorgang kann nur erfolgen, wenn die Wassertemperatur mindestens 10 °C beträgt. Die erste Stufe der Nitrifikation läuft wegen der geringen Vermehrungsrate der *Nitrosomonas*-Bakterien eher langsam ab. Wurde das giftige Nitrit stufenweise zu Nitrat im Teichwasser umgewandelt, besteht keine Gefahr mehr für Fischbestände im Teich.

Die Probleme entstehen nunmehr an ganz anderer Stelle: Nitrat ist ein Düngemittel, das Pflanzenwuchs besonders stark anregt. Einerseits werden hierdurch die Wasserpflanzen mit Nährstoffen versorgt, andererseits wird das Teichwasser durch verstärkten Algenwuchs trüb. Diese Wassertrübung wird als „Algenblüte" bezeichnet. Das biologische Gleichgewicht ist dadurch massiv gestört. Die Algen-

Prozentualer Anteil an Ammoniak (NH_3) in Abhängigkeit von pH-Wert und Wassertemperatur (nach Emerson et al 1975)

Wassertemperatur	Ammoniakgehalt in %								
10 °C	0,0186	0,0589	0,186	0,586	1,83	5,56	15,7	37,1	65,1
15 °C	0,0274	0,0865	0,273	0,859	2,67	7,97	21,5	46,4	73,3
20 °C	0,0397	0,125	0,396	1,24	3,82	11,2	28,4	55,7	79,9
25 °C	0,0569	0,180	0,566	1,77	5,38	15,3	36,3	64,3	85,1
30 °C	0,0805	0,254	0,799	2,48	7,46	20,3	44,6	71,8	89,0
pH-Wert	6,0	6,5	7,0	7,5	8,0	8,5	9,0	9,5	10

Die Menge der hier vertretenen Wasserpflanzen lässt auf gute Wasserqualitäten schließen

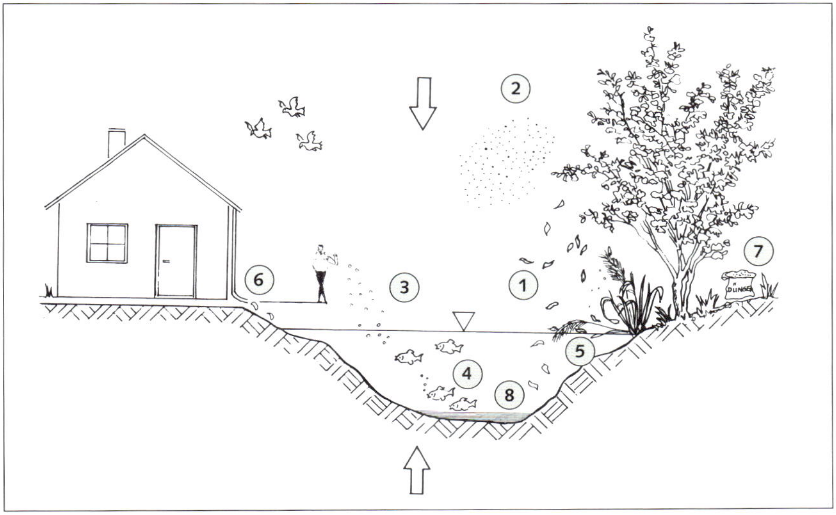

Die Quellen des Nährstoffeintrags in einen Gartenteich:
1) herabfallendes Laub; 2) Pollenflug im Frühjahr; 3) Fischfutter; 4) Fischexkremente; 5) zersetzte Pflanzenmasse; 6) ungefilterter Regenwassereintrag; 7) ausgeschwemmter Dünger; 8) Teichschlamm

blüte hält so lange an, wie im Teichwasser ausreichend Nährstoffe wie Nitrate und Phosphate enthalten sind.

Die Algen sterben mit zurückgehendem Nährstoffangebot ab und sinken zu Boden, dabei werden sie unter hohem Sauerstoffverbrauch der Mikroorganismen wieder zu Ammonium und Ammoniak umgewandelt. Somit beginnt der Nährstoffkreislauf von neuem. Im Teichboden lebt eine weitere Bakterienart, die weitgehend unter Luftabschluss existiert. Diese so genannten anaeroben Bakterien sind in der Lage, Teile des Nitrats in gasförmigen Stickstoff (N_2) umzuwandeln. Diesen Vorgang bezeichnet man als **Denitrifikation**. Mit dem über das Wasser entweichenden gasförmigen Stickstoff gehen dem Teichwasser zu einem gewissen Teil Nährstoffe verloren. Dieser Umwandlungsprozess darf aber nicht überbewertet werden, denn die anaeroben Bakterien sind nicht in der Lage, das gesamte Nitrat in gasförmigen Stickstoff umzuwandeln. Je nach Eutrophierungsgrad werden immer noch große Restmengen von Nitrat im Teichwasser verbleiben, die den unerwünschten Algenwuchs fördern.

Neben Nitrat bewirkt auch **Phosphat** die Eutrophierung des Wassers, das hauptsächlich durch Fischkot eingetragen wird. Ein weitere Phosphatquelle ist der im Frühjahr starke Pollenflug. In Wohngegenden mit ausgeprägt hartem Leitungswasser werden häufig Wasserenthärtungsanlagen eingebaut, die den Härtegrad des Wassers mit Hilfe von Phosphat reduzieren. Sollte der Gartenteich mit derartigem Wasser nachgefüllt werden, ist es sicherlich ratsam, die Enthärtungsanlage („Impfbiene") kurzfristig zu inaktivieren.

Zur Eliminierung des Phosphates kennt man physikalisch-chemische Methoden, die mit Hilfe von Eisensalzen das Phosphat ausfällen. Andere Methoden funktionieren über die Absorption der Phosphat-Ionen durch Kunstharze. Alle diese Methoden wirken aber nur kurzfristig, sind häufig zu teuer und hinterlassen bei einer Behandlung fast immer noch zu hohe Phosphatmengen im Wasser. Um den Phosphatgehalt des Wassers zu senken, gibt es langfristig gesehen nur wenige Lösungen: Zum einen sollte der Fischbesatz drastisch vermindert werden. Zum anderen sollte man immer dafür sorgen, dass genügend Unterwasser- und Schwimmblattpflanzen im Teich vorhanden sind, die über ihre Blattoberfläche den Phosphat- und Stickstoffgehalt des Wassers aufzehren.

Die Wasseranalyse

Über die Wasserwerte seines Teiches sollte ein Teichbesitzer immer gut informiert sein, denn es gibt kaum eine bessere Möglichkeit, Fehler zu analysieren und gegebenenfalls abzustellen. Viele Gartencenter sind während der Gartensaison dazu über gegangen, für ihre Kunden gegen eine geringe Gebühr eine Teichwasseranalyse zu erstellen. Gut ausgerüstete Gartencenter verfügen häufig sogar über elektronische Messgeräte, mit deren Hilfe der pH-Wert, der momentane Sauerstoffgehalt sowie die Leitfähigkeit des Teichwassers ermittelt wer-

Stimmen die Wasserwerte, gedeihen die Pflanzen, wie hier die Blumenbinse

den können. Zur Feststellung dieser drei Werte ist es am zweckmäßigsten, wenn die Messdaten direkt am Teich ermittelt werden und dies nach Möglichkeit mehrmals am Tag. Alle drei Werte unterliegen recht unterschiedlichen tageszeitlichen Schwankungen.

Da eine Messung vor Ort aber häufig nicht möglich ist, geht es eben nur über eine Probenentnahme. Hier ist es ganz besonders wichtig, die Wasserprobe unter Wasser zu entnehmen und den Behälter auch dort zu verschließen. Messungen, die durch gelöste Gase beeinflusst werden (pH-Wert und Sauerstoff), sind mit größter Sorgfalt vorzunehmen und auch zu bewerten. Die Wasserprobe muss ohne Druck, ohne Sog und ohne Blubbern genommen werden. Das Wasser muss also ganz vorsichtig in die Flasche einlaufen und diese ohne Luftblase restlos gefüllt werden. Am besten wählt man zur Probenentnahme eine Stelle im Teich, an der kein Wasserspiel das Wasser bewegt, weil dort die Werte durch eingebrachten Luftsauerstoff verfälscht würden. Die Analyse der Probe sollte innerhalb von 24 Stunden erfolgen, Temperaturschwankungen sollten dabei möglichst unterbleiben. Seit kurzem bieten auch zwei Firmen Tests zur Bestimmung des Sauerstoffgehalts an, die ein Teichbesitzer selber durchführen kann. Die Genauigkeit dieser Tests liegt bei ± 1 mg O_2/l Wasser.

Eine Wasserprobe für einen Teich macht im Grunde genommen nur Sinn, wenn damit das Wasser getestet wird, mit dem der Teich ursprünglich einmal gefüllt wurde und auch immer wieder nachgefüllt wird. In fast allen Fällen dürfte dies das verfügbare Trinkwasser, seltener Regenwasser oder Wasser aus einem Brunnen oder natürlichen Bach sein. Die verschiedenen Wasserarten sollten getrennt voneinander getestet und dann miteinander abgeglichen werden. Sehr häufig können anhand der Messergebnisse bereits die ersten Fehlerquellen abgeleitet werden. Nicht selten beinhaltet Brunnen- oder Bachwasser stark belastende Stoffe, die in einem Gartenteich besser nicht vorkommen, wie beispielsweise Nitrat oder Phosphat; sobald Regenwasser ungefiltert in den Teich gelangt, kann es stark mit organischem Schmutz oder gar Schwermetallen belastet sein. In Haushalten mit extrem harten Wasserwerten (> 30 °dH) werden gerne Wasserenthärtungsanlagen eingebaut, die mit unterschiedlichsten Methoden arbeiten:

Eine Möglichkeit der Wasserenthärtung funktioniert über so genannte „Impfbienen", die den Kalk über Phosphorverbindungen ausfällen. Hierbei wird permanent Phosphor mit ausgespült, der dann zwangsläufig auch im Gartenteich ankommt. Dies kann man unterbinden, indem die Enthärtungsanlage während der Gartenteichbefüllung abgeschaltet wird. Aus dem nebenstehenden Kasten ist ersichtlich, welche Wasserinhaltsstoffe in welcher Konzentration für Teichlebewesen bedrohlich sind.

Mit herkömmlichen Messmethoden können diese Stoffe leider nicht festgestellt werden, dazu ist nur ein gut ausgerüstetes Labor mit elektronischen Messinstrumenten in der Lage. Da sich aber ein Großteil der genannten Stoffe im Zuleitungswasser befindet, sollten Sie nach der Erstbefüllung des Teiches in jedem Fall chemische Zusätze hinzufügen, die derartige Giftstoffe im Wasser binden oder ausfällen. Die entsprechenden Präparate nennen sich zum Beispiel „Teichstarter", „Teichfit", „Teichvital" oder „Leitungswasser Aktiv". Erhältlich sind solche Produkte, die keinerlei schädigende Auswirkung auf den Teich haben, in gut geführten Gartencentern sowie im Zoofachhandel.

Bedeutend wichtiger ist die regelmäßige Wasseruntersuchung nach den Parametern, die im richtigen Mengenverhältnis die Selbstreinigung und Selbsterhaltung eines Teiches über-

Giftigkeit verschiedener Wasserinhaltsstoffe

Nitrit	ab 0,1 mg/l
Nitrat	ab 100 bis 300 mg/l
Ammonium	ab 0,1 mg/l
Ammoniak	ab 0,05 mg/l
Chlor	ab 0,4 mg/l
Quecksilber	ab 0,25 mg/l
Phosphat	ab 0,1 mg/l
Cadmium	ab 4,0 mg/l
Nickel	ab 30,0 mg/l
Cobalt	ab 35,0 mg/l
Mangan	ab 650 mg/l
Kupfer	ab 0,15 mg/l

Testmöglichkeiten für Teichwasser (mit Ideal- und Grenzwerten)

Test	Messmethode			Werte	
Parameter	Elektrode	Tropfen	Indikator	Idealwert	Grenzwert
pH-Wert	+	+	+	6,5–8,3	> 6 < 8,5
Ammonium	–	+	+	0 mg/l	0,1 mg/l
Ammoniak	–	+	+	0 mg/l	0,05 mg/l
Nitrit	–	+	+	0 mg/l	0,1 mg/l
Nitrat	–	+	+	0 mg/l	100 mg/l
Phosphor	–	+	+	0 mg/l	0,1 mg/l
Kupfer	–	–	+	0 mg/l	0,1 mg/l
Chlor	–	–	+	0 mg/l	0,3 mg/l
Karbonhärte	–	+	+	5–10	> 5 < 12
Gesamthärte	–	+	+	10–12	> 5 < 13
Sauerstoff	+	–	–	13 mg/l	7 mg/l
Microsiemens	+	–	–	150–300 ms	< 350 ms

haupt erst ermöglichen oder bei deren Über- bzw. Unterschreitung helfend eingegriffen werden kann. Hier hat sich das nasschemische Testverfahren oder der so genannte „Tropfentest" durchgesetzt, wo mit dem Farbumschlag von Indikatorlösungen gearbeitet wird. Diese Testreihen werden von mehreren namhaften Firmen angeboten, die in ihrer Genauigkeit teilweise aber erheblich voneinander abweichen. Ideal sind kleine Testkoffer, mit denen die gesamte Palette der wichtigen Parameter getestet werden kann. Diese Indikatorlösungen können Sie einfach tropfenweise der Wasserprobe beigegeben. Wenn sich Verfärbungen in der Wasserprobe einstellen, kann man diese mit den beigelegten Farbskalen vergleichen und die Konzentration des untersuchten Stoffes bestimmen. Die meisten der angebotenen nasschemischen Testverfahren zeichnen sich durch höchste Genauigkeit und Empfindlichkeit aus. Der Nachweis kann schon ab sehr niedrigen Konzentrationen geführt werden und die Präparate können temperaturunabhängig angewendet werden. Genaue Anwendungsbestimmungen sowie die dazu gehörenden Farbskalen sind den einzelnen Präparaten immer beigelegt. Beim Kauf sollte man allerdings auf das Verfallsdatum achten, denn diese Produkte haben eine nur begrenzte Haltbarkeit.

Eine weitere Möglichkeit der Wasserkontrolle gelingt mit Indikatorstäbchen, allerdings sind diese gegenüber der vorausgegangenen Messmethode nicht ganz so genau. Das soll nicht heißen, dass die damit festgestellten Messergebnisse falsch sind, es lassen sich aber nur größere Schritte auswerten und Konzentrationen bestimmen. Zum besseren Verständnis: Mit der nasschemischen Testmethode kann Nitrit im Teichwasser mit 0,1 mg/l festgestellt werden, Indikatorstäbchen zeigen, ob 0, 1, 5, 10, 20, 40 oder

Musterblatt einer Wasseranalyse

Adresse

Name:

Straße:

PLZ:

Ort:

Telefon:

Fax:

Angaben zur Probenentnahme

Datum:

Uhrzeit:

Wetter: sonnig ☐ bewölkt ☐ Regen ☐

Lufttemperatur:

Wassertemperatur:

Sonstiges:

Parameter	**Wasserwerte**	
	Ausgangswasser	**Teichwasser**
Karbonhärte:		
Gesamthärte:		
Microsiemens:		
Ammonium/Ammoniak:		
Nitrit:		
Nitrat:		
Phosphat:		
Sauerstoff:		

Verbesserungsvorschlag:

Analyse ausgeführt durch:

Datum:

80 mg Nitrit/l Wasser vorhanden sind. Die Indikatorstäbchen bestehen aus schmalen Kunststoffstreifen, die an einem Ende mit mehreren behandelten Lackmuspapierabschnitten versehen sind. Wird dieser Streifen in das zu testende Wasser getaucht, verfärbt er sich rasch und kann mit der beigefügten Farbskala verglichen werden. Für allgemeine Teichwassertests ist diese Methode durchaus empfehlenswert. Erst wenn größere Probleme auftauchen und man zur Lösung genauere Testergebnisse benötigt, sollte man zu exakt arbeitenden Testmöglichkeiten übergehen. Mit beiden Testmethoden kann das Teichwasser auf Art und Menge der in der Tabelle aufgeführten Schadstoffe hin untersucht werden. Es ist von entscheidender Bedeutung, diese Tests regelmäßig durchzuführen und die Werte zu dokumentieren (siehe Musterblatt Seite 138). Ebenso wichtig ist es, tageszeitabhängige Werte wie pH-Wert, Sauerstoffgehalt oder Karbonhärte zu unterschiedlichen Tageszeiten zu ermitteln, um aussagekräftige Mittelwerte zu erzielen.

Das Teich-Tagebuch

Zur genauen Dokumentation Ihrer Messergebnisse der Parameter an verschiedenen Tagen oder zu unterschiedlichen Zeiten innerhalb eines Tages sollten Sie ein Teich-Tagebuch führen. Hier ist es sinnvoll, in einer Tabelle alle getesteten Werte mit ihren Konzentrationen zu bestimmten Zeiten (Datum, Uhrzeit) festzuhalten. Ergänzende Angaben zum Wetter (Sonne, Regen, Wolken), zur Wassertemperatur oder zu sonstigen Beobachtungen (Vegetation, Tiere) können von großem Nutzen sein.

Durch die Auswertung von Testergebnissen können Fehlerquellen gefunden und abgestellt werden: Relativ einfach können Sie Quellen von Nährstoffeinträgen im Teichwasser feststellen und Maßnahmen der Nährstoffreduzierung ergreifen. Bauliche Fehlerquellen, wie fehlender Überlauf oder ungenügende Bepflanzungsmöglichkeiten, können teilweise auch noch nachträglich verändert werden. Komplizierter wird es bei einer zu geringen Wassertiefe des Teiches, die immer dazu führt, dass sich das Teichwasser zu rasch erwärmt und damit die Speicherkapazität von gelöstem Sauerstoff stark senkt.

Sollten Sie zwar Messergebnisse ermittelt haben, sich jedoch unklar über deren Aussagen oder die zu ergreifenden Maßnahmen sein, können Sie Ihr Protokoll der Wasseranalyse im gut sortierten Fachhandel und Gartencentern mit Servicedienst einreichen; hier bekommen Sie dann fachkundige Unterstützung.

Hilfe, in meinem Teich sind Algen!

Algen sind im Wasser allgegenwärtig – auch wenn man sie mit dem bloßen Auge gar nicht wahrnehmen kann. Das lässt sich mit einem sehr simplen Versuch nachweisen: Stellt man ein Glas mit frischem Leitungswasser auf eine Fensterbank in das Sonnenlicht, werden schon nach kurzer Zeit Algen sichtbar und das ehemals klare Wasser bekommt einen hellgrünen Schimmer. Nun kann man aber nicht nur von „der" Alge sprechen, denn es gibt mehr als 100 000 verschiedene Arten. Viele davon kommen in einem Gartenteich vor, doch Probleme bereiten dem Teichbesitzer nur wenige Gattungen und Arten.

Für Oberflächengewässer sind Algen geradezu lebensnotwendig, da sie als chlorophyllhaltige grüne Pflanzen hauptsächlich für die Sauerstoffproduktion verantwortlich sind. Das bedeutet, Algen sind grundsätzlich sehr willkommene Wasserpflanzen. Erst wenn am Gleichgewicht und Selbstreinigungsmechanismus eines Teiches etwas nicht stimmt und die Algen sich explosionsartig vermehren, werden sie zu einem echten Problem. Eine vermehrte Algenbildung ist ein erstes Anzeichen dafür, dass ein Gewässer aus dem biologischen Gleichgewicht geraten ist. Rund 97 % aller Teichbesitzer haben schon einmal ein Problem mit Algen gehabt und werden es vermutlich immer wieder bekommen, sofern sie den Ursachen für die massenhafte Ausbreitung nicht wirksam begegnen.

Einige Vertreter aus der großen Gruppe der Algen machen Teichbesitzern teilweise arg zu schaffen. Sie treten nicht nur zu unterschiedlichen Jahreszeiten auf, sie unterscheiden sich auch ganz wesentlich in Aussehen, Eigenschaften und Standortansprüchen voneinander. Ihr Vorkommen hängt von unterschiedlichen Faktoren im Teichwasser ab; ihre Ausbreitung geht mit sich verschlechternden Wasserqualitäten einher. Wenn man vom Übeltäter „Alge" im Teich spricht, so meint man damit im Allgemeinen Blaualgen, Grünalgen und Kieselalgen. Durch Formenvielfalt und Entwicklungsgrad stellen sie einen idealen Indikator für den Grad einer Wasserverschmutzung dar. Nebenstehend sind einige bekannte Algenfamilien abgebildet; eine Auswahl der wichtigsten Algen wird kurz vorgestellt:

Die **Blaualge** ist für einen Teichbesitzer die unangenehmste Alge, weil sie am schwierigsten zu bekämpfen ist. Blau- oder Schmieralgen bilden schleimige, dunkelgrüne und unangenehm riechende Beläge auf Pflanzen, Technik und Zubehör im Teich. Eigentlich handelt es sich hierbei um keine Alge, sondern vielmehr um Organismen aus der Familie der Cyanobakterien. Mit einem Alter von 3,4 Milliarden Jahren zählen sie zu den ältesten Organismen, die es überhaupt auf der Erde

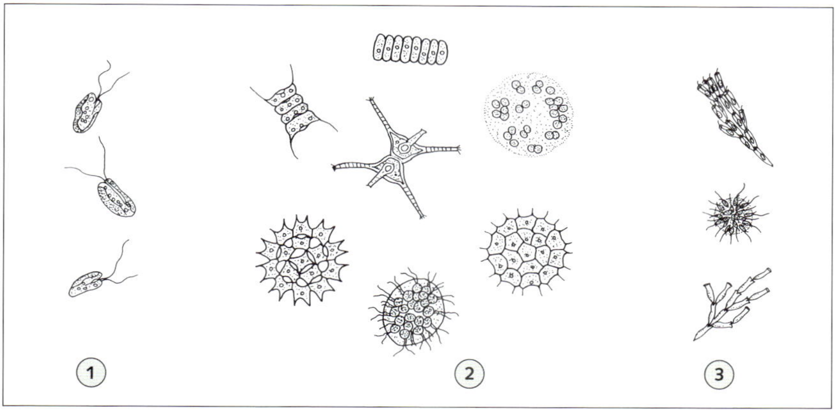

Eine kleine Auswahl aus dem Formenspektrum der Algen:
1) Cryptophyceen; 2) Grünalgen (Chlorophyceen); 3) Goldalgen (Chrysophyceen)

Blaualgen im Teich sind das Unangenehmste, was einem Teichbesitzer passieren kann

gibt. Ihre Vermehrungsrate kann man als rasant bezeichnen, denn innerhalb weniger Tage wird alles überzogen und förmlich erstickt. Gleichzeitig bilden sie auf der Wasseroberfläche einen schimmernden Film, der an Öl auf dem Wasser erinnert. Ihr Auftreten ist an einen besonders hohen Grad der Eutrophierung mit Stickstoff (Nitrat) und Phosphor (Phosphat) gebunden. Wenn diese „Alge" im Teich abstirbt, werden neben den Abbauprodukten gleichzeitig hochgiftige Verbindungen freigesetzt, die alle Teichlebewesen zusätzlich vergiften. Beim Auftreten von Blaualgen hilft eigentlich nur eine „Radikalkur", also eine Totalreinigung. Es ist aber nicht ratsam, den gesäuberten Teich gleich wieder zu befüllen, ohne vorher dem Grund der Blaualgenplage nachzugehen.

Weit verbreitet sind auch die Schwebealgen der Gattung *Volvox* aus der Gruppe der **Grünalgen**. Durch ihr Auftreten wird das Teichwasser grünlich. Im Extremfall verwandelt sich das Teichwasser in eine „grüne Suppe", in der man weder Fische noch Pflanzen erkennt. Dieses plötzlich auftretende Phänomen wird auch als „Algenblüte" bezeichnet. Mit den ersten Sonnenstrahlen des Frühjahrs und dadurch langsam ansteigenden Wassertemperaturen werden die Schwebealgen mobilisiert. Erheblich gefördert wird der plötzlich auftretende Schwebealgenwuchs durch im Teichwasser gelöste Nährstoffe, die zu diesem frühen Zeitpunkt ausschließlich den Algen zur Verfügung stehen. Die übrigen Wasserpflanzen befinden sich noch in der Vegetationsruhe und haben daher keinen Nährstoffverbrauch. Der Teichbesitzer – immer bestrebt, alles richtig zu machen – lässt daraufhin sein Teichwasser teilweise ab und füllt mit Leitungswasser nach. Doch die Algenblüte in einem Gartenteich verschwindet in den meisten Fällen ebenso so schnell, wie sie gekommen ist. Sobald die Schwebealgen die im Wasser gelösten Nährstoffe aufgebraucht haben, sterben sie ab und sinken dann zu Boden. Nachteilig ist hier allerdings, dass die Mikroorganismen unter hohem Sauerstoffverbrauch die abgestorbenen Schwebealgen zersetzen und in organische Masse umsetzen. Wer seinen Teich aufmerksam beobachtet, sollte zu diesem Zeitpunkt sofort verstärkt Sauerstoff in den Teich einbringen, damit die Zersetzung der Biomasse geregelter und ohne Fäulnisprozesse verläuft.

Zu den Grünalgen gehören auch Algen von fadenförmiger, pelzartiger oder watteähnlicher Gestalt, die nach ihrem Äußeren dann auch als Faden-, Pelz- oder Wattealgen bezeichnet werden. Sie entwickeln sich hauptsächlich an der Wasseroberfläche und vermehren sich dort stark, sofern hohe

Fadenalgen können selbst von Kinderhand mit einem Stöckchen entfernt werden. Auf die Gefahren an einem Teich sollten Sie jedoch aufmerksam machen

Fadenalgen benötigen gute Wasserqualitäten und einen GH-Wert über 10

Wassertemperaturen und gute Wasserqualitäten mit einem Gesamthärtewert über 12 vorliegen. Als chlorophyllhaltige Pflanzen produzieren sie tagsüber große Mengen Sauerstoff, veratmen die selbe Menge aber nachts wieder (siehe Seite 130f.).

Fadenalgen entfernt man am besten von Hand. Hat man erst einmal ein Stück davon erfasst, lässt sich die Alge bequem um einen Stock wickeln und so problemlos aus dem Teich ziehen. Bedenken Sie jedoch dabei, dass die Algen eventuell abbrechen und sich bei unveränderten Wachstumsbedingungen, also hohen Nährstoffwerten des Teichwassers, an den Bruchstellen erneut nachbilden können. Vernachlässigt man die Entfernung der Faden- und Wattealgen aus dem Teich, vermehren sie sich so stark, dass alle Wasserpflanzen einschließlich der Sumpfzonenvegetation mit einem dichten, grünen Gespinst überzogen werden. Derart befallene Pflanzen können kaum noch von dem Algenmantel befreit werden und ersticken häufig darunter.

Unglücklicherweise bleiben auch die für die Sauerstoffproduktion so wichtigen Unterwasserpflanzen von einem derartigen Befall nicht verschont. Besonders feinblättrige Pflanzen, wie Hornblatt (*Ceratophyllum*), **Tausendblatt** (*Myriophyllum*) oder **Wasser-Hahnenfuß** (*Ranunculus aquatilis*) werden gerne davon befallen. Um die übermäßige Ausbreitung zu verhindern, entfernt man am besten die befallen Pflanzen aus dem Teich. Den Unterwasserpflanzen wird gelegentlich eine Algen vernichtende Wirkung nachgesagt. Leider ist dies nicht so. Unterwasserpflanzen können aber Sauerstoff in großen Mengen produzieren, und dieser wird von den Mikroorganismen besonders dann benötigt, wenn absterbende Algen zu Boden sinken und zersetzt werden (siehe Seite 146f.).

Weniger gefährlich unter den Grünalgen sind die **Pelzalgen**. Sie überziehen in einem Gartenteich besonders gerne größere Kieselsteine und anderes „Inventar" mit einem hellgrünen, samtartigen Belag. Ihre Vermehrungsrate ist längst nicht so rasant wie bei den vorausgegangenen Arten. Dennoch wirkt sich ihr Auftreten im Teich negativ aus, denn die pelzüberzogenen Materialien wirken mit dem Absterben

Das Tausendblatt ist eine der wichtigsten Sauerstoff spendenden Unterwasserpflanzen

Der Wasser-Hahnenfuß blüht nicht nur üppig, sondern auch sehr lang

der Algen sehr unansehnlich: Es bleiben hässliche, braun-schwarze Rückstände zurück, die sich auch nur schwer entfernen lassen. Hierzu hilft nur, das verunreinigte Material aus dem Teich zu entnehmen und mit einem Dampfstrahler zu säubern.

Möglichkeiten der Algenbekämpfung

Eigentlich stellen Algen im Gartenteich kein Problem dar, solange sie in normalem Umfang auftreten. Ihre Bekämpfung macht – unabhängig von der angewendeten Methode – auf lange Sicht aber nur Sinn, wenn gleichzeitig die Ursachen für ihr vermehrtes Auftreten abgestellt werden. Der Markt ist voll von Anbietern, die dem Teichbesitzer ein algenfreies Teichwasser versprechen. Neben der Wasserfilterung, die ab Seite 154ff. noch ausführlich behandelt wird, gibt es viele weitere Methoden, die mehr oder weniger erfolgreich sind.

Die Beseitigung oder besser Verminderung von Algen kann mechanisch, chemisch, biologisch, biochemisch, elektronisch, mit Hilfe von UV-Strahlung oder Filterung durchgeführt werden. Die Wirkungsdauer ist dabei sehr unterschiedlich und der Erfolg unter anderem davon abhängig, wie stark die Algenbildung ist, um welche Alge es sich handelt und warum sie auftritt. Häufig hilft auch schon etwas Geduld. Die Schwebealge, die hauptsächlich für das grünliche, trübe Teichwasser verantwortlich ist, verschwindet wieder, sobald die Nährstoffe im Wasser von den Sumpfzonen- und Wasserpflanzen aufgebraucht wurden. Wenn Algen im normalen Rahmen auftreten, dann ist dies auf gute Wasserwerte

15-Punkteplan zur Algenwuchs-Verminderung

1. Einbau eines Zu- und Ablaufs im Teich
2. Großzügige Bepflanzung mit Wasser- und Sumpfpflanzen
3. Einsatz von Unterwasserpflanzen
4. Einsatz von tropischen oder heimischen Schwimmpflanzen
5. Ausgewogenes Verhältnis der unterschiedlichen Wassertiefen
6. Ausreichende Wassertiefe
7. Frischwasserzufuhr bei hohen Temperaturen
8. Ausreichender Sauerstoffgehalt
9. Zufuhr von gefiltertem Regenwasser
10. Keine Düngung im Umfeld des Teiches
11. Regelmäßige Wasseranalysen
12. Einstellung des pH-Wertes auf 7,3 bis 8,3
13. Fischbesatz nur in großen Teichen
14. Wasserfilterung
15. Regelmäßige Algenentfernung von Hand

zurückzuführen, wie pH-Wert, GH-Wert, KH-Wert und den Anteil der im Wasser gelösten Nährstoffe. Im oben stehenden Kasten finden Sie eine Zusammenstellung, wie Sie dem ungehemmten Algenwuchs vorbeugen können.

Algenbeseitigung mit chemischen Mitteln

Grundsätzlich unterscheidet man hierbei zwei verschiedene Methoden. Zum einen töten Chemikalien die Algen direkt ab, wie Kupfersulfat oder Kaliumpermanganat. Zum anderen filtern chemische Substanzen bestimmte Lichtwellenbereiche aus dem Tageslichtspektrum; die lichthungrigen Algen können keine Photosynthese mehr betreiben und sterben ab.

Sollen derartige Chemikalien eingesetzt werden, ist es besonders wichtig, das Wasservolumen des Teiches zu kennen. Unterdosierungen bringen nicht den erwünschten Erfolg und Überdosierungen haben häufig fatale Wirkung auf die Teichlebewesen. In den seltensten Fällen ist bei diesen Produkten die genaue Wirkung auf Flora und Fauna im Teich näher untersucht worden. Empfohlen wird eine Dosierung von 1000 ml pro 10 m^3 Wasser. Schütten Sie den Inhalt nicht direkt aus der Flasche in den Teich, sondern verdünnen Sie ihn vorher in einer Gießkanne mit 10 l Fassungsvermögen. Diese Mischung verteilen Sie anschließend auf der gesamten Teichoberfläche. Anwendungsmodus und Konzentration variieren von Hersteller zu Hersteller, lesen Sie deshalb die Gebrauchsanleitung vorher genauestens durch und folgen Sie den Anweisungen. Die Anwendung derartiger Mittel sollten nicht bei Temperaturen über 30 °C erfolgen. Auch empfiehlt sich die Anwendung nicht bei GH-Werten unter 6. Bringen Sie unterstützend Sauerstoff zum Zeitpunkt der Anwendung ein. Eine weitere Behandlung sollte frühestens nach zwei Wochen erfolgen.

Bei beiden Bekämpfungsmethoden sterben die Algen mal mehr, mal weniger schnell ab und sinken zu Boden, wo die Biomasse allmählich in den

Teichchemikalien – Webcode: teich675

Nährstoffhaushalt (Stickstoffkreislauf) eingebunden wird. Lediglich ein Teil der abgestorbenen Algen treibt nach kurzer Zeit wieder nach oben und schwimmt wie ein „Kuhfladen" auf der Wasseroberfläche. Bei diesem Prozess werden allerdings große Mengen an Sauerstoff verbraucht, und am Teichboden bildet sich rasch eine immer stärker werdende Schlammschicht. Unter Luftabschluss entwickeln sich Faulgase, die für Pflanzen und Tiere vor allem in der Winterzeit gefährlich sind, wenn die Wasserfläche mit einer Eisschicht überzogen ist. Die am Boden liegende Teichschlammschicht führt insbesondere bei kleineren Teichen sehr rasch zu einer Verlandung.

Empfehlenswerter sind Präparate mit Langzeitwirkung gegen Algen, die sich in ihrer Wirkungsweise von anderen Algen reduzierenden Präparaten unterscheiden. Derartige Mittel greifen in den Stoffwechsel der Algen ein, wobei der Photosyntheseprozess an einer bestimmten Stelle unterbrochen wird. Die Algen „verhungern" dadurch und sterben ab. Dieser Vorgang läuft sehr langsam ab, wodurch bedeutend weniger Sauerstoff verbraucht wird als bei anderen Präparaten. Ein weiter Vorteil ist, dass diese Präparatform auch vorbeugend eingesetzt werden kann. Die Anwendungskonzentration liegt bei 50 ml pro 1000 l Teichwasser. Bei richtiger Anwendung üben diese Langzeitpräparate ihre Wirkung ausschließlich auf die Algen im Wasser aus, eine Schädigung der übrigen Teichvegetation ist damit weitgehend ausgeschlossen. Vertrieben werden derartige Produkte

Abgestorbene Fadenalgen wirken auf der Teichoberfläche wie schwimmende „Kuhfladen"

von namhaften Firmen der Aquaristikbranche. Man erhält sie in Zoogeschäften, Gartencentern und im Fachhandel.

Da mit dem Einsatz dieser Chemikalien zwar kurzfristig die Symptome, jedoch nicht die Ursachen der Algenbildung abgestellt werden, ist eine erneute Algenbildung bereits vorprogrammiert.

Biologische Algenbeseitigung

Neben den chemischen Algenbekämpfungsmitteln gibt es eine ganze Reihe von biologischen Präparaten, die den Algenwuchs hemmen können. Diese Präparate töten die Algen ab oder verändern die Wasserqualität und damit die Lebensbedingungen für die Algen so, dass sich diese dadurch allmählich zurückziehen. Diese Mittel haben bei richtiger Anwendung in der Regel keine negativen Einflüsse auf das Teichwasser und deren Bewohner. Meist verändern und stabilisieren sie den pH-Wert nachhaltig, wirken aber nur, wenn sie regelmäßig eingesetzt werden. Die biologischen Algenstopper bestehen ausschließlich aus natürlichen Wirkstoffen und sind je nach Produkt unterschiedlich zusammengesetzt. In der Regel besitzen diese Mittel die Form von Dragees, so genannten „Pellets", sind gelegentlich aber auch flüssig, daher sind sie sehr anwenderfreundlich. Die Gefahr einer Überdosierung ist allerdings auch hier gegeben. Biologische Antialgenpräparate bestehen aus Torfarten und weiteren Naturstoffen, wie Eichenrinde, Erlenzapfen, aufbereitetem Wintergerstenstroh oder auch Weintraubentrester. In den Teich eingebracht, setzen diese Naturstoffe Huminsäure, Vitalstoffe, Phenolverbindungen sowie Spurenelemente frei und wirken dadurch algenhemmend. Gleichzeitig werden die natürlichen Regenerationskräfte des Wassers unterstützt. Der Teich erhält sein biologisches Gleichgewicht zurück und der so wichtige pH-Wert wird ausgeglichen und stabilisiert. Unter diesen biologischen Präparaten befinden sich auch solche, die mit Bakterien versetzt sind. Diese Bakterien haben die Aufgabe, die auf den Teichboden abgesunkenen Algen zu zersetzen und unter aeroben Bedingungen in Biomasse zu wandeln.

Säckchen mit pelletiertem Schwarztorf senken den pH-Wert des Teichwassers

Die wohl bekannteste „biologische Bekämpfung" der Algen ist das Einbringen von **Torf**. Neben der Senkung des pH-Wertes werden durch den Torf Huminsäure und Fulvosäuren in das Teichwasser abgegeben. Bei einer Menge von 30 l Weißtorf/m³ Teichwasser erreicht man eine Senkung um 10 bis 15 °dH. Torf sollte man jedoch niemals direkt in den Teich schütten, da dieser total verschmutzen und vorzeitig verlanden würde. Am besten füllt man ihn in feine durchlässige Gewebesäcke und bringt diese so im Teich ein, dass sie später mühelos wieder entfernt werden können.

Einfacher, aber eher in kleineren Teichen wirksam ist die Verwendung von pelletiertem Torf in Gewebesäcken. Diese kann man direkt in den Teich einhängen, wobei ein 2-kg-Netz für etwa 5000 l Wasser ausreicht. Die Wirkungsdauer beträgt etwa zwei Monate, danach kann das verbrauchte Granulat unter die Gartenerde gemischt werden.

Eine ähnliche Wirkung lässt sich über **Eichenholzhäcksel** mit möglichst hohem Rindenanteil erzielen. Das Holz gibt über einige Zeit permanent Gerbstoffe ab, die sich im Teichwasser lösen. Diese Gerbstoffe unterbinden zwar die Algenbildung nicht vollkommen, aber sie verhindern ihre explosionsartige Ausbreitung.

Aus England stammt das Verfahren, **Gerstenstroh** in den Teich einzulegen. Bereits die Menge von 100 g/m^3 Wasser reichen aus. Beim Zersetzungsprozess des Strohs bildet sich Lignin, das das Algenwachstum unterdrückt. Einige Hersteller biologischer Teichpflegepräparate haben sich die positiven Eigenschaften des Gerstenstrohs auch bei ihren Präparaten zu Nutze gemacht. Der Vorteil an diesen Produkten ist, dass es sich um Naturprodukte handelt, die bei richtiger Dosierung keine schädigende Wirkung auf den Teich haben. Die Dosierung und Anwendungshäufigkeit biologischer Mittel ist abhängig von den einzelnen Präparaten und erfolgt nach Gebrauchsanleitung. Entscheidend ist die genaue Kenntnis der Wassermenge im Teich (Bezugsquellen siehe Seite 361).

Aus der Apotheke kann man sich **Tannin** besorgen. Es ist ein Naturprodukt, das Rotweintrinkern sicherlich bekannter ist als jemandem, der sich mit der Bekämpfung von Algen beschäftigt. Diese Substanz wird dem Wein zur Haltbarmachung zugesetzt. Tannin wird aus gesammelten und zerkleinerten Pflanzengallen (deformiertes Pflanzengewebe, das sich durch den Befall mit bestimmten Insekten an Pflanzentrieben und/oder Blättern bildet) gewonnen, chemisch aufbereitet und als bräunliches Pulver angeboten.

Pro Kubikmeter Teichwasser verwendet man einen Teelöffel Tannin, der zuvor in 10 l Wasser aufgelöst wird. Tannin ist sehr gut wasserlöslich, sollte aber möglichst nicht direkt auf Pflanzenteile gelangen, da die Gerbstoffe die Pflanzen schädigen können. Sollte die Wassertrübung nach einer Woche noch nicht nachgelassen haben, kann der Vorgang in der gleichen Konzentration wiederholt werden. Die Wasserfärbung darf einen leichten Gelbton aufweisen. Bei einem Farbumschlag in Braun ist die Konzentration zu hoch und natürlich schädlich.

„Naturchemische" Algenbekämpfung

Diese Methode der Teichentgiftung gewinnt zunehmend an Bedeutung. Sie basiert auf einem Mineral, dass **Zeolith** genannt wird und schon seit geraumer Zeit in der Teichfiltertechnik erfolgreich eingesetzt wird. „Naturchemisch" mag im ersten Augenblick verwirrend klingen, bezieht sich aber ausschließlich auf den chemischen Prozess, der durch die im Teichwasser gelösten Nährstoffe und dem Mineral Zeolith eingeleitet wird. Zeolith könnte man als das kleinste Klärwerk der Welt bezeichnen. Entdeckt wurde es von dem schwedischen Mineralogen Baron Axel F. Cronstedt im Jahre 1756. Er stellte fest, dass ein bestimmtes Mineral zu brodeln begann, wenn man es lange genug erhitzte. Der Forscher nannte es nach seinem Verhalten zeo (griech.: sieden) und lithos (griech.: Stein), woraus der Name Zeolith entstand. Das hauptsächlich aus Silizium und Aluminium bestehende Gestein beinhaltet noch weitere Inhaltsstoffe. Man kennt etwa 40 verschiedene Mineralienarten, die eine ähnliche Zusammensetzung und somit vergleichbare Eigenschaften von Zeolith besitzen; dabei muss das Gestein min-

Zeolith im Filterkörper sorgt für den Abbau von Ammonium im Teichwasser

destens zu 50 % in Art und Konzentration der Bestandteile wie Zeolith zusammengesetzt sein, damit man es als solches bezeichnen darf. Die speziellen Eigenschaften von Zeolith haben eine besonders positive Wirkung auf Teiche mit überhöhtem Nährstoffangebot. Diese sind:

- stark porös, deshalb eine große Oberfläche,
- Unterstützung gewünschter chemischer Prozesse,
- Siebwirkung auf kleinste Bestandteile im Wasser,
- stark Wasser anziehend, kann aber auch gut entwässert werden,
- kann im Wasser gelöste Ionen absorbieren oder freisetzen.

Durch diese Eigenschaften kann Zeolith das für Pflanzen und Tiere giftige Ammonium an sich binden. Auch andere Giftstoffe können aufgenommen und festgehalten werden, allerdings gilt das nicht für Phosphate. Die Absorptionsfähigkeit pro Gramm Zeolithgestein beträgt etwa 20 mg Ammonium und etwa 300 mg Blei. Die benötigte Menge pro Kubikmeter Teichwasser beträgt 2 bis 4 kg.

Einsatzmöglichkeiten von Zeolith im Teich:

- Viele namhafte Teichfilter-Hersteller setzen Zeolith in ihren Filtern ein.
- Im Überspülverfahren wird Zeolith mit Teichwasser benetzt, das aus einem Bachlauf oder Wasserfall abgeleitet wird.
- Zeolithgefüllte Behälter werden mit ungefiltertem Teichwasser durchspült.
- Einsatz in Systemteichen (Fertigbecken mit integriertem Filterteil).
- Verwendung als spezielle Wandverkleidung; besonders interessant für verödete Teiche und Fertigbecken mit kahlen, steilen Wänden (Wandolith®).
- Zeolithgranulat wird lose direkt auf den Teichgrund oder in die Pflanzzonen eingefüllt.
- Das Mineral wird mit speziellen Bakterien beimpft und zur Wasserreinigung oder in Kläranlagen eingesetzt.

Verschmutztes und mit Schadstoffen angereichertes Zeolith kann in einer gesättigten Kochsalzlösung wieder regeneriert werden. Der Prozess dauert 24 Stunden. Nach einem Spülvorgang mit klarem Wasser ist Zeolith erneut einsetzbar (Bezugsquellen siehe Seite 361).

Erwähnenswert ist auch Zeolith als Kombinationspräparat sowohl für den Abbau und die Mineralisierung von Sedimenten als auch für die Beseitigung von Algen in Gartenteichen, Seen und Fließgewässern. Der Trägerstoff ist Zeolith, das in Verbindung mit speziellen Bakterienarten und weiteren organisch-mineralischen Verbindungen unterschiedliche Algenarten beseitigt.

Die Anwendung ist recht einfach, denn es wird lediglich auf die Teichoberfläche aufgestreut. Es werden 100 g Granulat/m^3 Teichwasser benötigt. Vor der Behandlung können größere Algen abgeschöpft werden, lassen Sie dazu keinesfalls das Teichwasser ab. Nach Einstreuen des Kombipräparates kann es zu einer kurzfristigen Verfärbung des Teichwassers kommen, was sich aber nach wenigen Tagen wieder legt. Durch die Teichbehandlung werden im Wasser zunächst größere Mengen von Nährstoffen freigesetzt. Deshalb bringt man zur Nachbehandlung Zeolith in den Teich ein oder lässt das Teichwasser über einen eigens dafür installierten Filter laufen. Auf diese Weise sollen sogar die unerwünschten Phosphorverbindungen – also die maßgeblich an der Algenbildung beteiligten Nährstoffe – eliminiert werden können.

Mineralische Antialgen-Präparate

Antialgenmehl ist ein mineralisches Pulver gegen Fadenalgen, das den pH-Wert des Teichwasser senkt, also absäuert. Das feinkörnige Mineral verankert sich im Gewebe der Fadenalgen und zieht sie mit seinem Gewicht in die lichtarme Zone des Teichgrundes. Hier zersetzen Bakterien die Fadenalgen; die organischen Bestandteile werden wieder in den Kreislauf des Biotops eingefügt. Antialgenmehl sollte nur etappenweise in den Teich eingebracht werden, um ein zu plötzliches Absinken des pH-Wertes zu vermeiden. Bei einem 20 m^2 großen Teich gibt man innerhalb von zwei Wochen 10 kg Antialgenmehl in vier bis fünf Gaben auf die Wasseroberfläche. Das Gesteinsmehl sollte dabei möglichst auf die Fadenalgen aufgebracht werden. Wasserpflanzen, die beim Streuvorgang versehentlich eingestaubt wurden, sprüht man am folgenden Tag mit einem Wasserstrahl vorsichtig ab, ohne dabei das Mittel aus den Algen zu entfernen. Bei Teichen mit Pumpenbetrieb oder Wasserbewegung wird durch den Einsatz von Antialgenmehl leichte Schaumbildung ausgelöst.

Algenbeseitigung mit Hilfe von Schallwellen

Hier handelt es sich um eine rundum umweltfreundliche Lösung, die universell gegen die unterschiedlichsten Algenarten eingesetzt werden kann. Auf die zusätzliche Verwendung von Chemikalien können Sie verzichten. Das Schallwellen erzeugende Gerät wurde für Gartenbaubetriebe entwickelt, die ihre Bewässerung über große Wasserbecken mit einem Rücklaufsystem steuern. Da durch dieses System große Mengen an Nährstoffen in die Becken zurückgeführt werden, ist der Algenwuchs vorprogrammiert. Nun hat man sich die Ultraschalltechnik zu Nutze gemacht und kann diese erfolgreich in Fisch-, Zier- oder Schwimmteichen einsetzen. Das Gerät erzeugt über einen Signalwandler Ultraschallwellen, die die Vakuolen – kleine flüssigkeitsgefüllte „Blasen" in jeder Pflanzenzelle – zerstören, wodurch die Alge sehr rasch abstirbt. Die Schallwellen sind sowohl für Menschen als auch Tiere ungefährlich. Die meisten Algen werden schon innerhalb von 48 Stunden abgetötet und sinken zu Boden.

Faden- und Wattealgen sind etwas widerstandsfähiger; sie werden mit dieser Methode erst nach etwa drei Wochen beseitigt. Wenn immer möglich, sollten die abgestorbenen Algen abgefischt werden, bevor sie auf den Teichboden sinken. Die sehr umweltfreundliche und für das menschliche Ohr nicht wahrnehmbare Technik benötigt keine aufwändige Installation. Dank der äußerst geringen Stromaufnahme von nur 15 W kann sie Tag und Nacht betrieben werden. So wird die Neubildung von Algen von vornherein unterdrückt. Das Gerät gibt es in unterschiedlichen Größen mit den Reichweiten 10, 50 und 100 m.

Algenbeseitigung mit Hilfe von ultraviolettem Licht

In der Abwassertechnik haben sich so genannte „UV-Klärer" schon lange bewährt. Verschiedene Lieferanten aus der Teichtechnikbranche haben diese Erfahrungen aufgegriffen und für den Gartenbereich weiterentwickelt.

Fälschlicherweise wird dieses Gerät auch als „UV-Teichfilter" bezeichnet, was es aber nicht ist. Diese Wasser klärenden Geräte werden Teichfilteranlagen vorgeschaltet und können durch ihre UV-C-Strahlung Algen und Keime abtöten. Durch die intensive Bestrahlung mit ultraviolettem Licht verklumpen die Algen und verfangen sich besser in den mechanischen Reinigungskammern der Teichfilteranlagen. Nachteilig ist bei der UV-Bestrahlung, dass fast alles abgetötet wird, was an dem UV-Strahler vorbei geführt wird, also auch wichtige Kleinlebewesen. Bei einem ständigen Einsatz einer UV-Lampe würde der Teich ganz allmählich in „steriles" Wasser umgewandelt werden, in dem keinerlei Bakterien an Umwandlungsprozessen wie beispielsweise dem Nährstoffkreislauf beteiligt sein könnten. Der Einsatz des UV-Klärers ist vom Verschmutzungsgrad des Teiches abhängig. Zu Beginn sollte der UV-Klärer täglich über mehrere Stunden angeschaltet bleiben. Sobald sich die Wasserqualität sichtbar verbessert hat, kann der Einsatz des Gerätes schrittweise verringert werden.

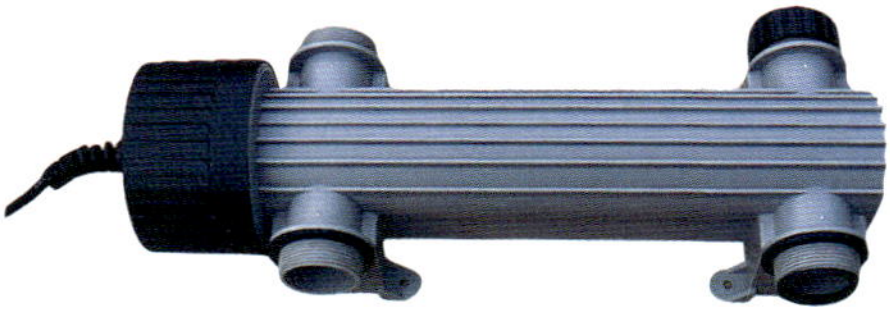

Mit dem UV-Klärer lassen sich wirksam Algen bekämpfen

Auf dem Markt gibt es verschiedene Modelle von UV-Klärern, die sich im Einsatz und vor allem in der Wartung unterscheiden. Man erhält die Geräte in Abhängigkeit von der Teichgröße, und diese wiederum beeinflusst die Leistungsfähigkeit des angeschlossenen Filters und der dazu gehörigen Pumpe. Je höher beim UV-Klärer die Leistungsaufnahme in Watt ist, desto größer muss auch der Filter und die Förderleistung der angeschlossenen Pumpe sein. Die Leistung der auf dem Markt befindlichen UV-Klärer reicht von 9 bis zu 85 W. Man unterscheidet hier zwischen **Niederdruckstrahlern**, deren Leistungsbereich im unteren Wattbereich liegt, und den so genannten **Hochdruckstrahlern** mit höherer Wattzahlen. Das Maximum der Keim-

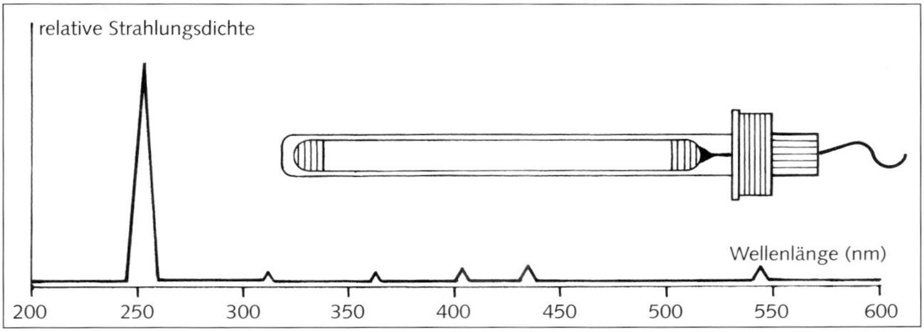

Die Wirkungskurve eines UV-Klärers, der Algen abtötende Lichtwellenbereich liegt bei 254 nm

und Algenabtötung der UV-Lampen liegt im kurzwelligen Bereich bei 253,7 nm.

Hochdrucklampen verwendet man bei großen Teichanlagen oder in Becken, in denen ausschließlich Koikarpfen gehalten werden.

Bei den UV-Klärern der neueren Generation wurde ein so genanntes „Bypass-System" entwickelt. Man hat sehr schnell erkannt, dass der Reinigungsprozess im Filter selbst unbefriedigend ist, wenn ausschließlich „bestrahltes" Wasser mit abgetöteten Keimen und Mikroorganismen in den Teichfilter gelangt. Die Geräte sind also so konstruiert, dass ein Teil des verschmutzten Teichwassers mit dem UV-Strahler in Kontakt kommt und ein Teil unbehandelt daran vorbei fließt. Nur so ist gewährleistet, dass sich Mikroorganismen wie *Nitrobacter* im Inneren des Teichfilters ansiedeln können.

Die eigentliche UV-Lampe ist in einer wasserdicht abgeschotteten Quarzglasröhre untergebracht. Durch die ständige Umspülung mit verschmutztem Teichwasser bildet sich auf der Röhre ein Niederschlag, der die Strahlerleistung stark beeinträchtigt. Diese Quarzglasröhre muss deshalb in regelmäßigen Abständen gereinigt werden. Bei älteren Geräten kann dies ein erheblicher Arbeitsaufwand sein, weil sie dazu zerlegt werden müssen. Neuere Geräte sind einfach zu öffnen oder gleich mit einem eingebauten Reinigungsmechanismus versehen, der von außen zu bedienen ist. Bei einigen Geräten ist eine optische Funktionskontrolle eingebaut, die Rückschlüsse auf Funktion und Verschmutzungsgrad der Röhre erlaubt. Die Lebensdauer der UV-Klärer ist auf etwa 8 000 bis 10 000 Betriebsstunden beschränkt, dies entspricht etwa drei bis vier Einsatzjahren im Gartenteich. Danach lässt die Leistung des UV-Klärers merklich nach und er sollte deshalb ausgetauscht werden.

UV-Teichklärer können Dank ihrer Konstruktion auch ohne nachgeschalteten Filter nur mit einer Teichpumpe betrieben werden. Allerdings gewährleistet erst das Zusammenspiel von Pumpe, UV-Klärer und passendem Filter den besten Reinigungserfolg (siehe auch Seite 161ff.).

Teichwasser filtern

Von einem künstlich angelegten Gartenteich wird der Selbstregulierungs-Mechanismus wie selbstverständlich erwartet, ohne dass man dem Gewässer den nötigen Zeitraum zum Aufbau des biologischen Gleichgewichts gewährt. Außerdem sind derartige Gewässer in aller Regel bedeutend kleiner als natürliche Gewässer, was sie extrem anfällig schon gegen geringste Störungen von außen macht. Die drei Hauptursachen sind Baufehler, mangelnder Pflanzenbewuchs und der Überbesatz mit Fischen (siehe auch Seite 227). Sie führen fast immer dazu, dass der Teich sich niemals aus eigener Kraft selbst regulieren kann. Durch das Filtern des Teichwassers lassen sich die Hauptursachen für schlechte Wasserqualitäten recht gut kompensieren.

Verschiedene Methoden der Teichfilterung

Unterwasserfilter

Sie sind zwar nach wie vor auf dem Markt, werden aber zunehmend von anderen Filtermethoden verdrängt, die zwar aufwändiger, dafür aber bedeutend effektiver sind. Dafür gibt es zwei gute Gründe: Sie wirken fast ausschließlich nur mechanisch und sie sind schwieriger zu warten, denn es bedeutet sehr viel Mühe und Arbeit, einen verschmutzten und glitschigen Filter aus dem Teich zu holen und zu säubern.

Bei dieser Filtermethode wird eine zum Filter passende Teichpumpe im Teich in etwa 35 bis 40 cm Wassertiefe platziert und über einen Schlauch mit dem tiefer liegenden Filter verbunden. Der Filterkörper sollte auf keinen Fall direkt am Boden stehen, weil er dort sofort die Ablagerungen am Teichgrund aufnehmen würde. Um einen guten Filtereffekt mit genügend Zirkulation zu erzielen, sollte der Filterkörper möglichst weit vom Pumpenausgang entfernt liegen.

Eine Ausnahme stellen die Filterkörper mit integrierter Pumpe dar. Die Pumpe saugt ständig über den Filterkörper verschmutztes Teichwasser an und fördert gefiltertes Wasser über den Ablaufstutzen nach oben. Hier wird am zweckmäßigsten eine Wasserdüse angeschlossen oder ein Ablauf über einen Wasserfall oder Bachlauf ermöglicht. Die Unterwasserfilterung wird im Grunde genommen nur für

Tipp
Die Aufnahme und der Rücklauf des zu filternden Teichwassers sollten räumlich möglichst weit auseinander liegen. Nur so kann der gesamte Teichinhalt gleichmäßig umgewälzt werden. Gleichzeitig wird dadurch eine Oberflächenströmung geschaffen.

Teichinnenfilter – Webcode: teich671

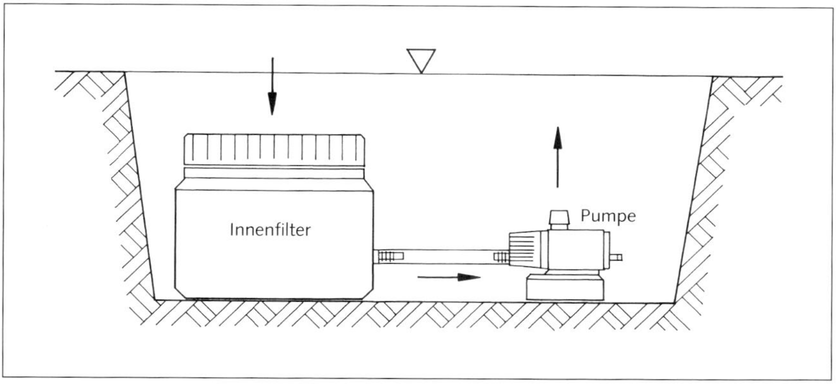

Schematische Darstellung eines Teichinnenfilters

kleinere Teiche mit einem Wasserinhalt von 3 bis 5 m^3 angewendet. Allerdings gibt es auch Unterwasserfilter aus zusammensetzbaren Modulen, mit deren Hilfe Teiche mit 15 bis 20 m^3 Inhalt gefiltert werden können. Die einzelnen Module verfügen über ein Kanalsystem und gewährleisten einen ständigen Wasserdurchfluss, selbst wenn die Ansaugschlitze der Module weitgehend verschmutzt sind. Das Innenleben der Unterwasserfilter besteht aus groben Schaumgummischwämmen, die sich je nach Verschmutzungsgrad des Teiches mehr oder weniger schnell zusetzen. Sobald dieser Fall eingetreten ist, lässt die Wirkung der Pumpe merklich nach oder sie fördert nur noch verschmutztes Teichwasser zutage. Der Teichfilter beziehungsweise die Module müssen dann aus dem Teich geholt werden. Die Reinigung der Schaumstoffschwämme erfolgt am besten unter fließendem Wasser, wo man sie so lange durchknetet, bis sie sauber sind. Leider werden dabei sämtliche Mikroorganismen mit ausgespült. Die Lebensdauer der Filterschwämme ist begrenzt, im Allgemeinen halten sie zwei bis drei Jahre. Sobald das Material anfängt brüchig zu werden, sollte man die Schwämme erneuern.

Laufzeit von Teichfiltern
Eine Teichfilteranlage muss 24 Stunden am Tag in Betrieb sein. Nur bei ständiger Wasserbewegung und gleichzeitiger Sauerstoffanreicherung ist gewährleistet, dass die Mikroorganismen im Filter überleben. Bei stehendem Wasser sterben sie ab.

Teichaußenfilter

Teichwasserfilter mit Filteraggregaten außerhalb des Teiches sind am effektivsten, wenn Sie eutrophierte Gewässer wieder klar und sauber bekommen wollen. Auf dem Markt gibt es viele

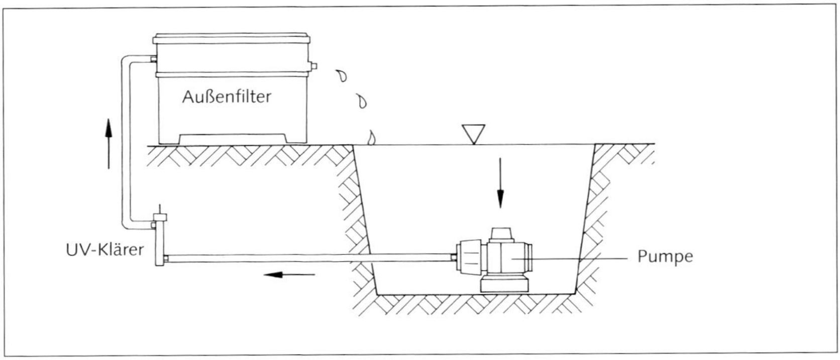

Schematische Darstellung eines pumpengespeisten Teichaußenfilters

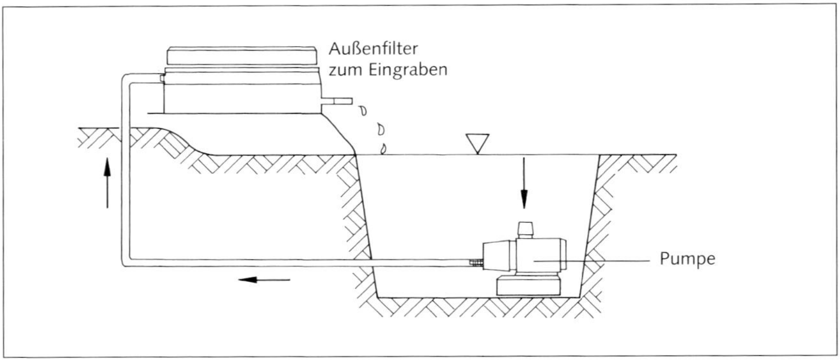

Schematische Darstellung eines Eingrabfilters

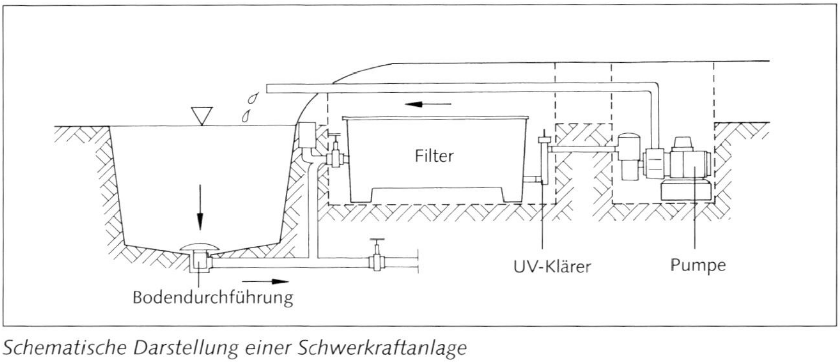

Schematische Darstellung einer Schwerkraftanlage

verschiedene Modelle, die sich in Design und Funktion erheblich unterscheiden:

Pumpengespeister Filter
Dem am Teichrand stehenden Filter wird verschmutztes Teichwasser über eine Pumpe zugeführt, das dann gefiltert wieder in den Teich gespeist wird. Dies ist die übliche Filtertechnik für Gartenteiche.

Eingrabfilter
Diese Filtermethode entspricht der vorhergehenden, allerdings ist der Teichfilter aus optischen Gründen im Boden vergraben. Sie wird vorrangig bei kleineren Teichen eingesetzt. Der Pumpenstandort sollte möglichst über dem Teichrandniveau liegen. Dem Vorteil eines „unsichtbaren" Filters steht die erschwerte Wartung gegenüber.

Schwerkraftanlagen
Diese Methode wird gerne in der Fischzucht angewendet, sie eignet sich nicht für Folienbecken, aber für Kunststoff-Fertigbecken. Die eigentliche Filteranlage ist im Boden versenkt. Auf Grund der Gravitationskraft gelangt das Teichwasser über eine Wanddurchführung in den Filter. Hierfür sollten großzügige Rohrdurchmesser gewählt werden. Durch ein 100-mm-Rohr mit entsprechendem Dränagebett können maximal pro Stunde 6 m^3 Wasser fließen. Hinter dem Filter befindet sich erst die Pumpe, die das Wasser gereinigt wieder in die Teichanlage zurück befördert.

Druckfilteranlagen
Diese Art der Teichfilterung eignet sich für kleinere Anlagen mit einem Wasserinhalt bis etwa 18 m^3. Hier wird

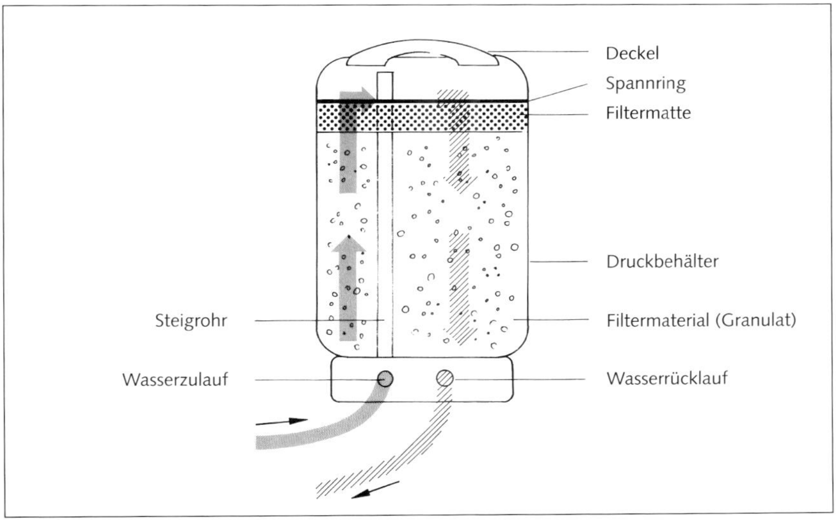

Schematische Darstellung eines Druckfilters

verschmutztes Teichwasser mit einem maximalen Betriebsdruck von 6 bar über ein Schwammsystem in einen mit Spannbändern verschlossenen Behälter gedrückt und über ein Filtergranulat gereinigt. Dieser abgeschlossene Behälter kann auch als Unterwasserfilter eingesetzt werden.

Abschäumgeräte
Aus der Aquaristik übernommen wurde ein Gerät, dessen Filtertechnik sich von anderen wesentlich unterscheidet. Diese Filtertechnik wird auch als Abschäumen bezeichnet.

Durch den Eintrag großer Luftmengen über eine patentierte Düse in das Filtergehäuse wird ein Wasser-Luft-Gemisch erzeugt. Dabei wird Biomasse an Luftbläschen gebunden. Diese Luftbläschen verdichten sich zu einem Schaumteppich, dessen Höhe vom Verschmutzungsgrad des Wassers abhängt. Über eine Regelung stellt man den Wasserstand des Abschäumgerätes ein, bis der Schaumteppich gerade das Röhrensystem erreicht hat. Die oberste Schicht des Schaumteppichs mit den größten Verunreinigungen steigt als Bläschen in einem Röhrchensystem hoch und zerplatzt dort. Hierbei werden die Schmutzteile freigesetzt, die dann das Abschaumgerät über einen speziellen Ablauf verlassen. Maßgeblich für die optimale Funktion ist die richtige Einstellung der Regulierung. Das abgeschäumte Volumen (Schmutzkonzentrat) sollte 1 bis 2 l/h betragen.

Als zusätzliche Maßnahme kann diesem Filtersystem ein **Tauchwalzenfilter** nachgeschaltet werden. Die Funktion des Tauchwalzenfilters ist relativ einfach: Mit Sauerstoff angerei-

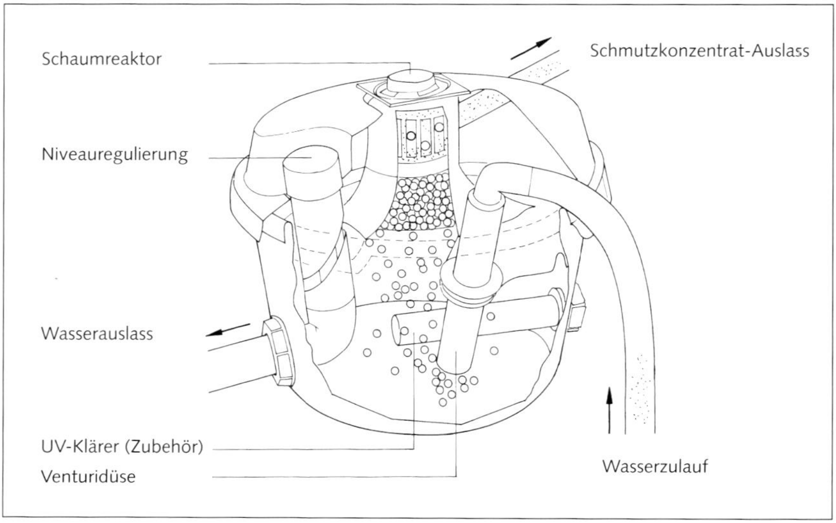

Eiweißstoffe abscheidender Abschäumfilter

chertes Wasser aus dem Abschäumgerät trifft einseitig auf die Schaumstoffwalze. Diese nimmt das Wasser wie ein Schwamm auf und setzt sich dadurch in Bewegung. Die Bakterien, die in dem Schaumstoffträger leben, nehmen die organischen Wasserinhaltsstoffe auf und verarbeiten diese. Beim Weiterdrehen der Walze fließt das Wasser heraus und Luft dringt in das offenporige Schaumstoffmaterial. Hierdurch bekommen die Bakterien den notwendigen Sauerstoff direkt aus der Luft. Das stetige Wechselspiel von Wässern und Belüften ist sehr effektiv.

Die Teichaußenfilter werden im Fachhandel in unterschiedlichen Größen zu entsprechenden Teichvolumina angeboten. Der Käufer einer Filteranlage sollte sich an den Angaben des Herstellers orientieren, da diese Größenangaben auf Erfahrungswerten basieren.

Nicht ganz so einfach ist das mit der **Pumpe**, die zum Betreiben der Filteranlage gehört, denn diese muss individuell an die Teichgröße angepasst werden. Die Berechnung der erforderlichen Pumpenleistung ist mit Hilfe einer Formel möglich, wobei Ihnen allerdings der genaue Teichinhalt bekannt sein muss.

Man geht davon aus, dass der Teichinhalt innerhalb eines Tages fünf Mal umgewälzt werden sollte. Multipliziert man den Teichinhalt mit 5, erhält man eine Literzahl, die man durch 24 (1 Tag) dividiert. Die so erhaltene Litermenge entspricht der Leistung pro Stunde, die die Teichpumpe erbringen muss. In dem Kasten auf der folgenden Seite veranschaulicht ein Beispiel die Berechnung.

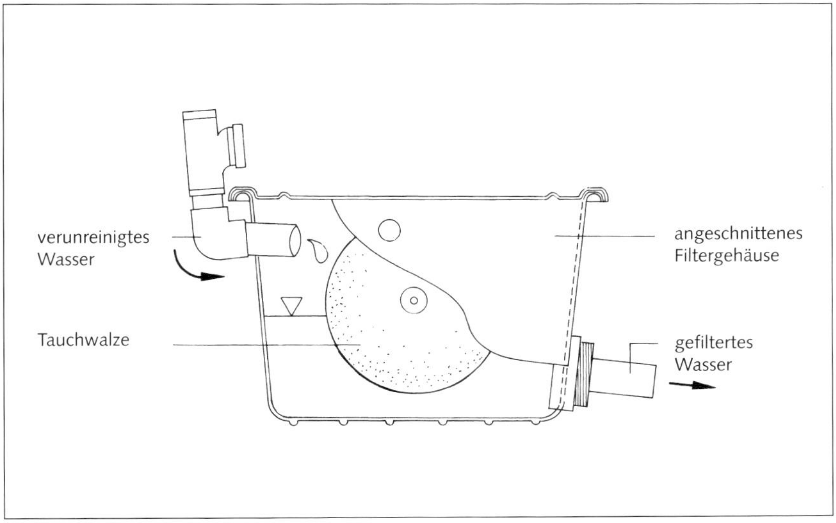

Schematische Darstellung eines Tauchwalzenfilters

Beispiel
Ein Teich beinhaltet 12 000 l Wasser.
12 000 × 5-fache Umwälzung
innerhalb eines Tages = 60 000 l
Ermittlung der erforderlichen
Pumpenleistung:
geteilt durch 24 Stunden = 2 500 l/h

Die richtige Pumpenleistung ist für die Filteranlage sehr wichtig. Ist sie zu gering, wird die Filterleistung nicht erbracht. Läuft sie hingegen zu stark, werden große Mengen an Schmutzteilen, die sich im Filter ansammeln sollten, einfach mit durchgespült.

Innerhalb der Teichaußenfilter unterscheidet man folgende Verfahren:

- **Rein mechanische Filter**
- **Mechanisch-biologische Filter**
- **Mechanisch-biologisch-naturchemische Filter**
- **Mechanisch-biologisch-naturchemische Filter mit zusätzlicher UV-Klärung**

Vorreiter solcher Anlagen sind die Koikarpfen-Züchter, die auf beste Wasserqualität angewiesen sind. Die Verwendung für „normale" Gartenteiche scheitert aber an zwei ganz wesentlichen Punkten: Es gibt schönere Dinge im Garten als eine große Filteranlage, und in den seltensten Fällen wird ein Teichbesitzer den finanziellen Aufwand einer guten Koikarpfenbecken-Filteranlage treiben wollen. Die für Gartenteiche entwickelten Filteranlagen sind in aller Regel kleiner, aus weniger hochwertigem Material und kosten deshalb auch weniger. Jede namhafte Teichpumpenfirma hat inzwischen ihr eigenes Filtersystem auf den Markt gebracht, und jedes funktioniert recht gut.

Die rein **mechanischen Filter** bestehen aus ein oder zwei Kammern und sind mit **Bürsten**, Schaumstoffschwämmen oder speziellen **Filtermatten** ausgestattet. Dies ist eine der einfachsten Methoden, da im Filter lediglich gröbere Schmutzteile festgehalten werden, die je nach Verschmutzungsgrad des Teiches regelmäßig aus den Schmutzauffangkästen der Filter entnommen werden müssen. Ein relativ zügiger Wasserdurchlauf ist hierbei erwünscht, er darf jedoch nicht so hoch sein, dass der Filter überläuft.

Bürstenfilter sind ideal für die mechanische Wasserreinigung

Diese Schaumstoffmatten haben mechanische und biologische Filterwirkung zugleich

Mechanisch-biologische Filter bestehen meist aus zwei Kammern. In der ersten erfolgt die mechanische Vorreinigung über Bürsten oder sehr grobe Schwämme. In einer zweiten Kammer befinden sich Filtermedien, auf denen sich Mikroorganismen ansiedeln können. Sie können aus unterschiedlichsten Materialien bestehen. Besonders bewährt hat sich in Säcken abgepacktes Lavagranulat, jedoch auch andere Materialien mit rauer und somit stark vergrößerter Oberfläche. Die hier angesiedelten Bakterien wandeln beispielsweise giftiges Ammonium in Nitrit und später in Nitrat um (siehe Seite 132ff.).

Für Fertigbecken gibt es eine sehr schöne Methode auf mechanisch-biologischer Basis, die Sie auf sehr preiswerte Art selbst bauen können. Fertigbecken verfügen in der Regel über eine so genannte Sumpfzone, die selten breiter als eine Dachrinne ist. Dieser Bereich ist als Sumpf- und Pflanzzone deshalb nicht sonderlich gut geeignet. Allerdings kann sie als Filterzone umgebaut werden, wobei eine zusätzliche Bepflanzung nicht völlig ausgeschlossen ist. Im Baustoffhandel kauft man sich mit Kokosgeflecht ummanteltes Dränagerohr (Durchmesser 8 cm), legt es in diese Rinne und deckt es mit Feinkies ab. Zwischen den beiden Enden kann man ein Verbindungsstück einsetzen, über das eine Pumpe angeschlossen wird. Die auf der ersten Tiefenzone platzierte Pumpe beschickt den umfunktionierten Teichrand ständig mit Teichwasser. Die besten Erfolge erzielt man, wenn das so gefilterte Wasser über einen Bachlauf oder Wasserfall in den Teich rückgeleitet wird (siehe auch Seite 198ff.).

Bei der **mechanisch-biologisch-naturchemischen** Methode werden noch bessere Filterergebnisse erzielt. Diese Filteranlage bestehen aus mindestens drei Kammern, wobei die letzte mit Zeolith gefüllt ist. Zeolith sorgt, wie bereits auf den Seiten 149ff. beschrieben, für eine intensive Wasserentgiftung. Man erhält sehr klares Wasser, das im zudem auch noch weitgehend nährstoffffrei ist. Diese Anlagen funktionieren nur, wenn das zu filternde Teichwasser im richtigen Mengenverhältnis von Kammer zu Kammer läuft (siehe Berechnungsformel Seite 160).

Noch recht neu auf dem Markt sind **mechanisch-biologisch-naturchemische Teichfiltereinheiten mit UV-Klärer**, die mit einem „Klarwasserversprechen" des jeweiligen Lieferanten verknüpft sind. Bei einer entsprechenden Teichgröße, einer angepassten Zusammenstellung von Pumpe, UV-Klärer und Außenfilter sowie genauer Beachtung der Installationshinweise garantieren die Produzenten derartiger

Alles, was durch die 8 mm großen Löcher gelangt, kann mit dieser Pumpe zum Filter transportiert werden

Anlagen absolut klares Teichwasser. Diese Garantie ist mit der Registrierung des Teichbesitzers verbunden.

Die Wirkungsweise einer solchen Filteranlage unterscheidet sich in einigen Punkten von der herkömmlichen Filterung: Die Pumpen besitzen eine Ummantelung mit 8 mm großen Öffnungen. Sie sind so konzipiert, dass alle durch diese Öffnungen gelangenden Teile von der Pumpe mühelos weiter transportiert werden können. Die Leistungen dieser Pumpen liegen bedeutend höher als für Teichpumpen, die sonst für Filter eingesetzt werden. Ihre Leistungen liegen zwischen 3 300 und 10 000 l/h. Durch diese hohe Leistungsfähigkeit wird das Teichwasser in der ersten Filterkammer stark verwirbelt und dadurch mit Sauerstoff angereichert. Zuvor wird durch ein Bypasssystem ein Teil des Wassers vom UV-Klärer bestrahlt. Das ist besonders wichtig, da zum einen nicht abgetötete Mikroorganismen in den Teich zurück gelangen, zum anderen eine Resistenz der Algen gegenüber dem UV-Licht ausgeschlossen werden kann.

In dem eingebauten Filterkorb mit Filterschwämmen oder Filtermatten findet zunächst eine mechanische Reinigung des Teichwassers statt (Entfernung von Laub, Pflanzenteilen, Schlamm). In den Schwämmen findet durch Sauerstoff liebende Bakterien die Umwandlung von Ammoniak und Ammonium in Nitrit statt. Nun muss das gesamte Teichwasser konstruktionsbedingt die Filterschwämme passieren. Im unteren Bereich des Filters befindet sich mit Bakterienkolonien

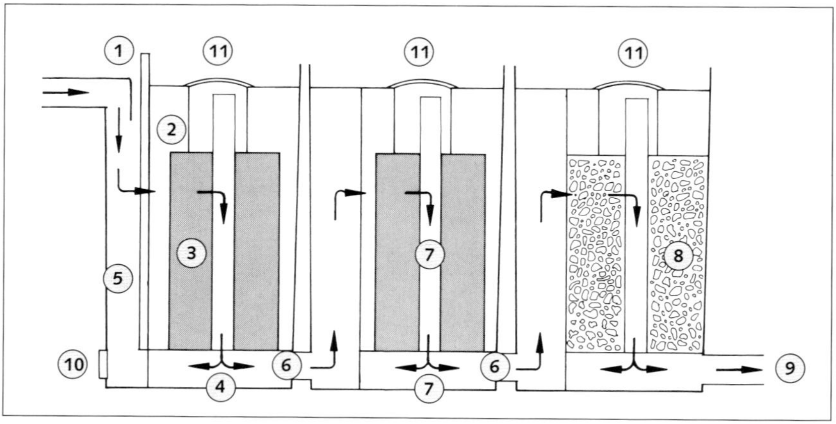

Aufbau eines Teichfilters mit einem mechanisch-biologisch-chemischen Reinigungsprinzip 1) Filter-Einlaufstutzen; 2) Filterkorb mit groben Filterschwämmen; 3) Filterschwämme 4) „Biokugeln" unter den Filterschwämmen; 5) Verschmutzungsgradanzeiger; 6) Verbindungselement zur nächsten Filterkammer; 7) Mittlere Filterkammer mit feinporigen Filterschwämmen; 8) Filterkammer mit Zeolith; 9) Auslauf; 10) Verschlusskappen für die Filterreinigung; 11) Filterdeckel mit Griffmulden und Filterüberlauf

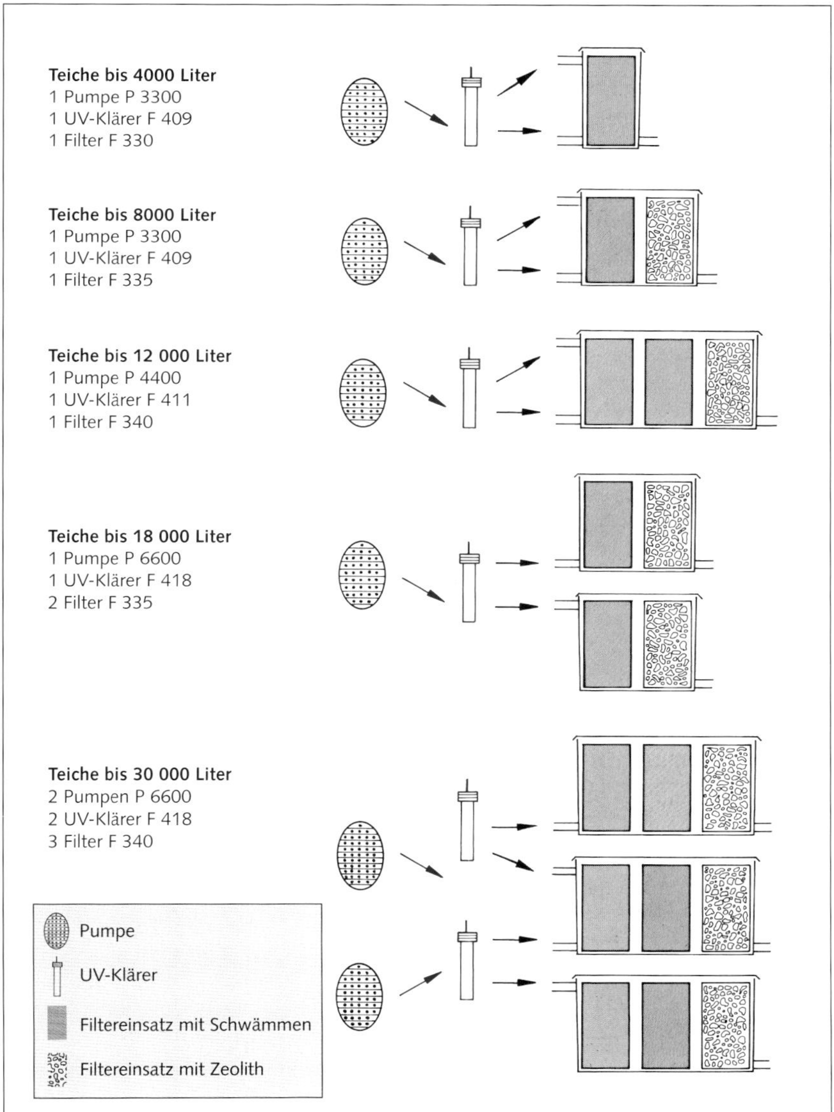

Kombinationsmöglichkeiten eines Baukasten-Teichfiltersystems mit UV-Klärer für verschiedene Teichgrößen

angereichertes Material, wo Nitrit in Nitrat umgewandelt wird. In einem weiteren Schritt wandeln anaerobe Bakterien Nitrat in Stickstoff um, wobei überschüssiges Nitrat als gasförmiger Stickstoff in die Atmosphäre entweicht (siehe Seite 132ff.). In der letzten Behandlungsstufe werden noch Restmengen an zuvor nicht umgewandeltem Ammonium und Ammoniak durch Zeolith gebunden. Die einzelnen Filterelemente sind mit Verbindungskanälen versehen, über die das eingeströmte Teichwasser in die nächste Kammer gelangt, aber auch weitere Filterelemente angeschlossen werden können.

Das gefilterte Teichwasser, das letztlich den Filter verlässt, ist ausgesprochen sauerstoffarm und sollte unbedingt mit Sauerstoff angereichert werden. Platzieren Sie deshalb den Filter so, dass das gereinigte Wasser über einen Bachlauf oder Wasserfall wieder in den Teich zurücklaufen kann.

Die einzelnen Filterkammern sind in der Regel mit einer Verschmutzungsgrad-Anzeige ausgestattet, die ähnlich wie ein Wasserstandsanzeiger bei der Hydrokultur funktioniert. Wenn die Anzeiger im roten Bereich stehen, sollten Sie den Filter öffnen und reinigen. Weitere Zeichen starker Verschmutzung: Wenn ein Teichfilter anfängt überzulaufen, oder wenn verschmutztes Wasser in den Teich zurückgespült wird. Das Öffnen geht in den meisten Fällen relativ einfach, denken Sie jedoch an den austretenden Schmutz. Ein übertriebener „Reinlichkeitsfimmel" ist bei einem Teichfilter allerdings eher nachteilig, denn bei jedem Reinigungsvorgang gehen große Mengen der so wichtigen Mikroorganismen verloren. Um den gereinigten Filter möglichst rasch wieder auf „Touren" zu bringen, fängt man etwas Filterrückstand auf und gießt ihn als „Impfung" über die gereinigten Filterschwämme. Der Filter wird so sehr rasch wieder aktiv.

Die Hersteller der soeben beschriebenen Teichfilteranlagen geben die Leistung der Pumpe, die Leistungsaufnahme der UV-Lampe sowie die Größe des Filters bezogen auf den Teichinhalt genau vor. Außerdem orientiert man sich an dem Verschmutzungsgrad des Teiches sowie dessen Besatz mit Zierfischen. Die nebenstehende Grafik vermittelt anschaulich geeignete Kombinationsmöglichkeiten zur Einheit Pumpe, UV-Klärer und Filter eines Herstellers, bezogen auf unterschiedliche Teichgrößen. Die eigentliche Filterleistung reduziert sich rein rechnerisch auf jeweils die Hälfte des Teichinhalts, sobald dieser mit Fischen besetzt ist.

Teichfilterung mit Systemteichen

Als Systemteiche bezeichnet man Fertigbecken, bei denen ein Teil so konzipiert ist, dass er mit Filtermaterial bestückt werden kann (siehe auch Seite 150). In diese Beckenvertiefungen am Teichrand werden in Säcken abgepacktes Lavagranulat und mit Bakterien angereichertes Zeolith gefüllt und mit einer durchlöcherten Platte abgedeckt. Die Abdeckung schirmt die direkten Sonnenstrahlen ab und kann aus optischen Gründen mit Zierkieseln belegt werden. Eine eingebaute Teichpumpe saugt aus dem

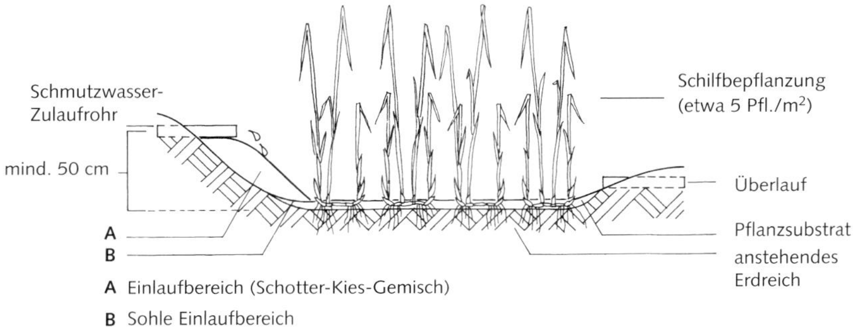

Schematische Darstellung einer Pflanzenfilteranlage

Becken das Teichwasser an und spült dieses direkt in den Filter. Das so gefilterte Teichwasser gelangt über einen Kreislauf in das Hauptbecken zurück.

Für Teichbesitzer mit viel Platz im Garten könnte der Systemteich auch so angelegt werden, dass das Wasser aus einem zweiten Teich in den Systemteich mit seiner Filterwirkung eingeleitet wird. Wird ein derartiger Teich auch noch mit Nährstoff zehrenden Pflanzen wie Schilfarten, Rohrkolben oder Binsen bestückt, ergibt sich eine Kombination aus Filter und Teichbecken.

Pflanzenklärbecken

Wer ausreichend Platz zur Verfügung hat, der kann den Einbau eines Pflanzenklärbeckens in Erwägung ziehen. Man unterscheidet zwei unterschiedlich funktionierende Methoden:

- Als Filterschicht wirkt das gesamte Wurzelwerk der Röhrichtpflanzen, die in einem tonhaltigen Substrat wachsen. Das zu filternde Wasser steht dabei in den Pflanzenbecken. Dabei versickert das Wasser allmählich und wird dabei von Schmutz- und Nährstoffen befreit.
- Die Pflanzen sind in stufenförmig angeordneten Becken in eine Sand-Kies-Packung eingesetzt. Das zu filternde Wasser durchströmt die Anlage wesentlich schneller, wobei hier ebenfalls die Pflanzen für einen starken Nährstoffentzug des Wassers sorgen.

Nährstoffabbau durch Schwimmpflanzen

Gut geführte Fachgeschäfte bieten zwischen Mai und Juni Schwimmpflanzen an, die einfach auf die Wasseroberfläche gelegt werden. Bei warmer Witterung und entsprechend hohen Wassertemperaturen wachsen auch die aus wärmeren Gefilden stammenden Pflanzen in unseren Breitengraden üppig. Sie stellen allerdings bei

Der Gewöhnliche Schwimmfarn nimmt mit seinen Wurzeln große Mengen Nährstoffe aus dem Wasser auf

Der Froschbiss ist einer der hübschesten, winterharten Schwimmpflanzen

Wassertemperaturen unter 10 °C ihr Wachstum ein und sterben bei sinkenden Temperaturen einfach ab. In der Hauptwachstumszeit zeichnen sie sich durch lebhaften Wuchs mit sehr starker Wurzelbildung und teilweise auch durch hohe Vermehrungsraten aus. So werden dem Teichwasser große Mengen an Nährstoffen entzogen und einer „Algenexplosion" vorgebeugt. Die Wurzeln dieser Pflanzen verankern sich nicht im Teichsubstrat, sondern hängen frei im Wasser und ernähren sich ausschließlich über die dort gelösten Nährstoffe. Bei uns einjährig wachsende Schwimmpflanzen können während der kalten Jahreszeit in einem Aquarium überwintert werden. Ein heller Standort mit entsprechender Wassertemperatur ist notwendig. In der Tabelle auf Seite 167 finden Sie eine Auflistung der wichtigsten Arten.

Besonders die verschiedenen Arten der Wasserlinsen sind für Algen ernst zu nehmende Nahrungskonkurrenten. Wenngleich der starke Nährstoffverbrauch dieser Pflanzen sehr vorteilhaft ist, wirkt sich der starke Ausbreitungsdrang nachteilig aus. Bei günstiger Witterung können einige Arten innerhalb kürzester Zeit die Teichoberfläche mit einem dichten Pflanzenteppich überziehen. Hierdurch entziehen sie nicht nur Unterwasserpflanzen das Licht, sondern ersticken bald alles Leben im Teich, denn sie verhindern den Gasaustausch zwischen Wasser und Luft. Gleichzeitig hemmt dieser Pflanzenteppich die Wassererwärmung, was zwar erfreulicherweise die

Der Große Algenfarn vermehrt sich bei hohen Wassertemperaturen sehr rasch

Schwimmpflanzen für den Gartenteich

Botanischer Name	Deutscher Name	Bemerkung
Azolla filiculoides	Großer Algenfarn	nicht winterhart
Eichhornia crassipes	Wasserhyazinthe	nicht winterhart, blüht nur bei sehr hohen Temperaturen
Hydrocharis morsus-ranae	Europäischer Froschbiss	winterhart
Lemna minor	Kleine Wasserlinse	winterhart, starker Zuwachs
Lemna trisulca	Dreifurchige Wasserlinse	winterhart, mäßiger Wuchs
Salvinia natans	Gewöhnlicher Schwimmfarn	nicht winterhart
Spirodela polyrhiza	Vielwurzelige Teichlinse	sehr starker Wuchs
Stratiotes aloides	Krebsschere, Wasseraloe	winterhart, hoher Platzbedarf
Pistia stratiotes	Wassersalat	nicht winterhart
Trapa natans	Gewöhnliche Wassernuss	bedingt winterhart
Wolffia arrhiza	Wurzellose Zwergwasserlinse	bedingt winterhart

Die Filterwirkung von Teichmuscheln darf man nicht überbewerten, sie überleben ohnehin nur bei guter Wasserqualität

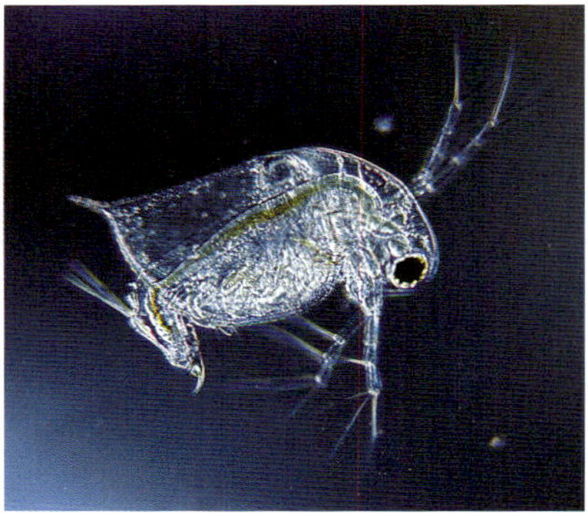

Wasserflöhe überleben im Teich nur, wenn keine oder nur sehr wenige Fische vorhanden sind

Algenentwicklung hemmt, sich aber negativ auf den Wuchs von Seerosen und anderen Wasserpflanzen auswirkt. Man kommt also nicht umhin, sich mehrmals im Jahr um die Beseitigung des grünen Teppichs zu kümmern.

Beeinflussen tierische Wasserbewohner die Wasserqualität?

Um es gleich vorweg zu nehmen: Wunder können Wassertiere bei der Wasserfilterung und Algenbeseitigung nicht vollbringen, aber sie können beides sehr wohl unterstützen. Eine Teichmuschel kann etwa 400 l Wasser täglich filtern. Dies ist eine beträchtliche Menge, allerdings kann man auch nicht einfach unbegrenzt Individuen in einen Teich einbringen. Geeignet sind beispielsweise **Teichmuscheln** (*Anodonta* spec.) sowie **Flussmuscheln** (*Unio* spec.). Von Muscheln sieht man im Teich relativ wenig, denn sie bewegen sich nur mit ihrem gelblichen, ausstülpbaren Fuß langsam auf dem Untergrund des Teiches und stecken teilweise flach im Sand oder Teichschlamm. Nur die obere Hälfte der Muschel ragt dann in das freie Wasser. An dieser Stelle befinden sich auch die kiemenähnlichen Atmungsorgane, mit denen sie dem Teich Sauerstoff entziehen. Über einen Reusenapparat werden kleine Partikel wie Plankton und Schwebealgen herausgefiltert und der Mundöffnung zugeführt.

Es macht wenig Sinn, Teichmuscheln in so genannte Problemteiche einzusetzen, um hierdurch die Wasserqualität entscheidend zu verbessern. Alle Muschelarten haben nur bei einer sehr guten Wasserqualität und einem hohen Sauerstoffangebot eine Überlebenschance und sollten also „vorbeugend“ in den Teich eingebracht werden. Sterben die Muscheln ab, können sie das Teichwasser durch Abbauprodukte des Verwesungsprozesses ver-

Kleinlebewesen – Webcode: teich667

giften und andere Teichbewohner schädigen.

Teich- und Flussmuscheln dienen als „Kindergarten" für den Bitterling (*Rhodeus sericeus amarus*), der den Muscheln die Aufzucht seiner Brut überlässt. Die Muscheln wiederum sind auf andere Fische für die Aufzucht ihrer Nachkommen angewiesen, die meist während der frühen Entwicklungsstadien auf der Haut oder in den Kiemen leben.

Im warmen Wasser lassen sich häufig mit bloßem Auge große Kolonien von Wasserflöhen ausmachen. **Wasserflöhe** (*Daphnia* spec.) gehören zu den Krebstieren und sind nur etwa 1 mm groß. Sie bewegen sich ruckartig im Wasser, wobei sich die zwei gefiederten „Antennen" seitlich am Kopf rhythmisch nach oben und unten bewegen. So sind die Wasserflöhe auf ständiger Jagd nach Bakterien und Schwebealgen, die ihnen als Nahrung dienen.

Etwas größer ist der **Hüpferling** (*Cyclops* spec.) mit seiner zahlreichen Verwandtschaft. Seinen Namen verdankt er seiner hüpfenden Fortbewegungsmethode im Wasser. Auch er ernährt sich von Bakterien und Schwebealgen. Diese Kleinlebewesen können ganz wesentlich zur Klärung von trüben Teichwasser beitragen. Todfeinde der nützlichen Tierchen sind Fische im Teich, für die sie die Hauptnahrung darstellen. Es gilt also: entweder Wasserflöhe oder Fische!

Teichwasser reinigen und aufbereiten

Über den Sinn oder den Unsinn der Teichreinigung kann man sich streiten. Vielen Teichbesitzern bereitet die massive Algenblüte große Probleme. Viele Leute glauben fälschlicherweise, mit einem Wasserwechsel das Problem der Wassertrübung beseitigen zu können. Doch eher das Gegenteil tritt ein: Schon wenige Tage nach dem Wasseraustausch ist die gleiche Trübung unvermindert wieder da. Dies liegt einfach daran, dass der Teich sich nicht in seinem biologischen Gleichgewicht befindet. Bei neu angelegten Teichen ist dies lediglich eine Frage der Zeit. Ein baulich richtig geplanter Teich mit ausreichender Bepflanzung stabilisiert sich innerhalb von etwa sechs Monaten, wobei der Zeitpunkt der Anlage auch noch eine Rolle spielt. Wird ein Teich beispielsweise im Sommer gebaut, etablieren sich die eingesetzten Wasserpflanzen noch bis zum Herbst, so dass sich im kommenden Frühjahr das biologische Gleichgewicht weitgehend eingependelt hat.

Etwas anders verhält es sich mit älteren sowie falsch gebauten und bepflanzten Teichen, bei denen eine gelegentliche „Generalreinigung" durchaus angebracht sein kann.

Algen im Teich können zu einer regelrechten Plage werden

Vorbereitung der Gartenteichreinigung

Sobald Sie sich dazu entscheiden, sollten Sie diesen Schritt gut vorbereiten: So müssen sie gegebenenfalls zwischenzeitlich ein Quartier für Ihre Fische finden. Keineswegs dürfen diese einfach gefangen und dann in einem Eimer mit kaltem Leitungswasser untergebracht werden. Nur ein kleiner Teil würde das überleben. Auch die Wasserpflanzen kann man auch nicht einfach irgendwo abstellen, sie müssen während des Eingriffs ordnungsgemäß untergebracht werden. Am schädlichsten ist eine Teichreinigung jedoch für alle Wasserlebewesen wie Libellen, Wasserinsekten oder Amphibien sowie für die sich im Wasser befindlichen Mikroorganismen.

Daher ist es ganz besonders wichtig, für diese einschneidende Maßnahme den richtigen Termin zu wählen, wobei der Zeitplan dafür recht eng ist. Im Frühjahr beginnt das Leben im und am Teich wieder zu erwachen, deshalb ist eine Störung zu diesem Zeitpunkt ungünstig. Der Sommer ist die Zeit, in dem man seinen Teich genießen möchte, weil alles wächst und blüht.

Tipp
Selbst gesammelte Steine von Feldern und Äckern können sehr stark mit Nähr- und Schadstoffen belastet sein, die sich in den Poren der Steine abgelagert haben (Düngerreste, Jauche, Spritzmittel). Reinigen Sie sie deshalb sehr gründlich, bevor Sie die Steine in oder an den Teich legen.

Im Herbst geht der Teich bereits in eine Art Winterschlaf über, die Teichfauna und -flora beginnen sich zurück zuziehen. Wenn der Teich unbedingt gereinigt werden muss, sollte man am besten September oder Oktober wählen.

Die richtige Vorgehensweise

Niemals sollte dazu das gesamte Wasser aus dem Teich entfernt werden. Je nach Teichgröße sollten maximal 10 bis 30 % des Wasserinhalts bei dem Reinigungsvorgang entnommen werden. Die Reinigung eines Fertigbeckens mit seinen glatten Steilwänden wird in der Regel bedeutend weniger Probleme bereiten als ein fachgerecht geplanter Folienteich, der mit einer Flachwasserzone beginnt. Anhaftende Algen und Schmutzteile auf den glatten Wänden der Fertigbecken aus glasfaserverstärktem Kunststoff (GFK) oder Polyethylen (PE) lassen sich einfach mit einer harten Bürste entfernen. Nicht verwendet werden sollten Putz- oder Reinigungsmittel, da diese nach der Anwendung Rückstände hinterlassen, die später die Teichwasserqualität beeinträchtigen.

Wuchernde Teichbepflanzung entfernen

Im breiten Sortiment der Sumpf- und Wasserpflanzen gibt es eine ganze Reihe von Arten, die ein ausgeprägtes Wurzelwerk mit teppichartiger Ausbreitung produzieren. Dies ist besonders stark im Sumpf- und Flachwasserbereich zu beobachten. Zu

Eine stark wachsende Seerose ist nicht so einfach wieder aus einem Teich zu entfernen

diesen Pflanzen zählen zum Beispiel Rohrkolben, Schilfarten und verschiedene Gräser. In deren Wurzelgeflecht bilden sich regelrechte Nester oder Nischen, in denen sich Schwebstoffe ablagern. So können sich dort rasch andere Pflanzen durch Samenflug ansiedeln. In der Natur steht die Teichverlandung am Ende eines natürlichen Sukzessionsprozesses, der aber im begrenzten Lebensraum eines „künstlichen" Teiches eher nicht erwünscht ist. Er führt dazu, dass nach und nach die offene Wasserfläche verschwindet und die Artenvielfalt an Wasser- und Sumpfpflanzen reduziert wird, weil stark wachsende Pflanzen die schwächeren verdrängen.

Abhilfe kann man hier durch behutsames Auslichten der Pflanzen schaffen. Hierzu entfernt man zuerst das am Teichrand liegende Dekorationsmaterial wie Zierkiesel oder Findlinge und entfernt dann behutsam die unerwünschte Pflanzenmasse mitsamt ihrer Wurzeln. Von dieser schweißtreibenden Arbeit kann sicherlich jeder berichten, der einmal die Wurzelmatten von Schilf oder Rohrkolben entfernt hat. Insbesondere bei Folienteichen ist von Werkzeugen jeglicher Art eher abzuraten, reine Muskelkraft ist angesagt. Rutscht man mit einem scharfen Gegenstand wie Hacke, Spaten oder Schere auch nur einmal ab, ist die Abdichtung des Teiches zerstört und muss arbeitsaufwändig wieder repariert werden. Besonders gefährdete Bereiche sind die Schweißnähte von Teichfolien sowie der Teichrand selbst.

Sind die Teichpflanzen erst einmal über den Teichrand hinaus gewachsen, ist fast immer die Kapillarsperre unwirksam, wodurch der Teich große Mengen Wasser verliert. Es ist daher ungemein wichtig, die Funktion der Kapillarsperre nach einer derartigen Aktion zu überprüfen und diese gegebenenfalls durch leichte Anhebung des Teichrandniveaus wiederherzustellen.

Die technische Teichreinigung

Der Laubfall im Herbst sowie absterbende und verrottende Wasserpflanzen führen außer zu Sauerstoffmangel auch zu einer allmählichen Verlandung der Wasseranlage. Es bildet sich eine unerwünschte Schlammschicht am Boden des Teiches, die sich gleich doppelt negativ auswirkt: Einerseits reduziert sich durch die allmähliche Verlandung die Teichgröße und damit die Wassermenge, andererseits bilden sich Faulgase. Diese können während der warmen Jahreszeit über die Wasseroberfläche entweichen und somit wenig Schaden anrichten. Problematisch wird es erst in der kalten Jahreszeit, wenn die Wasseroberfläche mit einer Eisschicht verschlossen ist. Die giftigen Faulgase können dann nicht mehr entweichen und wirken sich schädigend auf alle Teichlebewesen einschließlich den Pflanzen aus.

Teichsauger

Verschiedene Hersteller von Teichtechnik haben kürzlich einen so genannten **Teichsauger** auf den Markt gebracht, mit dessen Hilfe sich Teichschlamm aus dem Teich entfernen lässt. Die Geräte haben rein optisch große Ähnlichkeit mit einem Industriestaubsauger, funktionieren aber anders. Sie haben ein Fassungsvermögen von etwa 30 l Teichschlamm. Beim Einsatz muss sich die beigefügte Saugdüse auch an der Stelle befinden, wo Teichschlamm aufgesaugt werden soll. Hält man die Saugdüse nur in das Teichwasser, zieht der Sauger natürlich nur Wasser an und der Behälter ist schnell damit gefüllt. Der richtige Einsatz eines solchen Gerätes erfordert ein wenig Übung. Häufig verfügen die Geräte über regelbare Saugdüsen, die Schmutzpartikel zwischen 2 bis 10 mm aufnehmen können, also zum Beispiel Laub, Fischkot, kleine Äste und im Wasser schwebende Algen. Der Sauger schafft es allerdings nicht, festgewachsene Algen von Steinen oder anderen Gegenständen zu entfernen. Die Schaltung erfolgt in der Regel über eine integrierte Fernbedienung, die am Handstück des Saugers angebracht ist. Zu einem guten Gerät gehört auch eine vernünftige Entleerungsmöglichkeit. Dies sollte möglichst ventilgesteuert über einen längeren Schlauch erfolgen.

Teichschlamm ist ein wenig erfreulicher Anblick und noch unangenehmer ist sein Geruch. Am zweckmäßigsten leitet man ihn direkt auf den Komposthaufen oder verteilt ihn als Dünger auf freie Gartenflächen.

Leider bringt die Teichreinigung mit diesem technischen Gerät auch eine ganze Reihe von Nachteilen mit sich. Unweigerlich werden kleine Fische, Libellenlarven, Käfer und Amphibien von der Saugwirkung des Gerätes erfasst und gewaltsam in den Auffangbehälter befördert. Wenn nicht schon hierbei geschehen, gehen die amphibisch lebenden Tiere mit der Teichschlammentsorgung zugrunde.

Es muss jeder für sich selbst entscheiden, ob der Einsatz eines Teichsaugers sinnvoll ist oder nicht. Übereifriger Reinlichkeitssinn ist der Teichgesundheit eher abträglich. Sie müssen sich so ein Gerät auch nicht unbedingt selber kaufen, es gibt viele Firmen, bei denen man sie gegen eine Gebühr ausleihen kann (Gartencenter, Firmen des Garten- und Landschaftsbaus).

Teichskimmer

Um der Entwicklung von Teichschlamm und somit einer drohenden Verlandung des Gartenteiches entgegen zu wirken, kann der Teichbesitzer

Staub und Blütenpollen sollte man als Nährstoffeintrag nicht unterschätzen

sich ein Gerät im oder am Teich einbauen, das man **Skimmer** nennt. Über dieses Gerät wird ein Großteil der Schmutzteile abgefischt, die sich auf der Wasseroberfläche befinden. Teichschlamm wird in erster Linie von einfallendem Laub und Nadeln erzeugt. Ein weiterer nicht zu unterschätzender Faktor ist die Ablagerung von Staub und Pflanzenpollen. Der Zeitraum des Pollenflugs sowie dessen Intensität wird stark von der Witterung beeinflusst. Jeder Teichbesitzer hat sicher ich schon die immer wieder aufs Neue erscheinenden Schleier beobachtet, die die Wasseroberfläche mit einem schwefelgelben bis grünlichen Film überziehen. Wind- und Wasserbewegung treiben diesen Belag meist in eine Ecke des Teiches, wo er dann nach einer gewissen Zeit auf den Teichgrund absinkt. Eine Entfernung mit einem Kescher ist schwierig, da die Maschen bedeutend gröber sind als die Korngröße von Pflanzenpollen oder Staub.

Ein Skimmer zieht alle auf der Wasseroberfläche befindlichen Schmutzteile an und führt sie über eine Pumpe einem Teichfilter zu. Man unterscheidet verschiedene Modelle:

Bei einem Gerätetyp besteht der Skimmer aus einem Zylinder mit einem Standkorb am unteren Ende, der sich mit Steinen gegen Auftrieb beschweren lässt. Achten Sie unbedingt auf einen festen Standort. Der obere Teil besteht aus einem leicht nach innen

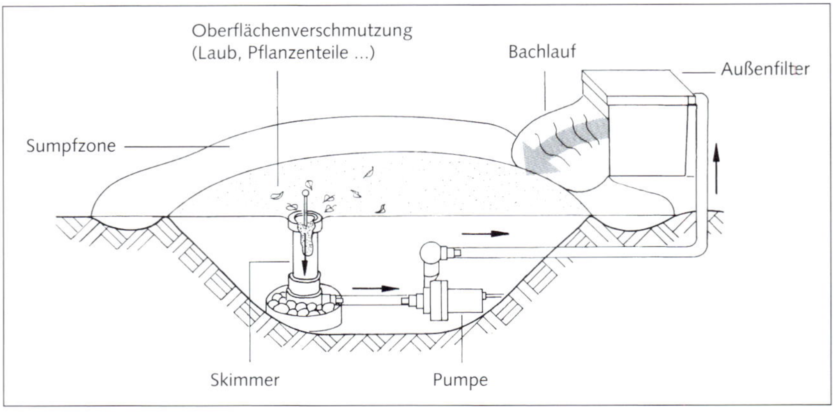

Funktion eines Teichskimmers mit Pumpe und Rücklauf über einen Filter

gewölbten „Teller“, der sich selbstständig auf die Höhe des Wasserniveaus einstellt. Dieser Selbstregulierungsmechanismus funktioniert innerhalb eines Bereiches von 12 cm Wasserstandsschwankung und muss bei der Installation berücksichtigt werden. Im Zylinder selbst befindet sich ein herausnehmbarer Korb für die Entnahme größerer Schmutzmengen. Durch die Saugwirkung der Pumpe wird über den „Teller“ alles angezogen, was auf der Wasseroberfläche schwimmt. Die dazu benötigte Teichpumpe sollte eine Leistung von 50 bis 250 l/min haben. Da diese Pumpe zwangsläufig auch Schmutz fördern muss, sollte die Pumpe Schmutzpartikel bis einer Größe von 8 mm weiterleiten können. Die Schmutzteile gelangen von hier aus in den Filter, wo sie entnommen beziehungsweise von Mikroorganismen zersetzt werden.

Relativ neu ist ein Skimmer, der ebenerdig am Teichrand eingegraben wird. Auch er verfügt über eine Schwimmerklappe, die unterschiedliche Wasserstände von bis zu 12 cm selbstständig ausgleichen kann. Unter dieser Klappe befindet sich ein 30 l großer Behälter mit einer eingebauten Spezialpumpe, die das Wasser und kleinere Schmutzteile an einen Außenfilter weiterleitet.

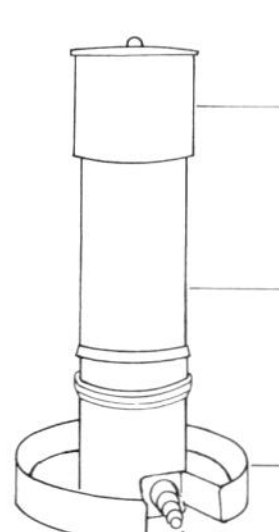

Aufbau eines Skimmers

Der Vorteil dieses Gerätes:

- Es ist leichter zu warten und fügt sich unauffällig in das Gartenbild ein.
- Es ist geeignet für eine Pumpenleistung für bis zu 250 l/min und kann für Teiche ab einer Wasseroberfläche von 15 m^2 eingesetzt werden.

Wenngleich beide Skimmertypen für eine permanent saubere Wasseroberfläche sorgen, so verbergen sich aber auch hier wieder zwei Nachteile:

- Es gibt es eine ganze Reihe von Kleintieren wie Wasser- und Teichläufer, die sich auf der Wasseroberfläche befinden. Sie werden durch die Sogwirkung der Pumpe angezogen und enden letztlich im angeschlossenen Filter.
- Aus dem Teich wird ausschließlich reines Oberflächenwasser entnommen. Der maßgebliche Stickstoffkreislauf eines Teiches vollzieht sich aber in einer Wassertiefe von 20 bis 30 cm. Wasser aus diesem Bereich gelangt kaum oder nur sehr spät in den angeschlossenen Filter mit den Bakterien, die die Umwandlung von Ammonium und Ammoniak über Nitrit in Nitrat vollziehen sollen. Die Filterwirkung des zum Skimmer gehörenden Filters wird daher vorwiegend mechanisch sein. Die Zeichnung auf Seite 174 erläutert die Funktionsweise eines Skimmers näher.

Die biologische Teichreinigung

Wie bereits erwähnt, unterliegen besonders künstlich angelegte Gewässer wie Gartenteiche einem natürlichen Alterungsprozess. Durch abgestorbene Pflanzen und Tiere, die sich auf dem Boden ablagern und dort mit der Zeit unvollständig zersetzt werden, bildet sich allmählich eine dicke, organische Schlammschicht. Hierdurch wird die Gewässeroberfläche immer kleiner und der Teich verlandet. Dieser Prozess erfolgt in der Natur sehr viel langsamer als bei einem Zierteich: Der massive Eintrag von Nährstoffen (siehe Abbildung Seite 133) aus Siedlungsgebieten führt zu einem starken Wachstum der Wasserpflanzen, die nach ihrem Absterben eine immer mächtiger werdende Bodenschlammschicht bilden. Der naturnahe Zustand eines Gartenteiches kann also nur erreicht werden, wenn der organische Schlamm regelmäßig reduziert wird.

Neben technischen Methoden kann der Schlamm auch biologisch mit Kulturen unterschiedlicher Bakterienstämme reduziert werden, die jeder Teichbesitzer erwerben und einsetzen kann (Bezugsquellen siehe Seite 361ff.). Durch eine patentierte Aktivierung der Bakterien kommt es zu einer erhöhten Produktion von hydrolytischen Enzymen, wodurch sich die Lösbarkeit organischer Stoffe wesentlich verbessert: Die Enzyme spalten die großen, wasserunlöslichen Moleküle wie Stärke, Eiweiß, Fette und Zellulose in kleinere wasserlösliche Moleküle auf, die dann den Mikroorganismen als Nahrungsquelle dienen. Dadurch kann Faulschlamm reduziert werden. In den ausgewählten Bakterienstämmen sind nitrifizierende und denitrifizierende Arten enthalten. Sie sorgen für eine Senkung der Ammonium-, Nitrit- und Nitratwerte. Hierdurch vermindert sich der unerwünschte Algenwuchs. Gleichzeitig klart das Wasser auf und die Sichttiefe in einem Teich verbessert sich.

Die Vorteile dieser biologischen Behandlung des Teichwassers liegen klar auf der Hand:

- Das Wasser im Teich muss nicht abgelassen werden, wodurch Flora und Fauna des Gewässers nicht gestört oder sogar vernichtet werden.
- Es muss kein Teichschlamm transportiert oder entsorgt werden.
- Das Gewässer behält auch während und nach der Behandlung seine volle Funktionsfähigkeit und seinen Zierwert im Garten.

Für eine Erstbehandlung, die in der warmen Jahreszeit erfolgen sollte, benötigt man 20 ml/m^3 Teichwasser der in Lösung befindlichen Mikroorganismen. Die angegebene Menge des Konzentrats verdünnt man am besten in einer 10-l-Gießkanne und verteilt alles auf der Teichoberfläche. Hierdurch ist eine gleichmäßigere Verteilung im Teich gewährleistet. Das Konzentrat muss vor seiner Anwendung gut geschüttelt werden. Man wiederholt diesen Vorgang nach zwei Wochen. Die Weiterbehandlung erfolgt in monatlichen Gaben von 10 ml/m^3. Bei Raumtemperatur sind die Kulturen etwa 18 Monate haltbar. Vor Frost und extrem hohen Temperaturen sind sie zu schützen.

Hilfsstoffe für den Gartenteich

In vielen Gartencentern oder Fachmärkten können Sie Chemikalien zur Wasserverbesserung oder zur Algenbekämpfung erwerben. Zur großen Verwirrung des Teichbesitzers werden diese Produkte meist auch noch unter unterschiedlichen Produktnamen, aber mit gleicher oder zumindest ähnlicher Wirkung angeboten. Diese Produktpalette leidet unter drei ganz wesentlichen Punkten:

- Der Teichbesitzer kauft sich ein Produkt aufgrund des guten Rates eines Bekannten. Die eigentlichen Werte seines Teichwassers sind ihm aber gar nicht bekannt.
- Überlastetes Verkaufspersonal kann dem Kunden nur unzulängliche Antworten geben, da ihm allzu oft Fachwissen fehlt.
- Inzwischen existieren entschieden zu viele Anbieter dieser Produkte. Federführend auf diesem Gebiet sind Aquaristik-Firmen; greifen Sie auf deren Markenprodukte zurück, da sie auf der Basis langjähriger Erfahrung entwickelt wurden.

Alle diese Produkte werden in der Regel unter dem Sammelbegriff „Teichapotheke" angeboten. Die Anwendung der Präparate aus der Teichapotheke ist nicht zwingend notwendig, aber sie überbrückt bei manchen Teichen – vor allem bei solchen mit kleinen Baufehlern – die Startphase, bis sich das biologische Gleichgewicht eingestellt hat.

Neben vielen verschiedenen Einzelprodukten, die eine gezielte Wirkung auf das Teichwasser ausüben, gibt es auch so genannte Kombipräparate, die gleich gegen mehrere Probleme Abhilfe schaffen. Inwieweit derartige Präparate positive oder negative Nebenwirkungen besitzen, ist nicht näher bekannt. Die Veränderung von Wasserwerten scheint aber mit gezielt einsetzbaren Einzelprodukten eher Erfolg versprechend. Ohne auf Markennamen einzugehen, sollen an dieser Stelle die bekanntesten der auf dem Markt befindlichen Produkte mit

Der Gebrauch von Teichhilfsmitteln im Überblick:

- Alle Produkte sind für Pflanzen und Tiere ungiftig und unbedenklich, sofern Sie sie richtig und gezielt anwenden.
- Beachten und befolgen Sie bei den Antialgen-Produkten unbedingt die zusätzlichen Warnhinweise.
- Der Anwendungszeitpunkt auf die Tageszeit bezogen spielt keine Rolle, wohl aber die Häufigkeit.
- Verwenden Sie diese Produkte nicht bei starkem Regen wegen der unkontrollierten Verdünnung.
- Lösen Sie alle Produkte generell in einer größeren Wassermenge auf und verteilen Sie sie dann gleichmäßig auf der Teichoberfläche.
- Schütteln Sie die Produkte vor der Anwendung kräftig. Verwenden Sie sie nur bis zum angegebenen Verfallsdatum.
- Lagern Sie die Präparate unbedingt frostfrei.
- Wenden Sie verschiedene Produkte wegen unkontrollierbarer Wechselwirkungen nie gleichzeitig an.

ihren Einsatzbereichen und ihrer Wirkung aufgeführt werden. Die hier angegebenen Anwendungs-Konzentrationen sind Richtwerte. Im Einzelnen sollten Sie vor Anwendung derartiger Produkte die Anwendungshinweise genau durchlesen und befolgen.

Chemische Teichhilfsmittel

Mittel zur Senkung des pH-Wertes

- senken den pH-Wert des Teichwassers direkt,
- fördern dadurch das Wachstum von Sauerstoff spendenden Pflanzen,
- sorgen für eine gute Entwicklung der Mikroorganismen,
- beseitigen kurzfristig zu hohe Ammoniakkonzentrationen,
- werden bei pH-Werten über 8,5 eingesetzt,
- sind unbedenklich für Mensch und Tier, solange sie richtig angewendet werden,
- 1000 ml reichen für 6 m^3 Wasser.

Der pH-Wert sinkt innerhalb eines Tages um etwa einen Punkt. Überdosierungen haben sehr rasche und zu starke Veränderungen zur Folge, was sich fatal auf Teichtiere und Pflanzen auswirkt. Unter anderem funktioniert durch einen zu niedrigen pH-Wert die Nitrifikation nicht mehr. Das Produkt zeigt seine volle Wirkung nach etwa zwei Tagen, erste messbare Ergebnisse aber auch schon nach sechs Stunden. Es dient lediglich zur kurzfristigen Senkung des pH-Wertes.

Mittel zur Anhebung des pH-Wertes

- heben den pH-Wert des Teichwassers an,
- bei pH-Werten unter 5 einsetzbar,
- sind unbedenklich für Mensch und Tier, solange sie richtig angewendet werden,
- 1000 ml reichen für 6 m^3 Wasser.

Bei Überkonzentrationen steigt in eutrophierten Teichen die Konzentration von giftigem Ammoniak rapide an.

Mittel zur Anhebung des Gesamthärte (GH)-Wertes

- sorgen für ein gesundes und stabiles Teichmilieu,
- fördern das Wachstum und die Entwicklung von Sauerstoff produzierenden Pflanzen und beugen einer Versauerung des Teichwassers vor,
- werden bei GH-Werten unter 6 eingesetzt,
- 1000 ml reichen für etwa 6 m^3 Teichwasser,
- Überdosierungen auf GH-Werte über 12 sind nicht gefährlich, wirken sich aber störend auf das biologische Gleichgewicht aus.

Die Produkte wirken bei GH-Werten zwischen 2 und 6 bereits nach wenigen Tagen, bei höheren Ausgangswerten setzt die Wirkung stark verzögert ein. Wenn der Leitwert und somit der Gesamtsalzgehalt des Wassers sehr hoch sein sollte, zeigen die Präparate keine Wirkung. Die Anwendung ist ganzjährig möglich, sollte aber im Frühjahr erfolgen. Die Wirksamkeit wird durch Regenperioden stark beeinträchtigt.

Mittel zu Anhebung des Karbonhärte (KH)-Wertes

- beugen einer Versauerung des Teichwassers vor und beseitigen diese,

Teichchemikalien – Webcode: teich675

- verbessern die Wasserqualität und optimieren das biologische Gleichgewicht im Teich,
- heben den KH-Wert an,
- werden bei KH-Werten unter 7 eingesetzt,
- bei einer Anwendung von 1000 ml auf 6 m^3 Teichwasser verändert sich der KH-Wert um etwa 4 Punkte.

Eine mehrmalige Anwendung während einer Gartenteichsaison ist unbedenklich. Anhebungen des KH-Wertes auf über 12 sind nicht gefährlich, können aber das anfällige Gleichgewicht im Teich angreifen.

Kombipräparate zur Regulierung des Kalk- und Kohlensäuregehaltes

- mineralische Pulvergemische aus Kalziumchlorid, Kalziumkarbonat und Natriumhydrogenkarbonat,
- stellen ein Gleichgewicht zwischen Kalk- und Kohlensäuregehalt des Wassers her, wirken damit regulierend auf den pH-Wert,
- können nicht überdosiert werden, in der Regel reichen 100 g/m^3 Wasser.

Mittel zur Regulierung des Teichwassers

- regulieren und stabilisieren den pH-Wert im Teich,
- fördern gleichzeitig die Entwicklung der Mikroorganismen,
- optimieren dadurch die Wasserqualität und fördern das biologische Gleichgewicht,
- werden bei pH-Werten von 6,5 bis 8,5 eingesetzt,
- ist der pH-Wert $< 6,5$, setzt man zuerst KH-Wert hebende Präparate ein,
- bei pH-Werten $> 8,5$ bringt man eine Woche vor dem geplanten Mitteleinsatz zunächst pH-Wert senkende Mittel ein,
- Anwendungskonzentration liegt bei 1000 ml für 3 m^3 Teichwasser.

Die Wirkung dieser Produkte setzt nach etwa zehn Tagen ein. Überdosierungen haben keinen wesentlichen Einfluss auf die Teichwasserqualität. Eine wiederholte Anwendung während einer Teichsaison ist sinnvoll, insbesondere bei neu angelegten Teichen.

Mittel zur Aufbereitung von Leitungswasser

- können bei einer Neuanlage eines Gartenteiches unmittelbar nach der Befüllung mit Leitungswasser eingesetzt werden,
- entchloren Leitungswasser und fördern so das Wohlbefinden der Teichbewohner,
- sichern Anwachserfolge der Wasserpflanzen,

Entchlortes Frischwasser fördert das Wohlbefinden der meisten Teichbewohner

- neutralisieren eventuell im Wasser vorkommende Schwermetalle,
- hemmen zusätzlich den Algenwuchs durch die Regulierung der Wasserwerte,
- erhöhen Gesamthärte- und Karbonhärte-Werte leicht,
- 1000 ml reichen für etwa 3 m^3, eine Überdosierung ist so gut wie ausgeschlossen,
- die Wirkung hält in etwa drei Wochen an.

Präparate zur Wasseraufbereitung für Fische

Viele Teichbesitzer sind leider der Meinung, dass Fische unbedingt in einen Teich gehören und setzen diese auch sofort ein. Diese Tiere fühlen sich in dem frischen Wasser nicht besonders wohl, weil der Teich sich während der Startphase noch nicht im biologischen Gleichgewicht befindet. Vorbeugend kann man dann Wasser aufbereitende und das Wohlbefinden der Fische fördernde Hilfsmittel einsetzen. Sie

- beugen den häufigsten Fischkrankheiten vor und wirken sich positiv auf das Wohlbefinden der Fische aus,
- schützen durch integriertes Vitamin B die Schleimhaut neu eingesetzter Fische,
- stärken zusätzlich die Abwehrkräfte der Fische gegen pilzliche und bakterielle Erreger,
- 1000 ml reichen für etwa 3 m^3 Teichwasser,
- können drei bis vier Mal innerhalb der Teichsaison angewendet werden.

Der pH-Wert des Wassers wird durch den Einsatz nicht beeinflusst. Das Produkt zeigt seine volle Wirkung nach drei bis vier Tagen. Die Wirkungsdauer hängt insbesondere von der Witterung ab und lässt sich daher nicht genau definieren.

Präparate gegen Algen

Die Palette der Produktnamen ist bei den meisten Präparaten so eindeutig, dass der Käufer sofort weiß, was er erstanden hat. Man unterscheidet hier zwischen Produkten, die mit Kupfersulfat, anderen chemischen Substanzen oder aber durch ihre Licht brechende Wirkung Erfolge erzielen. Sie werden gegen Faden-, Schwebe- und Schleimalgen eingesetzt. Bei einer geplanten Verwendung solcher Mittel gelten die wichtigen Hinweise, die bereits auf den Seiten 146f. zur Algenbekämpfung mit chemischen Mitteln gegeben wurden.

Sauerstoff freisetzende Mittel

- verbessern die Sauerstoffbindung im Wasser,
- haben regulierende Wirkung auf den Sauerstoffgehalt im Wasser,
- fördern dadurch die Entwicklung der Mikroorganismen,
- beschleunigen den Abbau von Teichschlamm,
- die Dosierung liegt bei 1000 ml für 3 m^3 Wasser.

Die Wirkungsdauer liegt bei etwa zwei Monaten. Eine Überdosierung hat keine negativen Folgen. Die Anwendung sollte insbesondere in den Frühjahrs- und Herbstmonaten erfolgen.

Die Krebsschere kommt nur während der Blütezeit an die Wasseroberfläche, sie benötigt gute Wasserqualitäten

Spurenelemente und Mineralien für Wasserpflanzen

Hier handelt es sich nicht um Düngemittel im herkömmlichen Sinne, durch deren Einsatz der Nährstoffgehalt im Teich schlagartig angehoben würde.

- Die Präparate bestehen aus Mineralien, Spurenelementen und zweiwertigem Eisen,
- können die Karbonhärte leicht erhöhen,
- verhindern Mangelerscheinungen bei Wasserpflanzen und fördern den Blütenansatz,
- 1000 ml reichen für 3 m^3 Teichwasser.

Die Wirkung setzt je nach Witterung nach etwa zehn Tagen ein, eine Überdosierung ist so gut wie ausgeschlossen. Eine mehrmalige Anwendung, vor allem bei nicht blühenden Seerosen, ist durchaus anzuraten.

Biologische Teichhilfsmittel

Bakterien-Präparate zur „Teichimpfung"

Seit neuestem kann auch der Hobbygärtner gezielt Bakterienstämme in den Teich einsetzen, die das biologische Gleichgewicht verbessern oder bei einer Teich-Neuanlage rascher einleiten. Man kann sie gefriergetrocknet oder als Lösung kaufen und dem Teichwasser zugeben. Innerhalb von 24 Stunden bilden sich Bakterien, die die organischen Wasserinhaltsstoffe über verschiedene Zwischenstufen in

Einzelbausteine umwandeln und somit das biologische Gleichgewicht im Teich fördern.

Startbakterien für den Teichfilter
Ein neuer Filter kann erst dann richtig funktionieren, wenn er ausreichend mit Mikroorganismen versorgt ist. Will man die vier- bis sechswöchige Wartezeit bis zur vollen Filterleistung überbrücken, kann man den Einsatz spezieller Filterbakterien in Erwägung ziehen. Die Wartezeit wird durch die Zugabe von Filterstartern auf wenige Stunden verkürzt. Diese Bakterien erhält man ebenfalls gefriergetrocknet oder als Konzentrat. Sie werden lediglich im Filter verteilt, und innerhalb weniger Stunden siedeln sich unzählige Bakterien auf den Filtermedien an. Diese Organismen sorgen dann mit Hilfe von Enzymen für die Umwandlung der organischen Stoffe in Nährstoffe für die Wasserpflanzen.

Mittel zur Stechmücken-Bekämpfung
Ab Anfang Juni bilden sich in stehenden Gewässern eine große Anzahl von Mückenlarven, die man als kleine, zappelnde grau-schwarze Stifte wie aufgereiht an der Wasseroberfläche beobachten kann. Aus ihnen entwickeln sich in rascher Folge die ungeliebten Stechmücken, die den Besucher in der Abenddämmerung in Teichnähe „überfallen". Alleine aus diesem Grund werden viele Gartenteiche erst gar nicht gebaut. Meist ist jedoch der Gartenteich zu Unrecht in

Larven der Stechmücken werden von einer ganzen Reihe von Teichbewohnern vertilgt

Misskredit geraten, da die vermeintliche Mückenplage in aller Regel gar nicht so extrem ausfällt. In einem funktionierenden Teich kommen viele Lebewesen vor, die Mückenlarven fressen, beispielsweise Larvenstadien anderer Insekten, Molche oder Frösche. Sollten sich trotzdem einmal größere Bestände von Mückenlarven gebildet haben, können spezielle Präparate zur Bekämpfung eingesetzt werden. Sie enthalten an einen Trägerstoff gebundene Bakterien. Man benötigt lediglich 1,5 ml für 1 m^3 Wasser, um die Quälgeister über Nacht los zu werden. Hierzu verdünnt man die benötigte Menge in einer 10-l-Gießkanne mit Wasser und verteilt alles auf der Gesamtfläche des Gartenteiches. Für andere Teichbewohner und den Menschen selbst ist die Anwendung vollkommen ungefährlich.

Hilfe, mein Teich ist undicht!

Neben der „Algenplage" ist die Vorstellung eines undichten Teiches für den Gartenteichbesitzer die wohl schlimmste Vorstellung überhaupt. Es gibt eigentlich nur wenige Möglichkeiten selbst bei den verbreiteten Folienteichen, durch die eine Undichtigkeit auftreten kann – von einer „mutwilligen" Zerstörung der Teichabdichtung einmal abgesehen:

- wenn ein „badefreudiger" Hund in den Teich springt und seine Krallen die empfindliche Teichfolie aufschlitzen;
- wenn der Besitzer mit ungeeignetem, also scharfem oder spitzem Gerät versucht, Fadenalgen aus seinem Teich zu entfernen;
- wenn übermäßiger Pflanzenwuchs mit Hilfe von Spaten oder scharfen Scheren entfernt wird;
- wenn stark Ausläufer bildende Pflanzen die Teichfolie, insbesondere die Schweißnähte zerstören, wie Schilf (*Phragmites*), Rohrkolben (*Typha*) oder Binsen (*Juncus*). Man muss nun auf diese Pflanzenarten nicht völlig verzichten, sollte sie aber im Auge behalten und ihren Wuchs rechtzeitig eindämmen.

Meistens handelt es sich allerdings um andere Ursachen, die zu einem übermäßigen Wasserverlust im Teich führen:

- wenn die Sonne Verdunstungsverluste erzeugt. Je kleiner ein Teich ist, desto stärker macht sich der Wasserverlust natürlich bemerkbar. Bei einer Teichoberfläche von 10 m^2 kann bei warmem Wetter das Teichniveau täglich um 1 bis 2 cm alleine durch Verdunstung absinken;
- wenn bauliche Fehler bei der Anlage gemacht wurden (siehe unten).

Bei vielen zu steil gebauten Teichen werden gerne so genannte Böschungsmatten oder Pflanztaschen aus Kunststoff, Vliesarten oder Kokosgewebe eingesetzt, mit denen die kahlen Teichwände kaschiert werden sollen. Sicherlich ist das einfacher und vor allem auch preiswerter, als den gesamten Teich noch einmal zu verändern. Entscheidend ist aber der richtige Einbau dieser Teichrandmatten: Sie müssen im Wasser liegen und so mit Steinen befestigt werden, dass sie nicht auftreiben. Die Matten müssen in etwa der Höhe des Wasserspiegels enden und hier mit Steinen (keinesfalls Sand oder Erde) fixiert werden. Sie dürfen niemals am oberen Teichrand im Boden vergraben werden, da sofort eine „Dochtwirkung" einsetzt, die den Gartenteich regelrecht leer saugt. Mehrere Zentimeter Wasserverlust täglich sind die Folge.

Die Kapillarsperre

Unkontrollierter Wasserverlust in einem Gartenteich kann auch auf eine fehlende Kapillarsperre im Teich zurückzuführen sein. Diese in dreierlei

Ein Gartenteich ohne Kapillarsperre verliert rasch viel Wasser

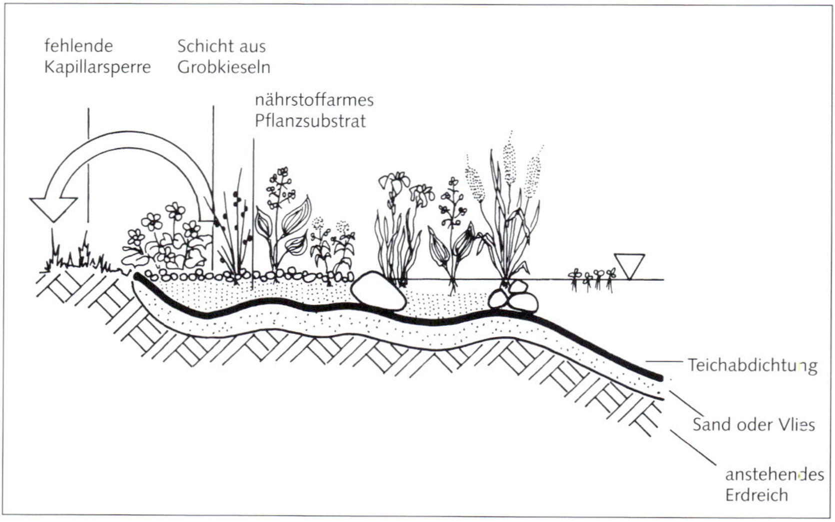

Wasserverlust im Teich durch eine fehlende Kapillarsperre und die Sogwirkung des umgebenden Bodens

Die Kapillarwirkung
Im Boden existiert ein System aus haarfeinen Zwischenräumen, die mit Luft beziehungsweise Wasser gefüllt sind. In diesen Zwischenräumen (Kapillaren) sind die Bindungskräfte zwischen der Wasseroberflächenspannung und den Seitenwänden der Hohlräume größer als der darin herrschende Luftdruck. Dadurch steigt das Wasser wie in einem Schwamm empor.

Hinsicht nützliche Baumaßnahme bei einem Gartenteich wird leider oft nicht mit eingeplant, obwohl sie dem Teichbesitzer viele Sorgen ersparen kann. Eine Kapillarsperre ist nichts anderes als ein Gebilde, das – in Form und Größe einer Dachrinne ähnelnd – als kleiner Graben einmal rings um den Teich herumführt. Diese Rinne wird mit Kies der Körnung 2/6 mm aufgefüllt. Man sollte diesen Kies, den man bei jedem Baustoffhändler kaufen kann, vor dem Einbringen in die Kapillarsperre waschen, um unnötigen Schmutzeintrag in den Teich zu vermeiden. Eine Kapillarsperre kann man unter Umständen auch noch nachträglich einbauen, sofern beim Bau ausreichend Folie am Rand belassen wurde. Leider wird aber in den meisten Fällen die Teichfolie am Rand so kurz abgeschnitten, dass der Rest für die Kapillarsperre nicht mehr ausreicht. Die Folie endet dann als kleiner, aufrecht stehender Rand im Erdboden. Nur kommt dann die Kapillarwirkung des Bodens zum Tragen, die mit ungeheurer Saugkraft dem Teich das Wasser entzieht.

Geht man davon aus, dass die Mehrzahl aller Gartenteiche von einer Rasenfläche umgeben sind, so erfüllt die Kapillarsperre einen weiteren sehr wichtigen Zweck. Pflanzenwurzeln breiten sich gerne in Richtung Wasser aus. Diese Wurzeln werden bei einem Teich ohne Sperre bis an das Wasser heranwachsen und mit ihrer Saugwirkung dem Teich große Mengen Wasser entziehen. Der ständige Wasserverlust und der immer feuchte Teichrand sind untrügliche Zeichen für den schleichenden Vorgang. Oft entwickeln sich auch in unmittelbarer Nähe derartiger Stellen Lebermoose. Um diese Stellen zu finden, müssen Sie den Teichrand sehr genau untersuchen.

Geschickte Teichbauer setzen in die vorhandene rinnenförmige Kapillarsperre zusätzlich einen kleinen Überlauf, mit dessen Hilfe sich überschüssiges Wasser bequem ableiten lässt. Außerdem verhindert er zuverlässig das unkontrollierte Einlaufen von Oberflächenwasser in den Teich. Dies ist besonders wichtig, weil Oberflächenwasser aus dem Garten häufig mit Düngerrückstandsmengen versehen ist, die so nicht in den Gartenteich gelangen sollten.

Ein Loch in der Abdichtung

Sobald sich ein vermutetes Loch in der Plane bewahrheitet, müssen Sie sehr schnell reagieren. Je nachdem, an welcher Stelle und in welchem Ausmaß die Undichtigkeit auftritt, sinkt der Wasserspiegel mehr oder weniger schnell – aber letztlich immer mit fatalen Folgen für die Teichlebewesen – ab. Tierische Wasserbewohner machen sich gegenseitig Raum und Sauerstoff streitig; Ufer- und sogar Wasserpflanzen stehen plötzlich im Trockenen. Bei kleineren Verletzungen der Teichhaut verläuft das Absinken des Teichniveaus eher schleichend. Das lässt sich gut daran erkennen, dass die Wasseroberkante auf Steinen und anderen Gegenständen im Teich Spuren hinterlässt. Diese braunen bis grünlichen, bandartigen Ablagerungen werden von Algen und Schmutzablagerungen verursacht.

Wie finde ich eine undichte Stelle?

Durch ständiges Nachfüllen kann das Problem nicht gelöst werden, zumal bei den derzeitigen Wasserpreisen das Ganze auch zu kostspielig wäre. Bei der Suche nach einer undichten Stelle im Folienteich gehen Sie am besten systematisch vor: Um die Höhe des Loches zu lokalisieren, kontrollieren Sie den Wasserstand möglichst zwei Mal am Tag und bringen an der jeweilig neuen Wasseroberkante eine Markierung mit einem wasserfesten Filzstift an. Im Laufe der Zeit werden Sie beobachten, dass der Wasserstand nicht oder nur noch unmerklich sinkt. Jetzt wissen Sie, auf welchem Niveau sich die Undichtigkeit am Rand befindet. Die genaue Stelle muss nun aber auch noch gefunden werden. Befindet sie sich unter Steinen, Pflanzen oder sonstigem Dekorationsmaterial, wird das schwierig. Mit Hilfe eines kleinen Tricks können Sie sich das Auffinden des „Lecks" aber erleichtern.

Zunächst einmal müssen Sie den Teich wieder auf die Höhe der letzten zwei bis drei Messpunkte auffüllen, die Sie bei den täglichen Kontrollgängen angelegt haben. Bei windstillem Wetter verteilen Sie nun in der Mitte des Teiches den Inhalt einer Mini-Kaffeesahne oder Sie streuen einen Esslöffel Mehl auf die Teichoberfläche. Beides führt zu einer flächig begrenzten leichten Eintrübung des Wassers. Nach kurzer Wartezeit verändert sich diese Fläche und der Rand deformiert sich durch die Sogwirkung keilförmig in Richtung der undichten Stelle. Nun können Sie das Loch leicht auffinden und reparieren. Wie Sie dabei richtig vorgehen, lesen Sie auf den folgenden Seiten.

Kleben oder Schweißen?

Teichfolien sind in der Regel sehr stark verschmutzt. Algen, organische Stoffe und Ähnliches bilden eine feste Kruste auf ihrer Oberfläche. Nach Auffinden der undichten Stelle müssen Sie die Folie an dieser Stelle von allen anhaftenden Teilen befreien, denn nur auf einer sauberen Oberfläche können Sie eine Reparatur fachgerecht ausgeführen.

Zunächst müssen Sie feststellen, um welche Art von Teichfolie es sich handelt. Eine Reparatur kann immer nur mit dem selben Material wie dem der Folie ausgeführt werden. Selbst unterschiedliche Materialstärken sind zu berücksichtigen: Verschweißt man dünneres Folienmaterial auf stärkeren Planen, kommt es unweigerlich zu Spannungen, die hinterher undicht werden können. Wissen Sie nicht genau, um welche Folienart es sich handelt, können Sie dies leicht mit einem nicht ganz umweltfreundlichen Testverfahren überprüfen. Hierzu schneiden Sie etwas vom Rand der Teichfolie ab und halten ein Feuerzeug daran:

- **Polyvinylchlorid (PVC)-Folie** wird eine lodernde blaue/orange Flamme entwickeln, schwarzen Rauch entwickeln und anfangen zu tropfen. Dabei entsteht ein beißender Geruch.
- **Polyethylen (PE)-Folien** verhalten sich ähnlich, verbrennen mit bläulicher Flamme und beginnen eher als PVC zu tropfen. Der sich entwickelnde Geruch erinnert an eine frisch ausgeblasene Kerze.
- **Synthesekautschuk (EPDM)-Folien** rauchen beim Entflammen sehr stark und verbreiten den üblen Geruch eines brennenden Autoreifens.

Die Umwelt mag es verzeihen, aber es gibt kaum eine sicherere Methode, bei Unsicherheiten die Art der im Teich liegenden Folie festzustellen. Die genaue Kenntnis der Folienart ist besonders wichtig, da jede der drei erwähnten Folienarten nur mit bestimmten Produkten repariert werden kann. Bei PVC-Folien kann nach Art und Größe der defekten Stelle entschieden werden, ob diese verklebt oder verschweißt werden soll. Beide Methoden sind sicher, stellen aber unterschiedliche Ansprüche an das handwerkliche Können des Ausführenden. Fachkräfte in Gartencentern oder gut geführten Baumärkten sind meistens bereit, einem unkundigen Teichbesitzer weiterzuhelfen.

Ein Loch in der Teichfolie mit Quellschweißmittel und Flicken zu reparieren, erfordert ausreichende Sachkenntnis

Kleben von PVC-Folie

Beim Kleben soll der verwendete Flicken mindestens drei Mal so groß sein wie das eigentliche Loch. Er soll rund geschnitten sein, also keine geraden Kanten aufweisen, um besser verklebt werden zu können. Man streicht beide Flächen mit einem PVC-Folienkleber ein und drückt den Flicken fest an. Die reparierte Stelle sollte 12 bis 24 Stunden ruhen und während dieser Zeit mit einem schweren Gegenstand ohne scharfe Kanten fixiert werden. Erst nach der Trocknungsphase können Sie den Teich bis zum gewohnten Niveau mit Wasser aufgefüllen.

Für Risse oder Löcher bis zu einer Größe von 5 cm bewährt sich das Unterwasser-Reparatur-Set für PVC-Folien. Wie der Name bereits sagt, können damit Reparaturen auf feuchtem Untergrund oder sogar direkt unter Wasser vorgenommen werden. Zu diesem Set gehört ein spezieller Kleber sowie eine transparente Spezialfolie. Sie wird einseitig mit dem Folienkleber bestrichen und unter festem Druck auf die schadhafte Stelle aufgebracht. Wartezeiten brauchen Sie nicht einzuhalten.

Schweißen von PVC-Folie

Arbeitstechnisch aufwändiger, dafür aber wesentlich sicherer ist das Verschweißen von PVC-Folien. Hierzu kann man entweder mit Quellschweißmittel (Tetrahydrofuran) oder mit Heißluft arbeiten. Beide Arbeitstechniken setzen gewisse handwerkliche Fähigkeiten voraus. Haben Sie diese Methoden selbst noch nicht angewendet, sollten Sie es sich genau von einem Fachmann zeigen lassen.

Sie dürfen **Quellschweißmittel** keinesfalls wie Folienkleber anwenden, denn es handelt sich hierbei um ein sehr aggressives Lösungsmittel, das beim Auftragen auf PVC-Folien deren Oberfläche anlöst. Gelangt das Mittel zwischen zwei Folienbahnen, so lösen sich die Oberflächen beider Bahnen. Tetrahydrofuran verdunstet sehr schnell; durch einen hohen Anpressdruck mit einem Tapetennahtroller verschmelzen die beiden Folien miteinander. Bei der Verarbeitung von Tetrahydrofuran ist Vorsicht angebracht: Es sollte nicht auf die Haut gelangen; die sich durch Verdunstung entwickelnden Dämpfe sind äußerst giftig und dürfen nicht eingeatmet werden. Kleben und Schweißen sind also zwei vollkommen unterschiedliche Arbeitsgänge.

PVC-Folien können auch mit Hilfe eines **Heißluftföns** miteinander verschweißt werden. Hierzu werden die Folienteile so lange mit Heißluft behandelt, bis sie sich auf der Oberfläche zu verflüssigen beginnen. In diesem Moment, der durch die Temperatur von 600 bis 750 °C rasch eintritt, müssen die Folienteile mit einem metallischen Tapetennahtroller zusammengepresst werden. Der Zeitpunkt der „Verflüssigung“ der Folie zeigt sich durch starkes Glänzen an. Sekundenbruchteile später raucht die Folie bläulich und es bilden sich Blasen. In diesem Zustand ist die Folie

Wichtige Utensilien bei der Reparatur von Folienteichen: Pinsel zum Auftragen des Quellschweißmittels, Roller zum Festdrücken und ein Heißluftfön

verbrannt und lässt sich nicht mehr verbinden. Also, auch hierzu gehört eine gewisse Übung. Entschließen Sie sich zu dieser Art der Folienverbindung, so sollten Sie vorher an einem Probestück Folie üben, das nicht zum Teich gehört.

Kleben von PE-Folie
Für die Reparatur oder die Verbindung von PE-Folien gibt es ein spezielles **Klebeband** in schwarz, das dem bekannten doppelseitigen Teppichklebeband ähnelt. Zu diesem Klebeband gehört ein spezieller Reiniger, mit dem die zu verklebenden Teile zuvor gesäubert werden müssen. Das Band wird auf 10 cm breiten Rollen angeboten und ist die einzige Möglichkeit, PE-Folien miteinander zu verbinden oder diese zu reparieren. Muss eine PE-Folie einmal repariert werden, so muss die betreffende Stelle absolut sauber und vollkommen trocken sein. Das leicht elastische Band ist etwa 1 mm stark und klebt beidseitig. Hierbei sollten Sie allerdings beachten, dass diese Art der Verbindung längst nicht so stabil ist, wie man dass bei PVC-Folien gewohnt ist. Die Verbindungslänge bei PE-Folien sollte etwa 1,5 bis 2,0 m nicht überschreiten. Kleinere Flickstellen sollten nach der Reparatur mit einem Stein beschwert werden, um unnötige Belastungen der Stelle zu vermeiden. Leider kommen alle Methoden, die zur Reparatur von PVC-Folien vorgestellt wurden, bei PE-Folien nicht zum Tragen.

Kleben von Synthesekautschukfolien
EPDM-Folien sind aus künstlichem Kautschuk hergestellt. Hierzu wird ein passender Kleber angeboten, der wie ein **Sekundenkleber** wirkt und sehr gute Verbindungen gewährleistet. Muss eine derartige Folie repariert werden, so gehen Sie dabei so vor, als würden Sie einen Fahrradschlauch flicken. Die Flickstelle muss sauber und trocken sein, ein leichtes Aufrauen mit Sandpapier fördert die Haltbarkeit der späteren Verbindung.

Kleben von glasfaserverstärkten Kunststoffbecken
Reparaturen an GFK-Fertigbecken kommen eigentlich sehr selten vor, da diese praktisch nicht zerstörbar sind, sobald sie einmal ordnungsgemäß im Boden eingegraben sind. Sollte dennoch einmal ein „Leck" auftreten, so können Sie sich das notwendige Material dafür beim Autozubehör-Handel besorgen. Sie benötigen dazu Glasfasermatte und Polyesterharz. Zunächst entfernen Sie an der zu reparierenden Stelle die Farbe des Beckens. Erst dann streichen Sie das Polyesterharz auf, legt die Glasfasermatte darüber und überstreichen diese erneut mit dem Harz. Je nach Materialstärke wiederholen Sie diesen Vorgang mit zwischenzeitlichen Trocknungsphasen mehrfach. Erst wenn die Flickstelle vollkommen ausgehärtet ist, können Sie das reparierte Becken erneut mit Wasser füllen. Polyesterharz entwickelt giftige, länger anhaltende Dämpfe. Deshalb sollten Sie erst nach einer völligen Aushärtung und Ausgasung der Flickstellen bei Temperaturen um 20 °C, also frühestens nach zwei bis drei Tagen, die pflanzlichen und tierischen Wasserbewohner wieder einsetzen.

Der Überlauf im Gartenteich

Ein Überlauf in einem Gartenteich erfüllt gleich mehrere wichtige Funktionen; viele Teichbesitzer haben das leider noch nicht erkannt:

- Mit einem Überlauf wird überschüssiges Wasser abgeleitet, ohne dass dieses den Teichrand unterspülen kann.
- Der Wasseraustausch kann gezielt gesteuert werden.
- Der Wasserstand kann sich selbstständig regulieren.
- Im Sommer kann die Wassertemperatur eines Teiches bis zu einem gewissen Grad beeinflusst werden.

Mit dieser Methode ist der Einbau eines Überlaufs besonders einfach

Einen Überlauf einbauen

Vor dem Einbau des Überlaufs muss man sich darüber im Klaren sein, wohin das anfallende Wasser abgeleitet werden soll. Eine Ableitung über angrenzende private oder öffentliche Flächen oder Gehwege ist per Gesetzgebung untersagt. Am besten wird es über ein Kanal- oder ein Zisternensystem direkt abgeleitet. Ist dies nicht möglich, kann in Teichnähe ein Versickerungsschacht in entsprechender Größe zum Teich eingeplant werden.

Die einfachste Konstruktion eines Teichüberlaufs besteht aus einer rinnenförmigen Ausbuchtung an der tiefsten Stelle des Teichrandniveaus. Um das anfallende Wasser so lenken zu können, dass es nicht unmittelbar am Teichrand in den Boden läuft, sollte man zusätzlich eine Schürze an dieser Stelle ankleben, die das Wasser weit genug vom Teich wegleitet. Sobald größere Wassermengen unmittelbar am Teichrand in den Boden gespült werden, verändert sich das Teichrandprofil und der Teich wird undicht. Wirkungsvoller ist jedoch der Einbau eines Überlaufs, bei dem das überschüssige Wasser über ein Rohrsystem abgeleitet werden kann.

Viele Teichbesitzer bringen aus Angst vor späteren Undichtigkeiten an dieser Stelle nicht den Mut auf, in ihre Teichfolie ein Loch zu schneiden. Bei etwas handwerklichem Geschick ist das aber unproblematisch. Zunächst muss ein Graben ausgehoben werden, der im leichten Gefälle (mindestens 1 cm/m) vom Teichrand zum eigentlichen Überlauf führt. Das Wasser wird über ein Rohrsystem aus Kanal- und Grundleitungsrohren (KG-Rohre) abgeführt. Das Muffenteil des Rohres wird nun so an der freigelegten Stelle hinter der Folie am Teichrand platziert, dass es knapp unter der Höhe des gewünschten Wasserstands liegt. Nachdem der Dichtungsring aus der

Überlauf – Webcode: teich649

Muffe entfernt wurde, schneidet man mit Hilfe eines Teppichmessers einen Kreuzschnitt in die Folie und klappt die vier kleinen Lappen in das Innere des Rohrs. Nun braucht nur noch ein Winkelstück (75 bis 90 °-Winkel) in das Rohrende gedrückt werden und der Überlauf ist fertig. Die Folienlappen übernehmen dabei die Funktion des Dichtungsringes, wodurch der Überlauf absolut dicht ist. Wichtig ist, dass beim Einbau des Winkelstückes alle Folienlappen komplett im Rohr sind, da ansonsten der Teich an dieser Stelle undicht ist. Durch Lösen und Zusammendrücken der Muffenverbindung kann dieses Problem aber behoben werden.

Je stärker die Folie und je größer der Durchmesser des Rohres ist, desto schwieriger wird diese Arbeit. Um sich diesen Vorgang ein wenig zu erleichtern, sollten Sie dazu unbedingt eine Warmwetterperiode nutzen, da die Folie dann geschmeidiger und somit besser zu verarbeiten ist. Es macht auch wenig Sinn, einen großen Rohrdurchmesser zu wählen. In der Regel reicht für einen Teich mit einer Wasseroberfläche von 10 m^2 ein Rohrdurchmesser von 50 bis 60 mm, bei bedeutend größeren Teichen kann man auf ein 100er Rohr übergehen. Das eingesetzte Winkelstück kann später durch eine Drehbewegung so verändert werden, dass das Teichwasser bis zur gewünschten Höhe ablaufen kann. Soll kein Wasser ablaufen, stellt man die Ablauföffnung senkrecht nach oben. Um zu vermeiden, dass Kleintiere über den Ablauf mit weggespült werden, sollte man ein Auffangsieb in die Ablauföffnung stecken.

Nachträglicher Einbau eines Überlaufs

Da man die Notwendigkeit eines Teichüberlaufs inzwischen erkannt hat, haben einige Firmen aus der Gartenteichbranche Zubehörteile auf den Markt gebracht, die den nachträglichen Einbau wesentlich vereinfachen. Dabei hat man den Dachdeckerfirmen auf die Finger geschaut, die sich seit Jahren mit der Abdichtung von Flachdächern befassen. Hierzu verwenden sie Folien, die auch im Teichbau eingesetzt werden. Als Zubehör erhält man hier einen PVC-Folienlappen mit einem eingepassten „Rüssel", der genau die Normmaße von KG-Rohren hat. Diesen Folienlappen klebt oder schweißt man an die vorhandene Folie an, schneidet ein entsprechendes Loch ein und schiebt das Rohr durch.

Besonders interessant ist eine Rohrdurchführung, die von einem Folienhersteller entwickelt wurde. Sie besteht aus zwei miteinander verschraubbaren Kunststoffringen (Rohrdurchführungsflansche), die auf der Vorder- und Rückseite der Teichfolie für sicheren Halt und absolute Dichtigkeit verschraubt werden. Der Ringdurchmesser entspricht genau den Normmaßen von KG-Rohren. Nach dem Verschrauben der Ringe muss lediglich der innere Folienteil wie in einer Schablone mit einem Teppichmesser herausgetrennt und das Rohr eingeschoben werden. Diese sehr einfache und vor allem sichere Methode eignet sich besonders gut für größere Rohrdurchmesser. Erhältlich sind sie für Rohre von 50 bis 300 mm Durchmesser. Die kleineren Rohrdurchführungsflansche werden in der Regel für Teichüberläufe eingesetzt. Mit den Rohren größeren Durchmessers schließt man Pflanzenkläranlagen an oder stellt Verbindungen zwischen mehreren Teichen her.

Wohin mit dem Überschusswasser?

Neben den technischen Möglichkeiten für den Einbau eines Überlaufs muss man sich für eine Methode der Wasserweiterleitung entscheiden. Gerade auf dem Sektor der Regenwassernutzung bieten sich sehr praktikable Lösungen an, die den Teichbesitzer sowohl bei der Ressourcenschonung als auch beim Sparen unterstützen. Bei genügend Platz kann in unmittelbarer Teichnähe eine zur Teichgröße passende Regenwasserzisterne aus Kunststoff im Boden versenkt werden. An diese Zisterne wird der Überlauf des Teiches direkt angeschlossen. Dieser Einbau ist jederzeit noch nachträglich möglich. Um Mischwasser aus Niederschlag und überschüssigem Teichwasser zu erhalten, kann das Fallrohr der Dachrinne an diese Zisterne mit angeschlossen werden. Die Zisterne muss nach dem Einbau zugänglich sein und über einen Ablauf verfügen. Mit ihrem Inhalt kann über eine leistungsgerechte Teichpumpe ein Bachlauf oder Wasserfall betrieben werden. Das rücklaufende Wasser aus dem Teich sammelt sich wieder in der Zisterne. Entscheidend ist die Größe der eingebauten Zisterne, die sowohl zur Teichgröße als auch zur Auffangfläche des Daches passen muss. Wählt man sie zu klein, wird das überschüssige Wasser ständig über den Ablauf abgeleitet. Ist sie hingegen zu groß gewählt, ist der Austausch zu gering und das Wasser steht ab. Dann entsteht ein unangenehmer Geruch, der durch biologische Abbauvorgänge von unter Luftabschluss lebenden Bakterien verursacht wird. Hier hilft dann nur noch ständige Frischwasserzufuhr oder aber eine Verkleinerung der Zisterne.

In der Regenwassertechnik wurden in den letzten Jahren spezielle Filter entwickelt, die den Eintrag unerwünschter Stoffe über die Zisterne in den Teich verhindern. Hohe Nährstoffmengen durch organische Stoffe und Schmutzteile können ohne hohen technischen Aufwand herausgefiltert werden.

Schwankungen des pH-Wertes vom Teichwasser durch den niedrigeren pH-Wert des Regenwassers können durch die Mischwasserzufuhr wieder ausgeglichen werden.

Teichpumpen-Einmaleins

Eine Pumpe im Teich macht das Wasser lebendig. Bewegtes Wasser erfreut das Auge, zudem wirkt es sich positiv auf die Wasserqualität aus. Voraussetzung ist allerdings eine richtige Installation der Pumpe. In kaum einer Produktbeschreibung von Pumpen wird beispielsweise darauf hingewiesen, dass sich eine zu starke Verwirbelung oder zu häufiges Durchmischen des Wassers eher nachteilig auf Mikroorganismen und somit auf die Wasserqualität auswirkt. Ebenso wenig wird ein Käufer derartiger Geräte über den richtigen Standort der neuen Pumpe in seinem Teich aufgeklärt. Geschultes Personal in Fachmärkten kann in der Regel einen Kunden so gut beraten, dass er hinterher auch die passende Teichpumpe erstanden hat. Durch viele unterschiedliche Modelle herrscht „verwirrende Vielfalt“, zudem kann man innerhalb mehrerer vergleichbarer Markenprodukte verschiedener Hersteller kaum nennenswerte Unterschiede feststellen.

Technisch unterscheidet man zwei Pumpenarten:

Für den Betrieb eines solch großen Wasserfalls wird eine kräftige Teichpumpe benötigt

Magnetkernpumpen

Hierbei handelt es sich um zumeist kleine Teichpumpen, die in erster Linie für kleinere Wasserspiele oder Teichrandfiguren eingesetzt werden. Sie werden über Permanentmagnetrotoren angetrieben. Der Magnet, an dessen Ende sich das Laufrad für die Wasserförderung befindet, sitzt in einem wassergefüllten Rotorraum. Strom führende Teile sind dabei durch eine Kunstharzversiegelung vollkommen abgeschirmt. Durch Induktionsstrom setzen sich Magnet und Rotor in Bewegung. Bei Pumpen der neuen Baureihe bleibt die Laufrichtung des Rotors durch ein patentiertes Verfahren immer gleich. Ähnliche Pumpen ohne diese geregelte Laufrichtung haben häufig Anlaufschwierigkeiten. Diese lassen sich aber schnell beheben, indem die Pumpe ein bis zwei Mal an und aus gestellt wird. Gute Geräte verfügen über ein Regelsystem, womit sich die Fördermenge drosseln oder steigern lässt.

Eine Magnetkernpumpe als Schnittmodell

Pumpen mit Asynchronmotor

Diese Pumpen sind bedeutend robuster, sehr laufruhig und für den Betrieb in größeren Teichen bestimmt. Diese Motorenart besitzt einen Kupferrotor, der von einem Edelstahlmantel umgeben ist. Lager und Pumpenwelle sind aus hochwertiger Keramik. Mit Hilfe eines Drehzahlreglers kann die Leistung dieser Pumpen beliebig verändert werden. Dies ist bei Motoren der Magnetkernpumpen nur dann möglich, wenn sie immer in die gleiche Richtung laufen. Am vorderen Ende der Pumpenwelle befindet sich ein Laufrad mit strömungsgünstig geformten Schaufelblättern. Die Fördermenge ist von der Laufgeschwindigkeit und der Größe dieser Blätter abhängig. Trotz ihrer hohen Drehzahl laufen derartige Pumpen fast geräuschlos. Sie werden für größere Wasserspiele, Wasserfälle, Bachläufe oder mit entsprechendem Zubehör auch für Kombinationen unterschiedlicher Wasserbewegungen eingesetzt. Pumpen dieser Baureihe können in der Regel auch außerhalb des Teiches betrieben werden. Da sie nicht selbstansaugend sind, müssen sie dann so installiert werden, das sie unterhalb des Teichniveaus liegen und das Wasser über einen Schlauch zugeführt wird. Hierzu wird der Vorfilter gegen einen Adapter ausgetauscht, an den der wasserführende Schlauch angeschlossen wird. Eine geringfügige Leistungsminderung muss dabei jedoch in Kauf genommen werden.

Asynchronmotor – Webcode: teich652
Magnetkreisel – Webcode: teich653

Unterschiede zwischen Garten- und Teichpumpen

Teichpumpen und normale Gartenpumpen unterscheiden sich durch verschiedene Eigenschaften, weshalb man sie auch für unterschiedliche Zwecke einsetzt:

Gartenpumpen
- sind erheblich preiswerter als Teichpumpen,
- arbeiten mit hohem Druck und fördern große Wassermengen. Obwohl gelegentlich große Wassermengen für ein optimales Wasserbild (z.B. Wasserfall oder Bachlauf) benötigt werden, darf dabei niemals hoher Druck aufgebaut werden. Der Wasserdruck würde das Teichbild rasch zerstören. Gartenpumpen
- sind in der Regel selbstansaugend,
- verfügen häufig über wartungsintensive Kohlebürstenmotoren mit einer eingeschränkten Lebensdauer,
- verbrauchen verhältnismäßig viel Strom (mindestens 800 bis 1500 W),
- erzeugen hohen Geräuschpegel.

Teichpumpen
- sind teurer, dabei aber auch aufwändiger verarbeitet als Gartenpumpen,
- eignen sich bei entsprechendem Zubehör zur Erzeugung von Wasserbildern und für Bachläufe,
- sind nicht selbstansaugend,
- sind absolute „Dauerläufer" und langlebig,
- verbrauchen weniger Strom (250 bis 500 W) als Gartenpumpen.

Durch den Einsatz der neuen Teichfiltergeräte ist gleichzeitig eine neue Pumpengeneration auf den Markt gekommen, mit deren Technik die Filterung überhaupt erst möglich wird. Diese Pumpen fördern ohne Druck große Wassermengen. Statt einem Vorfilter verfügen sie nur über einen Schutzkäfig mit Öffnungen, durch die Schmutzteile mit einer Größe von bis zu 8 mm weiter transportiert werden können. Spezielle Rotorblätter fördern große Mengen Schwebeteile wie Schmutz und Algen über ein Schlauchsystem in den Filter. Im weitesten Sinne handelt es sich bei dieser Baureihe um eine Art Schmutzwasserpumpe. Der angebrachte Schlauchaufsatz an der Pumpe ist variabel und kann bei fast allen Typen über eine Art Kugelgelenk so verdreht werden, dass der angeschlossene Schlauch nicht geknickt wird. Das ist besonders wichtig, denn der Filter wird im Normalfall mit starren, unbeweglichen Schläuchen nicht unter 1¼ Zoll Durchmesser angeschlossen.

Pflege und Wartung von Teichpumpen

Teichpumpen der neuen Generation sind wartungsarm. Alle Strom führenden Teile sind komplett versiegelt, so dass sie nicht mehr zugänglich sind, auch nicht für eine Reparatur. Notwendige Wartungen beschränken sich daher auf das gelegentliche Öffnen der Pumpenkammer sowie deren Reinigung. Den Vorfilter sollten Sie in regelmäßigen Abständen ausspülen. Gemäß deutscher Norm muss eine im Teich betriebene Pumpe über ein spezielles, 10 m langes Feuchtigkeitskabel verfügen. Dieses Kabel gehört prinzi-

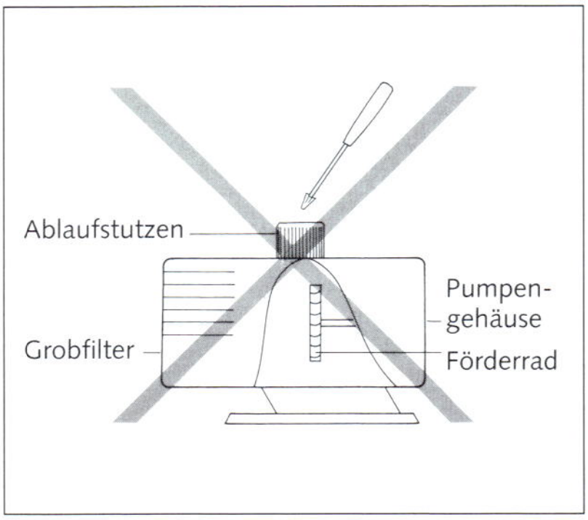

Ein fest sitzendes Förderrad an der Teichpumpe sollte niemals mit einem Schraubendreher über den Ablaufstutzen bearbeitet werden

piell zum Lieferumfang einer jeden Pumpe für den Außenbereich und darf unter keinen Umständen eingekürzt werden, da ansonsten jegliche Garantieansprüche erlöschen.

Nicht geöffnet werden dürfen Verschraubungen, diese sind generell versiegelt. Für alle Pumpen gilt: Man darf an dem Gerät alles öffnen und entfernen, solange man dies ohne Zuhilfenahme von Werkzeugen schafft. Alle Pumpen sollten über Winter aus dem Teich geholt und in einem Gefäß mit Wasser eingelagert werden. Werden sie trocken gelagert, setzt sich die Welle fest. Die Pumpen können dann nicht aus eigener Kraft anlaufen und brennen durch. Auch nach fachgerechter Überwinterung sollte die Gängigkeit des Laufrads überprüft werden. Keinesfalls sollten Sie mit einem Schraubenzieher in dem Ablaufstutzen hantieren. Die feinen Schaufeln eines Laufrads sind äußerst empfindlich. Schon kleinste Verletzungen der Schaufeln führen zu einem sehr starken Leistungsabfall.

Reinigung von Magnetkernpumpen

Diese Teichpumpen müssen relativ häufig gereinigt werden. Geöffnet werden sie meistens über eine Art Bajonettverschluss, der sich bei allen größeren Modellen, aber auch bei neuen oder verschmutzten Pumpen recht schwierig öffnen lässt. Schon beim Kauf eines solchen Gerätes sollte man sich das Öffnen und Reinigen zeigen lassen. Leider sorgen schon kleinste Verunreinigungen im Rotorraum bei diesen Pumpen dafür, dass sie stehen bleiben und nicht mehr fördern. In diesem Fall holt man die Pumpe aus dem Teich, öffnet sie, entnimmt den Rotor samt Magnet und spült alles unter fließendem Wasser aus. Bei kleineren Pumpen dieser Baureihe werden Rotor und Magnet auf einer kleinen Welle geführt, die fast immer in zwei kleinen Gummilagern steckt. Diese dürfen beim Reinigungen nicht verloren gehen. Die Pumpe hat danach sofort wieder ihre volle Leistung. Mag-

Ein Pumpenvorfilter muss regelmäßig gereinigt werden

net mit Rotor sollten Sie austauschen, sobald die Pumpenleistung nachlässt oder plötzlich ungewohnte Geräusche auftreten.

Den Pumpen ist normalerweise ein kleiner Schaumstofffilter vorgeschaltet, der dafür sorgt, dass grobe Schmutzteile von der Pumpe ferngehalten werden. Spätestens bei merklich nachlassender Förderleistung der Pumpe sollten Sie diesen Vorfilter in regelmäßigen Abständen unter klarem Wasser ausspülen. Beginnt der vorhandene Schwamm bröselig zu werden, tauschen Sie ihn aus.

Reinigung von Pumpen mit Asynchronmotor

Diese Pumpen sind noch wartungsfreundlicher, sollten aber trotzdem gelegentlich im vorderen Bereich geöffnet werden, soweit die Technik das zulässt. Das Laufrad sitzt unter der Pumpenkammer versteckt. Diese Kammer und das Laufrad sollten gelegentlich geöffnet und von groben Schmutzteilen gereinigt werden. Das sollte man sich beim Kauf der Teichpumpe erklären lassen. Anfangs ist das Öffnen nicht ganz einfach, denn die Pumpenkammer verfügt über einen Drehverschluss, der zusätzlich mit einer Ringdichtung und Silikondichtmasse versehen ist. Gleichzeitig überprüft man die Leichtläufigkeit des Laufrades. Um zu verhindern, dass die Pumpe zu Reinigungszwecken am Kabel aus dem Wasser gezogen wird, sollte jeder umsichtige Teichbesitzer eine Schnur oder Kette an der Pumpe befestigen und sie ausschließlich daran herausziehen.

Reparaturen an Teichpumpen

Reparaturen beschränken sich in der Regel auf das Austauschen zerbrochener Laufradkammern oder Vorfiltergehäusen. Sollte einmal das Laufrad einer Asynchronmotor-Pumpe defekt sein (z.B. Abnutzung der Förderschaufeln), muss die Pumpe zum Hersteller eingeschickt werden. Die Pumpen werden dann zumeist über einen Kostenvoranschlag kostengünstig repariert oder ausgetauscht.

Die richtige Pumpengröße

Vor dem Kauf einer Teichpumpe müssen Sie sich darüber im Klaren sein, was dieses Gerät eigentlich im Teich leisten soll. Für jede Form der Wasserbewegung – ob einzeln oder in Kombination – erhält man eine passende Pumpe. Ob eine Kombination mehrerer Wasserbilder (hier der Sammelbegriff für unterschiedliche Wasserbewegungen) immer sinnvoll ist, ist im Einzelfall zu prüfen. Da es unter den Wasserbildern ständig oder nur zeitweise betriebene gibt, ist es häufig sinnvoller, sich sowohl eine Pumpe der mittleren Größe als auch eine kleinere dazu zu kaufen, anstatt alles über eine große Pumpe zu steuern. Anhand der Tabelle auf Seite 198 oben können Sie ersehen, ob je nach Ihrem gewünschten Wasserbild und dessen Laufdauer der Betrieb über eine oder über zwei Pumpen sinnvoll ist.

Diese Auflistung sagt nun noch nichts über die Fördermenge der Pumpe aus. Jedes einzelne Wasserbild setzt eine bestimmte Fördermenge für

Sauerstoff einbringende Elemente für den Gartenteich

Element	Laufzeit	Zeitraum	Bemerkungen
Bachlauf	ständig	24 Std.	Wasserumwälzung, Sauerstoffeintrag
Wasserfall	ständig mit Filter	24 Std.	gegebenenfalls Geräuschpegel beachten
Teichfigur	unterbrochen	9–12/15–20 Uhr	Geräuschpegel unbedingt beachten
Quellstein	ständig	24 Std.	guter Sauerstoffeintrag zusammen mit Bachlauf
Wasserglocke	unterbrochen	nicht 12–15 Uhr	mittags zu starke Wassererwärmung
Kaskade/ Fontäne	unterbrochen	nicht 12–15 Uhr	Geräuschpegel unbedingt beachten
Schaumdüse	ständig	24 Std.	einer der besten Sauerstoffspender
Kelch	unterbrochen	nicht 12–15 Uhr	zu starke Wassererwärmung
Tulpe-Blütenkelch	unterbrochen	nicht 12–15 Uhr	zu starke Wassererwärmung
Pirouette	unterbrochen	nicht 12–15Uhr	Geräuschpegel beachten
Belüfterpumpe	unterbrochen	18–6 Uhr	Pflanzen brauchen nachts Sauerstoff
Sauerstoff-oxidator	ständig	24 Std.	automatischer permanenter Sauerstoffeintrag

Wasserbedarf von verschiedenen Wasserbildern bei bestimmten Förderhöhen

Förderhöhe cm	30	50	60	100	125	150	200	250
Schaumdüse	2500	3500	4500	–	–	–	–	–
Wasserglocke	900	1800	2700	3500	–	–	–	–
Kelch	1200	2200	–	–	–	–	–	–
Tulpe	700	900	1100	–	–	–	–	–
Pirouette	–	–	–	–	2500	2800	–	–
Fontäne	600	900	1200	–	2200	2800	4000	4500
Blütenkelch	600	–	900	1200	–	2800	–	–
Wasserbild	Wasserbedarf in l/h							

Hier dient ein großer Findling mit Bohrung als Ausgangspunkt für einen Bachlauf

Darauf sollten Sie bei einem Bachlauf achten

Der Bachlaufrand sollte immer mit bodendeckenden Pflanzen bewachsen sein. Freie Flächen im Bachbett verdeckt man mit möglichst hellen Kieseln. Beide Maßnahmen tragen zu einer geringeren Wassererwärmung bei.

Wenn schon beim Bau eines Bachlaufs auf kleine „Staustufen" geachtet wird, trocknet der Bachlauf beim Abschalten der Teichpumpe nicht sofort aus. Das kommt der Bachlaufbepflanzung und badenden Vögeln gleichermaßen zugute.

ein optimales Erscheinungsbild voraus. Durch unterschiedliche Pumpenhersteller kennt man verschiedene Methoden, um die richtige Pumpe zu ermitteln. Manche Pumpenfirmen schlagen für ihre Düsen und deren Spritzhöhe gleich eine entsprechende Pumpe vor. Andere geben den optimalen Leistungsbedarf in l/h für eine bestimmte Spritzhöhe an. Diese Methode ist besser, denn mit ihr lassen sich benötigte Fördermengen einfach addieren; ein Vorteil, wenn unterschiedliche Wasserbilder mit nur einer Pumpe betrieben werden sollen. Addiert man alle benötigten Wassermengen pro Stunde zusammen, hat man die erforderliche Pumpenleistung ermittelt. In der Tabelle auf Seite 198 unten sind die wichtigsten Wasserbilder mit unterschiedlichen Förderhöhen und der ent-

Pumpenförderleistungen und deren Einsatzmöglichkeiten im Vergleich

cm WS	Pumpenförderleistungen (in l/h) verschiedener Pumpen bei entsprechender Höhe und Anwendung														
900											1400				
600									1900	4600	7400	6200			
550									2800	5100	8100	7400			
500								250	3700	5800	8800	8400			
450								900	4300	6500	9400	9400			
400							200	1500	5000	7000	9800	10100			
350						2000	400	2200	5500	7700	10700	10800			
300						2800	800	2700	5900	8300	11100	11900			0
250					500	3400	1500	3300	6400	9000	11800	12400			700
200				300	1100	3900	2400	3800	6900	9300	12300	13000		0	1400
150			700	1200	2000	4100	3200	4300	7300	9600	12600	14000	0	400	2400
100	240	360	1300	1700	2600	4400	4000	5100	7700	9800	12700	15300	1400	1200	3600
50	420	780	1800	2700	3100	4500	4800	5700	8000	9900	12900	16800	3000	2500	4500
0	750	1200	2000	3000	3600	4500	5000	6000	8000	10000	13000	18000	3300	3800	5800
max. Förderleistung	750	1200	2000	3000	3600	4500	5000	6000	8000	10000	13000	18000	3300	4400	6600
max. Förderhöhe	1,5 m	1,3 m	2,0 m	2,6 m	2,75 m	3,3 m	3,6 m	5,0 m	6,1 m	8,3 m	9,0 m	7,25 m	1,7 m	2,3 m	3,2 m
Anwendung	Kleine Kaskaden	Kleine Quellsteine	Mittlere Kaskade	Kleine Schaumdüse	Kleine Bachläufe Wasserfälle	Mittlere Quellsteine	Große Kaskade	Mittlere Schaumfontaine	Mittlere Bachläufe	Große Quellsteine	Große Schaum fontaine	Große Bachläufe Wasserfälle	Teichfilter Bachläufe Wasserfälle	Teichfilter Bachläufe Wasserfälle	Teichfilter Bachläufe Wasserfälle

sprechenden Fördermenge aufgeführt. Die dort angegebenen Fördermengen für ein optimales Bild, können nur als ein Richtwert angesehen werden. Da es viele unterschiedliche Modelle zu den einzelnen Wasserspielen gibt, erfragt man die genaue Fördermengenangabe am besten beim Kauf.

Für Wasserfälle, Bachläufe, Quellsteine und Teichrandfiguren werden andere Berechnungsgrundlagen angewendet. Am einfachsten ist, die erforderliche Pumpenleistung für einen **Bachlauf oder Wasserfall** zu ermitteln. Man rechnet mit 100 l/h pro Zentimeter Bachlauf- oder Wasserfallbreite am Wasseraustritt. Die Leistungstabelle auf Seite 200 dient als Richtwert bei der Ermittlung der richtigen Pumpe für die gewünschte Wasserbewegung.

Für einen **Quellstein** werden pro cm Höhe 60 l/h zugrunde gelegt. Also würde ein Quellstein mit einer Höhe von 60 cm eine Pumpenleistung von 3600 l/h benötigen. Nur bei dieser Menge ist gewährleistet, dass der Stein optimal mit Wasser benetzt wird.

Die richtige Spritzhöhe von Düsen
Die Spritzhöhe jeder Art von Düsen sollte nie höher sein als der Radius des Teiches, in dem sich das Wasserspiel befindet. Schon bei leichtestem Wind kommt es zu starker Abdrift.

Teichrandfiguren gibt es in großer Zahl und aus den unterschiedlichsten Materialien. Für ein optimales Spritzbild werden in der Regel 600 l/h veranschlagt. Verfügt die Figur über eine besonders große Austrittsöffnung, kann diese Menge auch noch etwas höher liegen. Einige Hersteller sind inzwischen dazu übergegangen, die benötigte Wassermenge passend zur Figur festzulegen. Der Käufer einer Teichpumpe muss bei Mehrfachanschlüssen an eine Pumpe nun eigent-

Reibungsverluste in Schläuchen verschiedener Länge

Schlauchdurchmesser (in Zoll)	Wassermenge (l/h)	Schlauchlänge (in m)				
		1	2	3	4	5
3/4	1800	0,10	0,20	0,30	0,40	0,50
3/4	3000	0,30	0,60	0,90	1,20	1,50
3/4	4500	0,70	1,40	2,10	2,80	3,50
1	1800	0,05	0,10	0,15	0,20	0,25
1	3000	0,10	0,20	0,30	0,40	0,50
1	4500	0,20	0,40	0,60	0,80	1,00
1	6000	0,30	0,60	0,90	1,20	1,50
1 1/4	1800	0,01	0,02	0,03	0,04	0,05
1 1/4	3000	0,03	0,06	0,09	0,12	0,15
1 1/4	4500	0,05	0,10	0,15	0,20	0,25
1 1/4	6000	0,10	0,20	0,30	0,40	0,50
1 1/4	9000	0,20	0,40	0,60	0,80	1,00

lich nur noch die Fördermengen seines individuellen Wasserbildes addieren und er hat die richtige Pumpe. Diese Rechnung stimmt aber nur, wenn die erforderlichen Anschlüsse mit größtmöglichem Durchlauf gewählt werden.

Förderhöhe – Fördermenge – Wassersäule

Auf den Verpackungen von Teichpumpen stehen Leistungsangaben, die über die geförderten Wassermengen pro Minute beziehungsweise Stunde Auskunft geben. Diese Angabe ist zwar wichtig, andererseits aber nicht besonders aussagekräftig, denn sie bezieht sich nur auf die Höhe 0, also die Höhe des Wasserspiegels. Sie beinhaltet keine Angabe zu etwaigen Förderleistungen in die Höhe. Sobald eine Pumpe Wasser nach oben befördern muss, lässt ihre Förderleistung nach. Bei kleineren Geräten wirkt sich dies sehr schnell aus, bei stärkeren Pumpen kommt es erst bei größeren Förderhöhen zum Tragen. Auf den Verpackungen der Pumpen sind in der Regel Leistungskurven abgebildet, aus denen sich die Fördermenge auf die Höhe bezogen gut ableiten lässt. Häufig gibt es auch noch Angaben zu der maximalen Förderhöhe einer Pumpe. Dies ist der Punkt, bis zu dem eine Pumpe Wasser fördert. Auch diese Werte sind der Tabelle auf Seite 200 zu entnehmen.

Reibungsverluste in Schläuchen

Starke Reduzierungen durch sich verengende Schläuche oder Schlauchverbindungen sowie Durchflussverengungen durch Winkel erzeugen einen hohen Reibungsverlust. Das führt zu einem verminderten Wasseraustritt. Das Gleiche gilt für Schlauchlänger: Je länger ein Schlauch ist, desto stärker nimmt die Förderhöhe der Pumpe ab. Mit Hilfe der Tabelle auf Seite 201 kann der Druckverlust ermittelt werden. Dieser muss gegebenenfalls bei der Ermittlung einer geeigneten Teichpumpe mit angerechnet werden.

Als Beispiel aus dieser Tabelle: Ein Bachlauf wird mit einem 5 m langen Schlauch mit 1 Zoll Durchmesser betrieben, die Fördermenge der Pumpe beträgt 4500 l. Zur richtigen Dimensionierung der Pumpe muss noch 1 m Förderhöhe zusätzlich einkalkuliert werden.

Es wird immer sinnvoll sein, eine Teichpumpe mit einer geringfügig höheren Leistung einzusetzen als eine, die von vornherein zu schwach ist. Das Fördervermögen einer Pumpe kann gegebenenfalls gedrosselt, aber niemals über die angegebene Leistung hinaus erhöht werden.

Wie man Reibungsverluste minimiert
Druckminderung durch Reibungsverlust in Schläuchen vermeidet man, wenn man den größtmöglichen Anschlussdurchmesser der Pumpe ohne Reduzierung verwendet.

Den Teich belüften

Luftzufuhr und somit ein verbesserter Sauerstoffgehalt sind lebenswichtig für das biologische Gleichgewicht im Teich. Der Sauerstoffgehalt des Wassers unterliegt tageszeitlich bedingt großen Schwankungen (siehe Seite 130). Die Teichbelüftung mit technischen Einrichtungen ist deshalb eine sinnvolle Maßnahme zur Sauerstoffanreicherung. Hierzu wurden spezielle Belüfterpumpen, Kompressoren, Düsen und andere Sauerstoffspender auf den Markt gebracht. Bei jedem Versuch zur Erhöhung des Sauerstoffgehaltes im Teich müssen Sie bedenken, dass die Aufnahmefähigkeit des Wassers an gelöstem Sauerstoff von der Wassertemperatur abhängt:

- niedrige Wassertemperatur = hohe Aufnahmefähigkeit;
- hohe Wassertemperatur = geringe Aufnahmefähigkeit.

Es ist ein Trugschluss zu glauben, dass die aus einem Diffuser oder Ausströmerstein aufsteigenden Luftbläschen sich allesamt in löslichen Sauerstoff wandeln und das Wasser damit anreichern. Die nach oben perlenden Luftbläschen sind im oberen Bereich immer weniger dem Wasserdruck ausgesetzt, die Möglichkeit der Sauerstoffabgabe an das Teichwasser wird dadurch zunehmend geringer. Deshalb sollte man den Versuch des Sauerstoffeintrags in den Gartenteich nicht überbewerten. Fische schätzen die Luftblasen sehr, man kann beobachten, dass sie durch Ansammlungen von Luftbläschen immer wieder hindurch schwimmen. Die Belüftung des Teichwassers im Sommer ist genauso wichtig wie im Winter, vor allem dann, wenn der Teich mit einer Eisdecke versiegelt ist.

Atmungsaktivität von Teichlebewesen in Abhängigkeit der Wassertemperatur

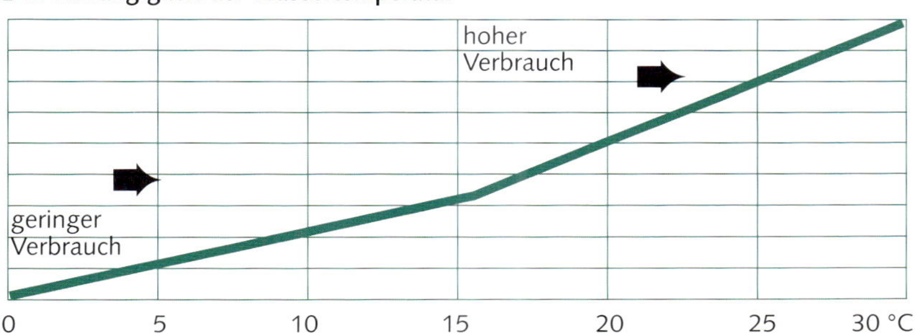

Sauerstoff kann durch mehrere Möglichkeiten in das Teichwasser eingebracht werden. Neben Teichbelüftersystemen und Sauerstoff produzierenden Geräten bietet der Handel eine Fülle von Gartenteichpumpen an, mit deren Hilfe Bachläufe, Wasserfälle oder Wasserspiele betrieben werden können und die allesamt für ausreichende Zirkulation im Gartenteich sorgen.

Viele Teichbesitzer machen aber leider bei dem Einsatz von Teichpumpen den Fehler, die Pumpen wesentlich zu tief im Teich einzubringen. Alle modernen Teichpumpen sind heutzutage so konzipiert, dass sie ihre volle Leistung erbringen, sobald sie mit Wasser bedeckt sind. Es ist zwar nicht ratsam, die Pumpen derart flach einzusetzen, weil sie durch absinkenden Wasserstand Schaden durch Trockenlaufen nehmen könnten, aber generell wäre es möglich. Die beste Eintauchtiefe für Teichpumpen beträgt daher 30 bis 40 cm. Geht man mit der Pumpe in tieferes Wasser, hätte dies zwei gravierende Nachteile. Zum einen würden die weiter unten lebenden Mikroorganismen ständig durcheinander gewirbelt und könnten nur schwer ihrer eigentlichen Aufgabe nachkommen. Zum anderen kommt das gute, kühle und sehr sauerstoffreiche Teichwasser an die Oberfläche und wird mit sauerstoffärmeren Schichten gemischt. Die Folge wäre eine zu gleichmäßige Wassererwärmung. Da Sauerstoff ein gas-

Wasserbewegung über einen Bachlauf bringt große Mengen von Luftsauerstoff in den Teich

förmiger Stoff ist, entweicht er zusätzlich an der Wasseroberfläche, der Teich wird zwangsläufig sauerstoffarm – und das trotz Einsatz einer Pumpe!

Ein weiterer häufiger Fehler: Unterschätzen Sie nicht den nächtlichen Sauerstoffverbrauch in einem Teich! Es ist deshalb nicht ratsam, alle Sauerstoff produzierenden technischen Einrichtungen während der Nacht abzustellen.

Technische Sauerstoffspender

Teichbelüftungspumpen sind speziell entwickelte Pumpen, die – abhängig von ihrer Eintauchtiefe im Teich und ihrer Fördermenge – unterschiedliche Luftmengen einbringen. Die im Wasser stehende Pumpe zieht über ein aus dem Wasser ragendes Röhrchen Luft an und leitet sie über einen Ablaufstutzen an das Teichwasser weiter. Für Pumpen mit größerer Leistung gibt es einen Schlauch, der direkt am Saugstutzen installiert wird. Am anderen Ende des Schlauches befindet sich eine poröse Schwimmerkugel, die auf der Wasseroberfläche schwimmt. Vorteile dieses Systems: eine bessere Luftaufnahme und eine variable Eintauchtiefe der Pumpe durch den flexiblen Schlauch.

Unter den Fontänenaufsätzen oder Düsen eignet sich die **Schaumdüse** besonders gut als Sauerstoffspender. Sie produziert ein Wasserbild, das durch das Zusammenspiel von Wasser und viel Luft an eine kleine Fontäne aus Schaum erinnert. Diese Düsen werden in kleinerer Version aus Kunststoff, in der größeren auch aus Metall gefertigt. Ihre Spritzhöhe ist von der Pumpenleistung abhängig, außerdem kann man das Wasserbild selbst auch noch geringfügig verstellen. Sie müssen gelegentlich gereinigt werden, was aber einfach durchzuführen ist. Eigentlich sollte eine solche Düse in keinem Gartenteich fehlen. Von allen Wasserspielen wirkt sie optisch noch am natürlichsten. Diese Düse ist in ähnlicher Bauweise auch als Teichbelüfter

Luftmengenangaben von verschiedenen Belüfterpumpen

Pumpenleistung l/h	Ansaugtiefe cm	Luftmenge l/min	Luftmenge l/h
5 500	20	4,0	240
	40	3,5	210
	60	1,5	90
10 000	20	5,5	330
	40	5,0	300
	60	3,0	180
15 000	40	9,0	540
	60	8,5	510
	80	7,0	420
	100	5,0	300

Die Schaumdüse ist eine der dekorativsten und gleichzeitig sinnvollsten Wasserspiele

Die Fische fühlen sich in dem sauerstoffangereicherten Wasser sichtlich wohl

erhältlich. Die Luft, die die Schaumdüse bei jedem Wasserschwall mit anzieht, wird über einen seitlich angebrachten Stutzen an das Teichwasser abgegeben.

Aus der Aquariumtechnik sind so genannte **Membranpumpen** bekannt, mit deren Hilfe das Wasser mit Luft angereichert werden kann. Diese Technik hat man für die Teichbelüftung übernommen und Geräte entwickelt, die auch im Freien verwendet werden können. Aquariumgeräte sind für den Betrieb im Freien nicht geeignet! Diese Gartenteichbelüfter haben ein wasserdichtes Gehäuse und verfügen über ein 10 m langes, witterungsbeständiges Kabel. Zu diesen Geräten gehören ein 10 m langer, flexibler Klarsichtschlauch, ein Rückschlagventil und ein Ausströmer. Das Rückschlagventil verhindert, dass eventuell zurücklaufendes Wasser in die Membrane der kleinen Pumpe eindringen und diese zerstören kann. Aus Sicherheitsgründen sollte die Membranpumpe immer etwas höher als der Teichrand platziert werden. Der Ausströmer besteht oft aus poröser Keramik. Je feiner er ist, desto stärker perlt die Luft aus. Membranpumpen werden über einen kleinen Sicherheitstrafo mit Energie versorgt. Mit etwa 5 bis 8 W benötigen sie als „Dauerläufer" so gut wie keinen Strom und befördern dabei stündlich etwa 250 l Luft in den Teich. Das Rückschlagventil muss hin und wieder ausgetauscht werden und der Keramik-Ausströmer muss regelmäßig von anhaftenden Schmutzteilen befreit werden. Ansonsten arbeiten derartige Geräte wartungsfrei.

Für Koikarpfenteiche gibt es kleine **Kompressoren**, die große Luftmengen in das Wasser abgeben. Die Luft perlt bei ihnen durch eine am Schlauchende angebrachte Kugel aus, die in unterschiedlicher Porosität erhältlich ist. Für einen Gartenteich sollten keine stark porösen Ausführungen verwendet werden, da sonst durch die starke Luftbläschenbildung gleichzeitig das für die Wasserpflanzen so notwendige Kohlendioxid aus dem Wasser verdrängt wird. Bei einem Koikarpfenteich ist das kaum von Bedeutung, da sie ohnehin spärlich bepflanzt sind; hier kommt es hauptsächlich auf den Sauerstoffeintrag an.

Sauerstoffeintrag über Oxidatoren

Ein Oxidator ist ein Gerät, das ohne Schlauch- oder Kabelverbindungen auch unter einer geschlossenen Eisdecke in einem Gartenteich selbsttätig Sauerstoff produziert. Das Gerät selbst besteht aus einer Spezialkeramik und einem Katalysator. Betrieben wird es mit einer 6- bis 30-prozentigen Wasserstoffsuperoxid-Lösung. Die Sauerstoffproduktion erfolgt über die Reaktion von Wasserstoffsuperoxid mit der Spezialkeramik mit Hilfe eines Katalysators. Dabei wird das Wasserstoffsuperoxid (H_2O_2) zu Wasser und Sauerstoff abgebaut. Der erzeugte Sauerstoff wird nahezu vollständig und fast ohne Bläschenbildung an das Wasser abgegeben. Die Vorteile: Der Prozess erfolgt lautlos, die Gefahr von austreibendem Kohlendioxid ist ausgeschlossen und Ablagerungen am Teichboden werden nicht aufgewirbelt. Die locker an das Wassermolekül gebundenen Sauerstoffatome verteilen sich rasch und erreichen damit zügig alle strömungsfreien Winkel und Nischen in einem Gartenteich. Der Sauerstoffvorrat in 1 l einer 30-prozentigen Wasserstoffsuperoxid-Lösung entspricht der Menge, die in etwa 20 000 l Wasser gelöst ist. Die Menge des freigesetzten Sauerstoffs ist abhängig vom Bedarf des Gewässers. Das bedeutet, dass sich bei einem Anstieg der Wassertemperatur um 8 °C die Sauerstoffproduktion über den Oxidator nahezu verdoppelt. Das untergetauchte Gerät schwimmt auf, wenn das Wasserstoffsuperoxid aufgebraucht ist. Die Nutzungsdauer beträgt im Sommer etwa zwei Monate, im Winter rund sechs Monate. Der Jahresbedarf an Wasserstoffsuperoxid beträgt bei durchgehendem Betrieb ungefähr drei bis vier Liter. Für den Betrieb in Gartenteichen wird ein Gerät eingesetzt, das für maximal 4 m^3 Teichinhalt reicht. Dies ist sicherlich nicht besonders groß, man kann aber mehrere Geräte gleichzeitig einsetzen. Den Oxidator und die Wasserstoffsuperoxid-Lösung kann man im Teichzubehör-Handel erwerben. Wasserstoffsuperoxid erhalten Sie auch in jeder Apotheke. Bei der Anwendung ist jedoch Vorsicht geboten: Die Chemikalie darf niemals, auch nicht in geringsten Mengen, ohne den Oxidator in das Teichwasser gelangen, da sie ätzend wirkt! Die Anwendungs- und Dosierhinweise sind genauestens zu befolgen.

Sauerstofftabletten

Im Aquaristikhandel erhalten Sie Sauerstofftabletten, die Sie bei Notfällen dem Teichwasser zusetzen können. Die Sauerstofftabletten fangen sofort nach dem Wasserkontakt heftig zu sprudeln an und setzen dabei Sauerstoff frei. Diese „Notlösung“ wirkt nur sehr kurzfristig auf das Teichwasser ein. Der eigentlichen Ursache des plötzlich auftretenden Sauerstoffmangels ist in jedem Fall nachzugehen.

Sauerstoffeintrag durch Pflanzen

Es gibt eine Vielzahl von Unterwasserpflanzen, die in einem Teich in den unterschiedlichsten Wassertiefen wachsen und über ihre Blätter Sauerstoff an das Teichwasser abgeben. Bei Sonnenschein kann man das sehr gut beobachten, wenn silbrig scheinende Sauerstoffperlchen an der Blattunterseite hängen und in regelmäßigen Abständen an das Wasser abgegeben werden. Eigentlich gibt es keinen natürlicheren Sauerstoffspender als Unterwasserpflanzen, aber viele Gartenteichbeitzer haben das leider noch nicht erkannt und umgesetzt. Ausbreitung, Vermehrung und Sauerstoffproduktion sind von der gewählten Pflanzenart, den Standortbedingungen und der Wasserqualität abhängig. Einem Teichbesitzer kann man daher nur raten, ein breites Spektrum an Unterwasserpflanzen einzusetzen und so die bewährtesten für seine Anlage herauszufinden.

Es gibt Pflanzen, die sich teppichartig auf dem Teichboden ausbreiten, andere scheinen geradezu durch das Wasser zu schweben. Nur wenige Arten blühen auffällig, die meisten schieben ihre kleinen, unscheinbaren Blüten bis zur Wasseroberfläche oder auch leicht darüber hinaus. Während der Hauptsaison für Wasserpflanzen in den Monaten Mai bis August werden Unterwasserpflanzen in vielen Fachgeschäften angeboten. Sie liegen dann in kleinen Bündeln zusammengefasst in Wasserbecken oder lose in wassergefüllten Plastikschalen. Sie sind sehr preiswert und müssen nur in den Teich eingebracht werden. Die Bündelware der Unterwasserpflanzen wird häufig mit einem kleinen Bleiband zusammengehalten, damit diese durch das Gewicht nach unten gezogen werden

Die filigrane Wasserfeder schätzt weiches Wasser und bleibt im Winter grün

Hat die Wasserpest erst einmal Fuß gefasst, wuchert sie stark

Sauerstoff spendende Unterwasserpflanzen

Botanischer Name	Deutscher Name	Wassertiefe (cm)
Callitriche palustris	Sumpf-Wasserstern	40– 60
Ceratophyllum demersum	Raues Hornblatt	50–100
Ceratophyllum submersum	Zartes Hornblatt	50–100
Eleocharis acicularis	Nadel-Sumpfsimse	20– 80
Elodea canadensis	Kanadische Wasserpest	50–100
Groenlandia densa	Dichtblättriges Fischkraut	40– 70
Hottonia palustris	Europäische Wasserfeder	20– 40
Myriophyllum spicatum	Ähriges Tausendblatt	50– 80
Myriophyllum verticillatum	Quirliges Tausendblatt	50– 80
Potamogeton crispum	Krauses Laichkraut	40– 70
Potamogeton lucens	Glänzendes Laichkraut	50– 90
Potamogeton perfoliatus	Durchwachsenes Laichkraut	50–100
Ranunculus circinatus	Spreizender Wasser-Hahnenfuß	50– 80
Ranunculus fluitans	Flutender Wasser-Hahnenfuß	50– 80
Statiotes aloides	Krebsschere	40–120
Utricularia vulgaris	Wasserschlauch	50–120

und nicht auf der Wasseroberfläche schwimmen. Sie haben anfangs in der Regel keine Wurzeln, diese bilden sich bei richtigen Wuchsbedingungen aber rasch.

Bei den Unterwasserpflanzen gibt es Arten mit explosionsartiger Vermehrungsrate, die dem Besitzer rasch zuviel werden. Diesen Pflanzenüberhang können Sie mit Hilfe eines Kunststoffrechens leicht entfernen und eventuell an dankbare Gartennachbarn abgeben. Bei leicht kalkhaltigem Teichwasser wachsen leider sehr gerne Fadenalgen in die Unterwasserwasserpflanzen hinein und können kaum noch voneinander getrennt werden. Hier hilft nur ein vorsichtiges Entfernen, damit die von Algen befreiten Pflanzen wieder in den Teich gesetzt werden können. Oben stehend sind die bekanntesten und im Fachhandel erhältlichen Unterwasserpflanzen unter Angabe der für sie idealen Wassertiefe zusammengestellt.

Sauerstoffzufuhr im Winter

Eisfreihalter

Dieses einem Toilettensitz ähnelnde Gerät ermöglicht die Sauerstoffeinbringung beziehungsweise den Gasaustausch des Teichwassers im Winter. Bei strengen Wintern ist die Teichoberfläche für einen längeren Zeitraum durch eine mehr oder minder starke Eisdecke versiegelt. Nicht selten bilden sich im Winter Eisdecken von mehr als 50 cm Stärke, womit den Teichbewohnern von Gewässern mit einer maximalen Tiefe von 80 cm dann nur noch ein sehr begrenzter Lebensraum bleibt. Ohne Eisfreihalter können dann aufsteigende, giftige Faulgase aus dem Teich nur unzureichend entweichen, was den sicheren Tod für viele Lebewesen bedeutet.

Ein technisch einwandfreier Eisfreihalter besteht aus mehreren Teilen aus Hartstyropor. Den unteren Teil bezeichnet man als Schwimmkörper, der über eine Reihe von Kammern verfügt, die beispielsweise mit Kies beschwert werden können. Hierdurch reguliert man die Eintauchtiefe des Geräts. Der obere Teil ist ein mit Entlüftungsschlitzen versehener Deckel, der passgenau auf dem unteren Teil sitzt, ohne die Entlüftung zu behindern. Das leichte Styroporgerät wird durch die leiseste Windbewegung immer an die seichteste Stelle des Teiches getrieben. Hier hilft nur ein selbst gebastelter Anker aus Steinen und Schnüren, denn ein Eisfreihalter sollte immer über der tiefsten Stelle eines Teiches liegen. Spätestens ab September sind Eisfreihalter der unterschiedlichsten Firmen auf dem Markt. Leider denkt zu diesem Zeitpunkt noch kein Mensch an den Kauf eines derartigen Gerätes, geschweige denn an dessen Installation. Vielen gefallen sie auch ganz einfach nicht. Der Hauptumsatz mit Eisfreihaltern beginnt dann, wenn es schon fast zu spät und der Teich zum ersten Mal zugefroren ist.

Viele Leute beschweren sich im Frühjahr, dass der Eisfreihalter nicht den gewünschten Erfolg gebracht hat. Dies liegt meistens daran, dass sie sich nicht die Mühe gemacht haben, die Gebrauchsanleitung dazu durchzulesen. Die richtige Eintauchtiefe und Verankerung des Eisfreihalters sind für die Funktionstüchtigkeit notwendig. Sollte sich nun vor dem geplanten Einsatz doch schon eine Eisschicht gebildet haben, so können Sie immer noch reagieren. Auf keinen Fall darf das Eis mit Gewalt zerschlagen werden. Auch Bohren oder Sägen verursacht unnötigen Lärm und sollte besser unterlassen werden. Hierdurch entwickeln sich enorme Schallwellen, die die bereits in

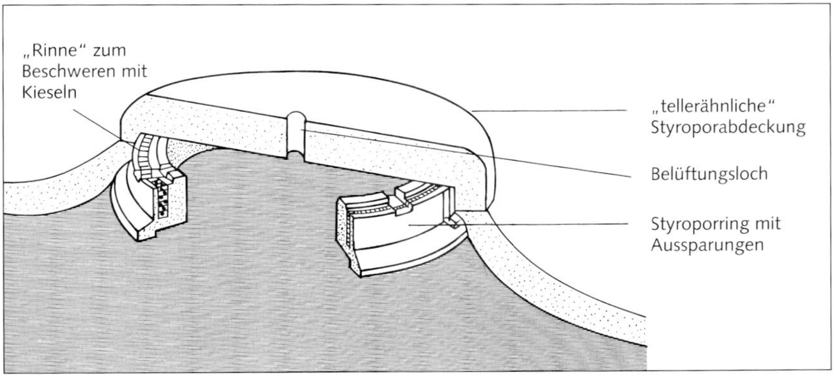

Der Eisfreihalter muss rechtzeitig im Herbst auf dem Teich platziert werden

Winterruhe befindlichen Fische und andere Teichbewohner stark stören. Die Tiere würden in ihrem ohnehin schon beengten Lebensraum aufschwimmen, an der Unterfläche des Eises fest frieren und zugrunde gehen. Mit Hilfe eines alten Kochtopfs, den man mit kochendem Wasser füllt und auf die Eisfläche stellt, lässt sich bequem und geräuschlos ein nachträgliches Loch in die Eisdecke einfügen, in das der Eisfreihalter hinterher passt. Funktion und Installation eines Eisfreihalters sind aus der Zeichnung Seite 211 ersichtlich.

Achtung, „falsche“ Eisfreihalter!
Auf dem Markt befinden sich aber auch Modelle von Eisfreihaltern, die nicht empfehlenswert sind. Sie können dem Teich und vor allem seinen Bewohnern eher schaden. Diese Geräte bestehen aus einem Styroporteller mit einem Durchmesser von etwa 20 cm. Er ist über einen dünnen Klarsichtschlauch mit einer Teichpumpe (Fördermenge: 500 bis 600 l/h) verbunden. Die Pumpe ist zum Schutz vor stärkerer Verschmutzung in einen würfelförmigen Filterschwamm eingebaut. Sie fördert ständig wärmeres Wasser vom Teichboden nach oben, das dann über den Styroporteller ausströmt und diesen nicht einfrieren lässt. Dadurch wird die vormals wärmere Wasserschicht am Teichboden durch immer kälteres Wasser ersetzt. Dieses System verursacht nachhaltige Schäden, weil es zu einer absoluten Unterkühlung des gesamten Teichwassers führt. Bei einem technisch ausgereiften Eisfreihalter ohne Pumpe bleibt im Winter die natürliche Temperaturschichtung des Teichwassers erhalten, weil es zu keiner Durchmischung kommt.

Teichheizer

Anstelle eines Eisfreihalters kann auch ein Teichheizer eingesetzt werden. Mit seiner Hilfe wird an einer bestimmten Stelle im Teich das Wasser eisfrei gehalten. Der Durchmesser der eisfreien Stelle ist abhängig von der Umgebungstemperatur sowie der Wattzahl des eingesetzten Geräts, bestehend aus einem Edelstahl-Heizstab von 25 cm Länge. Dieser ist in einen Schwimmkörper aus Styropor eingebettet, der eine konstante Eintauchtiefe gewährleistet. Erhältlich ist er als 100-, 200- und 300-W-Ausführung. Aufgrund der lokalen Erwärmung und der absolut geräuschlosen Arbeitsweise des Teichheizers wird der natürliche Lebensrhythmus der Teichbewohner nicht beeinträchtigt. Die Geräte besitzen ein 10 m langes Kabel. Die nicht unbeträchtlichen Energiekosten des Gerätes können über ein Zusatzgerät in Grenzen gehalten werden. Ein **Frostwächter** steuert über einen externen Temperaturfühler den Betrieb des Teichheizers. Das Gerät schaltet sich automatisch bei Minustemperaturen ein und bei Plustemperaturen wieder ab. Der Frostwächter hat einen Anschlusswert für maximal 300 W. Der Temperaturfühler ist mit einem 5 m langen Fühlerkabel und einem Erdspieß versehen. Er sollte immer an der exponiertesten und damit kältesten Stelle platziert werden, damit sich bei Minusgraden der Teichheizer sofort anstellen kann.

Praktisches Zubehör für den Gartenteich

Mit den vorgestellten Gerätschaften können Sie den optischen Eindruck Ihres Teiches verändern oder sich bei anfallenden Arbeiten am und im Teich das Leben erleichtern. Nicht alles, was der Markt dazu hergibt ist sinnvoll; daher sollten Sie selber die Notwendigkeit des jeweiligen Zubehörteils für Ihren Gartenteich abwägen.

Pflanzmatten, Pflanztaschen, Teichrandmatten

Bei Teichen mit steilen Uferwänden stören oft nackte Folien- oder Kunststoffwände. Da auf steilen Wänden auch keine Aufschüttungen von Kies oder Steinen halten, können diese Kahlstellen mit Hilfe von Matten nachträglich kaschiert werden. Diese Matten gibt es aus schwarzem gekräuseltem Kunststoff oder als natürliches Kokosgeflecht. Sie sind in der Regel 1 m breit und müssen so befestigt werden, dass sie im Wasser nicht aufschwimmen und am Teichrand nicht mit dem gewachsenen Boden in Kontakt kommen. Hierdurch würde sofort eine enorme Dochtwirkung einsetzen, die zu großem Wasserverlust im Teich führt (siehe Seite 183ff.). Die Matten erhält man auch in Taschenform, die man sehr gut mit Steinen beschweren oder mit Wasserpflanzen bestücken kann.

Für die Bepflanzung steiler Randzonen kann man Pflanztaschen aus Kokosfaser verwenden

Pflanzkörbe für Wasserpflanzen

Sofern Sie Wasserpflanzenkörbe im Gartenteich unauffällig platzieren können, lassen sich Wasserpflanzen schon mal an schwierig zu bepflanzende Stellen einbauen. Man könnte die Bepflanzung in Körben als eine Art „Bonsaihaltung" von Wasserpflanzen bezeichnen, da sie sich im Korb bedeutend langsamer ausbreiten als bei einer direkten Auspflanzung. Bei kleinen Teichanlagen und wuchernden Wasserpflanzen ist das eine sehr sinnvolle Lösung.

Die Körbe erhält man aus schwarzem Kunststoff in unterschiedlichen Formen, teilweise sogar in angepassten Formen für Fertigbecken – je feinmaschiger, desto besser. Eine andere Vari-

Pflanzkörbe sind zwar nicht schön, aber sie dämmen das Wuchern von Teichpflanzen ein

Ein Laubschutznetz hilft die herbstlichen Nährstoffeinträge durch Laub einzudämmen, sofern es nicht auf der Wasseroberfläche aufliegt

ante besteht aus vorgeformten und mit Latex verfestigten Teichkörben. Allerdings gilt auch hier: Je weniger man davon hinterher sieht, desto natürlicher wirkt der Teich. Entscheidend ist nun das Pflanzsubstrat im Korb. Von der zahlreich angebotenen Teicherden sollten Sie eher Abstand nehmen, sie führen zu einer ungewollt starken Nährstoffanreicherung mit den bereits beschriebenen Problemen im Teich. Eine Sand-Kies-Mischung reicht für die Pflanzen vollkommen aus, da sie beim Kauf ohnehin über einen kleinen Erdballen verfügen. Der kurzfristige Mangel an notwendigem Dünger wird rasch über die frei verfügbaren Nährstoffe aus dem Teichwasser behoben.

Will man auf Pflanzkörbe vollkommen verzichten, kann man die in 9-cm-Töpfen gekauften Wasserpflanzen austopfen und den Pflanzenballen einfach in Jutegewebe einwickeln. Das Jutegewebe erhält man in Baumschulen, die es zum Ballieren ihrer Gehölze benötigen. Es gibt auch Wasserpflanzentüten aus einem Kunststoffgewebe, die Sie für den selben Zweck verwenden können. Beide haben den Vorteil, dass die Erde kaum ausgeschwemmt wird und die Netze im Teich praktisch unsichtbar sind. Beide werden von den Pflanzen problemlos durchwurzelt.

Laubschutznetze

Teiche, bei denen herbstlicher Laubfall eingetragen wird, können von diesem unerwünschten Segen mit Hilfe von Schutznetzen weitgehend befreit werden. Hier sollten Sie von einfach verarbeiteten, billigen Netzen Abstand nehmen. Ebenso ungeeignet sind so genannte Vogelschutznetze, da sie zu grobmaschig sind und für diesen Einsatz zu schnell zerreißen. Bedeutend haltbarer sind mehrfach verkettelte Netze. Zu einem Teichnetz gehören Verankerungshaken, mit deren Hilfe das Netz am Teichrand befestigt wird. Bei sehr großen Netzen lohnt sich eine zusätzliche Verspannung mit unter dem Netz eingezogenen Drähten, die ein Durchhängen des Netzes in das Teichwasser verhindern. Das angesammelte Laub muss immer wieder vom Netz entfernt werden. Hängt das Netz durch hohes Gewicht stark durch, ist es nur noch sehr schwer von der Teichoberfläche zu entfernen. Mit dem Laubschutznetz verhält es sich ähnlich wie mit dem Eisfreihalter – es kommt darauf an, dass es frühzeitig genug eingesetzt wird. Die Haupteinsatzzeit ist von September bis November, dann kann man es wieder entfernen. Man erhält die Netze in allen gängigen Teichgrößen; gut sortierte Fachmärkte bieten die Netze auch als Rollenware an.

Teichkescher

Kescher gibt es in den unterschiedlichsten Ausführungen; je nach Verwendungszweck sollte ein Teichbesitzer zumindest zwei verschiedene Typen haben. Besonders wichtig ist ein Kescher zum Abfischen von Laub und Schmutzteilen. Hierbei handelt es sich um besonders große, dabei aber flach gebaute, feinmaschige Netze. Über einen Teleskopstiel aus Aluminium können Sie eine variable Stiellänge einstellen. Zum Fischfang eignen sich Kescher in Dreiecksform besonders gut, sie sind grobmaschiger und tiefer gebaut als die Schmutzfangnetze.

Teichschere, Teichzange, Fadenalgenentferner

Diese drei Geräte sind der „verlängerte Arm" des Teichbesitzers. Mit der **Schere** können abgestorbene Pflanzenteile von Wasserpflanzen im Teich abgeschnitten werden. Die **Teichzange** ähnelt einem Müllgreifer; mit ihr lassen sich freischwimmende Gegenstände wie lose Blätter mühelos aus dem Teich entfernen. Die 1,25 m langen Arbeitsstiele ermöglichen ein Arbeiten aus größeren Entfernungen. Eine Neuheit stellt sicherlich der **Fadenalgenentferner** dar. Durch eine am oberen Ende angebrachte Kurbel können Sie eine stumpfe Gabel um ihre eigene Achse drehen und so Fadenalgen einfach aufwickeln. Dies ist besonders beim Entfernen von Fadenalgen in Teichmitte hilfreich; so brauchen Sie nicht selbst in den Teich einzusteigen.

Wasserstandsregler

Die Wasserqualität bei kleinen Fertigbecken mit einem Inhalt von weniger als 2 m^3 kann schon bei geringen Verdunstungverlusten ernsthaft gefährdet sein. Da ausgerechnet in diesen „Wasserbehältern" oft Fische gehalten werden, kann es schnell zur Katastrophe kommen, wenn nicht rechtzeitig Wasser nachgefüllt wird. Besonders in der Urlaubszeit, wenn nicht täglich der Wasserstand kontrolliert werden kann, ist die Anschaffung eines Wasserstandsreglers sinnvoll. Dieses Gerät wird direkt an der Wasserleitung mit einem ¾-Zoll-Anschluss befestigt und füllt über einen Schwimmer – ähnlich dem Innenleben einer Toilettenspülung – frisches Wasser nach.

Das Gerät eignet sich nicht für Folienteiche.

Reiherschutz
In ländlichen Gebieten muss man häufiger mit Fischreiherbesuch am Teich rechnen, der sich – nicht gerade zur Freude des Teichbesitzers – an den Fischen labt. Neben einer **Fischreiher-Attrappe** aus Kunststoff, über deren Zierwert am Teich man sich streiten könnte, können Sie auf praktische Weise den ungebetenen Gast vertreiben: Installieren Sie einen **Bewegungsmelder**, der einen Regner kurzfristig anlaufen lässt. Der unerwartete Sprühregen quer über den Teich verscheucht den Reiher sofort. Leider kann das Gerät nicht zwischen Reiher und Mensch unterscheiden, sodass eine gelegentliche Dusche bei aktiviertem Bewegungsmelder mit einzukalkulieren ist.

Lockenten
Ob Enten aus Kunststoff, als Erpel, weibliches Tier, mit und ohne Kinder, verschiedene Arten imitierend oder als Tauchente, der Markt gibt alles her. Eigentlich passen sie auf einen Teich, denn sie sind täuschend echt nachgemacht. Früher wurden diese Attrappen als Lockvogel zur Entenjagd eingesetzt. Leider haben sich das aber die wenigsten Teichbesitzer im Vorfeld überlegt – und sind mit der Wirkung alles andere als zufrieden. Ein „echtes" Entenpaar löst in einem Gartenteich nämlich eine wahre Katastrophe aus, denn sie gründeln, wühlen den Teichboden auf, fressen kleinere Fische und vernichten alle für sie schmackhaften Wasserpflanzen. Der Teich sieht nach einem Entenbesuch fürchterlich aus. Wenn Wildenten in Ihrem Umkreis vorkommen, sollten Sie also auf Lockenten als Zierrat in Ihrem Teich verzichten. Die ansonsten recht scheuen Gesellen sind während der Paarungszeit alles andere als wählerisch und suchen sich auch schon mal einen Zierteich als neues Domizil aus.

Ein Besuch von Wildenten auf dem Teich hat meist fatale Folgen

Pflanzen und Tiere im Gartenteich

Die richtige Bepflanzung

Alle im Teich vorkommenden Pflanzen teilt man nach ihren Standortansprüchen bezüglich der Wassertiefe ein. Obwohl eine Vielzahl von Uferrand- und Wasserpflanzen bekannt ist, bewegt sich das Sortiment in Fachmärkten oder Gartencentern bei etwa 80 verschiedenen Arten. Hinzu kommt dann noch eine Vielzahl an Seerosen-Sorten in den unterschiedlichsten Blütenfarben, -formen und Wuchsgrößen.

Jeder Teich sollte eine möglichst hohe Artenvielfalt an Wasserpflanzen aufweisen. Bei der Pflanzenauswahl müssen Sie sehr umsichtig vorgehen: Welche Pflanzen Sie wo platzieren, ist neben den Standortansprüchen auch von der Größe eines Teiches abhängig. Viele Wasserpflanzen sind für die häufig recht kleinen Teichanlagen absolut ungeeignet, weil sie einfach zu stark wachsen. Ein typischer Fehler ist hier das Einsetzen von Rohrkolben (*Typha angustifolia*) oder Schilf (*Phragmites australis*). Eine genaue Kenntnis der Wuchseigenschaften von Wasserpflanzen ist daher wichtig. Seerosen wie *Nymphaea alba* produzieren in kürzester Zeit armdicke Wurzeln. Ebenso falsch ist das Einsetzen gleich mehrerer Seerosen in einen Teich. Ausnahmen bilden hier nur extrem schwach wachsende Sorten („Zwergseerosen"), von denen es einige auf dem Markt gibt, die aber nicht immer vorrätig sind (siehe Bezugsquellen Seite 361).

Wasserpflanzentypen und ihre Wassertiefen

Sumpfpflanzen	0–10 cm
Seichtwasserpflanzen	20–30 cm
Tiefwasserpflanzen	40–80 cm
Unterwasserpflanzen	ab 50 cm
Seerosen	30–120 cm
Schwimmpflanzen	ab 20 cm

Für ein optimales Wachstum von Wasserpflanzen ist die Einhaltung der entsprechenden Wassertiefe sowie der Wasserqualität von Bedeutung. Beim Kauf von Wasserpflanzen sollte man darauf achten, dass die Pflanzen mit einem Etikett versehen sind, auf dem die Ansprüche und das Wuchsverhalten der Pflanze erklärt sind. Vielen Teichbesitzern ist bewusst, dass sich Wasserpflanzen schon in kurzer Zeit sehr stark ausbreiten können und gehen daher bei der Erstbepflanzung sparsam damit um. Dies ist weder der Optik noch der Wasserqualität dienlich; besser wäre hier die Pflanzung schwach wüchsiger, dafür aber genügend Wasserpflanzen. Bei einem fertig gestalteten Teich sollte die Bepflanzung zur freien Wasserfläche in einem Verhältnis 2:1 stehen. Das bedeutet, dass $^2/_3$ der Teichfläche bepflanzt sein sollen, $^1/_3$ als freie Wasserfläche (einschließlich der Seerose) sichtbar bleiben soll.

Probleme mit Wasserpflanzen

Hilfe, mein Teich quillt über!

Besteht ein Teich schon seit mehreren Jahren, so können stark wüchsige Wasserpflanzen schwächer wachsende einfach unterdrücken, so dass diese sukzessive aus dem Teichumfeld verschwinden. Verursacher sind Rohrkolben-Arten, Schilf-Arten, Binsen und andere Wassergräser. Sie können so stark wachsen, dass ein Teich innerhalb von zwei bis drei Jahren nur noch aus derartigen Pflanzen besteht. Hier hilft dann nur eine umfassende Entfernung aller unerwünschten Pflanzen (siehe auch Seite 171f.).

Meine Seerose blüht nicht

Um gedeihende und üppig blühende Seerosen zu erhalten, müssen Sie bei der Wahl, Platzierung und Pflanzung einige „Spielregeln" einhalten. Darüber hinaus sollten Sie Enttäuschungen vorbeugen und vom Kauf exotischer Sorten Abstand nehmen. Denn unter dem großen Angebot werden inzwischen auch in unseren Breitengraden nicht winterharte Sorten angeboten, die im darauf folgenden Jahr weder austreiben geschweige denn zur Blüte kommen. Sie können diese Sorten nur kultivieren, wenn Sie über eine Teichheizung oder eine andere Überwinterungsmöglichkeit verfügen.

Die Blühwilligkeit einer Seerose variiert von Sorte zu Sorte und ist zudem an ein paar wenige, aber wichtige Bedingungen geknüpft. Neben möglichen Fehlern, die beim Pflanzen von Seerosen gemacht werden können, gibt es auch schädigende Organismen (siehe Seite 222), die die Blütenbildung verhindern können.

Standort und Klima

Keine Seerosen-Sorte toleriert auf Dauer ständige Wasserbewegung. Am übelsten nimmt sie Wasser, das über

Dieser Teich ist inzwischen zu stark bewachsen

Der Korb für die Seerose sollte nicht zu klein bemessen sein

Was wäre eine Seerose – hier die Sorte 'Colossea'– ohne Blüte?

eine Fontäne permanent auf ihre Schwimmblätter prasselt. Sie blüht dann nicht und im schlimmsten Fall zieht sie sich ganz zurück.

Unter der Vielzahl der Sorten gibt es schwach und stark wachsende Sorten, was gleichzeitig deren Pflanztiefe im Teich bestimmt. Wird eine schwach wachsende Sorte in zu tiefes Wasser eingebracht, so benötigt sie viel Zeit, um mit ihren Schwimmblättern an die Wasseroberfläche zu gelangen, aber ohne Blätter blüht sie nicht. Im umgekehrten Fall produziert eine stark wachsende Seerose in zu flachem Wasser Unmengen von neuen Blättern, die sich zu einem salatkopfähnlichen Gebilde mit ganz wenigen Blüten auftürmen. Entfernt man den Überhang an Blättern und setzt die Pflanze gleichzeitig in eine tiefere Wasserzone, wird sie bereitwillig blühen. Frisch gepflanzte Seerosen benötigen in der Regel zwei bis drei Jahre, bevor sie sich richtig entwickeln und regelmäßig blühen. Sie lieben einen sonnigen Standort und warmes Wasser.

Wenn sich Blätter und Neutriebe nicht vollständig entwickeln, Blütenknospen geschlossen bleiben, vergilben und vorzeitig absterben, ist das auf Kälteeinbrüche während der Vegetationszeit zurückzuführen. Die Symptome verschwinden bei anhaltend warmer Witterung schlagartig; Sie müssen aber mit einer verspäteten Seerosenblüte rechnen.

Pflanzvorgang und -zeitpunkt

Beim Kauf von Seerosenpflanzen müssen Sie darauf achten, dass der Wurzelstock (das Rhizom) mit ausreichend Neutrieben (Augen) besetzt ist. Von in kleinen Töpfen stehenden Pflanzen mit Minimalaustrieb und bereits angefaultem Rhizom sollten Sie besser Abstand nehmen. Die Wurzel einer Seerose muss sich frei entfalten können. Leider werden die Pflanzen aus

Leider ist die Wasserhyazinthe bei uns nicht winterhart

Angst vor starker Wurzelbildung sehr gerne in geschlossene Eimer gepflanzt. Dort verfaulen sie regelrecht und kommen niemals zur Blüte.

Verwenden Sie deshalb Pflanzkörbe, die in verschiedenen Ausführungen und Größen erhältlich sind (siehe Seite 213f.). Eingelegtes Zeitungspapier oder Jutegewebe hilft gegen Abschwemmen des Korbsubstrates und ermöglicht trotzdem das Durchwurzeln der Seerosenrhizome. Sie können mit Pflanzkörben die Seerosen besser in Zaum halten, müssen jedoch mit einer reduzierten Blütenentwicklung rechnen. Besitzen Sie einen ausreichend großen Teich oder schwach wachsende Seerosen, sollten Sie sie ohne Pflanzkorb in den Teich einsetzen, damit sie üppiger blühen.

Die beste Pflanzzeit ist im Herbst (Mitte September bis Frostbeginn), weil die bereits teilweise oder ganz eingezogene Seerose dann sofort in die für sie richtige Wassertiefe abgesenkt werden kann. Trotz zurückgehender Aktivität kann die Pflanze noch Wurzeln bilden und gut entwickelt in die Winterruhe übergehen. Bei der Frühjahrspflanzung (Mai/Juni) sollte die Pflanze zum Schutz der bereits ausgebildeten Blätter schrittweise abgesenkt werden, damit die Blattstängel ihre Länge dem Wasserstand anpassen können. Ein nährstoffarmes Handelsprodukt oder aber ein eigenes Sand-Lehm-Gemisch reichen vollkommen aus. Obwohl Seerosen einen hohen Nährstoffbedarf haben, sollten Sie sie auf keinen Fall düngen.

Wohin mit tropischen Schwimmpflanzen?

Vielen der im Handel angebotenen Schwimmpflanzen stammen aus tropischen Klimagebieten und können deshalb bei uns nicht im Freien überwintert werden. Die meisten Arten leiden schon bei Temperaturen knapp über dem Gefrierpunkt, Frost verträgt keine von ihnen. Möchte man einen Teil der Pflanzen über den Winter retten, so hilft nur eine Überwinterung in einem Aquarium. Neben einer gleichmäßigen Wassertemperatur von mindestens 22 °C muss ausreichend Licht zur Verfügung stehen. Als Lichtquelle ist am ehesten ein Pflanzenstrahler geeignet, wie er auch als Assimilationslicht für Zimmerpflanzen verwendet wird. Fische sollten in diesen Überwinterungsaquarien nicht zusätzlich gehalten werden. Die Schwimmpflanzen werden hier gelegentlich mit einer

Tropische Wasserpflanzen – Webcode: teich666

schwachen Düngerlösung versorgt, weil in dem Aquarienwasser nur unzureichende Nährstoffmengen gelöst sind und die Pflanzen sonst buchstäblich verhungern. Stark wachsende Pflanzen versiegeln rasch die Wasseroberfläche des Aquariums, in diesem Fall sollten Sie eine Belüfterpumpe einsetzen.

Ob sich die Überwinterungsmaßnahme wirklich lohnt, muss jeder für sich entscheiden, denn sie ist kostenintensiv und arbeitsaufwändig. Im späten Frühjahr des kommenden Jahres kann man diese Pflanzen wieder preiswert nachkaufen.

Schädlinge und Krankheiten bei Wasserpflanzen

Auch vor Wasserpflanzen machen gefräßige Insekten oder deren Entwicklungsstadien nicht Halt. Besonders gefährdet sind geschwächte Pflanzen: Je optimaler der Pflanzenwuchs, desto unwahrscheinlicher ist ein Befall mit Schädlingen. Eine Bekämpfung mit chemischen Mitteln ist in den meisten Fällen so gut wie ausgeschlossen, da dies alle anderen Teichbewohner schädigen würde. Dies betrifft auch die biologischen Spritzmittel auf Pyrethrumbasis. Auf Warmblüter und somit auch auf den Menschen haben solche Präparate eine nur sehr geringe toxische Wirkung. Als Spritzmittel für Gartenteiche dürfen sie aber keinesfalls angewendet werden, da sie sich auf Kaltblüter und somit auf Fische massiv auswirken. Häufig reichen dann schon geringe Dosierungen, die als Abdrift vom Spritzen in den Teich gelangen. Mechanische Bekämpfungsmaßnahmen sind einer Spritzung in jedem Fall vorzuziehen. Ist eine Spritzung unvermeidlich, ist die Auswahl möglicher Präparate sehr stark eingeschränkt und immer nur unter Vorbehalt zu empfehlen. Nachfolgend eine kleine Auswahl möglicher Präparate, die hierfür empfohlen werden können. Beachten Sie die aktuellen Zulassungsbestimmungen, die Sie beim zuständigen Pflanzenschutzamt erfragen können.

Tierische Schädlinge

Lilienhähnchen

Dies ist zwar kein typischer Wasserpflanzen-Schädling, dennoch sollten Sie ihn kennen, denn er befällt gerne Pflanzen wie Lilien, Kaiserkronen und andere Zwiebelpflanzen, die als Frühblüher gerne in Teichrandnähe gepflanzt werden. Der hübsche rote, etwa 6 bis 7 mm große Käfer schädigt Knospen und Blätter durch Lochfraß. Er legt seine Eier in Reihen auf der Blattunterseite der Pflanzen ab. Die ab Mai schlüpfenden Larven sind sehr gefräßig. Die einfachste Art der Bekämpfung ist das Absammeln der Käfer, bevor sie zur Eiablage kommen.

Das Lilienhähnchen befällt gerne Pflanzen, die am Teichrand wachsen

Marmorierter Zwergrüssler
Wenn die Blütenstände des Blut-Weiderichs (*Lythrum salicaria*) eigenartige schwarze Flecken bekommen, dann sollten Sie sie eingehend auf Schädlingsbefall untersuchen. Bei genauem Hinsehen können Sie lebhafte, kleine Lebewesen ausmachen, die kaum größer als eine Blattlaus sind. Durch ihren enormen Bewegungsdrang merkt man jedoch schnell, dass sie mit den trägen Läusen wenig gemeinsam haben. Mit einer stärkeren Lupe lässt sich der Verursacher, der Marmorierte Zwergrüssler (*Nanophytes marmoratus*), in Färbung und Gestalt gut erkennen. Als einzig wirksame Bekämpfungsmaßnahme bleibt Ihnen nur, die Tiere abzusammeln und befallene Pflanzenpartien zu entfernen.

Schmetterlingsraupen
Bei einem Kontrollgang am Teich kann es vorkommen, dass Sie die Blätter vom Rohrkolben, den Simsen und auch Schwertlilien an ihren Rändern vollkommen ausgefranst vorfinden. Trotz näherer Untersuchung findet man aber keine Schnecken, Käfer oder andere Schadinsekten. Verursacher ist die kleine Raupe *Archanara algae* mit einer nahezu perfekten Tarnfarbe. Das gefräßige Tier stammt von einem **nachtschwärmenden Falter**, der seine Eier im zeitigen Frühjahr ablegt. Die schlüpfenden Raupen sind im August ausgewachsen und verpuppen sich. Als Bekämpfungsmaßnahme kann nur das Absammeln der schwer zu findenden Raupen oder der Einsatz eines von der Biologischen Bundesanstalt (BBA) zugelassenen Raupenspritzmittels empfohlen werden.

Eine der hartnäckigsten Schädlinge bei Seerosen und anderen Schwimmblattpflanzen ist der **Seerosenzünsler**. In den Sommermonaten kann er als kleiner nachtschwärmender Falter bereits in den frühen Abendstunden beobachtet werden. Seine Raupen bedienen sich einer besonderen Tarnung: Sie schneiden kleine ovale Gewebestücke aus den Blättern, spinnen sich in diese ein, treiben als „Miniboot" auf der Wasserfläche umher und fressen andere Pflanzenteile an. Entsprechend ihrer eigenen Entwicklung bauen sie sich immer neue Schiffchen, bis sie sich letztendlich verpuppen. Während eines Sommers können sich gleich mehrere Generationen entwickeln. Auf ihrem Speiseplan stehen neben Schwimmblattpflanzen auch die Halme von der Blumenbinse an erster Stelle, Igelkolben und anderen Röhrichtpflanzen werden ebenfalls nicht verschmäht. Der Schädling trennt bei diesen Pflanzen ein 2 bis 3 cm langes Triebstück oberhalb der Wasserfläche ab, in das er dann einspinnt.

Bei kleinen Teichen können die Schiffchen bequem regelmäßig abgesammelt und vernichtet werden. Goldorfen und Rotfedern fressen die Raupen gerne, sodass bei einem Besatz mit diesen Fischarten der Schädling selten überhand nimmt. Eine Bekämpfung mit chemischen Mitteln scheidet aus. Eine interessante Variante ist jedoch der Einsatz von Raupenspritzmitteln mit dem Organismus *Bacillus thuringiensis israelensis* als Wirkstoff. Gelangen die Bazillen in den Verdauungstrakt der Zünslerraupen, sterben diese nach einigen Tagen ab. Der Erfolg der Maßnahme besteht in einer möglichst

Der Seerosenzünsler ist einer der hartnäckigsten Teichschädlinge

Blattläuse auf Wasserpflanzen sind wegen der Rücksicht auf andere Teichbewohner nicht einfach zu bekämpfen

flächendeckenden Ausbringung der Bazillen auf die Wasserpflanzen. Nach dem Spritzen sollte es einige Tage möglichst nicht regnen. Wenn man beobachten kann, dass die gefräßigen Raupen ihr zerstörerisches Werk einstellen, war die Spritzung erfolgreich.

Schwarze Blattläuse

Auf den Schwimmblättern von Seerosen und an deren Blütenknospen treten im Sommer oft massenhaft Schwarze Blattläuse auf. Sie siedeln sich gerne knapp über der Wasseroberfläche auf weichtriebigen Wasserpflanzen an. Seerosenblätter werden durch den Befall gelb und sterben vorzeitig ab. Andere Wasserpflanzen leiden unter dem Befall weniger, zeigen aber eine schlechtere Blütenentwicklung und Verkrüppelungen an den Neutrieben. Mit etwas Geduld können Sie diese Schädlinge ohne „chemische Keule" sehr leicht entfernen, indem Sie sie mit einem weichen Wasserstrahl einfach abspülen. Die Fische freuen sich über dieses Festmahl. Diesen Vorgang müssen Sie mehrfach wiederholen, denn einige Blattläuse retten sich immer in uneinsehbare Pflanzenwinkel. Als vorbeugende Maßnahme kann die Winterspritzung der Gehölze im Umfeld des Teiches mit einem dafür zugelassenen Präparat empfohlen werden. Die Schwarze Blattlaus ist ein wirtswechselndes Schadinsekt, das seine Eier vorzugsweise zur Überwinterung auf Steinobstgehölze wie Kirsch- oder Pfirsichbäume ablegt.

Schnecken

Im feuchten Uferbereich eines Teiches können **Nacktschnecken** zu einem echten Problem werden. Sie fallen über alle weichen Pflanzenteile her, fressen sie ab und hinterlassen „als Indiz" eine schleimige Spur. Da Schnecken nachtaktiv sind, ist ein Aufspüren auch nur dann möglich. Eine gute Methode, die Schneckenplage einzudämmen, besteht in einer „Nachtwanderung" mit einer Taschenlampe. Eine Bekämpfung mit den in vielen Schneckenkorn-Präparaten vorkommenden Wirkstoffen Metaldehyd oder Mercaptodimethur ist in Teichnähe nicht empfehlenswert. Wenn schon Schneckenkorn, sollten Sie zu schonenden und nur für Schnecken toxische Präparate mit dem Wirkstoff Eisenphosphat greifen.

Die Spitzhornschnecke ist im Teich gefräßiger, als vielfach angenommen wird

Derartig geschädigte Blätter sollten schnellstens aus dem Teich entfernt werden

Von den vielen verschiedenen **Wasserschnecken** leben etwas mehr als drei Dutzend schwer zu unterscheidende Arten im Süßwasser. Eine davon ist die allgegenwärtige und sehr gefräßige Spitzhornschnecke (*Limnaea stagnalis*). Sie ernährt sich nicht nur von absterbenden Pflanzenteilen, sondern ebenso gerne von Jungpflanzen und frischen Trieben schwimmender Pflanzen. Die Eier der Schnecken sitzen bogenförmig in einer gallertartigen Masse auf der Unterseite von Schwimmblättern. Nach kurzer Zeit kann man bereits die neue Generation als kleine schwarze Punkte in der Gallertmasse ausmachen.

Selten kommt es zu größeren Schäden durch diese Schnecke. Sollte sie dennoch einmal überhand nehmen, kann man sie mit „Lockblättern" von Stauden sehr leicht fangen. Das Blattwerk wird einfach über Nacht auf die Wasseroberfläche gelegt, das am nächsten Morgen von Spitzhornschnecken übersät ist und problemlos entsorgt werden kann.

Seerosenkäfer

Den eigentlichen Schaden verursachen die gefräßigen Larven des Seerosenkäfers. Sie befallen alle Schwimmblattpflanzen, indem sie die Blätter mit Loch-, Minier- oder Schabefraß schädigen. Zurück bleiben stark perforierte und rasch vergilbende Schwimmblätter, die vorzeitig absterben. Die Entwicklungsperiode dieses Schädlings fällt genau in die Hauptbrutzeit vieler Singvogelarten, die diesen Käfer einschließlich ihrer Larven an ihre Brut verfüttern. Das ist die beste Maßnahme eines „biologischen Pflanzenschutzes", denn eine Spritzung unmittelbar im Teich bleibt ausgeschlossen.

Sumpfschnakenlarven

In feuchten bis staunassen Böden kommt häufig die Sumpfschnake vor. Dieser langbeinige Hautflügler legt seine Eier vorzugsweise in Teichnähe ab. Die Larven entwickeln sich in den feuchten, oberen Bodenschichten, wo sie Wurzen und grüne Pflanzenteile dicht über der Oberfläche anfressen. Geht man derartigen Symptomen nach, findet man bald grauschwarze, walzenförmige, etwa 3 cm lange Raupen. Ein weiteres untrügliches Erkennungsmerkmal dieses Schädlings ist seine Verhaltensweise: Wird die Raupe freigelegt, fällt sie in eine Schreckstellung. Dabei zeigt sie am Hinterleib eine gesichtsähnliche Zeichnung, die auch als „Teufelsfratze" bezeichnet wird. Die Bekämpfung der Sumpfschnakenlarven ist notwendig, denn sie sind sehr gefräßig. Am einfachsten geht dies durch systematisches Einsammeln. Eine andere Variante ist der Einsatz von Fadenwürmern (Nematoden), die in den Schädling eindringen und dadurch abtöten.

Wurzelläuse

Die Wurzelballen und die Unterseite der kriechenden Triebe von Teichrandpflanzen werden gerne von Wurzelläusen befallen. Dieser Befall wird zunächst gar nicht bemerkt und äußert sich durch kümmernden Wuchs. Erst beim Herausnehmen einer befallen Pflanze fallen die vielen, mit weißen Belag überzogenen Läuse auf. Eine Bekämpfung ist nur schwer möglich, da man diesem Schädling mit den aufgeführten Präparaten nicht beikommen kann. Halbschattiger Standort, regelmäßige Bodenfeuchtigkeit und ausreichende Nährstoffversorgung der Pflanzen halten den auf Pappeln überwinternden Schädling in aller Regel fern.

Pilzliche und bakterielle Krankheiten

Knollenfäule der Seerose

Eine der folgenschwersten Erkrankungen, die die Königin der Wasserpflanzen schädigen kann, ist der Befall mit dem Pilz der Gattung *Phytophthora*. Dieser Pilz verursacht die Knollenfäule, indem er über eine Verletzung in das Seerosenrhizom eindringt und es nachhaltig schädigt. Typisches „Alarmzeichen" ist das Vergilben vieler Blätter ohne erkennbaren Grund.

Bei der Untersuchung des Rhizoms erkennt man alsbald eine untypische, blauschwarze Verfärbung der Spitzenregion, die dazu noch unangenehm riecht. Diesen Pilz schleppt man sich häufig bei Neuzukauf von Pflanzen mit ein. Behandeln kann man die befallenen Pflanzen nicht; es hilft nur das Wegschneiden der befallenen Stelle oder die Vernichtung der ganzen Pflanze.

Blattbrand, Blattdürre

Schwertlilien (*Iris*) werden gerne von einem Pilz befallen, der an den Pflanzenteilen rundliche bis längliche Flecken verursacht. Sie sind zunächst

Die blaue Iris versicolor ist einer der schönsten Sumpflilien überhaupt

durchscheinend, entwickeln aber später ein graubraunes Zentrum. Die Flecken nehmen während ihrer Entwicklung an Größe zu und fließen oft zusammen. Da die Sporen dieses Pilzes in der Regel auf abgestorbenen Pflanzenteilen überwintern, ist das regelmäßige Zurückschneiden von Befallsstellen und das Absammeln abgestorbener Pflanzenteile die beste vorbeugende Bekämpfungsmaßnahme für alle Schwertlilien in oder an einer Teichanlage.

Froschlöffelbrand

Wenn der Froschlöffel (*Alisma plantago-aquatica*) am schönsten blüht, wird er gerne vom Froschlöffelbrand verursachenden Pilz aufgesucht. Er zeigt sich als eine Anhäufung von mehreren kleinen, kreisrunden Punkten, die immer zahlreicher werden, bis schließlich das Blatt abstirbt. Am Ende ist die Pflanze fast blattlos. Anfällig für diesen Pilzbefall sind alle Pflanzen, die unter Nährstoffmangel leiden. Eine Düngung sollte – wenn überhaupt – nur sehr vorsichtig vorgenommen werden. Besser ist es, die befallenen Pflanzenteile abzuschneiden.

Die Sumpfdotterblume ist eine der ersten Pflanzen, die im Frühjahr am Teich blühen

Echter Mehltau

Besonders die breit- oder großblättrigen Wasser- und Sumpfpflanzen werden im Spätsommer von einem weißlich-mehligen Belag befallen. Auch die Stiele und Blattansätze sowie Neutriebe werden in Mitleidenschaft gezogen. Echten Mehltau erkennt man gut daran, dass er sowohl blattober- als auch blattunterseits vorkommt und dass man ihn leicht abwischen kann. Er tritt bevorzugt bei trockener und warmer Witterung auf.

Besonders gerne befallen werden Sumpfdotterblume (*Caltha palustris*), Mädesüß (*Filipendula ulmaria*) und viele andere weichtriebige oder hochwachsende Stauden in Teichnähe. Je zeitiger der Pilz auftritt (oft schon im Juni), desto eher können Sie ihn durch Rückschnitt in den Griff bekommen. Befallene und daraufhin zurück geschnittene Pflanzen treiben danach bereitwillig wieder aus.

Fische – pro und contra

Es wird kaum einen Gartenteich geben, in dem nicht auch Fische vorhanden sind. Fehlen sie in neuen Teichen zunächst noch, sind sie früher oder später da – ob nun gewollt oder

Fische im Gartenteich – Webcode: teich669

nicht. Zum einen verlangt der Teichbesitzer danach, zum anderen tragen gelegentlich Vögel zur Verbreitung von Fischeiern bei. Nicht zu vergessen sind auch die lieben Nachbarn, die ihr Goldfischglas in den Teich schütten oder sich so ihrer eigenen überzähligen Fische entledigen. An Fischen im Gartenteich ist generell nichts auszusetzen, doch ist die Haltung an ein paar wichtige Bedingungen geknüpft.

Ein „fischgerechter" Lebensraum

Die elementarsten Grundvoraussetzungen der Fischhaltung werden von der Industrie oder von vielen privaten Teichbauern missachtet, die ihren Teich in Form eines Fertigbeckens gestaltet haben. Entscheidend ist zunächst einmal die richtige Wassertiefe (siehe auch Seite 125f.). Wenn sich in einem nur etwa 80 cm tiefen Becken oder Teich im Winter eine dicke Eisschicht bildet, dann bleibt den Fischen über Wochen hinaus ein eingeschränkter Lebensraum. Er bietet selbst dann nur geringe Überlebenschancen, wenn die Tiere sich in dieser Zeit in Winterruhe befinden.

Fische möchten schwimmen und nicht ständig an eine Plastikwand stoßen. Die meisten Becken sind für eine Fischhaltung einfach zu klein. Häufig müssen sich viel zu viele dieser armen Kreaturen diesen engen Lebensraum miteinander teilen. Und das auch noch unter erschwerten Bedingungen: Sie müssen sich witterungsbedingt auch noch an laufend veränderte Wasserwerte anpassen.

Vermutlich ist den wenigsten Teichbesitzern bekannt, dass es Richtwerte

Massenhaltung von Koikarpfen und Goldfischen führt nicht nur bei den Tieren zu großen Problemen, sondern auch beim Teich

zur Individuenzahl für eine artgerechte Fischhaltung in einem Gartenteich gibt. Es wird nun wenig überraschen, dass diese Zahl recht niedrig liegt. Hier sieht man das Einsetzen von ein bis zwei größer werdenden Fischen als „artgerecht" an, bei klein bleibenden Arten ein bis zwei Tiere pro m^3 Wasser. Auf die Wasseroberfläche eines Teiches umgerechnet bedeutet das etwa 15 cm Fisch pro m^2 Wasserfläche. Viele, die nun an ihren Gartenteich gehen und eine grobe Bestandsaufnahme ihres Fischbestandes machen, werden schnell feststellen, dass ihr Teich an einer Überpopulation von Fischen leidet. Und inzwischen haben wir gelernt: Ein hoher Fischbesatz ist immer der Auslöser für schlechte Wasserqualitäten!

Fischfutter im Gartenteich?

Jeder, der Fische in seinem Gartenteich hält, muss sich mit den Futter- und Fressgewohnheiten der Tiere auseinandersetzen. Manche Fischarten benötigen Lebendfutter. Das Angebot unterschiedlichster Futterarten ist riesig, eine eingehende Beratung zur richtigen Fütterung ist ratsam. Beachten sollte man auch, dass immer nur so viel Futter in den Teich eingebracht werden soll, wie die Fische auch unmittelbar verwerten können.

Besonders Kinder gehen gerne ständig zum Teich und streuen ihren Fischen Futter ein, um sich am einsetzenden Tumult an der Oberfläche zu erfreuen. Mit sinkenden Wasser- und Außentemperaturen ändern sich die Fressgewohnheiten der meisten Fischarten, viele nehmen bei Temperaturen ab 10 °C keinerlei Futter mehr auf. Das eingestreute Fischfutter sinkt unverzehrt auf den Teichboden und geht in den Stickstoffkreislauf über. Die Verwendung von Fischfutter soll hiermit nicht generell verdammt werden, doch muss man auch wissen, dass viele Fische überhaupt nicht gefüttert werden müssen. Das Leben in einem Teich ist so vielfältig, dass in einem etablierten Teich genügend Nahrung für Fische vorhanden ist.

Ungeeignete Fische für den Gartenteich

Die Wahl geeigneter Teichfische spielt eine wichtige Rolle für einen problemlosen Teich. Häufig werden wahllos Fische eingesetzt, ohne deren Verhalten, ihre Endgröße, ihre Vermehrungsraten, ihre Nahrungsbedürfnisse und ihre Auswirkungen auf das übrige Teichleben zu kennen. Auf der Seite 229 sind Fischarten aufgeführt, die für eine Haltung in einem Gartenteich ungeeignet sind. Ein echter Teichliebhaber wird freiwillig auf den Kauf dieser Fische verzichten.

Geeignete Fische für den Gartenteich

Um dem Teichbesitzer die Freude an Fischen im Teich nicht gänzlich zu nehmen, sind auf der Seite 230 einige Teichfische aufgelistet, deren Haltung im Gartenteich empfohlen werden kann.

Jeder Teichbesitzer sollte nun für sich entscheiden, ob er Fische in seinen Teich einsetzen möchte und wenn ja, wie viele und von welcher Art. Die Probleme, die durch einen falschen Fischbesatz zwangsläufig entstehen, wurden vorne bereits eingehend beschrieben.

Ungeeignete Fischarten für den Gartenteich

Fischart	Eigenschaften
Forelle (*Salmo trutta*) Bachforelle (*S. trutta* fo. *vario*)	Fließgewässerart; bevorzugt fließende (= sauerstoffreiche), kühle Gewässer (max. 18 °C)
Goldfisch (*Carrasius auratus auratus*)	kann bis zu 0,6 m (1m) groß werden, wühlt den Teichboden stark auf (= ständig trübes Wasser), sehr gefräßig, trägt hohe Kotmengen ins Gewässer ein; hohe Vermehrungsrate (da auch durch unbefruchtete Eier möglich!)
Graskarpfen (*Ctenopharyngodon idella*)	vernichtet die gesamte Teichvegetation (zuerst die Wasserpflanzen, dann die Algen!); kann bis zu 1 m lang werden; ist scheu und schnell; wühlt den Teichboden stark auf
Karausche *(Carassius carassius)*	sehr widerstandsfähig gegenüber Sauerstoffmangel (dann durch fehlende Konkurrenz Gefahr der Überpopulation!); wird rasch zahm, wühlt aber den Boden auf, ernährt sich von Kleintieren, bei Mangel auch von pflanzlicher Kost; kann in „Dauerschlafform" überwintern oder im Schlamm trocken gefallener Gewässer überdauern
Sonnenbarsch (*Lepomis cyanellus, L. auritus, L. gibbosus*)	räuberische Ernährungsweise, frisst die Nachkommenschaft anderer Teichbewohner (Fischbrut, Froschlaich), höherer Sauerstoffbedarf
Sterlet (*Acipenser ruthenus*)	kann bis zu 0,6 m (1m) groß werden; hoher Bewegungsdrang, frisst Wasserinsekten und Kleinfische
Stör (*Acipenser sturio*)	kann in freier Natur bis zu 5 m groß werden; starker Wanderdrang (wechselt phasenweise vom Salz- ins Süßwasser); frisst Bodentiere und Kleinfische
Zwerg- oder Katzenwels (*Ictalurus nebulosus*)	wird bis 0,4 m groß; ist sehr gefräßig (auch gegenüber unwesentlich kleineren Teichbewohnern!); verborgene Lebensweise (nachtaktiv)

Der Stör gehört nicht zu den Fischen, die in einen Gartenteich gehören

Der Graskarpfen frisst im Teich alles Grüne – auch die Wasserpflanzen

Geeignete Fischarten für den Gartenteich

Fischart	Größe in cm	Eigenschaften
Bitterling (*Rhodeus sericeus amarus*)	6 bis 10	Männchen schimmert in der Laichzeit in den schönsten Regenbogenfarben; interessante, aber schwer zu beobachtende Fortpflanzung (mit Legeröhre wird Laich in Fluss- oder Teichmuschel eingeführt), frisst Pflanzenteile und Kleintiere
Ellritze (*Phoxinus phoxinus*) Sumpf-Ellritze (*Phoxinus percnurus*)	8 bis 12	Schwarmfisch, der sich rasch an Menschen gewöhnt; frisst niedere Bodentiere und Anfluginsekten; *P. phoxinus* hat höheren Sauerstoffanspruch als *P. percnurus*
Gründling (*Gobio gobio*)	10 bis 15	verborgene Lebensweise, wühlt den Boden stark auf (!), kommt ohne Fütterung aus
Hundsfisch (*Umbra krameri*) Amerikanischer Hundsfisch (*U. pygmaea*)	12 bis 15	unempfindlich gegenüber hohen Wassertemperaturen und niedrigem Sauerstoffgehalt, frisst wirbellose Kleintiere; sehr seltener, inzwischen geschützter Fisch (nur aus Nachzuchten erwerben!)
Koikarpfen (Karpfen-Zuchtform aus China)	bis zu 120	anspruchsvoll; nur für größere, pflanzenarme Teiche mit bester Wasserqualität durch hohen technischen Aufwand, sehr attraktiv
Moderlieschen (*Leucaspius delineatus*)	9 bis 10	unauffälliger Schwarmfisch, frisst Pflanzen, Kleinkrebse (Flohkrebse) und Anfluginsekten
Pfauenbarsch (*Centrarchus macropterus*)	12 bis 15	frisst Mückenlarven, leider sehr scheu und nicht gut zu sehen
Rotauge, Plötze (*Rutilus rutilus*)	15 bis 35	friedlicher Schwarmfisch mit rot umrandeter Pupille; je nach Nahrungsangebot gibt es eine langsam wachsende, schlanke und eine schnell wachsende, hochrückige Form, frisst Pflanzen und Kleintiere
Rotfeder (*Scardinius erythrophthalmus*)	20 bis 30	am Ufer sichtbar; frisst hier Kleintiere und weichtriebige Pflanzen (Achtung, auch Teichpflanzen!) langsam wachsende, schlanke und eine schnell
Schleierschwanz (Zuchtform von *Carrasius auratus auratus*)	10 bis 20	hoher Zierwert; durch seine schleierartigen Flossen in der Bewegung gehemmter Fisch, nicht mit anderen Fischen halten!
Silber-/Goldorfe, Aland (*Leuciscus idus*)	30 bis 50	benötigt eine Sauerstoffzufuhr im Winter, gewöhnt sich rasch an Trockenfutter; schwimmt gerne an der Oberfläche; lebhaft
Stichling, Dreistacheliger (*Gasterosteus aculeatus*) und Neunstacheliger (*Pungitius pungitius*)	4 bis 10	äußerst interessantes, aber nur schwer zu beobachtendes Balz- und Brutverhalten

Arbeitskalender

Hier soll dem noch unerfahrenen Teichbesitzer gezeigt werden, welche Arbeiten in jedem Monat eines Jahres durchzuführen sind und an was er zu welchem Zeitpunkt unbedingt denken soll. Natürlich ist jeder Teich ein Unikat und somit sind nicht alle aufgeführten Arbeitsschritte auf den eigenen Teich übertragbar. Daher soll dieser Kalender auch nur als Richtlinie verstanden werden. Über das Jahr gesehen beschert ein funktionierender Teich seinem Besitzer relativ wenig Arbeit, von gelegentlichen „Arbeitsspitzen" einmal abgesehen. Die Bedeutung von kleinen, aber wirksamen Handgriffen oder regelmäßigen Kontrollgängen im und am Teich sollten aber keineswegs unterschätzt werden. Der Kalender berücksichtigt nicht die Arbeiten, die beim Neubau eines Teiches anfallen.

Januar

Im ersten Monat des Jahres ist klimatisch bedingt an einem Gartenteich nicht viel zu tun. Zwar gab es in den letzten Jahren vergleichsweise nur sehr milde Winter, trotzdem muss man damit rechnen, dass die Teichoberfläche mit einer mehr oder minder starken Eisschicht überzogen sein kann.

- Eisfreihalter auf seinen richtigen Sitz hin kontrollieren; bei elektrischem Eisfreihalter den Thermostat täglich kontrollieren.
- Eingesetzte Belüfterpumpe/Membranpumpe kontrollieren, da eintretendes, gefrierendes Kondenswasser die kleine Pumpe zerstört.
- Ein sich am Teichrand hochschiebender Eispanzer kann den Teichrand gefährden, deshalb vorsichtig entfernen.
- Bei zugefrorenem und zugeschneitem Teich den Schnee entfernen, so kommt mehr Licht in den Teich.

Februar

Was jetzt im und am Teich passiert, ist eine Frage der Witterung. Erfahrungsgemäß sind noch keine pflegerischen Maßnahmen erforderlich, vor allem nicht beim zugefrorenen Teich. Sobald es etwas wärmer wird, kann es los gehen. Je nach Außentemperatur können gegen Monatsende bereits die ersten Pflanzen austreiben und die ersten Teichrandstauden zu blühen beginnen.

- Abgestorbene Pflanzenteile von Stauden und Gräsern am Teichrand vorsichtig entfernen, sobald die Pflanzen neu austreiben.
- Eventuell vorhandene Plattenwege um den Teich herum auf ihren festen Sitz hin kontrollieren.
- Eisfreihalter gegen Monatsende abbauen, sofern es die Witterung zulässt.
- Im Teichwasser befindliche, abgestorbene Pflanzenteile aus dem Teich fischen, bevor sie auf den Teichgrund sinken.
- Teichwasser und den Randbereich nach im Winter verstorbenen Tieren (Fische, Molche) absuchen. Gleichzeitig den Fischbestand überprüfen.
- Schilfarten und andere größere Gräser, deren trockene Halme zum Zwecke der Teichentlüftung stehen gelassen wurden, jetzt zurückschneiden.
- Je nach Witterung können die ersten Amphibien den Teich zum Ablaichen aufsuchen. In dieser Phase die Tiere möglichst wenig stören.

- Teichpumpe und gegebenenfalls Wasserdüsen aus dem Winterquartier holen und wieder in den Teich einsetzen. Dabei die Pumpe vor dem Einsetzen auf ihre Funktionstüchtigkeit in einem Eimer Wasser überprüfen.
- Bachlauf oder Wasserfall tagsüber stundenweise laufen lassen, um Bewegung und Sauerstoff in das Teichwasser zu bringen.

März

Der März ist ein ereignisreicher Monat für den Teich. Nicht, dass hier nun schon vieles blüht, es beginnen auch die Probleme. Durch mehr Licht, ansteigende Temperaturen und augenblicklich noch fehlende Nährstoff zehrende Pflanzen vermehren sich einzellige Algen explosionsartig und trüben das zuvor klare Wasser.

- Teichsanierungen im März ausführen, dabei aber auf Amphibienlaich (Laichschnüre oder Laichpakete an den Pflanzen) achten! Pflanzenüberhang entfernen, bevor er zu stark ausgeschlagen hat. Beim Herausnehmen der Wasser- oder Sumpfpflanzen beachten, dass dies auch der Lebensraum vieler Teichbewohner ist, diese wieder in den Teich zurücksetzen.
- Teichrand auf über den Teichrand hinaus gewachsene Pflanzenwurzeln hin untersuchen, da sie für Wasserverlust sorgen.
- Teichrand auf die Funktionstüchtigkeit der Kapillarsperre untersuchen und gegebenenfalls reparieren.
- Aufgetretene Höhendifferenzen des Teichrands ausgleichen und gegebenenfalls kleine Reparaturen an der Teichabdichtung ausführen, bevor alles wieder mit Wasserpflanzen zugewachsen ist.
- Räumen von Bereichen, an denen ein Teich mit Kapillarsperre durch Erde oder Pflanzenreste zu verlanden droht.
- Dekorationsmaterial wie Kiesel, Findlinge oder Baumwurzeln mit einem Dampfstrahler von Algen, Flechten und Moosen befreien und dann wieder im Teich einbauen.
- Pflanzenbestand kontrollieren; gegebenenfalls neue Sumpf- und Wasserpflanzen einsetzen und so für Artenvielfalt sorgen. Nach Möglichkeit die Pflanzen anstatt in Teichsubstrat direkt in den Teich einsetzen.
- Teichfilter je nach Witterung zwischen Mitte und Ende März wieder in den Teich einsetzen.

April

Je weiter der Frühling voranschreitet, desto mehr Pflanzen erwachen aus dem Winterschlaf und erfreuen ihren Besitzer mit ihrer Blütenpracht. Der Teich wird von Tag zu Tag lebendiger und interessanter, weil Flora und Fauna sich ständig weiterentwickeln. Die meisten Amphibien und viele Wasserinsekten haben ihre Eier abgelegt und ein Teil der Larven ist auch schon geschlüpft. Das Leben im und am Wasser beginnt.

- Nachtfröste sind in der Regel kaum noch zu erwarten. Wasserspiele wie die Schaumdüse oder Teichrandfiguren können nun wieder angeschlossen werden
- Das Angebot an Wasserpflanzen ist besonders groß, wer noch nicht nachgepflanzt hat, der sollte es jetzt nachholen.
- Die Filterschwämme von eingesetzten Teichpumpen nach der bereits vierwöchigen Laufzeit unbedingt reinigen.
- Starker Pollenflug hinterlässt gelbbraune Schlieren auf der Teichoberfläche. Mit einem besonders feinen Kescher regelmäßig abfischen, um Nährstoffanreicherung im Teichwasser zu vermeiden.
- In den Teichüberlauf ein Sieb einlegen, damit Teichbewohner nicht mit abgespült werden.

- Regelmäßige Teichwasseranalysen mit einer einfachen Ausrüstung von nun an alle 14 Tage durchführen.

Mai

Die Blütenvielfalt der Sumpf- und Wasserpflanzen erhöht sich stetig. Durch die ansteigenden Temperaturen können Sie bereits die ersten Libellen beobachten; die Blätter der Seerose sind auf der Wasseroberfläche angekommen.

- Bei einer Wassertemperatur ab 12 °C mit dem vorsichtigem Füttern der Fische beginnen.
- Fische, die bis zu diesem Zeitpunkt in einem Winterquartier verbracht haben, nach vorsichtigem Temperaturausgleich wieder in den Teich einsetzen.
- Gegebenenfalls Teichtiere erwerben (nicht aus der Natur entnehmen!) und einsetzen.
- Den Teichfilter auf seine Funktionstüchtigkeit hin untersuchen.
- Bei Filtern mit UV-Klärer den Strahler von Zeit zu Zeit reinigen.
- Die ersten Fadenalgen nicht mit chemischen Mitteln bekämpfen, sondern abfischen.
- Den Vorfilter der eingesetzten Teichpumpe ausspülen, um die Leistung der Pumpe zu erhalten.

Juni und Juli

Jeder „Teichmonat" hat seine eigenen Reize. Am schönsten ist ein Teich in den frühen Morgenstunden, wenn die Sonne noch nicht weit oben steht. Viele Teichbewohner sind dann besonders aktiv und Spiegelungen von Pflanzen und Blüten auf dem Wasser verzaubern regelrecht.

- Spätestens jetzt den Teichüberlauf auf seine Funktionsfähigkeit hin überprüfen. So einstellen, dass ausreichender Wasseraustausch möglich ist.
- Regelmäßige Wasserstandskontrolle durchführen, Wassersenkungen sind am Algenrand eines im Wasser liegenden Steins zu erkennen.
- Kränkelnde Pflanzen sofort auf Schädlings-/Krankheitsbefall hin untersuchen und gegebenenfalls Gegenmaßnamen einleiten, um größere Schädigungen zu vermeiden.
- (Tropische) Schwimmpflanzen besorgen, die dem Wasser dank ihrer Wüchsigkeit große Nährstoffmengen entziehen.
- Wassertemperatur regelmäßig kontrollieren; steigen die Wassertemperaturen auf über 22 °C, entsprechende Teichtechnik und viele Sauerstoff spendende Unterwasserpflanzen einbringen.
- Wasserlinsen und Algen rechtzeitig abschöpfen.
- Abgeblühte Wasser- und Sumpfpflanzen leicht zurückschneiden, um unnötigen Eintrag organischer Stoffe in den Teich zu vermeiden.
- Teichrand kontrollieren: Wurzeln von Sumpfpflanzen können aus dem Teich oder Graswurzeln in den Teich wachsen und für hohen Wasserverlust sorgen.
- Überzählige Fischbrut im Schwarmzustand mit einem Kescher herausfangen.

August

Der Herbst beginnt in einem Gartenteich früher als im restlichen Garten: Die Pflanzen verblühen rascher und es gibt nur wenige mit einem späten Blühtermin. Manche Pflanzen beginnen schon Ende August, sich zurückzuziehen. Trotzdem sind auch die letzten verbleibenden Monate besonders reizvoll, gibt es doch noch vieles zu beobachten.

- Vergilbende und umknickende weichblättrige Pflanzen zurückschneiden, um dem Eintrag organischer Substanzen in das Wasser entgegen zu wirken.

- Faden- oder Wattealgen erneut abfischen.
- Bei starkwüchsigen Seerosen vorsichtig in den Teich steigen und neu gebildete Rhizome und Blätter abschneiden. Durch die noch hohen Wassertemperaturen bildet sich an den Schnittstellen ein Wundverschluss, der den Seerosen unbeschadet durch den nächsten Winter hilft.
- Gelbe Blätter an Pflanzen mit geeignetem Werkzeug regelmäßig aus dem Teich entfernen.
- Wasseranalyse nicht vergessen.

September und Oktober

Diese Monate bescheren Ihnen eher Arbeit als Freude, da Sie den Teich langsam winterfest machen sollten. Ein Teich kann natürlich auch in diesen Monaten noch sehr reizvoll sein, doch lassen die sinkenden Nachttemperaturen viele Wasserpflanzen in Winterruhe gehen.

- Wasserlinsen abschöpfen und zusammen mit Fadenalgen aus dem Teich ziehen, bevor diese auf den Teichgrund absinken.
- Fische ab September nicht mehr füttern, da viele Fische das Fressen bei Wassertemperaturen von 10 °C bereits einstellen und sich in eine Art Winterschlaf begeben.
- Herabfallendes Laub mit einem Laubschutznetz abfangen. Ränder des Laubschutznetzes täglich im Hinblick auf verfangene kleine Vögel, Igel oder sonstige Kleintiere kontrollieren.
- Teile des abgefangenen Laubes als Winterquartier für Amphibien und Igel verwenden und das Laub in kleinen Haufen aufschichten.
- Spätestens Ende Oktober an den Kauf eines Eisfreihalters denken!
- Gegebenenfalls Teile der eingesetzten tropischen Schwimmpflanzen retten und in einem Aquarium überwintern.
- Hinfällige Seerosenblätter so dicht wie möglich am Rhizom abknipsten und entfernen.
- Teichpumpen aus dem Wasser holen, ohne Zuhilfenahme von Werkzeug öffnen und von allem Schmutz befreien. In einem Eimer mit Wasser überwintern. Ähnlich mit Düsen und Wasserspielen jeder Art verfahren.
- Den Teichfilter solange wie möglich im Teich belassen und das gefilterte Wasser über einen Bachlauf oder Wasserfall zurückfördern. Filter vor den ersten Minusgraden rechtzeitig abbauen und ihn nach einer gründlichen Säuberung an einem frostfreien Ort einwintern.
- Röhricht, Schilf, Gräser und Binsen vorsichtig zusammenbinden, so dass sie nicht umbrechen und in den Teich fallen können. Die Pflanzenhalme sorgen für den Gasaustausch des Teiches.
- Wasserspeier einschließlich Kleinpumpe rechtzeitig einwintern, da viele dieser Figuren nicht winterfest sind; schon leichte Fröste können sie zerstören.

November bis Dezember

Die beiden letzten Monate des Jahres sind an einem Teich vermutlich die ereignislosesten. Das gesamte Teichleben scheint zum Erliegen zu kommen. Die meisten Pflanzen haben sich zurückgezogen und Teichtiere sind nicht sichtbar. Dennoch geht das Leben im Teich weiter und erwacht vollends im kommenden Frühjahr. Auch für den Teichbesitzer tritt eine Pause ein; bis auf gelegentliche Kontrollbesuche gibt es wenig zu tun.

- Das bis dahin regelmäßig vom Laub befreite Schutznetz jetzt entfernen.
- Spätestens jetzt den Eisfreihalter an der richtigen Stelle einbringen.
- Vor Zufrieren der Teichoberfläche den Einsatz eines Oxidators, einer Belüfter- oder Membranpumpe einplanen.

Was ist, wenn ...

PROBLEM / URSACHE	LÖSUNG
... der Teich Wasser verliert?	
zu starke Verdunstung	im Sommer regelmäßig Wasser nachfüllen
fehlende Kapillarsperre	bei ausreichend Folienüberstand nachträglich einbauen
eingewachsene Pflanzenwurzeln am Rand	regelmäßig kontrollieren und entfernen
abgesunkenes Teichrandniveau	mit geeignetem Schüttmaterial wieder anheben
Verletzung an der Teichabdichtung	Folientest machen, gegebenenfalls reparieren; bei – PVC-Folie → PVC-Kleber, Unterwasser-Reparatur-Set, Quellschweißmittel, Heißluft – PE-Folie → Spezialklebeband – EPDM-Folien → Spezialkleber (siehe S. 187)
Dochtwirkung durch falsch eingebaute Teichrandmatte oder Vlies	Einbauhöhe von Matten und Vliesen nur bis zur Höhe der Kapillarsperre
Wasserabdrift bei Wasserspielen	schwächere Pumpe einsetzen
falsch eingestellter Überlauf	richtigen Ablaufwinkel regelmäßig kontrollieren
undichter Wasserspeier	Klarsichtschläuche regelmäßig kontrollieren, Kupplungen austauschen, auf Risse in der Figur achten
... der Wasserfall oder Bachlauf Wasser verliert?	
zu starke Teichpumpe	Pumpe drosseln
defekte Schlauchleitung	stabile Spiralschläuche verwenden
Kapillarwirkung im Randbereich	regelmäßig überprüfen, gegebenenfalls Randbereich frei halten
Pflanzeneinwuchs im Randbereich	regelmäßig kontrollieren, gegebenenfalls eindämmen
Bachlaufrand liegt nicht in Waage	schon beim Anlegen korrekt ausrichten, gegebenenfalls nachträglich korrigieren
undichte Klebe- oder Schweißstelle	abdichten, reparieren (siehe Seite 185ff.)
starke Spritzwasserbildung	Prallflächen verändern/mindern
... die Teichpumpe nicht ausreichend Wasser fördert?	
Pumpendefekt: a) bei Magnetkernpumpe: – Vorfilterschwämmchen stark verschmutzt – lockeres Flügelrädchen	 – reinigen – fest ziehen

– Magnetkern oder Gehäuse verschmutzt	– reinigen
– Pumpendrosselung auf Stellung „Minimum"	– Drosselung aufheben
– verlorene Achslagerung	– ersetzen (lassen)
– gebrochene Keramikachse	– ersetzen und einbauen
b) bei Asynchronmotorpumpe	
– Förderrad sitzt fest	– lösen
– Förderschaufeln defekt	– Pumpe einschicken
– Vorfilter verschmutzt	– reinigen
– Saug- oder Förderschlauch geknickt	– aussteifen/Spiralschläuche verwenden
– falscher Einbau der Pumpe bei Betrieb außerhalb des Teiches	– korrekt einbauen

... Wasserpflanzen gelbe Blätter bekommen oder absterben bzw. verschwinden?

Nährstoffmangel	keine Düngung im Teich, höchstens Spurenelemente verabreichen
verdichtetes Substrat im Randbereich	vorsichtig lockern, Steine entfernen
falscher Wasserstand	richtige Wassertiefe beim Pflanzen beachten, gegebenenfalls umsetzen
zu hohe Wassertemperatur	messen, gegebenenfalls mit Frischwasser senken
Schädlingsbefall	Pflanzen abspülen (siehe S. 221ff.)
pflanzenfressende Fische	„pflanzenschonende" Fische einsetzen, z.B. Graskarpfen vermeiden (siehe S. 228ff.)
einsetzende Winterruhe	Pflanzeneigenschaften und Überdauerungsform beachten; viele Pflanzen ziehen schon ab Ende August ein

... der Teichfilter nicht funktioniert?

zu hohe Wassermenge (= zu großer Teich) für den ausgewählten Filter	vorher passende Filtergröße berechnen (siehe S. 160
zu starke Förderpumpe	Pumpenleistung drosseln
übermäßiger Eintrag organischer Stoffe verstopft Filter	Eintrag durch geeigneten Teichstandort/Entnahme von abgestorbenen Pflanzenteilen/ Laubschutznetz etc. verhindern
mechanische Reinigungsstufe im Filter ist verstopft	Filterschwämme regelmäßig kontrollieren
geknickte Schläuche bei Zu- oder Ablauf	möglichst Spiralschläuche verwenden
zu viel organische Masse durch starke Sonnenbestrahlung sorgt für Wassertrübung	Teichstandort ändern, durch Pflanzung Schatten spendender Gewächse Sonneneinwirkung reduzieren

unzureichender Bakterienbesatz bewirkt trübes Wasser	Starterbakterien zur Wasserklärung einsetzen

... der Sauerstoffgehalt im Teich zu niedrig ist?

unzureichende Wassertiefe	schon bei der Planung berücksichtigen, da nachträgliche Änderung kaum möglich ist (siehe S. 125)
zu starke Wassererwärmung	Frischwasser oder Regenwasser nachfüllen
mangelnde Wasserbewegung	Schaumdüse, Sprudelstein, Wasserfall, Bachlauf einbauen
fehlende technische Einrichtungen	Oxidator, Belüfterpumpe einsetzen (siehe S. 206ff.)
zu hoher Fischbesatz	nur eine kontrollierte Anzahl von Fischen passend zur Teichgröße einsetzen (siehe S. 227f.)
fehlende Unterwasserpflanzen	die richtige Mengen und Arten an Unterwasserpflanzen einsetzen (siehe S. 209f.)

... das Teichwasser zu warm wird?

die eingesetzte Pumpe sitzt zu tief im Teich und pumpt das kühlste Wasser aus der Tiefe an die Oberfläche, wo es sich erwärmt	Pumpe möglichst flach einsetzen
der Bachlauf ist zu flach, ohne Bachlauferweiterungen und -vertiefungen	ändern, sofern nachträglich baulich möglich
zu viele Steine im Verlauf des Bachlaufs	der Sonne ausgesetzte Steine erwärmen sich stark, Menge gegebenenfalls reduzieren
zu geringe Beschattung des Teiches	Wasserfläche durch Bepflanzung in und auf dem Wasser teilweise schattieren
anteilige Flachstellen im Teich zu hoch	falls nachträglich technisch möglich, noch ändern
zu wenig Pflanzen im Teich/ mangelhafte Teichrandbepflanzung	ausgewogener Pflanzenbesatz, kann auch nachträglich gepflanzt werden, auch an Pflanzen außerhalb des Teiches denken
falsche Betriebszeiten der Wasserspiele	Wasserglocke, Sprudelstein, Bachlauf mit niedrigem Wasserstand bei starker Sonneneinstrahlung ausschalten

... der Teich ständig trüb ist?

starke Vermehrung einzelliger Algen → „Algenblüte"	Überangebot an Nährstoffen im Teichwasser reduzieren
zu geringer Besatz an Wasserpflanzen	nach Bedarf nachpflanzen
gründelnde Fischarten im Teich (Goldfische etc.)	Fische aus dem Teich entfernen oder nicht gründelnde Fische einsetzen
falsch aufgestellte Teichpumpe	wenn die Teichpumpe am Teichgrund steht, fördert sie Schmutzteile nach oben → höher stellen

Teichfilter funktioniert nicht	Wasserqualität am Filterausgang prüfen; Filter gegebenenfalls reinigen
zu starker Wasserrücklauf des Wasserfalls oder Bachlaufs	Pumpenleistung reduzieren, Prallflächen verändern

... alle Fische oben schwimmen und nach Luft schnappen?

Teich ist zu klein für Fische	in Fertigbecken unter 3 m^3 Wasserinhalt sollten keine Fische eingesetzt werden
falsche Fischarten leben zusammen in einem Teich (dominierende Arten verdrängen schwächere Arten)	passende Fischgemeinschaften zusammenstellen (siehe Liste „Geeignete Fische für den Teich", S. 230)
Größenverhältnis der Fische untereinander stimmt nicht	zu viele große Fische verdrängen kleinere (siehe oben)
stark eutrophiertes Teichwasser	Quelle der Verschmutzung abstellen, teilweiser Wasseraustausch
zu hohe Wassertemperatur	für Beschattung des Teiches sorgen
zu geringer Anteil an gelöstem Sauerstoff im Wasser	Sauerstoffeintrag/-anteil erhöhen (siehe S. 203ff.), Frischwasserzufuhr
bevorstehendes Gewitter	typische Verhaltensweise von vielen Zierfischarten

... die Seerose nicht blüht?

Pflanze steht in einem zu kleinen Pflanzgefäß	vor dem Pflanzen die Wüchsigkeit der Sorte feststellen; gegebenenfalls in einen größeren Pflanzkorb umpflanzen
falsche Wassertiefe	die richtige Wassertiefe einer Seerose ist art- und sortenabhängig; Pflanze gemäß ihrer Sortenansprüche pflanzen
zu schattiger Standort	Seerosen wollen volle Sonne, gegebenenfalls umsetzen
Nährstoffmangel	keine Düngung im Teich, gegebenenfalls nur Spurenelemente zusetzen
zu bewegtes Wasser	Seerosen schätzen ruhiges Wasser → von bewegtem Wasser abrücken
ständiger Sprühregen auf die Schwimmblätter	keine Fontänen, Wasserspiele, Düsen usw. im Umfeld von Seerosen aufstellen
zu häufiges Umpflanzen	sollte möglichst unterbleiben
Schädlinge und Krankheiten	Schädling/Erreger feststellen und entsprechend dagegen vorgehen (siehe S. 221ff.)

... die Wasserfläche ständig zuwuchert und das Wasser voller Algen ist?

ständiges Nährstoffüberangebot, ausgelöst durch:	Nährstoffeintrag reduzieren/einstellen:
– zu viele Fische und deren Exkremente	– Fischbestand (Fischkot und Urin) reduzieren

– übermäßige Fischfütterung	– Futtermengen reduzieren/einstellen
– Eintrag von Herbstlaub	– Laub rechtzeitig und wirksam mit Netzen abfangen
– Einschwemmen von Pflanzendünger	– keine Düngung im Umfeld des Teiches
– frei werdende Nährstoffe von Zersetzungsprozessen der Pflanzenreste	– sich zersetzende Pflanzenmassen rechtzeitig aus dem Teich entfernen
– nährstoffangereichtertes Regenwasser	– kein ungefiltertes Regenwasser in den Teich leiten
– Pollenflug	– Pollenflug mit einem Skimmer abziehen
– die Ansammlung einer stark eutrophierten Schlammschicht am Grund	– Teichschlamm absaugen oder mit Hilfe von Bakterien verringern

... Umsetzungs-, Wachstums- und Reinigungsprozesse verlangsamt oder gar nicht ablaufen?

die Wasserwerte stimmen nicht:	Wasserwerte korrigieren:
– pH-Wert zu hoch: > 8,4 (Anstieg des Ammonium-/Ammoniak-Verhältnisses) – pH-Wert zu niedrig: < 6,5 (Absinken des KH-Wertes)	Ideal: pH 7,5 bis 8,3 – durch Torfpräparate absäuern – durch alkalisch wirkende Präparate (z.B. pH-plus) pH-Wert anheben
– KH-Wert zu hoch: > 10 (hebt den pH-Wert an) – KH-Wert zu niedrig: < 4 (senkt den pH-Wert)	Ideal: 5 bis 8 – Senken mit Säurebildnern – Kalkreaktor, Kohlendioxid-Reaktor
– Härtegrad zu hoch: > 10 °dH – Härtegrad zu niedrig: < 4 °dH:	Ideal: 8–12 °dH – mit weichem Regenwasser senken – mit löslichem Kalk anheben
– Phosphatwert zu hoch: > 0,05 mg/l – Phosphatwert zu niedrig: entfällt	Ideal: 0,0 mg/l – Senkung mit Phosphatwert-reduzierenden Präparaten und Wasserpflanzen
– Ammonium-/Ammoniakverhältnis zu hoch: > 0,1 mg/l (Gleichgewicht stimmt nicht) – zu niedrig: entfällt	Ideal: 0,0 mg/l – KH- und pH-Wert überprüfen, organische Nährstoffquelle prüfen
– Nitrit (NO_2)-Gehalt zu hoch: > 0,05 mg/l (evtl. zu langsamer Abbau durch Bakterien) – zu niedrig: entfällt	Ideal: 0,0 mg/l – Bakterienflora überprüfen
– Nitrat (NO_3)-Gehalt zu hoch: > 10 mg/l – zu niedrig: entfällt	Ideal: 0,0 mg/l – Ausgangswasser überprüfen, Abbau durch Einbringen von Wasserpflanzen fördern, zusätzlichen Eintrag vermeiden
– Sauerstoffgehalt zu hoch: entfällt – zu niedrig: < 5 mg/l	Ideal: 14 mg/l – Sauerstoffspender, Oxidator, Wasserbewegung, Sauerstofftabletten (kurzfristig)

– Leitwert für Ionen (Mikrosiemens) – zu hoch: > 500 ms – zu niedrig: < 100 ms	Ideal: 150 bis 180 ms – Die Summe aller im Wasser gelösten Salze weder zu hoch noch zu niedrig werden lassen; regelmäßige Kontrolle der Parameter

... Algen im Teich sind?

Schwebealgen (Blaualgen, Kieselalgen, Grünalgen): erstes Auftreten im Frühjahr bei Licht und Wärme, Anzeichen für viel Nährstoffe im Wasser; typische Erscheinung für neu angelegte Teiche	verschwinden meist von selbst wieder; für ausreichende Bepflanzung im und am Teich sorgen (Nährstoffentzug, Beschattung)
Faden- und Netzalgen, Wattealgen: Anzeiger für gute Wasserqualität; bevorzugen hartes Wasser mit hohem Nährstoffanteil	Nährstoffquelle abstellen, von Hand aus dem Teich entfernen (mit Stock aufwickeln)
Jochalgen: Alge mit blaugrünen, kurzen Strängen; lebt gerne in Teichnischen. Fühlt sich glitschig an und besitzt einen scharfen Geruch.	Nährstoffquelle abstellen, pH-Wert senken, wenn über pH 8
Wassernetz: Selterene Algenart, liebt hohe Wassertemperaturen und hohe Nährstoffkonzentrationen	Nährstoffquelle beseitigen, kühleres Wasser zuführen; Entfernung von Hand
Algen in Form von „Kuhfladen“: Abgestorbene Algen sinken auf den Boden und treiben nach einiger Zeit als braune Masse wieder an der Wasseroberfläche auf	schnellstmöglich mit dem Kescher abfischen

... im Teich zu wenig Sauerstoff ist?

Sauerstoff zehrende Vorgänge, zu warmes Wasser, unbewegte Wasseroberfläche weil:	Faulprozesse im Wasser durch rechtzeitige Entnahme von abgestorbener organischer Masse verhindern
– Teich windgeschützt liegt – Schilf oder Pflanzengürtel Wind abfängt	– einen Teil des umgebenden Pflanzengürtels auslichten
– keinerlei künstliche Wasserbewegung wie Bachlauf, Wasserfall, Wasserspiele	– Wasserbewegung durch Einbau eines Bachlaufes/Wasserspieles
– zu wenig Austausch der Wasseroberfläche mit der Luft	– Seerosenblätter oder andere Schwimmblattpflanzenblätter verschließen die Wasseroberfläche → auslichten/teilen
zu starke Wasservermischung der unteren, kühleren und damit sauerstoffreichen Schichten mit den	Teichpumpe sitzt in zu tiefem Wasser → höher setzen

oberflächennahen, sauerstoffärmeren Schichten	
falscher Einsatz von Wasserspielen: – Pumpe läuft ausschließlich nachts, Wasserglocke läuft während der Mittagshitze – nur zeitweise laufender Filter – falsch installierte Belüfterpumpe	 – Pumpenbetrieb während kühler Morgen- und Abendstunden, nicht während der heißen Mittagsstunden – Filter regelmäßig laufen lassen – Pumpe nicht zu tief in die sauerstoffreichsten Wasserschichten stellen
zu viele Sauerstoff zehrende Verbraucher	– Überhang an Fischen reduzieren – Algenüberschuss entfernen, da sie auf der Blattoberseite Sauerstoff produzieren, auf der Unterseite aber sehr viel verbrauchen – organische Masse im Teich (Laub etc.) entfernen

Wasserpflanzen

Einführung

Wasserpflanzen im Überblick

In der Natur finden wir unzählige Pflanzen, welche die Nähe des Wassers bevorzugen und hier ganz besondere Pflanzengesellschaften bilden. Am Meer finden wir Arten, die Salzwasser tolerieren oder ertragen können. Besonders auffällig sind hier sukkulente Arten wie der Queller (Salicornia), die an manchen Stellen in Reinbeständen anzutreffen sind.

Auch in Mooren, Auwäldern, Bachrändern, Quellen und Nasswiesen haben sich Pflanzen an die permanente oder schwankende Feuchtigkeit angepasst und den ihnen zusagenden Lebensraum besiedelt.

Am besten kommen krautige Pflanzen mit dem Wasserüberschuss zurecht. Das sind also vorwiegend Stauden, mehrjährige, winterharte Arten, die nicht verholzen. Viele überwintern oberirdisch, andere besitzen unterirdische Speicherorgane wie Rhizome (Erdsprosse), Zwiebeln oder Knollen. Die meisten Wasserpflanzen sind Wildstauden, die sich besonders an sonnigen Plätzen wohl fühlen. Sie sind züchterisch wenig bearbeitet und anspruchslos. Durch Ausläufer oder Samen können sich einige stark ausbreiten. Auch viele Gräser sind an feuchte Standorte gewöhnt. Sie gehören vielfach zur großen Gemeinde der „Sauergräser". Dazu zählen vor allem die Seggen und Binsen.

Pflanzt man normale Gartenstauden in zu feuchte Bereiche, so stehen die Wurzeln im Wasser und erhalten keinen Sauerstoff mehr, sie verfaulen. Wasserpflanzen dagegen bilden im Gewebe große, luftgefüllte Zellen, welche den zur Atmung wichtigen Sauerstoff durch besondere Leitungsbahnen in das Wurzelsystem bringen. Das zur Assimilation wichtige Kohlendioxid wird von Wasserpflanzen nicht nur der Luft, sondern auch dem Wasser entzogen. Liegen die Blätter auf dem Wasserspiegel, so sind die Spaltöffnungen nicht wie üblich auf der Blattunterseite, sondern auf der Blattoberseite angeordnet (Seerosen).

Bei den meisten Arten ist ein Verdunstungsschutz nicht erforderlich, Wasser ist ja im Überfluss vorhanden. Daher sind die Blätter bei den Arten besonders zart, welche unter Wasser leben. Die Blüten erscheinen in der Regel über dem Wasser, damit sie von Insekten bestäubt werden können.

Meist bestimmt die Wassertiefe das standortgerechte Auftreten einer Pflanzenart. Am Rande eines Teiches können sich deswegen konzentrische Kreise bestimmter Pflanzenarten bilden, die bei verlandenden runden Seen besonders schön zu beobachten sind. In wenigen Jahren dringen die Tiefwurzler (Schilf, Rohrkolben) weiter vor, der See trocknet allmählich aus. Andere Arten können nun diese weniger feuchten Bereiche besiedeln. Dazu zählen auch Gehölze wie Weiden, Erlen und Moorbirken.

Eine Sonderstellung unter den eigentlich weniger anpassungsfähigen Gehölzen bilden die Mangroven, die in den tropischen Regionen der Erde mächtige Bäume und ganze Wälder bilden.

Sie sind meist am Meer oder im Brackwasser anzutreffen, wo sie Bereiche mit wechselndem Wasserstand besiedeln. Mangroven kommen dort in mehreren Gattungen vor, sie haben ganz besondere Techniken entwickelt, um die unterschiedliche Wassertiefen zu bewältigen und dem Stamm gleichzeitig einen festen Stand zu bieten. Dazu gehören Stelzwurzeln, Brettwurzeln und Atemwurzeln. Im Garten und Park können wir in Mitteleuropa lediglich die nordamerikanische Sumpfzypresse (*Taxodium distichum*) am Naturteich verwenden, welche im Alter auffällige Atemknie bildet. Zeitweise erträgt auch der Urweltmammutbaum (*Metasequoia glyptostroboides*) aus China nasse Standorte.

Das Kapitel Wasserpflanzen stellt in der Mehrzahl Stauden vor, die sich zur Bepflanzung von Gartenteichen oder von Gefäßen auf Balkon und Terrasse eignen. Praktisch jedes wasserdichte Gefäß kann mit Wasserpflanzen besetzt werden. Hinzu kommen Arten, welche in der Landschaft zu Rekultivierungsmaßnahmen Verwendung finden. Man denke an die Begrünung von Bade- oder Baggerseen, Bach- und Flussufern oder auch an die Reinigung von Abwässern.

Pflanzzonen

Wasserpflanzen werden oft in vier Pflanzzonen eingeteilt, die sich in der Praxis bewährt haben. Dabei findet man immer wieder fließende Übergänge.

Im Uferbereich wachsen Pflanzen, welche meist auch im gelegentlich feuchten Gartenboden gut gedeihen. Dazu zählen etwa Trollblumen und viele Primeln.

Eine Wassertiefe von 0–20 cm ist für viele Pflanzen optimal, zumal der Wasserstand immer wieder schwanken kann.

Die meisten Sumpfpflanzen gehören in diese Rubrik, wie Sumpfdotterblumen und Sumpfschwertlilie. Manche Iris-Arten wollen allerdings nach feuchtem Frühjahr im Sommer trocken stehen.

In einer Wassertiefe von 20–40 cm wachsen besonders die am Grund wurzelnden Pflanzen wie verschiedene Laichkrautarten, Wasserpest und Schilf.

In eine Wassertiefe über 40 cm gehören die meisten Seerosen, die am Grund in 40–100 cm wurzeln, ihre Blätter und Blüten aber über dem Wasserspiegel entwickeln.

Auch die freischwimmenden Arten gehören hierher, etwa die Wasserlinsen, Krebsschere und die Wassernuss.

Man kann sich von der Natur inspirieren lassen, es ist allerdings nicht einfach, bestimmte Vegetationsbilder im heimischen Garten umzusetzen, denn auch dort läuft die natürliche Sukzession ab, wenn man nicht einschreitet.

Umwelteinflüsse

Gewässer in unserer industrialisierten Agrarlandschaft werden immer stärker durch die Eintragungen von Stickstoff- und Phosphordüngern, aber auch durch Pestizide belastet.

Unerwünschten Algenteppiche entwickeln sich besonders gut in überdüngten (eutrophierten) Gewässern; Wasserpflanzen vermehren sich sehr stark in fischreichen Gartenteichen.

In wenigen Jahren wuchert die Wasserfläche zu und der schöne Spiegelungseffekt des Wassers verschwindet. Der Mensch muss eingreifen und einen Teil der Pflanzen entfernen. Huminsäuren, wie sie in Torfsoden vorhanden sind, können die Algen eindämmen und das Wasser klären. Auch das ungestüme Wachstum mancher Pflanzen wird dadurch eingedämmt. In der Natur sind daher die oligotrophen (nährstoffarmen) Seen in Hochmooren besonders klar und man kann bis zum Grund hinab blicken. Solche klaren Wasserflächen schätzen auch viele seltene Wasserpflanzen.

Erläuterungen

Die Pflanzen in diesem Teil sind farbig differenziert in 6 Gruppen entsprechend ihrer Verwendung gegliedert und innerhalb dieser Gruppen alphabetisch nach ihrem botanischen Namen sortiert.

In der gärtnerischen Praxis ist der Gebrauch der botanischen Namen üblich. Daneben sind die gebräuchlichen deutschen Namen und die Familienzugehörigkeit angegeben. Wichtige Informationen zu Lebensform, Höhe, Blütezeit, Wassertiefe und Geselligkeit der Pflanzen werden über einfache Symbole vermittelt.

Abkürzungen

subsp.: Subspecies = Unterart mit der von der Art abweichenden Merkmalen.
var.: Varietät = Varietät mit abweichenden Merkmalen.
Syn.: Synonym = Überholter Nebenname.
×: Kreuzung zweier, nah verwandter Gattungen oder Arten.

Lebensbereiche

GR: Gehölzrand
G: Gehölz
FR: Freifläche
M: Matten
H: Heide
WR: Wasserrand
W: Wasser
1: Trockener Boden
2: Frischer Boden
3: Feuchter Boden
4: Feuchter bis nasser, zeitweise abtrocknender Boden
5: Dauernasser bzw. von flachem Wasser immer bedeckter Boden
6: Schwimmblattpflanzen
7: Untergetauchte Pflanzen
8: Freischwimmende Pflanzen
so: Sonniger Standort
abs: Absonniger Standort
hs: Halbschattiger Standort
sch: Schattiger Standort

Verwendete Symbole

Wuchshöhe/Blütenhöhe zur Blütezeit: Angabe in Zentimetern.

Blütezeit: Monatsangaben in römischen Ziffern. Keine Angabe erfolgt, wenn die Pflanze auch am natürlichen Standort ausgesprochen selten oder ganz unscheinbar blüht.

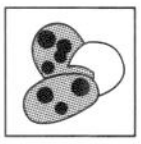

Geselligkeit: Empfehlung nach Hansen und Müssel, wie man Pflanzen verwenden sollte. Dabei bedeutet:
I: In Einzelstellung oder kleinen Tuffs.
II: In kleinen Trupps von 3–10 Pflanzen.
III: In größeren Gruppen von 10–20 Pflanzen.
IV: In größeren Kolonien, ausgesprochen flächig.
V: Vorwiegend großflächige Verwendung.

Wassertiefe: Für die Pflanze möglicher Wasserstand. Angaben in cm.

Lebensform:
Baum
Strauch
Halbstrauch
Staude
Einjährige Pflanze
Zweijährige Pflanze
Kalthauspflanze
Warmhauspflanze

Sumpfpflanzen

Sumpfpflanzen – Webcode: teich661

Achillea ptarmica

Sumpf-Schafgarbe, Bertrams-Garbe
Asteraceae, Asterngewächse

Heimat: Europa, W-Asien.
Wuchsform: Breitbuschige Staude, Ausläufer bildend.
Blatt: Wechselständig, lanzettlich, glänzend, am Rand scharf gesägt.
Blüte: Weiße Blütenköpfchen in Trugdolden.
Fruchtstand/Frucht: Trugdolde, Frucht unscheinbar, Samen klein.
Standort: Sonnige bis halbschattige Plätze, nährstoffreiche, frische bis feuchte Böden.
Lebensbereiche: Fr, 3, so, auch WR, 4, so: Freifläche, sonnig, feucht.
Verwendung: Rabatte in Wassernähe, Schnittpflanze.
Vermehrung: Teilung, Abtrennen der Ausläufer im Frühling.
Eigenschaften: Wertvolle Beetstaude; Wertvolle Wildstaude.
Sorte: 'Schneeball', gefüllt, weiß.
Hinweise: Heilpflanze.

Achillea ptarmica		Apium repens
20/70 cm		15 cm
VII–VIII		VII–IX
II		II
0–5 cm		5–10 cm
Staude		Staude

Apium repens

Kriechender Sellerie, Eppich
Apiaceae, Selleriegewächse

Heimat: Deutschland, M-Europa.
Wuchsform: Staude, flach liegend, rasenbildend.
Blatt: Fein zerteilt, mehrfach gefiedert.
Blüte: Weißlich, gestielte Dolde, unscheinbar.
Frucht: Klein, unscheinbar.
Standort: Sonniger Teichrand, Sumpfgräben.
Lebensbereiche: WR, 4, so: Wasserrand, sumpfig, sonnig.
Verwendung: Bodendecker für flache Bereiche .
Vermehrung: Teilung, Aussaat.
Eigenschaften: Wertvolle Wildstaude.
Hinweise: Geschützte Pflanze.

Baldellia ranunculoides

Igelschlauch
Alismataceae, Froschlöffelgewächse

Heimat: M-Europa, W-Europa, NW-Afrika.
Wuchsform: Kurzlebige Staude, aufrecht, horstig.
Blatt: Lanzettlich, sommergrün, auch Schwimmblätter.
Blüte: Schalenförmig in Doldenrispe, dreiteilig, hellrosa.
Frucht: Kugelige Köpfchen, klein.
Standort: Sonnig bis halbschattig.
Lebensbereiche: WR, 4, so–hs: Wasserrand, sumpfig, sonnig–halbschattig.
Verwendung: Wasserrand, dauerfeuchte Stellen, Sumpfgärtchen.
Vermehrung: Aussaat.
Eigenschaften: Liebhaberstaude.
Hinweise: Geschützte Pflanze. Heimisch, aber selten. Im Kalthaus überwintern.

Baldellia ranunculoides		Bistorta officinalis
10–20 cm		*30/60–100 cm*
V–VIII		*V–VIII*
II		*I–III*
10–20 cm		*0–15 cm*
Staude		*Staude*

Bistorta officinalis

(Syn. *Polygonum bistorta*)
Wiesen-Knöterich
Polygonaceae, Knöterichgewächse

Heimat: Europa bis Kamtschatka.
Wuchsform: Aufrechte Staude, bildet Ausläufer.
Blatt: Eiförmig, sommergrün, am Grund herzförmig.
Blüte: In dichter Ähre, rosa.
Frucht: Dreikantig, dunkelbraun, 4 mm lang.
Standort: Sonnig bis absonnig, feuchte, nährstoffreiche Böden.
Lebensbereiche: Fr, 3, so–abs; WR, 4, so–hs: Freifläche, feucht, sonnig–absonnig; Wasserrand, sumpfig, sonnig–halbschattig.
Verwendung: Flächig auf feuchten, sauren Wiesen.
Vermehrung: Teilung.
Eigenschaften: Wichtige Schnittblume.
Sorte: 'Superbum', Ähren dunkelrosa.
Hinweise: Heilpflanze.

Bolboschoenus maritimus

(Syn. *Scirpus maritimus*)
Gewöhnliche Strandsimse
Cyperaceae, Riedgrasgewächse

Heimat: Europa.
Wuchsform: Aufrechte Staude, rhizombildend.
Blatt: Flach, 3–8 mm breit, Stängel dreikantig.
Blüte: Hellbraun, zusammengesetztes Köpfchen, lange Hochblätter.
Frucht: Dreikantig, schwarzbraun, glänzend.
Standort: Wasserrand, sumpfig, sonnig.
Lebensbereiche: WR, 4, so–hs; WR, 5, so–hs: Wasserrand, sumpfig-flaches Wasser, sonnig-halbschattig.
Verwendung: Teichufer, nährstoffreiche Böden.
Vermehrung: Ausläufer abtrennen.
Eigenschaften: Wertvolle Wildstaude.
Hinweise: Wuchert!

Bolboschoenus maritimus		Calla palustris
30–120 cm		*20 cm*
VI–VIII		*VI–VII*
II		*II*
bis 40 cm		*0–20 cm*
Staude		*Staude*

Calla palustris

Schlangenwurz, Sumpfkalla
Araceae, Aronstabgewächse

Heimat: Europa bis Kamtschatka, Alaska.
Wuchsform: Niederliegende Staude, Rhizome bildend.
Blatt: Herzförmig, breit, bis 30 cm lang, sommergrün.
Blüte: Kolben 3 cm lang, umgeben von weißer Spatha, Einzelblüte unscheinbar grünlich.
Frucht: Beerenartig, rot.
Standort: Sonnig bis halbschattig.
Lebensbereiche: WR, 5, so–hs: Wasserrand, flaches Wasser, sonnig-halbschattig.
Verwendung: In stehenden sauren Gewässern.
Vermehrung: Teilung der Rhizome im Frühling, Aussaat.
Eigenschaften: Wertvolle Wildstaude.
Hinweise: Geschützte Pflanze, Giftpflanze. Auffallende Früchte.

Caltha palustris

Sumpf-Dotterblume
Ranunculaceae, Hahnenfußgewächse

Heimat: Europa, Klein-Asien, N-Amerika.
Wuchsform: Staude mit horstigemWuchs.
Blatt: Herzförmig, 4–8 cm breit, glänzend grün.
Blüte: Gelb, schalenförmig, am Ende verzweigter Blütenstände.
Frucht: Balgfrucht, Samen glänzend.
Standort: Bachrand, Teichufer, sonnig–halbschattige Lagen.
Lebensbereiche: WR, 4, so–hs; auch FR, 2–3, so–abs; GR, 3, so–hs: Wasserrand, sumpfig, sonnig–halbschattig; feuchte Freiflächen und Gehölzränder.
Verwendung: Nährstoffreiche, saure Böden am Wasserrand.
Vermehrung: Teilung, Aussaat sofort nach der Ernte.
Eigenschaften: Wertvolle Wildstaude
Sorte: 'Goldschale', Blüten gelb.
Hinweise: Heilpflanze, Giftpflanze.

Caltha palustris 'Multiplex'

(Syn. *Caltha palustris* 'Flore Pleno')
Gefüllte Sumpf-Dotterblume
Ranunculaceae, Hahnenfußgewächse

Heimat: Züchtung.
Wuchsform : Staude mit horstigemWuchs.
Blatt: Herzförmig, 4–8 cm breit, glänzend grün.
Blüte: Gelb, gefüllt, am Ende verzweigter Blütenstände.
Frucht: Balgfrucht, kaum Samen bildend.
Standort: Teichufer, sonnig–halbschattige Lagen.
Lebensbereiche: WR, 4, so–hs; auch FR, 2–3, so–abs; GR, 3, so–hs: Wasserrand, sumpfig, sonnig–halbschattig; auch feuchte Freiflächen und Gehölzränder.
Verwendung: Am Wasserrand, Sumpfgärtchen.
Vermehrung: Teilung.
Eigenschaften: Liebhaberstaude.
Hinweise: Giftpflanze. Prächtige, ballförmige Blüte.

30–40/ 40–50 cm		*20–30/ 30–35 cm*
IV–V		*III–IV*
I–III		*I*
0–20 cm		*0–10 cm*
Staude		*Staude*

Caltha palustris var. alba

Weiße Sumpf-Dotterblume
Ranunculaceae, Hahnenfußgewächse

Heimat: Himalaja.
Wuchsform : Horstige, aufrechte Staude.
Blatt: Rundlich herzförmig, gekerbt am Rand.
Blüte: Weiß, schalenförmig.
Frucht: Balgfrucht, Samen glänzend.
Standort: Sonnig bis halbschattig, Bachrand.
Lebensbereiche: WR, 4, so–hs; FR, 2–3, so–abs: Wasserrand, sonnig–halbschattig, auch für Freiflächen.
Verwendung: Frische feuchte Plätze, Sumpfbeet.
Vermehrung: Teilung im Frühling.
Eigenschaften: Liebhaberstaude.
Hinweise: Giftpflanze.

15–20/ 20–25 cm		50/90 cm
IV–V		VI–VII
I–II		II
5–10 cm		0–5 cm
Staude		Staude

Carex pseudocyperus

Scheinzypergras-Segge
Cyperaceae, Riedgrasgewächse

Heimat: Europa, N-Amerika, O-Asien, Neuseeland.
Wuchsform: Überhängende Staude, Ausläufer bildend.
Blatt: Breit-linealisch, mattgrün, 0,8–1,2 cm breit, wintergrün.
Blüte: Hängende, gelbgrüne, weibliche Ährchen 3 bis 6 cm lang, in Büscheln, männliche Ährchen dünner.
Frucht: Geschnäbelte Fruchtschläuche gelblich.
Standort: Sumpfzonen.
Lebensbereiche: WR, 4, so–hs; auch WR, 5, so–hs: Wasserrand, sumpfig bis dauernass, sonnig bis halbschattig.
Verwendung: Für große Wasseranlagen.
Vermehrung: Teilung.
Eigenschaften: Wertvolle Wildstaude.
Hinweise: Wärmeliebend.

Cicuta virosa
Giftiger Wasserschierling
Apiaceae, Selleriegewächse

Heimat: Eurasien, von Deutschland bis zum Kaukasus.
Wuchsform: Aufrechte Staude, hochwüchsig, Stängel röhrig. Knolliger Wurzelstock gekammert.
Blatt: Schmal lanzettlich, 2–3fach gefiedert, scharf gesägt.
Blüte: Zusammengesetzte Dolde, 15–25-strahlig, weiß, klein.
Frucht: Kugelig, kahl gerippt.
Standort: Verlandungszone von stehenden Gewässern.
Lebensbereiche: WR, 4, so–hs: Wasserrand, sumpfig, sonnig bis halbschattig.
Verwendung: Nicht zu empfehlen wegen starker Giftwirkung.
Vermehrung: Aussaat.
Eigenschaften: Wildstaude.
Hinweise: Giftpflanze. Enthält das Gift Cicutoxin.

50/150 cm		*20/30 cm*
VI–VIII		*VI–VIII*
I–II		*II*
0–10 cm		*10–20 cm*
Staude		*einjährig*

Cotula coronopifolia
Krähenfuß-Laugenblume, Wasserknopf
Asteraceae, Asterngewächse

Heimat: S-Afrika, Kapregion, Australien, S-Amerika.
Wuchsform: Polsterbildend, einjährig, Triebe kriechend.
Blatt: Linealisch, am Rand gezähnt, 5–12 cm lang.
Blüte: Gestielte gelbe Köpfchen, über dem Laub.
Frucht: Sammelfrucht mit Pappus.
Standort: Wasserrand, im Sumpf, sonnig, wärmeliebend.
Lebensbereiche: WR, 4, so: Wasserrand, sumpfig, sonnig.
Verwendung: An dauerfeuchten Stellen.
Vermehrung: Aussaat im Frühling.
Eigenschaften: Kurzlebig.
Hinweise: Überwinterung im Kalthaus möglich.

Cyperus longus subsp. longus
Langes Zypergras
Cyperaceae, Riedgrasgewächse

Heimat: S-Deutschland, S-Europa, Mittelmeergebiet, O-Asien, Afrika.
Wuchsform: Aufrechte Staude, steif, Stängel dreikantig, bildet Ausläufer.
Blatt: Lineallanzettlich, über 60 cm lang.
Blüte: Endständiger Blütenstand 10–30 cm lang, lange Tragblätter, bräunliche Ährchen bis 6 cm lang.
Frucht: Dreikantig, rotbraun, 1 mm lang.
Standort: Flachwasser, Wasserrand, sonnig.
Lebensbereiche: WR, 5, so: Wasserrand, dauerfeucht, sonnig.
Verwendung: Landschaftliche Pflanzungen, Solitär, Schnittpflanze.
Vermehrung: Abtrennen der Rhizome, Teilung.
Eigenschaften: Liebhaberpflanze.
Hinweise: Nicht ausreichend winterhart.

Cyperus longus		Dactylorhiza incarnata
60/100 –120 cm		30/60 cm
VII–VIII		V–VI
I		I–II
0–15 cm		0–5 cm
Staude		Staude

Dactylorhiza incarnata
Fleischfarbenes Knabenkraut
Orchidaceae, Orchideengewächse

Heimat: Europa, gemäßigtes Asien.
Wuchsform: Aufrechte heimische Staude, Stängel beblättert.
Blatt: Lanzettlich zugespitzt, hellgrün, ungefleckt.
Blüte: Dichte Ähre mit vielen zygomorphen Blüten, hellrosa, Lippe dreilappig mit dunkler Zeichnung.
Frucht: Kapsel mit staubfeinen Samen (ohne Nährgewebe).
Standort: Kalkhaltig, humos, sonnig.
Lebensbereiche: WR, 4, so: Wasserrand; feucht, sonnig.
Verwendung: In Gruppen im Sumpfgarten.
Vermehrung: Aussaat in Speziallabors.
Eigenschaften: Liebhaberstaude.
Hinweise: Geschützte Pflanze. Hybriden aus genehmigten Laborvermehrungen im Handel.

Dactylorhiza maculata
Geflecktes Knabenkraut
Orchidaceae, Orchideengewächse

Heimat: Europa, Mittelmeergebiet.
Wuchsform: Aufrechte heimische Staude, Stängel beblättert.
Blatt: Breit lanzettlich, oft mit dunklen Flecken.
Blüte: Dichte Ähre mit vielen zygomorphen Blüten, hell bis dunkelrosa; Sporn gerade, abwärts gerichtet.
Frucht: Kapsel mit staubfeinen Samen.
Standort: Kalkarm, sonnig.
Lebensbereiche: Fr, 2–3, so: Freifläche; frisch bis feucht, sonnig.
Verwendung: In Gruppen im Sumpfgarten.
Vermehrung: Aussaat in Speziallabors.
Eigenschaften: Liebhaberstaude.
Ähnliche Art: *Dactylorhiza majalis*, Breitblättriges Knabenkraut, dunkelpurpurn.
Hinweise: Geschützte Pflanze.

30/60 cm	20–40 cm
V–VII	VI–VIII
I–II	II
0–5 cm	0–20 cm
Staude	Staude

Eleocharis palustris
(Syn. *Scirpus palustris*)
Gewöhnliche Sumpfsimse
Cyperaceae, Riedgrasgewächse

Heimat: Kosmopolit (auch heimisch).
Wuchsform : Aufrechte, wuchernde Staude.
Blatt: Steif aufrecht, dunkelgrün, 50 cm.
Blüte: Kopfiges Ährchen am Ende des Triebes, 2 cm lang, braun.
Frucht: Ähre, Samen gelbbraun, glänzend.
Standort: Flachwasserzonen, sonnig, nährstoffreiche Böden.
Lebensbereiche: WR, 5, so; WR, 4, so: Wasserrand, feucht bis nass, sonnig.
Verwendung: Uferbefestigung (submerse Form), große Wasserflächen.
Vermehrung: Teilung im Frühling.
Eigenschaften: Wertvolle Wildstaude.
Ähnliche Art: *Eleocharis acicularis*, Nadelbinse.
Hinweise: Verdrängt Algen.

Epipactis palustris
Sumpf-Stendelwurz
Orchidaceae, Orchideengewächse

Heimat: Europa, N-Afrika, W-Asien.
Wuchsform: Aufrecht bis leicht überhängend, rhizombildende Staude.
Blatt: Breit lanzettlich, mattgrün, 5–9 cm lang, am Stängel.
Blüte: Einseitswendige Doldentraube, locker, trägt 7–20 Blüten, hängend, ohne Sporn, bräunlich, Lippe weiß.
Frucht: Kapsel mit vielen feinen Samen.
Standort: Feuchtwiesen, Flachmoore.
Lebensbereiche: Fr, 3, so-abs; GR, 2–3, so-abs: Freiflächen, feucht, sonnig bis absonnig, auch Gehölzrand, frisch bis feucht, sonnig bis absonnig.
Verwendung: Halbschattige Uferbereiche, kalkreiche Böden.
Vermehrung: Aussaat.
Eigenschaften: Wächst auch in normalem Gartenboden.
Hinweise: Geschützte Pflanze.

Equisetum hyemale
Winter-Schachtelhalm
Equisetaceae, Schachtelhalmgewächse

Heimat: Europa, Asien, N-Amerika.
Wuchsform: Aufrechte Staude, Ausläufer. Triebe: wintergrün, dunkelgrün, unverzweigt, Scheiden eng anliegend, Zähnchen meist schwarz.
Sporangienähre: Am Triebende einiger Triebe, 8–15 mm lang, spitz.
Frucht: Sporangien zur Reifezeit gelb, Sporen staubfein.
Standort: Sonnig bis halbschattig, feucht.
Lebensbereiche: Fr, 3, so-abs; WR, 4, so-sch: Freifläche, feucht, sonnig bis absonnig, auch Wasserrand; sumpfig, sonnig bis schattig.
Verwendung: Naturnahe Pflanzungen, Kübel, Teiche.
Vermehrung: Teilung.
Eigenschaften: Wertvolle Wildstaude.
Hinweise: Heilpflanze.

20–50 cm	50–150 cm
VI–VII	VI–VIII
I	II
0–5 cm	bis 40 cm
Staude	Staude

Eupatorium cannabinum
Gewöhnlicher Wasserdost,
Kunigundenkraut
Asteraceae, Asterngewächse

Heimat: Europa bis Kaukasus, Sibirien, N-Afrika.
Wuchsform: Aufrecht, horstige Staude.
Blatt: Lanzettlich, 3–5-teilig, rau, doppelt gesägt.
Blüte: Rosa Köpfchen in Doldentrauben.
Frucht: Pappus.
Standort: Feucht, sonnig.
Lebensbereiche: WR, 4, so–hs; GR, 2–3, so–hs: Wasserrand; feucht, sonnig bis halbschattig, auch Gehölzrand.
Verwendung: Wasser-und Gehölzrand, solitär.
Vermehrung: Aussaat.
Eigenschaften: Wertvolle Wildstaude. Wichtige Bienenweide.
Ähnliche Art: *E. maculatum*, Gefleckter Wasserdost, N-Amerika, rosa, bis 2 m hoch.
Hinweise: Heilpflanze, giftig!

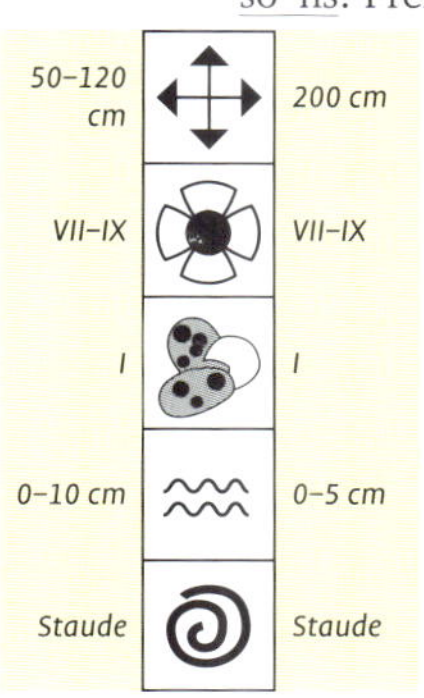

Eupatorium purpureum
Purpur-Wasserdost
Asteraceae, Asterngewächse

Heimat: USA.
Wuchsform: Aufrecht, horstige Staude.
Blatt: Lanzettlich, doppelt gesägt, mattgrün.
Blüte: Purpur, Köpfchen in Doldentrauben.
Frucht: Pappus.
Standort: Feuchte Gartenböden, auch im Halbschatten.
Lebensbereiche: Fr, 3, so–abs; auch WR, 4, so–hs: Freiflächen; feucht, sonnig bis absonnig, auch Wasserrand.
Verwendung: Teichrand, Gärten mit Wildcharakter
Vermehrung: Teilung im Frühling.
Eigenschaften: Wichtige Schnittblume.
Hinweise: Heilpflanze. Sehr gute Bienenweide.

Euphorbia palustris
Sumpf-Wolfsmilch
Euphorbiaceae, Wolfsmilchgewächse

Heimat: Europa, Kaukasus, Sibirien.
Wuchsform: Aufrechte Staude, bildet Ausläufer.
Blatt: Weidenartig, Stängel beblättert.
Blüte: Unscheinbar grünlich.
Blütenstand: Doldentraube mit gelben Hochblättern.
Standort: Kalkarm, feucht, sonnig.
Lebensbereiche: WR, 4, so–hs; auch Fr, 3, so–hs: Wasserrand sumpfig, sonnig–halbschattig; auch Freiflächen, feucht, sonnig–halbschattig.
Verwendung: Uferrand, auch bei landschaftlichen Pflanzungen.
Vermehrung: Aussaat.
Eigenschaften: Sehr wertvolle Wildstaude.
Hinweise: Geschützte Pflanze, Giftpflanze.

80–120 cm	100–150 cm
V–VI	VI–VII
I	I–II
0–10 cm	0–5 cm
Staude	Staude

Filipendula rubra
Gelappte Spierstaude
Rosaceae, Rosengewächse

Heimat: N-Amerika.
Wuchsform: Staude, aufrecht bis überhängend, kriechender Erdstamm.
Blatt: Fiederteilig gelappt, Rand gezähnt
Blüte: strahlenförmig, klein, rosa
Blütenstand: Doldenrispe
Standort: sonnig, aber feucht
Lebensbereiche: Fr, 3, so–hs; dazu WR, 4, so–hs und GR, 3, so–hs: Freifläche feucht, sonnig–halbschattig, auch Wasser- und Gehölzrand.
Verwendung: Teichrand, auch in frischen Böden im Staudenbeet
Vermehrung: Teilung im Frühling
Eigenschaften: Liebhaberstaude
Sorte: 'Venusta Magnifica', Blüten weinrot.
Hinweise: Duftet zur Blütezeit.

Filipendula ulmaria

Echtes Mädesüß
Rosaceae, Rosengewächse

Heimat: Europa bis N-Sibirien, Klein-Asien.
Wuchsform: Staude, aufrecht, Wurzelstock kriechend.
Blatt: Unpaarig gefiedert, großes Endblatt, Blattrand gezähnt.
Blüte: 5-strahlig, gelblich weiß in Doldenrispen.
Standort: Sonnig, humose Böden, anpassungsfähig.
Lebensbereiche: Fr, 3, so und WR, 4, so–hs: Freiflächen; feucht, sonnig; Auch Wasserrand, sumpfig, sonnig bis halbschattig.
Verwendung: Bachufer, Teichrand.
Vermehrung: Aussaat.
Eigenschaften: Wertvolle Wildstaude.
Hinweise: Heilpflanze, versamt sich leicht. Duftpflanze.

Filipendula ulmaria		Fritillaria meleagris
60/80 cm		15/20–30 cm
VI–VIII		IV–V
II		II
0–10 cm		0–5 cm
Staude		Staude

Fritillaria meleagris

Schachbrettblume, Kiebitzei
Liliaceae, Liliengewächse

Heimat: Europa, Kaukasus
Wuchsform: Aufrecht, horstige Zwiebelpflanze, mehrjährig, zieht nach Samenreife ein.
Blatt: Lineal lanzettlich, graugrün, Stängel beblättert.
Blüte: 1–2 nickende, große Glockenblüten, violettbraun, weiß.
Frucht: Kapsel dreifächerig.
Standort: Feuchte Wiesen in voller Sonne.
Lebensbereiche: Fr, 2–3, so–abs: Freifläche, frisch bis feucht; sonnig bis absonnig. Auch WR, GR.
Verwendung: In Gruppen in humosen, durchlässigen Böden.
Vermehrung: Aussaat.
Eigenschaften: Wertvolle Wildstaude.
Sorten: 'Aphrodite', rein weiß; 'Orion', matt rotviolett.
Hinweise: Geschützte Wildpflanze, Giftpflanze.

Geum rivale
Bach-Nelkenwurz
Rosaceae, Rosengewächse

Heimat: Nördliche Halbkugel.
Wuchsform: Staude, aufrecht, horstig, Stängel behaart.
Blatt: fiederartig, gezähnt, wintergrün
Blüte: glockig, hängend, gelblich rosa, Kelch braun.
Frucht: Fruchtschopf, Samen mit Widerhaken.
Standort: neutrale bis kalkreiche Böden.
Lebensbereiche: Fr, 2–3, so–abs und WR, 4, so–hs: Freiflächen; frisch bis feucht, sonnig bis absonnig. Auch Wasserrand.
Verwendung: Nasswiesen, Moorwiesen, Bachrand.
Vermehrung: Teilung nach der Blüte.
Eigenschaften: Wertvolle Wildstaude.
Sorte: 'Album', weiß.
Hinweise: Heilpflanze.

Gladiolus palustris
Sumpf-Siegwurz
Iridaceae, Schwertliliengewächse

Heimat: M-Europa, O-Europa.
Wuchsform: Aufrechte Staude, Knollenpflanze, bildet lockere Horste.
Blatt: Schwertförmig, sommergrün, zieht nach der Blüte ein.
Blütenstand: Lockere Ähre, einseitig.
Blüte: Zygomorph, 2–3 cm groß, hellrot.
Frucht: Dreifächerige Kapsel mit flachen Samen.
Standort: Feuchte Moorwiesen, sonnig.
Lebensbereiche: WR, 4, so, auch Fr, 3, so: Wasserrand, sumpfig, sonnig; auch Freifläche, feucht, sonnig.
Verwendung: Wasserrand in leicht sauren Böden.
Vermehrung: Brutknöllchen, Aussaat.
Pflanzung: Im Herbst.
Eigenschaften: Liebhaberstaude.
Hinweise: Geschützte Wildpflanze.

Geum rivale		Gladiolus palustris
20/50 cm		30–60 cm
V–VI		VI–VII
II		II
0–10 cm		0–5 cm
Staude		Staude

Hibiscus moscheutos
Sumpfeibisch
Malvaceae, Malvengewächse

Heimat: Östliche USA.
Wuchsform: Mächtige Staude, horstig.
Blatt: Eiförmig bis dreilappig, unterseits filzig behaart, bis 22 cm groß.
Blüte: Radiär, bis 20 cm groß, weiß bis rosa, Mitte dunkler.
Frucht: Kapsel fünfteilig.
Standort: Wasserrand, sumpfig.
Lebensbereiche: Fr, 3, so: Freifläche; feucht; sonnig. Auch WR, 4, so: Wasserrand; sumpfig; sonnig.
Verwendung: Einzeln im Sumpfgarten.
Vermehrung: Stecklinge, Aussaat.
Eigenschaften: Liebhaberstaude.
Sorte: 'Chatelaine', purpurrot, 100 cm, winterhart.
Hinweise: Winterschutz ist in raueren Lagen erforderlich. Verschiedene Unterarten und viele Sorten in USA bekannt.

Hibiscus moscheutos		Gratiola officinalis
100–120 cm		20–40 cm
VII–IX		VI–VIII
I		I
0–5 cm		0–10 cm
Staude		Staude

Gratiola officinalis
Gnadenkraut
Scrophulariaceae, Braunwurzgewächse

Heimat: Europa, Klein-Asien,S-Ural,W-Asien.
Wuchsform: Staude, kriechender Wuchs, aufrechte, hohle Triebe.
Blatt: Kreuzgegenständig, schmal lanzettlich, ungestielt.
Blüte: gestielt, erscheint aus den Blattachseln, zygomorph, blassrosa mit gelber Röhre, innen bärtig.
Frucht: Vierklappige Kapsel, feine Samen.
Standort: Moorwiesen.
Lebensbereiche: WR, 4, so–hs, dazu Fr, 2, so–abs: Wasserrand, sumpfig, sonnig bis halbschattig; auch Freiflächen, feucht.
Verwendung: Saure Böden, gerne am Wasserrand.
Vermehrung: Teilung.
Eigenschaften: Bienenweide
Hinweise: Geschützte Wildpflanze, Heil- und Giftpflanze.

Iris ensata

(Syn. *Iris kaempferi*)
Japanische Sumpf-Schwertlilie
Iridaceae, Schwertliliengewächse

Heimat: China, Japan, Korea, Mandschurei.
Wuchsform: Staude mit aufrechtem Wuchs, horstartig.
Blatt: Linealisch, überhängend.
Blüte: Meist einzeln, dreiteilige, große Blüte, je nach Sorte rosa, rot, violett oder weiß.
Frucht: Dreifächerige Kapsel, Samen braun.
Standort: Nährstoffreiche, saure Böden.
Lebensbereiche: Fr, 2–3, so: Freifläche; frisch bis feucht
Verwendung: Solitär am Wasserrand, auch Schnittpflanze.
Vermehrung: Teilung.
Eigenschaften: Wertvolle Wildstaude.
Sorten: 'Amazone', purpurviolett. Viele Sorten im Handel, meist mit japanischen Namen.
Hinweise: Standort soll im Frühling feucht, ab Herbst trocken sein.Verträgt keinen Kalkboden.

Iris ensata		Iris laevigata
60–90 cm		40–60/ 80 cm
VI–VII		VI–VII
II		II
0–10 cm		0–10 cm
Staude		Staude

Iris laevigata

Asiatische Sumpf-Schwertlilie
Iridaceae, Schwertliliengewächse

Heimat: China, Mandschurei, Korea, Japan.
Wuchsform: Horstig, aufrecht bis locker überhängend.
Blatt: Linealisch, 1,5–3 cm breit.
Blüte: Sattblau mit gelbem Mittelstreifen, 5–6 cm groß. 3 Dom- und 3 Hängeblätter.
Frucht: Dreifächerige Kapsel.
Standort: Sumpfboden, kalkarme Böden.
Lebensbereiche: WR, 4–5, so; Fr, 2–3, so: Wasserrand, sumpfig, sonnig; auch Freifläche, frisch bis feucht, sonnig.
Verwendung: Für kleine Wasserflächen, Schnittpflanze.
Vermehrung: Teilung.
Eigenschaften: Wertvolle Wildstaude.
Sorten: Viele Sorten von weiß bis dunkelblau. 'Rose Queen', rosa.
Hinweise: Ganzjährig an feuchtem Platz möglich

Iris pseudacorus

Sumpf-Schwertlilie
Iridaceae, Schwertliliengewächse

Heimat: Europa bis W-Sibirien, Marokko.
Wuchsform: Aufrechter Stängel, Rhizome.
Blatt: Schwertförmig, 1–3 cm breit.
Blüte: Gelb, 6–8 cm, an bis 100 cm langem Stängel; Domblätter kurz, aufrecht, Hängeblätter breit, mit brauner Zeichnung.
Frucht: Kapsel zylindrisch, 4–8 cm lang.
Standort: Gräben, Wasserrand.
Lebensbereiche: Fr, 3, so, dazu WR, 4, so–hs: Freifläche, feucht, sonnig; auch Wasserrand, sumpfig, sonnig.
Verwendung: Wasserbecken, Teiche, große Wasserflächen.
Vermehrung: Teilung im Vorfrühling, Aussaat sofort nach der Ernte.
Eigenschaften: Besonders wertvolle Wildstaude.
Sorte: 'Golden Queen', goldgelb.
Hinweise: Heimisch, aber leicht giftig. Wird zur Wasserklärung verwendet.

Iris pseudacorus		Iris sibirica
60–80/ 100 cm		60–80/ 100 cm
VI–VII		V–VI
I		II
0–20 cm		0–5 cm
Staude		Staude

Iris sibirica

Sibirische Schwertlilie
Iridaceae, Schwertliliengewächse

Heimat: Europa, Kaukasus, Sibirien.
Wuchsform: Horstig, aufrecht, Stängel hohl.
Blatt: Sehr schmal, bogig überhängend.
Blüte: 4–5 cm groß, Domblätter dunkelblau, Hängeblätter breit, hellblau.
Frucht: 3-fächerige, schmale Kapsel.
Standort: Am Rand von Gewässern in trockeneren Bereichen.
Lebensbereiche: Fr, 3, so: Freifläche, feucht, sonnig.
Verwendung: In nährstoffreichen Böden.
Vermehrung: Teilung im Frühling, Aussaat.
Eigenschaften: Wertvolle Wildstaude.
Sorten: 'Caesar', vorzügliche Beetstaude, violettblau; 'Cambridge', ausgezeichnete Beetstaude, hellblau, großblumig.
Hinweise: Geschützte, heimische Pflanze.

Iris versicolor
Verschiedenfarbige Schwertlilie
Iridaceae, Schwertliliengewächse

Heimat: Östliches Nordamerika.
Wuchsform: Locker aufrecht, horstbildend.
Blatt: Grundständig, länglich, schmal, zugespitzt, ganzrandig.
Blüte: Klein, locker verzweigt, dunkelviolett, VI–VII.
Frucht: Kapsel.
Standort: Sonnig; lehmig sandiger Boden, nährstoffreich, mäßig sauer bis kalkreich.
Lebensbereiche: WR, 2–3, so: Wasserrand, sumpfiges bis flaches Wasser, sonnig, auch FR, 2–3, so: Freifläche, frischer bis feuchter Boden, sonnig.
Verwendung: Kleine und große Wasserflächen.
Vermehrung: Samen, Teilung.
Eigenschaften: Wildstaude.
Sorte: 'Cat Mousam', blau, großblütig; 'Little Rhyme', weiß, 30 cm.
Hinweise: Heil- und Medizinpflanze.

Iris versicolor		Juncus effusus
bis 1,0 m		40–70 cm
VI–VII		VI–VIII
II		II
0–20 cm		0–10 cm
Staude		Staude

Juncus effusus
Flatter-Binse
Juncaceae, Simsengewächse

Heimat: In Europa heimisch, aber weltweit verbreitet.
Wuchsform: Wildpflanze mit Ausläufern.
Stängel: Rund, unbeblättert, grasgrün.
Blüte: Vielblütig in Knäueln, gelbbraun, seitlich am Stängel.
Frucht: Braune, vielsamige Kapsel.
Standort: Ufer von Seen, Sümpfen in sauren Böden.
Lebensbereiche: WR, 4, so–hs und Fr, 3, so–hs: Wasserand, sumpfig, sonnig bis halbschattig; auch feuchte Freiflächen.
Verwendung: In Gruppen für landschaftliche Pflanzungen.
Vermehrung: Teilung der Rhizome.
Eigenschaften: Liebhaberstaude.
Sorten: 'Spiralis', Korkenzieher-Binse, bis 40 cm hoch, spiralig gedrehte Halme. (Bild!)
Hinweise: Wuchert!

Juncus ensifolius

Schwertblättrige Binse
Juncaceae, Simsengewächse

Heimat: N-Amerika.
Wuchsform: Locker horstig, kurze, drahtartige Rhizome.
Blatt: Flach, 5 mm breit, bis 30 cm lang, sommergrün.
Blüte: Dunkelbraune Köpfchen am Triebende.
Frucht: Kapsel mit vielen Samen.
Standort: Wasserrand, sumpfig in voller Sonne.
Lebensbereiche: WR, 4, so: Wasserrand; sumpfig, sonnig.
Verwendung: In kleinen Gruppen auch für Miniwasserbecken.
Vermehrung: Teilung und Aussaat.
Eigenschaften: Liebhaberstaude.
Hinweise: Besonders gartenwürdig. Selbstaussaat möglich.

Juncus ensifolius		Leucojum vernum
15–20/ 30 cm		20/30 cm
VII–VIII		III–IV
I		III
5–10 cm		0–5 cm
Staude		Staude

Leucojum vernum

Frühlings-Knotenblume, Märzbecher
Amaryllidaceae, Amaryllisgewächse

Heimat: M-Europa, S-Europa, Kaukasus.
Wuchsform: Horstige Zwiebelpflanze, Blüten aufrecht, zieht nach der Blüte ein.
Blatt: Linealisch, glänzend, dunkelgrün, überhängend.
Blüte: Glockig, 1–2-blütig, hängend, weiß.
Frucht: Hängende Beere, selten.
Standort: Frische, feuchte, nährstoffreiche Lehmböden, die auch im Sommer nicht austrocknen.
Lebensbereiche: GR, 2–3, so–hs: Gehölzrand; frisch bis feucht; sonnig bis halbschattig.
Verwendung: Offene oder nur locker mit Stauden und Gräsern bepflanzte Flächen.
Vermehrung: Samen und Brutzwiebeln (Sommer).
Eigenschaften: Besonders wertvolle Wildstaude.
Hinweise: Geschützte Wildpflanze. Giftpflanze.

Lobelia cardinalis

Kardinals-Lobelie
Campanulaceae, Glockenblumengewächse

Heimat: N-Amerika.
Wuchsform: Horstbildende Staude, straff aufrechte Triebe.
Blatt: Länglich eirund, zugespitzt, rötlich.
Blüte: Kardinalrot, weithin leuchtend, zygomorph, 3–4 cm.
Frucht: Kapsel mit feinen Samen.
Standort: Flachwasser, humose, nährstoffreiche Böden.
Lebensbereiche: Fr, 3, so: Freifläche; feucht, sonnig. Auch WR, 4, so: Wasserrand, sumpfig.
Verwendung: Am Teichrand, Solitärstand.
Vermehrung: Teilung, Aussaat.
Eigenschaften: Fernwirkung.
Ähnliche Art: *Lobelia × gerardii*, purpurviolette Blüten, 60 cm hoch.
Hinweise: Schnittpflanze. Im Winter mit Laub abdecken.

Lobelia cardinalis		Lysichiton americanus
60–80 cm		80–100/30 cm
VII–IX		IV–V
I		I
0–10 cm		0–15 cm
Staude		Staude

Lysichiton americanus

Gelbe Scheinkalla
Araceae, Aronstabgewächse

Heimat: N-Amerika.
Wuchsform: Aufrecht, locker, rhizombildend.
Blatt: Verkehrt eiförmig, riesig, 30 cm breit, erscheint nach der Blüte.
Blüte: Kolben mit gelber Spatha, 25 cm lang, 12 cm breit, Vorfrühling.
Frucht: Kolben.
Standort: Schwere, humusreiche Böden, sumpfiges Gelände.
Lebensbereiche: WR 4, so–hs: Wasserrand; sumpfig; sonnig bis halbschattig.
Verwendung: Sumpf- und Wassergärten, gut mit Primelarten.
Vermehrung: Teilung der Rhizome im Frühling.
Eigenschaften: Liebhaberstaude.
Hinweise: Auffälliger Vorfrühlingsblüher, benötigt viel Platz.

Lysichiton camtschatcensis
Weiße Scheinkalla
Araceae, Aronstabgewächse

Heimat: Japan, Kurilen, Kamtschatka, Amurgebiet.
Wuchsform: Aufrecht, locker, rhizombildend.
Blatt: Verkehrt eiförmig, groß, 15 cm breit, erscheint nach der Blüte.
Blüte: Kolben mit weißer Spatha, 20 cm lang, 10 cm breit, Vorfrühling.
Frucht: Kolben.
Standort: Schwere, humusreiche Böden, sumpfiges Gelände.
Lebensbereiche: WR, 4, so–hs: Wasserrand; sumpfig; sonnig bis halbschattig.
Verwendung: Sumpf- und Wassergärten, Bachränder.
Vermehrung: Teilung der Rhizome im Frühling, Aussaat.
Eigenschaften: Liebhaberstaude.
Hinweise: Auffälliger Vorfrühlingsblüher, benötigt viel Platz. Verträgt keinen Kalkboden.

Lysichiton camtschatcensis	Lysimachia ciliata
40/50 cm	60–80 cm
V–VI	VI–VIII
I–II	II
0–15 cm	0 cm
Staude	Staude

Lysimachia ciliata
Bewimperter Felberich
Primulaceae, Primelgewächse

Heimat: Kanada, USA.
Wuchsform: Aufrecht mit Ausläufern.
Blatt: Quirlständig am ganzen Stängel, eiförmig, bewimpert.
Blüte: Schalenförmig, etagenförmig in den Blattachseln, gelb, 2–3 cm groß.
Frucht: Runde Kapseln.
Standort: Frische bis feuchte, nährstoffreiche Plätze, halbschattig.
Lebensbereiche: GR, 2–3, so–hs: Gehölzrand; frisch bis feucht; sonnig bis halbschattig. Auch für Freiflächen und Wasserrand, Boden darf nicht austrocknen.
Verwendung: Zwischen lichten Gehölzen, Staudenbeete.
Vermehrung: Teilung.
Eigenschaften: Wertvolle Beetstaude.
Sorte: 'Firecracker', Bronzeblatt-Felberich, rotsamtenes Laub.
Hinweise: Wuchert!

Lysimachia clethroides

Entenschnabel-Felberich
Primulaceae, Primelgewächse

Heimat: China, Japan, Korea.
Wuchsform: Aufrechte Staude mit Ausläufern, Stängel beblättert.
Blatt: Wechselständig, eiförmig zugespitzt.
Blüte: Am Triebende, gebogene Ähre, weiß, sternförmig.
Frucht: Kleine Kapsel mit feinen Samen.
Standort: Nährstoffreiche Böden im Halbschatten.
Lebensbereiche: Fr, 2–3, so–hs: Freifläche; frisch bis feucht; sonnig bis halbschattig; auch GR, 2–3, so–hs: Gehölzrand.
Verwendung: Rabatten in Wassernähe, humose Böden.
Vermehrung: Teilung im Frühling, Aussaat.
Eigenschaften: Besonders wertvolle Wildstaude.
Hinweise: Winterschutz durch Laubdecke ratsam.

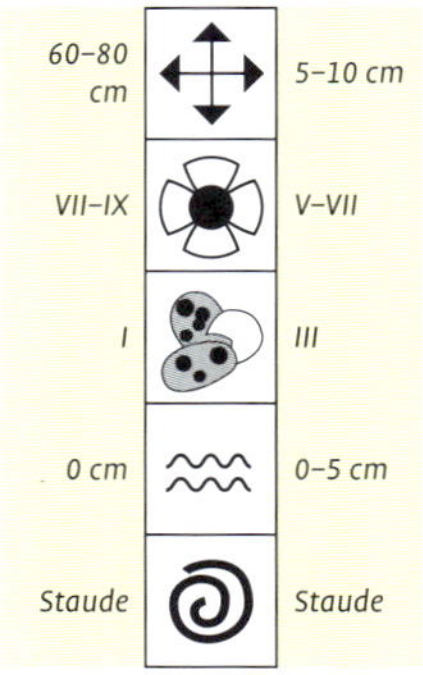

Lysimachia nummularia

Pfennigkraut
Primulaceae, Primelgewächse

Heimat: Europa, Kaukasus.
Wuchsform: Teppichartig kriechend, bildet oberirdische Ausläufer.
Blatt: Rundlich, kreuzgegenständig angeordnet, dem Boden flach aufliegend, grün.
Blüte: Schalenblüte achselständig, goldgelb, Frühling.
Frucht: Kleine Kapseln.
Standort: Feuchte Wiesengräben, Bachränder, meist sonnig. Standorte dürfen nicht austrocknen.
Lebensbereiche: GR, 2–3, so–hs: Gehölzrand; frisch bis feucht; sonnig bis halbschattig. Auch Freifläche und Wasserrand.
Verwendung: Wichtiger Bodendecker für Teich- und Bachränder, auch Grabstätten.
Vermehrung: Teilung einfach.
Eigenschaften: Besonders wertvolle Wildstaude.
Hinweise: Wurzelläuse möglich.

Lysimachia punctata
Punktierter Gilbweiderich
Primulaceae, Primelgewächse

Heimat: M-Europa, S-Europa, Kaukasus.
Wuchsform: Aufrechte Staude mit Ausläufern.
Blatt: Quirlständig am ganzen Stängel, eiförmig.
Blüte: Schalenförmig, etagenförmig in den Blattachseln, gelb.
Frucht: Runde Kapseln.
Standort: Frische bis feuchte, nährstoffreiche Plätze, halbschattig.
Lebensbereiche: GR, 2–3, so–hs: Gehölzrand; frisch bis feucht; sonnig bis halbschattig. Boden sollte nicht ganz austrocknen.
Verwendung: Zwischen lichten Gehölzen, großflächig.
Vermehrung: Teilung.
Eigenschaften: Besonders wertvolle Wildstaude.
Sorte: 'Alexander', grünweiß panaschiert, wächst schwächer.
Hinweise: Wuchert.

Lysimachia punctata		Lysimachia thyrsiflora
60–80 cm		30–50 cm
VI–VIII		V–VII
III–IV		II
0 cm		0–20 cm
Staude		Staude

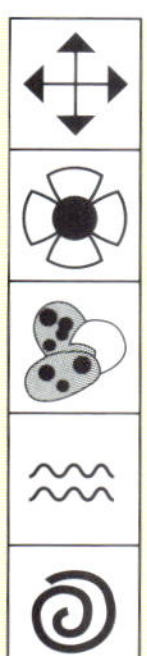

Lysimachia thyrsiflora
Straußblütiger Gilbweiderich
Primulaceae, Primelgewächse

Heimat: Nördlich gemäßigte Zone.
Wuchsform: Aufrechte, wuchernde, prächtige Sumpfstaude.
Blatt: Kreuzgegenständig, schmal, lanzettlich.
Blüte: Büschelförmig, in den Blattachseln, gelb.
Frucht: Kleine Kapsel.
Standort: Nährstoffarme Sumpf- und Moorgebiete.
Lebensbereiche: WR, 4–5, so–hs: Wasserrand; sumpfig bis flaches Wasser; sonnig bis halbschattig.
Verwendung: Wasserrand, kleine und große Teiche, Moor.
Vermehrung: Teilung im Frühling. Aussaat im Winter (Kaltkeimer).
Eigenschaften: Wertvolle Wildstaude.
Hinweise: Ist in Deutschland leider sehr selten geworden.

Lythrum salicaria

Blut-Weiderich
Lythraceae, Weiderichgewächse

Heimat: Asien, Europa, Mittelmeergebiete, N-Amerika.
Wuchsform: Straff aufrecht, horstig.
Blatt: Lanzettlich, ganzrandig, grün.
Blüte: In ährigem Blütenstand, achselständig, violettrosa, Sommer.
Frucht: Kleine Kapsel.
Standort: Wassernahe Plätze, an Gräben, kalkarmen Feuchtwiesen und Mooren.
Lebensbereiche: Fr, 3, so: Freifläche; feucht; sonnig.
Verwendung: In kleinen Trupps an Teichen und Bächen.
Vermehrung: Aussaat im Vorfrühling und Stecklinge.
Eigenschaften: Wertvolle Wildstaude. Schnittpflanze.
Sorten: 'Feuerkerze', rosarot; 'The Beacon', dunkelrot, 80 cm.
Hinweise: Breitet sich durch Selbstaussaat an geeigneten Standorten aus.

Lythrum virgatum

Ruten-Weiderich
Lythraceae, Weiderichgewächse

Heimat: Europa, W-Asien.
Wuchsform: Straff aufrecht, horstig, zierlicher als *L. salicaria*.
Blatt: Linealisch, gegenständig, grün.
Blüte: In ährigem Blütenstand, achselständig, purpurrot.
Frucht: Kleine Kapsel.
Standort: Wassernahe Plätze, Feuchtwiesen.
Lebensbereiche: Fr, 3, so: Freifläche; feucht; sonnig. Auch Wasserrand.
Verwendung: In kleinen Trupps an Teichen, Naturgärten und Bächen.
Vermehrung: Aussaat im Vorfrühling und Stecklinge.
Eigenschaften: Heimisch.
Sorten: 'The Rocket', 80 cm, leuchtend rosa; 'Rose Queen', rosa, zierlich.
Hinweise: Sorten sind eher für trockenere Plätze in Beeten geeignet.

Lythrum salicaria		Lythrum virgatum
100/120 cm		80/100 cm
VI–VIII	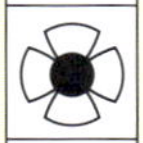	VI–VIII
II	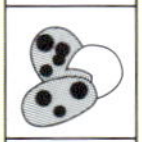	II
0–30 cm		0–10 cm
Staude		Staude

Mentha aquatica
Wasser-Minze
Lamiaceae, Taubnesselgewächse

Heimat: Europa bis Kaukasus, Mittelmeergebiet, NW-Afrika.
Wuchsform: Aufrecht, wuchert durch Rhizome.
Blatt: Gegenständig, eiförmig, frischgrün.
Blüte: In den Blattachseln, hellviolett, zygomorph.
Frucht: Nüsschen.
Standort: Nährstoffreiche, schwere Böden.
Lebensbereiche: WR, 4–5, so–hs: Wasserrand; sumpfig bis flaches Wasser; sonnig bis halbschattig; auch Fr, 3, so–hs: Freifläche, feucht.
Verwendung: Flächig am Wasserrand. In Behälter pflanzen.
Vermehrung: Teilung im Frühling.
Eigenschaften: Wertvolle Wildstaude.
Hinweise: Duft- und Heilpflanze. Für Tees verwendbar.

Mentha aquatica		Mimulus guttatus
40–60 cm		30–40 cm
VII–IX		VI–VIII
I		II
5–25 cm		0–10 cm
Staude		Staude

Mimulus guttatus
Gewöhnliche Gauklerblume
Scrophulariaceae, Rachenblütler

Heimat: N-Amerika.
Wuchsform: Rasenbildende Staude durch Ausläuferbildung, Stängel aufrecht, behaart.
Blatt: In Etagen stehend, länglich eiförmig, gezähnt.
Blüte: In den Blattachseln, leuchtend gelb, zygomorph.
Frucht: Nüsschen.
Standort: Nasse Plätze, Bachränder, Teichrand.
Lebensbereiche: FR, 3, so: Freifläche; feucht; sonnig; auch WR, 4, so–hs: Wasserrand.
Verwendung: In kleinen Gruppen am Teichrand.
Vermehrung: Teilung, Aussaat.
Eigenschaften: Wertvolle Wildstaude.
Hinweise: Sät sich gerne selbst aus.

Mimulus luteus

Gelbe Gauklerblume
Scrophulariaceae, Braunwurzgewächse

Heimat: Chile.
Wuchsform: Aufrechte Staude mit kriechendem Wurzelstock, Stängel kahl.
Blatt: Gegenständig, eiförmig, gezähnt.
Blüte: In den Blattachseln, groß, trompetenförmig, gelb.
Frucht: Nüsschen.
Standort: Teichrand, schwach saure Böden.
Lebensbereiche: WR, 4, so–hs: Wasserrand; sumpfig; sonnig bis halbschattig. Auch Fr, 3, so–hs: Feuchte Freiflächen.
Verwendung: Kleine Trupps an großen Wasserflächen.
Vermehrung: Teilung im Frühling, Aussaat.
Eigenschaften: Wertvolle Wildstaude.
Sorte: 'Tigrinus Grandiflorus', groß, goldgelb, 30 cm.
Hinweise: Verträgt Überflutungen.

Mimulus luteus		Mimulus ringens
30–40/ 40–50 cm		50–70/ 70–80 cm
V–VII		VI–VIII
II		II
0–5 cm		10 cm
Staude		Staude

Mimulus ringens

Blaue Gauklerblume
Scrophulariaceae, Braunwurzgewächse

Heimat: N-Amerika.
Wuchsform: Aufrechte, horstbildende Staude.
Blatt: Kreuzweise gegenständig, lanzettlich,, gesägt.
Blüte: Gestielt, in den Blattachseln sitzend, blau, zygomorph.
Frucht: Nüsschen.
Standort: Wasserrand, sonnige Plätze.
Lebensbereiche: WR, 4, so–hs: Wasserrand; sumpfig; sonnig bis halbschattig; Auch Freifläche.
Verwendung: Am Rande von Wasserflächen aller Art.
Vermehrung: Teilung, Stecklinge und Aussaat.
Eigenschaften: Liebhaberstaude.
Hinweise: Erde sollte nicht austrocknen. Weicht im Habitus und Farbe von anderen Arten ab.

Myosotis scorpioides

(Syn. *Myosotis palustris*)
Sumpf-Vergißmeinnicht
Boraginaceae, Borretschgewächse

Heimat: Europa bis Sibirien.
Wuchsform: Kissenbildende Staude, kriechend durch Ausläufer.
Blatt: Länglich lanzettlich, bis 8 cm lang, etwas glänzend.
Blüte: In wickelartigen Trauben, himmelblau, gelbes Auge.
Frucht: Nüsschen.
Standort: Wiesen, Gräben, Moore, meist sonnig.
Lebensbereiche: WR, 4, so–hs: Wasserrand; sumpfig; sonnig bis halbschattig; Auch Freiflächen.
Verwendung: Landschaftliche Pflanzungen, Teichrand, Bach.
Vermehrung: Teilung, Aussaat (verbreitet Selbstaussaat).
Eigenschaften: Wertvolle Wildstaude. Wichtige Schnittblume.
Sorte: ‘Graf Waldersee’, tiefblau.

Myosotis scorpioides		Nasturtium officinale
30–40 cm		*20–40/ 40–50 cm*
V–VIII		*V–IX*
II		*II*
5–10 cm		*bis 20 cm*
Staude		*Staude*

Nasturtium officinale

Echte Brunnenkresse
Brassicaceae, Kohlgewächse

Heimat: Europa, Asien.
Wuchsform: Kriechende Staude mit aufrechtem Stängel.
Blatt: Unpaarig gefiedert, glänzend grün.
Blüte: In kurzen Ähren, vierteilig, weiß.
Frucht: Schoten stabförmig, Samen zweireihig.
Standort: Gräben und Bäche in der Sonne.
Lebensbereiche: WR, 4–5, so–hs: Wasserrand; sumpfig bis flaches Wasser; sonnig bis halbschattig.
Verwendung: Größere Wasserflächen, Bäche.
Vermehrung: Aussaat.
Eigenschaften: Wertvolle Wildstaude.
Ähnliche Art: *N. microphyllum*: Samen einreihig, Blätter winters rotbraun.
Hinweise: Heil- und Gewürzpflanze, Bienenweide. Wird als Salatpflanze angebaut

Oenanthe aquatica

Wasserfenchel, Pferdesalat
Apiaceae, Selleriegewächse

Heimat: Europa, Asien.
Wuchsform: Aufrechte zweijährige Pflanze.
Blatt: 2-fach gefiedert.
Blüte: Zusammengesetzte Dolde, weiß.
Frucht: Länglich, braun.
Standort: Sumpfböden in voller Sonne.
Lebensbereiche: WR, 5, so: Wasserrand; flaches Wasser; sonnig.
Verwendung: Für landschaftliche Pflanzungen.
Vermehrung: Aussaat.
Eigenschaften: Giftige Früchte, in geringer Dosis Heilpflanze.
Ahnliche Arten: *O. crocata, O. fistulosa, O. lachenalii.*
Hinweise: Giftpflanze.

Phalaris arundinacea

Rohr-Glanzgras
Poaceae, Süßgräser, Rispengrasgewächse

Heimat: Europa, Asien, N-Amerika.
Wuchsform: Aufrechte Staude mit schilfartigem Wuchs.
Blatt: Bis 35 cm lang und 20 mm breit.
Blüte: In einer 10–20 cm langen Rispe, gelblich.
Frucht: Ährchen gehäuft, ohne Granne.
Standort: Röhricht, auch bei wechselndem Wasserstand.
Lebensbereiche: WR, 4, so–hs: Wasserand; sumpfig; sonnig bis halbschattig. Auch feuchte Freiflächen.
Verwendung: Nur in naturnahen Pflanzungen, Rekultivierung.
Vermehrung: Teilung.
Eigenschaften: Wertvolle Wildstaude.
Varietät: *P. arundinacea* var. *picta,* grünweiß, längs gestreift.
Hinweise: Nur buntlaubige Formen für den Garten.

Oenanthe aquatica		Phalaris arundinacea
30–200 cm	✥	40–120/ 60–150 cm
VI–VIII	✿	VI–VII
I		II
bis 10 cm	≈	0–15 cm
zweijährig	◎	Staude

Sumpfpflanzen

Primula × bullesiana

Terrakotta-Etagen-Primel
Primulaceae, Primelgewächse

Heimat: Züchtung (*P. beesiana* × *P. bulleyana*).
Wuchsform: Staude mit grundständiger Rosette, horstig, aufrecht.
Blatt: Spatelförmig, Rand grob gesägt.
Blüte: Stiel mit mehreren Etagen, quirlständig, Einzelblüte mit röhrigem Schlund, 5-teilig, von gelb bis rot und violett.
Frucht: Kugelig, klein.
Standort: Humose Gartenböden im Halbschatten, feucht.
Lebensbereiche: GR, 2–3, hs: Gehölzrand; frisch bis feucht; halbschattig. Auch gut für Wasserrand, sumpfig.
Verwendung: In Wassernähe, an sumpfigen Stellen, auch Schnitt.
Vermehrung: Aussaat im Vorfrühling, auch Teilung.
Eigenschaften: Wertvolle Wildstaude, Wichtige Schnittblume.
Hinweise: Feuchter Boden.

Primula × bullesiana		Primula bulleyana
20–30/ 60 cm		30–40/ 60–70 cm
VI–VIII		VI–VII
II		II
bis 5 cm		bis 5 cm
Staude		Staude

Primula bulleyana

Bulleys Etagen-Primel
Primulaceae, Primelgewächse

Heimat: China: NW-Yunnan, S-Sichuan.
Wuchsform: Staude mit grundständiger Rosette, horstig, aufrecht.
Blatt: Spatelförmig, Rand grob gesägt, unbemehlt.
Blüte: Stiel mit mehreren Etagen, quirlständig, Einzelblüte mit röhrigem Schlund, 5-teilig, orangegelb bis orangerot.
Frucht: Kugelig, klein.
Standort: Humose Gartenböden im Halbschatten, feucht.
Lebensbereiche: GR, 2–3, hs: Gehölzrand; frisch bis feucht; halbschattig. Auch gut für Wasserrand, sumpfig.
Verwendung: In Wassernähe, an sumpfigen Stellen.
Vermehrung: Aussaat im Vorfrühling, auch Teilung.
Eigenschaften: Wertvolle Wildstaude.
Hinweis: Selten echt!

Primula florindae

Glocken-Primel
Primulaceae, Primelgewächse

Heimat: SW-Tibet.
Wuchsform: Staude mit grundständiger Rosette, horstig, aufrecht.
Blatt: Oval bis rund mit langem Stiel, Rand grob gezähnt, glänzend, hängend.
Blüte: Quirlständig, Einzelblüte mit röhrigem Schlund, 5-teilig, schwefelgelb, oft über 40 Blüten in einer Dolde, Schaft bemehlt.
Frucht: Kugelig, klein.
Standort: Humose Gartenböden im Halbschatten, feucht.
Lebensbereiche: GR, 2–3, hs: Gehölzrand; frisch bis feucht; halbschattig. Auch Wasserrand.
Verwendung: In Wassernähe.
Vermehrung: Aussaat im Vorfrühling, auch Teilung.
Eigenschaften: Wertvolle Wildstaude.
Ähnliche Art: *Primula prolifera* (Syn. *P. helodoxa),* gelb.
Hinweise: Boden dauerfeucht.

Primula florindae	Primula rosea
20–30/ 60–80 cm	3–10/ 15–20 cm
VI–VIII	III–IV
II	II
bis 5 cm	0–10 cm
Staude	Staude

Primula rosea

Rosen-Primel
Primulaceae, Primelgewächse

Heimat: Afghanistan,Himalaja, Kaschmir.
Wuchsform: Rosettig, horstig.
Blatt: Länglich eiförmig, gezähnt, frischgrün.
Blüte: Vor dem Laub, am Ende einer vielblütigen Doldentraube. Einzelblüte mit röhrigem Schlund, 5-teilig, hellrot.
Frucht: Kugelige Kapsel.
Standort: Feuchtstellen im Halbschatten, Wasserrand von Teichen, humoser Boden.
Lebensbereiche: WR, 4, so–hs: Wasserrand; sumpfig; sonnig bis halbschattig. Freifläche.
Verwendung: In Wassernähe, sumpfig. Topftreiberei.
Vermehrung: Aussaat sofort nach der Samenreife, Teilung.
Eigenschaften: Wertvolle Wildstaude, Wichtige Schnitblume.
Sorte: 'Grandiflora', großblumig, violett, Schnittpflanze.
Hinweise: Kultur mit Wasseranstau.

Rumex hydrolapathum

Fluss-Ampfer, Riesen-Ampfer
Polygonaceae, Knöterichgewächse

Heimat: M-Europa, S-Europa, Kaukasus.
Wuchsform: Horstbildende, aufrechte Staude.
Blatt: Lanzettlich, bis 80 cm lang, breit, am Rand gewellt.
Blüte: Mächtiger, verzweigter Blütenstand, aber Einzelblüte unscheinbar, rötlich braun.
Frucht: Dreieckig, mit einer Schwiele.
Standort: Sumpfige Bereiche an Seen.
Lebensbereiche: WR, 4–5, so–hs: Wasserrand; sumpfig bis Flachwasserbereiche; sonnig bis halbschattig.
Verwendung: Einzeln in naturnahen Pflanzungen.
Vermehrung: Aussaat.
Eigenschaften: Wertvolle Wildstaude.
Hinweise: Nur für Teichanlagen in Parks.

Rumex hydrolapathum		Salix fragilis
30–80/ 200 cm		bis 15 m
VII–VIII		IV–V
I		I
0–30 cm		0–40 cm
Staude		Baum

Salix fragilis

Bruch-Weide, Knack-Weide
Salicaceae, Weidengewächse

Heimat: Europa bis W-Sibirien.
Wuchsform: Strauch bis Baum.
Blatt: Lanzettlich, 8–18 cm lang, glänzend dunkelgrün.
Blüte: Kätzchen, 5–6 cm lang, zweihäusig.
Frucht: Balgfrucht, 8–12 mm lang.
Standort: Bachrand, Flussufer.
Lebensbereiche: WR, 4, so–hs: Wasserrand, sumpfig bis nass, sonnig bis halbschattig.
Verwendung: Teichrand, Naturanlagen.
Vermehrung: Steckholz, Stecklinge.
Eigenschaften: Steht oft im Wasser
Ähnliche Art: *Salix × rubens (S. alba × S. fragilis)* ist häufiger zu sehen.
Hinweise: Blüten erscheinen mit den Blättern. Zweige brechen leicht ab, glänzen lackartig.

Saururus cernuus

Amerikanischer Molchschwanz
Saururaceae, Molchschwanzgewächse

Heimat: Östliches N-Amerika.
Wuchsform: Aufrechte Staude mit Rhizombildung.
Blatt: Wechselständig, herzförmig, bis 15 cm lang.
Blüte: Lange, gebogene Blütenähre, weiß, duftend.
Frucht: Balgfrüchtchen.
Standort: Humose, sumpfige Böden.
Lebensbereiche: WR, 4, so: Wasserrand; sumpfig; sonnig.
Verwendung: Sumpfige Ufer, einzeln oder in kleinen Tuffs.
Vermehrung: Aussaat im Frühling.
Eigenschaften: Nicht ganz frosthart.
Ähnliche Art: *Saururus chinensis,* kleiner, wärmeliebend.
Hinweise: In rauen Gebieten Winterschutz geben. Selten zu sehen.

Saururus cernuus	Schoenoplectus lacustris
20–50/ 80 cm	200–250 cm
VI–VII	VI–VIII
I–II	I
0–15 cm	10–80 cm
Staude	Staude

Schoenoplectus lacustris

(Syn. *Scirpus lacustris*)
Gewöhnliche Teichsimse
Cyperaceae, Riedgrasgewächse

Heimat: Weltweit verbreitet, auch heimisch.
Wuchsform: Aufrechte Staude mit gebogenen runden Stängeln.
Blatt: Fehlt, Assimilation übernehmen die grünen, hohlen Stängel.
Blüte: Mehrblütige Ährchenbüschel am Triebende, bräunlich.
Frucht: Dreikantig, braun.
Standort: Uferpflanze von Seen.
Lebensbereiche: WR, 4–5, so–hs: Wasserrand; flach bis sumpfig; sonnig bis halbschattig.
Verwendung: Nur für große, natürliche Wasseranlagen.
Vermehrung: Teilung im Frühling. Aussaat unter Wasser.
Eigenschaften: Besonders wertvolle Wildstaude.
Hinweise: Wird auch zur Wasserreinigung verwendet. Pflanzung in Gefäße.

Schoenoplectus tabernaemontani 'Zebrinus'

Zebrasimse
Cyperaceae, Riedgrasgewächse

Heimat: Züchtung
Wuchsform: Aufrechte Staude mit langen Stängeln.
Blatt: Nicht vorhanden, Stängel sind weißgrün geringelt.
Blüte: Braune Ährchen am Ende.
Frucht: Braune Ährchen, selten zu sehen.
Standort: Sumpfige Wasserränder, Wasserbecken.
Lebensbereiche: WR, 4, so: Wasserrand; sumpfig; sonnig.
Verwendung: Einzeln in Gefäßen oder am Gartenteich.
Vermehrung: Teilung im Vorfrühling.
Eigenschaften: Liebhaberstaude.
Hinweise: Die Art ist grün, wächst stärker. Nicht für windige Lagen, Halme knicken.

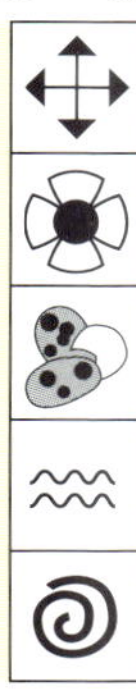

Schoenoplectus tabernaemontani 'Zebrinus'	Scirpoides australis
80–100 cm	50–100 cm
VI–VII	VII–VIII
I	I–II
20–30 cm	10–20 cm
Staude	Staude

Scirpoides australis

(Syn. *Holoschoenus romanus*)
Römische Kugelbinse, Glanzbinse
Cyperaceae, Riedgrasgewächse

Heimat: Nördliche Halbkugel, mediterran.
Wuchsform: Aufrecht, horstig mit kurzen Ausläufern. Stängel rund
Blatt: Hüllblatt steif aufrecht, Blattscheiden gelbbraun.
Blüte: 2–4 gestielte, bräunliche, kugelige Köpfchen, Blütenstand scheinbar seitenständig.
Frucht: Dreikantig, 1 mm lang, uncheinbar.
Standort: Nasse, zeitweise überflutete Böden in warmen Lagen.
Lebensbereiche: WR, 4, so: Wasserrand; sumpfig; sonnig.
Verwendung: See- und Bachufer.
Vermehrung: Teilung.
Eigenschaften: Liebhaberstaude.
Ähnliche Art: *Scirpoides holoschoenus* hat einen 5–10-köpfigen Blütenstand.
Hinweise: Benötigt viel Wärme.

Scutellaria galericulata
Sumpf-Helmkraut
Lamiaceae, Taubnesselgewächse

Heimat: Nördliche, gemäßigte Zone.
Wuchsform: Aufrechte Staude mit Ausläufern, Stängel beblättert.
Blatt: Kreuzweise gegenständig, breit lanzettlich, bis 5 cm lang.
Blüte: Paarweise in den oberen Blattachseln, gebogene Röhre hellblau, Lippe weißlich.
Frucht: Nüsschen, gestielt.
Standort: Wasserrand, sumpfige Ufer.
Lebensbereiche: WR, 4, so–hs: Wasserrand; sumpfig; sonnig bis halbschattig.
Verwendung: Einzeln und in kleinen Trupps am Teichrand.
Vermehrung: Aussaat.
Eigenschaften: Wertvolle Wildstaude.
Hinweise: Heilpflanze.

Senecio paludosus
Sumpf-Greiskraut
Asteraceae, Asterngewächse

Heimat: Europa, Türkei, W-Sibirien.
Wuchsform: Aufrechte, heimische Staude, horstig.
Blatt: Lanzettlich, gesägt, unterseits graufilzig, 10–20 cm lang, 2 cm breit.
Blüte: Köpfchen in doldiger Rispe, am Triebende gehäuft, goldgelb.
Frucht: Mit gelblichem Pappus.
Standort: Teichufer, Röhricht, sonnig.
Lebensbereiche: Fr, 3–4, so: Freifläche; feuchter Boden bis sumpfig; sonnig. Auch für WR: Wasserrand.
Verwendung: Ufer von größeren Naturteichen.
Vermehrung: Teilung.
Eigenschaften: Wertvolle Beetstaude.
Hinweise: Geschützte Pflanze. Auffällige Erscheinung im Sumpfgarten.

Scutellaria galericulata		Senecio paludosus
20–40 cm		80–180 cm
VI–VIII		VI–VIII
I		I
0–10 cm		0–30 cm
Staude		Staude

Silene flos-cuculi

(Syn. *Lychnis flos-cuculi*)
Kuckucks-Lichtnelke
Caryophyllaceae, Nelkengewächse

Heimat: Europa bis Sibirien.
Wuchsform: Horstige, aufrechte Staude.
Blatt: Spatelförmig, in grundständigen Rosetten.
Blüte: Rispig angeordnet, vierteilig, geschlitzt, rosa.
Frucht: Fünfzähnige Kapsel, 8 mm lang.
Standort: Nährstoffreiche Feuchtwiesen, humose Böden.
Lebensbereiche: Fr, 2–3, so: Freifläche; frisch bis feucht; sonnig.
Verwendung: Frische Gartenböden, Flachmoore.
Vermehrung: Aussaat.
Eigenschaften: Besonders wertvolle Wildstaude.
Sorten: 'Nana', nur 20 cm hoch, gut für das Alpinum. Gefüllte Sorten in den Farben rosa und weiß, 60 cm.
Hinweise: Sät sich selbst aus.

20/40–60 cm		30–100 cm
V–VII		VI–VIII
II–III		I
0–5 cm		bis 10 cm
Staude		Halbstrauch

Solanum dulcamara

Bittersüßer Nachtschatten
Solanaceae, Nachtschattengewächse

Heimat: Von Europa bis zum Himalaja, NW-Afrika.
Wuchsform: Halbstrauch mit liegenden oder kletternden Trieben.
Blatt: Gegenständig, eiförmig lanzettlich, am Grund oft herzförmig.
Blüte: Gestielte, rispige Blütenständen, violette Kronblätter 5-teilig, Staubblätter gelb.
Frucht: Rote, eiförmige Beere, stark giftig.
Standort: Sumpfige Uferbereiche.
Lebensbereiche: WR, 4, so–hs: Wasserrand; sumpfig; sonnig bis halbschattig. Auch Gehölzrand.
Verwendung: Einzeln an sumpfigen Stellen.
Vermehrung: Aussaat.
Eigenschaften: Wertvolle Wildstaude.
Hinweise: Giftpflanze mit Ausläufern. Fruchtschmuck.

Symplocarpus foetidus
Stinkkohl
Araceae, Aronstabgewächse

Heimat: N-Amerika, O-Asien.
Wuchsform: Mit dicken Rhizomen kriechende Staude.
Blatt: Blätter oval herzförmig, bis 100 cm lang und 30 cm breit, erscheinen nach der Blüte.
Blüte: Kolben, von braunvioletter Spatha umhüllt.
Frucht: Kolben kugelig.
Standort: Sumpf, halbschattig.
Lebensbereiche: WR, 4, so–hs: Wasserrand, sumpfig, sonnig bis halbschattig.
Verwendung: Einzeln im größeren Sumpfgarten.
Vermehrung: Rhizomteilung.
Eigenschaften: Liebhaberstaude.
Hinweise: Blüte erscheint sehr zeitig, duftet unangenehm. Winterschutz in strengen Lagen sinnvoll.

80/30 cm	20–40 m/ 6–10 m breit
II–IV	III–IV
I	I–II
bis 10 cm	0–30 cm
Staude	Baum

Taxodium distichum
Zweizeilige Sumpfzypresse
Taxodiaceae, Sumpfzypressengewächse

Heimat: SO-USA.
Wuchsform: Aufrechter Baum, Stamm durchgehend mit kegelförmiger Krone, im Wasser Atemwurzeln. Borke rotbraun.
Blatt: Frischgrüne Nadeln an Kurz- und Langtrieben, 1–2 cm lang, Herbstfärbung!
Blüte: Einhäusig, männliche Blüten an gelben Kätzchen; weibliche Blüten grün.
Frucht: Zapfen braun, kugelig, 2 cm groß.
Standort: Feuchte und sogar nasse Plätze, gedeiht auch in humosem Boden.
Lebensbereiche: WR, 4, so–hs: Wasserrand; sumpfig; sonnig bis halbschattig.
Verwendung: Einzeln in Parks, an und in Teichen. Dort Bildung von Wurzelknien.
Vermehrung: Aussaat, Stecklinge.
Eigenschaften: Laubabwerfend.
Hinweise: Im Winter kahl.

Thelypteris palustris

Sumpffarn

Thelypteridaceae, Sumpffarngewächse

Heimat: Weltweite Verbreitung, auch heimisch.

Wuchsform: Aufrechte Staude mit Rhizombildung.

Blatt: 2-fach gefiedert, sommergrün.

Sporangien: Auf der Blattrückseite der fertilen Wedel.

Standort: Sumpf, im Halbschatten.

Lebensbereiche: WR, 4, so–hs: Wasserrand; sumpfig; sonnig bis halbschattig. Auch Gehölz und Gehölzrand.

Verwendung: Zum Verwildern in naturnahen Gärten.

Vermehrung: Abtrennen der Rhizome.

Eigenschaften: Besonders wertvolle Wildstaude.

Ähnliche Art: *Thelypteris limbosperma*, Bergfarn.

Hinweise: Geschützte Pflanze. Blattschmuckpflanze.

Thelypteris palustris		Trollius chinensis
80–100 cm		20/60–80 cm
–		VI–VIII
I–II		II
bis 20 cm		0 m
Staude		Staude

Trollius chinensis

Chinesische Trollblume

Ranunculaceae, Hahnenfußgewächse

Heimat: O-Rußland, NO-China

Wuchsform: Aufrecht wachsende, horstbildende Staude.

Blatt: 5-teilig gelappt, sommergrün.

Blüte: Goldgelbe Schalen mit vielen Staubblättern.

Frucht: Vielsamige Balgkapseln

Standort: Feuchte Wiesen, meist sonnig.

Lebensbereiche: Fr, 3, so: Freifläche; feucht; sonnig.

Verwendung: Feuchte Plätze in kleinen Gruppen.

Vermehrung: Teilung im Frühling, Aussaat sofort nach der Ernte (Schwerkeimer).

Eigenschaften: Wertvolle Wildstaude.

Sorten: 'Golden Queen', Ausgezeichnete Beetstaude, goldgelb, 70–80 cm.

Hinweise: Bienenweide, Schnittpflanze.

Trollius europaeus

Europäische Trollblume
Ranunculaceae, Hahnenfußgewächse

Heimat: Europa, Kaukasus.
Wuchsform: Aufrechte, horstige Staude.
Blatt: Grundständig, am Stängel handförmig geteilt, fiederartig eingeschnitten.
Blüte: Einzeln am Ende des Stieles, hellgelb, kugelig, gelbe Staub- und Honigblätter.
Frucht: Vielsamige Balgkapseln.
Standort: Feuchte, kalkarme Wiesen der Berge, meist sonnig.
Lebensbereiche: Fr, 3, so: Freifläche; feucht; sonnig. WR.
Verwendung: Feuchte bis nasse Plätze in kleineren Gruppen.
Vermehrung: Teilung im Frühling, Aussaat sofort nach der Ernte (Schwerkeimer).
Eigenschaften: Besonders wertvolle Wildstaude.
Sorten: 'Lemon Queen', Vorzügliche Beetstaude, zitronengelb.
Hinweise: Giftige, geschützte Wildpflanze. Schnittpflanze.

Trollius europaeus		Trollius pumilus
10/50 cm		10/20–25 cm
V–VI		VI–VII
II		II
0 cm		0–5 cm
Staude		Staude

Trollius pumilus

Himalaja-Zwerg-Trollblume
Ranunculaceae, Hahnenfußgewächse

Heimat: Himalaja.
Wuchsform: Horstig, aufrechte Blütenstiele.
Blatt: Tief zerteilt, klein, kurzstielig.
Blüte: Schalenförmig am Stielende, goldgelb.
Frucht: Vielsamige Balgkapseln.
Standort: Frische Böden in der Sonne.
Lebensbereiche: Fr, 2–3, so: Freifläche; frisch bis feucht; sonnig.
Verwendung: Am Rand von Gartenteichen, Bachrand.
Vermehrung: Teilung im Frühling, auch Aussaat (langwierig).
Eigenschaften: Liebhaberstaude.
Hinweise: Schöne Art für Steingärten. Kommt in der Heimat in über 4000 m Höhe vor.

Veronica beccabunga
Bachbungen-Ehrenpreis
Scrophulariaceae, Braunwurzgewächse

Heimat: Europa, Asien, N-Afrika.
Wuchsform: Niederliegende, kriechend bis aufrechte Staude.
Blatt: Gegenständig angeordnet, eiförmig, fleischig, glänzend, 2–5 cm lang.
Blüte: In vielblütigen, gestielten Trauben aus den Blattachseln, blau.
Frucht: Kugelig.
Standort: Bäche, oft untergetaucht.
Lebensbereiche: WR, 4, so–hs: Wasserrand; sumpfig; sonnig bis halbschattig; auch Freifläche; feucht.
Verwendung: Teich- und Bachrand in voller Sonne.
Vermehrung: Abtrennen der Triebe, Bewurzelung an den Knoten im Wasser.
Eigenschaften: Wertvolle Wildstaude.
Hinweise: Heilpflanze. Bienenweide.

Veronica beccabunga		Viola palustris
20–30 cm		10–15 cm
V–VIII		IV–VI
II		II
0–20 cm		0–10 cm
Staude		Staude

Viola palustris
Sumpf-Veilchen
Violaceae, Veilchengewächse

Heimat: Europa, Asien, N-Amerika.
Wuchsform: Ausläuferbildende Staude.
Blatt: Nierenförmig, kahl.
Blüte: Am Ende des Stängels, zygomorph, lila.
Frucht: Dreiklappige Kapsel, Samen kugelig.
Standort: Sumpfböden, feuchte Wiesen, sonnig.
Lebensbereiche: WR, 4, so–hs: Wasserrand; sumpfig; sonnig bis halbschattig.
Verwendung: Im Sumpfgarten, Moorbereich (saures Wasser).
Vermehrung: Teilung, Aussaat (Kapseln früh ernten).
Eigenschaften: Wertvolle Wildstaude.
Hinweise: Im Garten schwierig zu halten.

Moorpflanzen

Moorpflanzen – Webcode: teich662

Andromeda polifolia

Kahle Rosmarinheide
Ericaceae, Heidekrautgewächse

Heimat: Nordeuropa, Sibirien, N-Asien, N-Amerika.
Wuchsform: Zwergstrauch, dünne Triebe.
Blatt: Immergrün, lineal lanzettlich, kahl, bis 2,5 cm lang, lederig, am Rand umgerollt, unterseits blaugrün bereift.
Blüte: Nickende Glöckchen in armblütigen Dolden, blassrosa, 5–8 mm groß.
Frucht: 5-klappige Kapsel, enthält viele Samen.
Standort: Hochmoore, meist in Bulten zwischen Torfmoos.
Lebensbereiche: WR, 4, so–hs: Wasserrand; sumpfig; sonnig bis halbschattig.
Verwendung: Sumpfgarten mit stets feuchten, sauren Böden.
Vermehrung: Stecklinge.
Eigenschaften: Kriechend.
Sorte: 'Nikko', nur 15 cm, weiß.
Hinweise: Giftpflanze, geschützte Wildpflanze.

Andromeda polifolia		Cypripedium reginae
15–30 cm		30–90 cm
V–VI		VI–VII
I		I
0–5 cm		0 cm
Zwergstrauch		Staude

Cypripedium reginae

Königin-Frauenschuh
Orchidaceae, Orchideengewächse

Heimat: NO-USA, Kanada.
Wuchsform: Aufrechte Staude mit horstigem Wurzelstock.
Blatt: Breit eiförmig, 10–23 cm lang, hellgrün, weich behaart.
Blüte: 1–3 große, endständige Blüten mit perlweißen Petalen und Sepalen und Lippe (Schuh) hellrosa bis rot, 8–10 cm groß.
Frucht: Vielsamige Kapsel, feine Samen.
Standort: Nährstoffreiche, schattige Sumpfböden am Waldrand.
Lebensbereiche: H, 3, so–hs: Heide; feucht; sonnig bis halbschattig. Auch Freifläche, frisch bis feucht.
Verwendung: Solitär im beschatteten Sumpf, kalkmeidend.
Vermehrung: Teilung im Frühling, Aussaat (Spezialgärtnereien).
Eigenschaften: Liebhaberstaude.
Hinweise: Geschützte Pflanze.

Darlingtonia californica

Darlingtonie, Kobraschlauchpflanze
Sarraceniaceae, Schlauchblattgewächse

Heimat: W-USA: Oregon, Kalifornien.
Wuchsform: Aufrechte, horstbildende Staude.
Blatt: Grundständige Rosette mit elegant gebogenen Schlauchblättern, ähnlich einer Kobra, dazu eine geteilte „Schlangenzunge". Gelbgrün mit hellen „Fenstern". Schläuche mit Wasser gefüllt, Insekten ertrinken darin.
Blüte: Radiär, nickend, fünfzählig, hellrosa, 5 cm groß.
Frucht: Kapsel sternförmig, fünfzackig, mit vielen feinen Samen.
Standort: Nährstoffarme, saure Standorte in voller Sonne.
Lebensbereiche: WR, 4, so–hs: Wasserrand; sumpfig; sonnig bis halbschattig.
Verwendung: Im Sumpfbeet an sonnigen Plätzen in Wegnähe.
Vermehrung: Aussaat im Herbst, Lichtkeimer.
Eigenschaften: Liebhaberstaude.
Hinweise: Geschützte Pflanze.

Darlingtonia californica	Drosera anglica
20–60/ 80–100 cm	10/15 cm
IV–VIII	VII–VIII
I	I–II
0–5 cm	0–2 cm
Staude	Staude

Drosera anglica

Englischer Sonnentau,
Langblättriger Sonnentau
Droseraceae, Sonnentaugewächse

Heimat: Gemäßigtes und kühles N-Amerika, Europa, Japan.
Wuchsform: Mehrjährige Staude mit grundständiger Blattrosette.
Blatt: Bis 7 cm lang, länglich spatelig, Spreite löffelförmig, in Rosetten angeordnet. Als Fangorgan umgestaltet, hellrot, mit vielen klebrigen Tentakeln.
Blüte: Scheintraube mit langem Blütenstiel, klein, weiß, fünfzählig, bis 7 mm.
Frucht: Kapsel, feine Samen.
Standort: Torfmoore in voller Sonne.
Lebensbereiche: WR, 4, so–hs: Wasserrand; sumpfig; sonnig bis halbschattig. Auch H, 3: Heide; feucht.
Verwendung: Im Moorgärtchen.
Vermehrung: Aussaat im März.
Hinweise: Geschützte Pflanze.

Drosera intermedia
Mittlerer Sonnentau
Droseraceae, Sonnentaugewächse

Heimat: Gemäßigtes N-Amerika, S-Amerika, Europa.
Wuchsform: Mehrjährige Staude mit grundständiger Blattrosette.
Blatt: Bis 8 cm lang, rot, Spreite löffelförmig, langer Blattstiel, in Rosetten angeordnet. Als Fangorgan umgestaltet, mit vielen klebrigen Tentakeln.
Blüte: Zu mehreren an langem Blütenstiel, klein, weiß, fünfzählig.
Frucht: Kapsel, feine Samen.
Standort: Sonnige Torfmoore.
Lebensbereiche: WR, 4, so–hs: Wasserrand; sumpfig; sonnig bis halbschattig. Auch H, 3: Heide; feucht bis nass.
Verwendung: Im Moorgärtchen.
Vermehrung: Aussaat im März.
Eigenschaften: Liebhaberstaude.
Hinweise: Geschützte Pflanze.

Drosera intermedia	Drosera rotundifolia
10/20 cm	8/15–20 cm
VII–VIII	VII–VIII
I–II	I–II
0–3 cm	0–2 cm
Staude	Staude

Drosera rotundifolia
Rundblättriger Sonnentau
Droseraceae, Sonnentaugewächse

Heimat: Gemäßigtes und kühles N-Amerika, Europa, Asien.
Wuchsform: Mehrjährige, kurzlebige Staude mit grundständiger Blattrosette. Überwinterung mit Überdauerungsknospe.
Blatt: Bis 6 cm lang, rötlich, Spreite rund, langer, flacher Blattstiel, in Rosetten angeordnet. Als Fangorgan umgestaltet, mit vielen klebrigen Tentakeln.
Blüte: In einer Scheintraube mit langem Blütenstiel, klein, weiß, fünfzählig.
Frucht: Kapsel, feine Samen.
Standort: Sonnige Torfmoore.
Lebensbereiche: WR, 4, so–hs: Wasserrand; sumpfig; sonnig bis halbschattig. Auch H, 3: Heide.
Verwendung: Im Moorgärtchen.
Vermehrung: Aussaat im März.
Eigenschaften: Liebhaberstaude.
Hinweise: Geschützte Pflanze, Heilpflanze.

Erica tetralix
Glockenheide
Ericaceae, Heidekrautgewächse

Heimat: N- und W-Europa.
Wuchsform: Niederliegender bis aufrechter Zwergstrauch, Triebe graufilzig behaart.
Blatt: Nadelförmig, linealisch, 3–6 mm lang, zu 4 in Wirteln, graugrün, immergrün.
Blüte: Blassrosa bis weiße bauchige Glöckchen, zu mehreren in endständigen köpfchenartigen Doldentrauben, 7 mm lang.
Frucht: Unscheinbare Kapseln.
Standort: Saure und feuchte Böden im Halbschatten.
Lebensbereiche: H, 3, so–hs: Heide; feucht; sonnig bis halbschattig.
Verwendung: In Moorgärten.
Vermehrung: Stecklinge im Sommer.
Eigenschaften: Liebhaberstaude.
Sorte: 'Alba', weiß.
Hinweise: Anspruchslos auf feuchten Moorböden. Rückschnitt nach der Blüte.

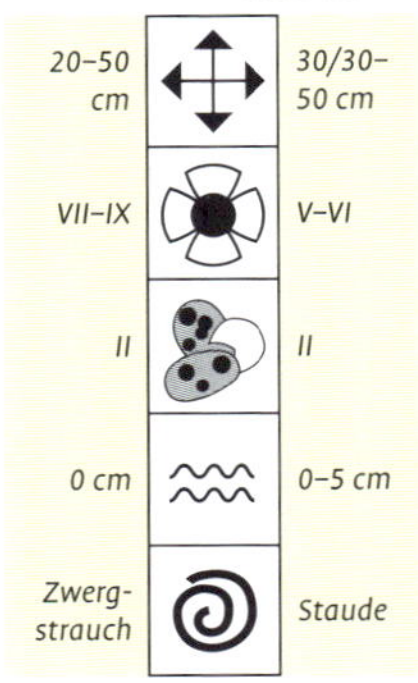

Eriophorum angustifolium
Schmalblättriges Wollgras
Cyperaceae, Riedgrasgewächse

Heimat: Asien, N-Amerika, Europa.
Wuchsform: Ausläufertreibendes Gras, mehrjährig, aufrecht, locker überhängend.
Blatt: Schmal, rinnig, 15–30 cm lang, spitz zulaufend, sommergrün.
Blüte: Nickende Dolde mit 3–7 flaumig behaarten Ähren, weiß.
Frucht: Auffällige weiße Wollschöpfe.
Standort: Feuchte und nasse Böden in voller Sonne.
Lebensbereiche: WR, 4, so: Wasserrand; sumpfig; sonnig.
Verwendung: Nur für größere Sumpfgärten.
Vermehrung: Teilung.
Eigenschaften: Wertvolle Wildstaude.
Sorten: 'Heidelicht', weiß.
Hinweise: Zur Fruchtzeit auffällige Moorpflanze.

Eriophorum latifolium
Breitblättriges Wollgras
Cyperaceae, Riedgrasgewächse

Heimat: Klein-Asien, Europa.
Wuchsform: Horstbildendes Gras, mehrjährig, aufrecht, locker überhängend. Stängel dreikantig.
Blatt: Schmal, lanzettlich, 10–30 cm lang, spitz zulaufend, sommergrün.
Blüte: Nickende Dolde mit 5–12 flaumig behaarten Ähren, weiß.
Frucht: Auffällige weiße Wollschöpfe.
Standort: Kalkhaltige Flachmoore in voller Sonne.
Lebensbereiche: WR, 4, so: Wasserrand; sumpfig; sonnig.
Verwendung: Auch für kleinere Sumpfgärten.
Vermehrung: Teilung.
Eigenschaften: Besonders wertvolle Wildstaude.
Hinweise: Geschützte Pflanze. Zur Fruchtzeit auffällige Moorpflanze, wuchert nicht.

	Eriophorum latifolium	Eriophorum scheuchzeri
Höhe/Breite	30/40–60 cm	30/30 cm
Blütezeit	IV–V	VI–IX
	II	II
Wassertiefe	0–5 cm	0–5 cm
	Staude	Staude

Eriophorum scheuchzeri
Scheuchzers Wollgras, Berg-Wollgras
Cyperaceae, Riedgrasgewächse

Heimat: Asien, Alaska, Grönland, Europa.
Wuchsform: Ausläufertreibendes Gras, mehrjährig, aufrecht.
Blatt: Schmal, binsenartig, 20–30 cm lang, spitz zulaufend, sommergrün.
Blüte: Endständige, flaumig behaarte Ähre, weiß.
Frucht: Auffällige weiße Wollschöpfe.
Standort: Schlammige Böden in voller Sonne.
Lebensbereiche: WR, 4, so: Wasserrand; sumpfig; sonnig.
Verwendung: Nur für größere Sumpfgärten. Im Flachland schwer zu halten.
Vermehrung: Teilung.
Eigenschaften: Wertvolle Wildstaude.
Hinweise: Zur Fruchtzeit auffällige Moorpflanze. Kommt in den Bergen über 1500 m vor.

Eriophorum vaginatum

Scheidiges Wollgras
Cyperaceae, Riedgrasgewächse

Heimat: Nördlich gemäßigte Zonen Asiens; Alaska, Europa.
Wuchsform: Horstbildendes Gras, mehrjährig, aufrecht mit drahtigen Stielen.
Blatt: Schmal, borstig, 15–30 cm lang, spitz zulaufend, sommergrün.
Blüte: Endständige Dolde mit kopfigen Ähren, gelblich, von einer Scheide umhüllt.
Frucht: Auffällige weiße Wollschöpfe.
Standort: Feuchte und nasse Böden in voller Sonne.
Lebensbereiche: WR, 4, so: Wasserrand; sumpfig; sonnig.
Verwendung: Sumpfgärten.
Vermehrung: Teilung.
Eigenschaften: Wertvolle Wildstaude.
Sorten: 'Goldrausch', orange; 'Heidelicht', weiß.
Hinweise: Zur Fruchtzeit auffällige Moorpflanze. Wuchert nicht, bildet aber dichte Polster.

Helonias bullata

Sumpfnelke
Melanthiaceae, Büschelblumengewächse

Heimat: Östliches N-Amerika.
Wuchsform: Knollen bildende Staude, bis 40 cm hoch.
Blatt: Schmal lanzettlich, grasartig, steif aufrecht.
Blüte: Blütenschaft hohl, dichte, eiförmige Ähre am Stielende. Einzelblüte rosaviolett, auffällig.
Frucht: Kapsel.
Standort: Sumpf und Moore in voller Sonne.
Lebensbereiche: H, 3, so–hs: Heide; feucht; sonnig bis halbschattig. Auch Wasserrand.
Verwendung: Im Sumpfgarten in sauren Böden.
Vermehrung: Abtrennung der Seitenknollen.
Eigenschaften: Liebhaberstaude.
Hinweise: Kalkfliehende, attraktive Pflanze für den kleinen Garten. Wächst langsam.

30/40–50 cm		*30/40 cm*
IV–V		*IV–V*
II		*I*
0–5 cm		*0–2 cm*
Staude		*Staude*

Ledum groenlandicum

Grönländischer Porst
Ericaceae, Heidekrautgewächse

Heimat: Grönland, Alaska, Kanada, N-USA.
Wuchsform: Immergrüner, aufrechter Strauch bis 100 cm hoch.
Blatt: Elliptisch, bis 5 cm lang, unterseits rostbraun und filzig.
Blüte: In doldenähnlichen Büscheln, weiß.
Frucht: Kapsel.
Standort: Moore in sonnigen bis halbschattigen Lagen.
Lebensbereiche: WR, 4, so–hs: Wasserrand; sumpfig; sonnig bis halbschattig.
Verwendung: Im Moorgarten in sauren und feuchten Böden.
Vermehrung: Stecklinge im Sommer.
Eigenschaften: Giftiger Moorstrauch. Reich blühend.
Sorte: 'Compactum', Zwerg-Sumpfporst, nur 60 cm hoch und breit.
Hinweise: Giftpflanze.

Ledum groenlandicum		Ledum palustre
80–100 cm		100–150 cm
V–VI		V–VI
I		I
0–3 cm		0–3 cm
Strauch		Strauch

Ledum palustre

Sumpf-Porst
Ericaceae, Heidekrautgewächse

Heimat: Nördliches Europa bis Kamtschatka.
Wuchsform: Immergrüner, aufrechter Strauch bis 150 cm hoch.
Blatt: Elliptisch, bis 3,5 cm lang, unterseits rostbraun und filzig, drüsig. Am Rand stark eingerollt.
Blüte: In endständigen Büscheln, weiß, bis 7 cm breit.
Frucht: Kapsel.
Standort: Moore in sonnigen bis halbschattigen Lagen.
Lebensbereiche: WR, 4, so–hs: Wasserrand; sumpfig; sonnig bis halbschattig.
Verwendung: Im Moorgarten in sauren und feuchten Böden in Einzelstellung.
Vermehrung: Stecklinge im Sommer.
Eigenschaften: Reich blühend.
Hinweise: Giftpflanze. Geschützte Pflanze.

Molinia caerulea

Moor-Pfeifengras, Blaues Pfeifengras
Poaceae, Rispengrasgewächse

Heimat: Europa
Wuchsform: Aufrecht bis übergeneigt, horstiges, mehrjähriges Gras. Stängel mit einem Knoten an der Basis.
Blatt: Schmal, blaugrün, 1 cm breit.
Blüte: In langen Rispen, dunkelbraun,.
Frucht: Karyopse.
Standort: Auf besonnten Heiden.
Lebensbereiche: H, 2–3, so–hs: Heide; frisch bis feucht; sonnig bis halbschattig. Auch für frische bis feuchte Gehölzränder und Freiflächen.
Verwendung: Im sonnigen Heidegarten in Einzelstellung.
Vermehrung: Teilung.
Eigenschaften: Wertvolle Wildstaude.
Sorten: 'Edith Dudszus', 90 cm hoch, leicht überhängend; 'Moorhexe', 40–60 cm, steif.
Hinweise: Goldbraune Herbstfärbung.

Molinia caerulea		Narthecium ossifragum
40/60–90 cm		20/30 cm
VIII–X		VII–VIII
I–II		II
0 cm		0–2 cm
Staude		Staude

Narthecium ossifragum

Beinbrech, Moor-Ährenlilie
Melanthiaceae, Büschelblumengewächse

Heimat: W-Europa, heimisch.
Wuchsform: Ausläufer bildende Staude, bis 30 cm hoch.
Blatt: Schmal, grasartig, steif aufrecht.
Blüte: Sternförmig, gelb, bis 1,5 cm groß, 6 Blütenblätter.
Frucht: Kapsel.
Standort: Moorwiesen, auch in den Bergen (Pyrenäen).
Lebensbereiche: H, 3, so–hs: Heide; feucht; sonnig bis halbschattig.
Verwendung: Im Sumpfgarten in sauren Böden.
Vermehrung: Teilung.
Eigenschaften: Liebhaberstaude.
Hinweise: Geschützte, giftige Pflanze. Kalkfliehende, attraktive Pflanze für den kleinen Garten.

Onoclea sensibilis
Perlfarn
Woodsiaceae, Wimperfarngewächse

Heimat: N-Amerika, O-Asien.
Wuchsform: Aufrecht, locker, bildet Ausläufer.
Blatt: Sterile Wedel gefiedert, hellgrün, im Herbst goldgelb, sterben nach dem ersten Frost ab. Fertile Wedel (Sporophylle) straff aufrecht, bis 50 cm hoch, mit perlschnurartigen Sporenträgern.
Standort: Feuchte, humose Plätze im Halbschatten.
Lebensbereiche: Fr, 3, hs: Freifläche; feucht; halbschattig. Dazu Gehölzrand, Wasserrand.
Verwendung: Stark saure Humusböden, zu anderen Moorbeetpflanzen.
Vermehrung: Teilung im Frühling.
Eigenschaften: Besonders wertvolle Wildstaude.
Hinweise: Blattschmuckpflanze.

Onoclea sensibilis	Osmunda cinnamomea
30–60 cm	70–120 cm
–	–
II	I
0 cm	0–3 cm
Staude	Staude

Osmunda cinnamomea
Zimtfarn
Osmundaceae, Königsfarngewächse

Heimat: N-Amerika bis S-Amerika, in feuchten Wäldern.
Wuchsform: Locker aufrecht, horstig, Trichter bis 80 cm breit.
Blatt: Doppelt gefiedert, kurz gestielt, Fiederchen zart grün.
Gelbe bis rote Herbstfärbung. Fertile Wedel (Sporophylle) in der Trichtermitte, hellbraun. Blattspindel mit zimtbrauner Behaarung.
Standort: Bruchwälder, feuchte Gräben, meist absonnig.
Lebensbereiche: G, 3, hs–sch: Gehölz; feucht; halbschattig bis schattig. Auch Wasserrand.
Verwendung: Einzeln in Moorgärten, Teichrand.
Vermehrung: Durch Sporen, Sporenreife Ende Mai. Sofort nach der Reife aussäen.
Eigenschaften: Besonders wertvolle Wildstaude.

Osmunda regalis

Königsfarn

Osmundaceae, Königsfarngewächse

Heimat: Kosmopolit.

Wuchsform: Locker aufrecht, horstig, kann viele Jahre alt werden.

Blatt: Doppelt gefiedert, Fiederchen oval, 4 cm lang, 1–2 cm breit, zart grün. Gelbe Herbstfärbung. Im oberen Teil fertiler Wedel (Sporophylle), braune Sporen ab VI.

Standort: Bruchwälder, feuchte Gräben, z. B. in Norddeutschland, meist absonnig.

Lebensbereiche: G, 3, hs–sch: Gehölz; feucht; halbschattig bis schattig. Auch Wasserrand.

Verwendung: Einzeln in Moorgärten, Teichrand.

Vermehrung: Durch Sporen, Sporenreife Anfang VI. Teilung.

Eigenschaften: Besonders wertvolle Wildstaude.

Sorte: 'Gracilis', nur 75 cm hoch, für kleinere Gärten.

Hinweise: Heilpflanze.

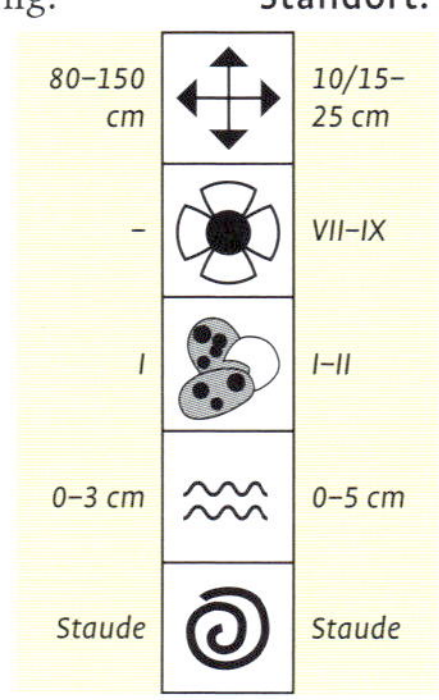

Parnassia palustris

Sumpf-Herzblatt

Parnassiaceae, Herzblattgewächse

Heimat: Nördliche gemäßigte Zone Europas und Amerikas.

Wuchsform: Steif aufrechte, horstige Staude mit grundständigen Blättern.

Blatt: Herzförmig, lang gestielt.

Blüte: Am Ende der steifen Triebe, einblütig, weiß, schalenförmig.

Frucht: Kapsel kugelig, vierklappig

Standort: Kalkflachmoore, Quellfluren, Sumpfwiesen.

Lebensbereiche: Fr, 3–4, so–abs: Freifläche; feuchter Boden bis sumpfig; sonnig bis absonnig.

Verwendung: Kalkhaltige, feuchte Stellen am Teichrand.

Vermehrung: Teilung im Frühling, auch Aussaat.

Eigenschaften: Liebhaberstaude.

Ähnliche Art: *P. fimbriata,* weiß, gefranste Blüte, bis 50 cm hoch.

Hinweise: Geschützte Pflanze.

Pedicularis palustris

Sumpf-Läusekraut
Scrophulariaceae, Braunwurzgewächse

Heimat: Europa, Türkei
Wuchsform: Zweijährige, krautige Pflanze, ästig.
Blatt: Schmal lanzettlich, fiederschnittig, 20 cm lang.
Blüte: Lockerer Blütenstand, Blüte dunkelrosa, zygomorph, helmförmige Oberlippe, dreiteilige Unterlippe heller.
Frucht: Kapsel.
Standort: Sonnige Bereiche der Flach- und Hochmoore.
Lebensbereiche: WR, 4, so–hs: Wasserrand; sumpfig; sonnig bis halbschattig.
Verwendung: Einzeln in feuchter Moorwiese.
Vermehrung: Aussaat.
Eigenschaften: Liebhaberstaude.
Hinweise: Gesetzlich geschützte Wildpflanze. Giftpflanze (Samen). Läusekräuter sind meist Halbschmarotzer.

Pedicularis palustris		Pinguicula grandiflora
30–40 cm		10/15–20 cm
V–VII		VI–VII
I		I–II
0 cm		0–3 cm
zweijährig		Staude

Pinguicula grandiflora

Großblütiges Fettkraut
Lentibulariaceae, Wasserschlauchgewächse

Heimat: W-Europa.
Wuchsform: Staude mit grundständiger Rosette.
Blatt: Eiförmig, gelbgrün, am Rand umgebogen, oberseits drüsig
Blüte: Endständig, nur eine Blüte am Stiel, zygomorph, Krone dunkelviolett, 3 cm groß, mit weißem, behaartem Schlundfleck und langem Sporn.
Frucht: Kegelförmige Kapsel.
Standort: Feuchte Böden in Flachmooren, nasse, bemooste Felsen.
Lebensbereiche: WR, 4, hs: Wasserrand; sumpfig; halbschattig.
Verwendung: Moorbeet.
Vermehrung: Aussaat in reinem Torfsubstrat.
Eigenschaften: Liebhaberstaude.
Hinweise: Gesetzlich geschützte Pflanze. Karnivore.

Pinguicula vulgaris

Gewöhnliches Fettkraut
Lentibulariaceae,
Wasserschlauchgewächse

Heimat: Europa, Sibirien, N-Amerika.
Wuchsform: Staude mit grundständiger Rosette.
Blatt: Eiförmig, gelbgrün, am Rand umgebogen, oberseits drüsig.
Blüte: Endständig, nur eine Blüte am Stiel., zygomorph, Krone violett, 2 cm groß mit weißem, behaartem Schlundfleck und schlankem Sporn.
Frucht: Birnenförmige Kapsel.
Standort: Flachmoore.
Lebensbereiche: WR, 4, hs: Wasserrand; sumpfig; halbschattig
Verwendung: Moorbeet.
Vermehrung: Aussaat in reinem Torfsubstrat.
Eigenschaften: Liebhaberstaude.
Ähnliche Art: *Pinguicula alpina*, weiße Blüten mit gelbem Fleck.
Hinweise: Gesetzlich geschützte Wildpflanze. Karnivore.

Potentilla palustris

(Syn. *Comarum palustre*)
Sumpfblutauge
Rosaceae, Rosengewächse

Heimat: Eurasien, N-Amerika.
Wuchsform: Locker-horstig, liegende, dann aufsteigende Triebe.
Blatt: Gestielt, 5–7-teilig gefiedert, unterseits bläulich grün.
Blüte: Trüb dunkelpurpurn mit doppeltem Kelch, sternförmig, 2–3 cm groß. Kelchblätter sind doppelt so lang wie die eigentlichen Kronblätter.
Frucht: Kapsel.
Standort: Sonnige Plätze in Sümpfen und Mooren.
Lebensbereiche: WR, 5, so–hs: Wasserrand; flaches Wasser; sonnig bis halbschattig.
Verwendung: Sumpfige Naturgärten und Teichränder.
Vermehrung: Teilung.
Eigenschaften: Wertvolle Wildstaude.
Hinweise: Liebt kalkfreie Böden.

5–10/ 15–20 cm		30–70 cm
VI–VII		V–VII
I–II		II
0–3 cm		5–10 cm
Staude		Staude

Primula farinosa

Mehl-Primel
Primulaceae, Primelgewächse

Heimat: Europa, Sibirien, Mongolei bis Kamtschatka.
Wuchsform: Staude mit grundständiger Rosette.
Blatt: Verkehrt eiförmig, gestielt, weiß bemehlt, bis 8 cm lang und 2 cm breit.
Blüte: Vielblütige Dolde, Einzelblüte mit röhrigem Schlund, rotlila, gelber Schlundring.
Frucht: Kapsel kugelig.
Standort: Feuchte, kalkhaltige Böden, auf Flachmooren.
Lebensbereiche: WR, 3–4, so–hs: Wasserrand; feuchter Boden bis sumpfig; sonnig bis halbschattig. Auch für Steinanlagen und Matten in frischem Boden.
Verwendung: Kalk-Steingärten, Sumpfgärten.
Vermehrung: Teilung.
Eigenschaften: Liebhaberstaude.
Hinweise: Geschützte Wildpflanze. Im Winter trocken halten.

Primula farinosa		Rhynchospora alba
5/10–15 cm		10–20/30 cm
V–VII		VI–VIII
II		II
0–2 cm		0–5 cm
Staude		Staude

Rhynchospora alba

Weiße Schnabelbinse
Cyperaceae, Riedgrasgewächse

Heimat: Europa, Sibirien, N-Amerika.
Wuchsform: Horstiges Sauergras, ausdauernd. Stängel dreikantig.
Blatt: Borstenförmig, bis 1 mm breit.
Blüte: Endständiges Köpfchen, weiß, 0,5–1 cm lang.
Frucht: Einsamige Nuss, unscheinbar, gelbbraun.
Standort: Sumpfwiesen in Hochmooren.
Lebensbereiche: WR, 5, so–hs: Wasserrand; flaches Wasser; sonnig bis halbschattig.
Verwendung: Moorwiesen, Sumpfgärten.
Vermehrung: Teilung der kurzen Rhizome.
Eigenschaften: Liebhaberstaude.

Sarracenia flava

Gelbe Schlauchpflanze
Sarraceniaceae, Schlauchblattgewächse

Heimat: O-USA.
Wuchsform: Aufrechte, horstbildende Staude mit kurzen Rhizomen.
Blatt: Grundständige Rosette mit aufrechten Schlauchblättern, blassgelb bis goldgelb, oben mit rundem Deckel, Schläuche mit Wasser gefüllt, 50 bis 60 cm lang.
Blüte: Radiär, nickend, fünfzählig, am Ende blattloser Schäfte, Kelchblätter schirmförmig, grünlich, Blütenblätter goldgelb, 8–10 cm groß, duftend. Schildförmige Narbe.
Frucht: Kapsel 5-fächerig.
Standort: Nährstoffarme, saure Standorte in voller Sonne.
Lebensbereiche: WR, 4, so–hs: Wasserrand; sumpfig; sonnig.
Verwendung: Im Sumpfbeet.
Vermehrung: Rhizomteilung.
Eigenschaften: Liebhaberstaude.
Hinweise: Geschützte Pflanze. Leicht zu kultivieren.

Sarracenia flava		Sarracenia leucophylla
50–60/ 60–70 cm		40–75/ 50–60 cm
V–VI		V–VI
I		I
0–5 cm		0–5 cm
Staude		Staude

Sarracenia leucophylla

Weiße Schlauchpflanze
Sarraceniaceae, Schlauchblattgewächse

Heimat: SO-USA
Wuchsform: Aufrechte, horstbildende Staude mit kurzen Rhizomen.
Blatt: Grundständige Rosette mit aufrechten Schlauchblättern, oben mit kaum gewellter Haube, weiß mit roten Adern, bis 75 cm lang.
Blüte: Radiär, nickend, fünfzählig, am Ende blattloser Schäfte, Blütenblätter rubinrot, 4–5 cm groß.
Frucht: Kapsel 5-fächerig, mit vielen feinen Samen.
Standort: Nährstoffarme, saure Standorte in voller Sonne.
Lebensbereiche: WR, 4, so–hs: Wasserrand; sumpfig; sonnig bis halbschattig.
Verwendung: Im Sumpfbeet an sonnigen Plätzen in Wegnähe.
Vermehrung: Teilung.
Eigenschaften: Liebhaberstaude.
Hinweise: Geschützte Pflanze.

Sarracenia purpurea

Braunrote Schlauchpflanze
Sarraceniaceae, Schlauchblattgewächse

Heimat: O-USA, O-Kanada.
Wuchsform: Aufrechte, horstbildende Staude mit kurzen Rhizomen.
Blatt: Grundständige Rosette mit fast liegenden Schlauchblättern, oben mit gewellter Haube, Schläuche mit Wasser gefüllt, bis 45 cm lang.
Blüte: Radiär, nickend, fünfzählig, am Ende blattloser Schäfte, Kelchblätter schirmförmig, grünlich, Blütenblätter braunrot, 4–5 cm groß.
Frucht: Kapsel 5-fächerig, mit vielen feinen Samen.
Standort: Nährstoffarme, saure Standorte in voller Sonne.
Lebensbereiche: WR, 4, so–hs: Wasserrand; sumpfig; sonnig bis halbschattig.
Verwendung: Im Sumpfbeet.
Vermehrung: Teilung.
Eigenschaften: Liebhaberstaude.
Hinweise: Geschützte Pflanze.

Sarracenia purpurea		Sedum villosum
40–45/ 50–60 cm		5–10/ 15 cm
V–VI		VI–VII
I		I–II
0–5 cm		0–3 cm
Staude		zweijährig

Sedum villosum

Sumpf-Fetthenne
Crassulaceae, Dickblattgewächse

Heimat: Europa, Grönland.
Wuchsform: Zweijährige Pflanze mit drüsiger Behaarung.
Blatt: Sukkulent, länglich, stumpf, gelbgrün bis rotbraun, 1–1,5 cm lang.
Blüte: Hellrosa, sternförmig, radiär, in mehrblütigen Scheindolden.
Frucht: Balg-Sammelfrucht mit winzigen Samen.
Standort: Feuchte, kalkarme Plätze, vorwiegend im Gebirge.
Lebensbereiche: WR, 4, so–hs: Wasserrand; feuchte Böden; sonnig bis halbschattig.
Verwendung: Moorgärten, Teichrand in meist sonniger Lage.
Vermehrung: Aussaat.
Eigenschaften: Liebhaberstaude.
Hinweise: Eine der wenigen Sukkulenten, die Feuchtplätze lieben.

Sphagnum palustre

Torfmoos
Sphagnaceae, Torfmoosgewächse

Heimat: Kosmopolit.
Wuchsform: Bildet blaugrüne Polster auf nassen, sauren Böden.
Blatt: An verzweigten Trieben, eiförmig, 1–2 mm breit, 2 mm lang, blaugrün.
Sporenkapseln: An der Oberseite der Triebe, bräunlich, staubfeine Sporen.
Standort: Am Boden vernässter Nadelwälder, versumpfte Wiesen.
Lebensbereiche: WR, 4, so–hs: Wasserrand; feuchte Böden; sonnig bis halbschattig.
Verwendung: Sumpfgärtchen.
Vermehrung: Teilung.
Eigenschaften: Liebhaberstaude.
Ähnliche Art: *S. magellanicum* fällt durch rote Färbung auf.
Hinweise: Torfmoose können das 30-fache ihres Trockengewichtes an Wasser speichern. Sie sind die wichtigsten Torfbildner.

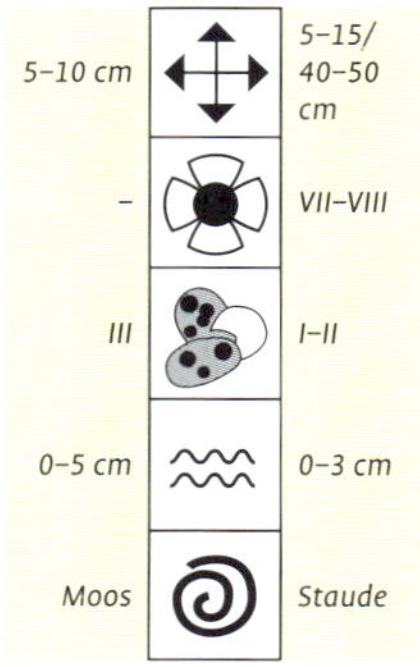

Swertia perennis

Blauer Tarant, Blauer Sumpfstern
Gentianaceae, Enziangewächse

Heimat: Europa.
Wuchsform: Horstige Staude mit unverzweigten Stängeln.
Blatt: Grundständige Blätter breit lanzettlich, gestielt, obere gegenständig.
Blüte: In endständiger Traube, sternförmig, radiär, hellviolett mit dunkleren Adern und Punkten.
Frucht: Kapsel.
Standort: Sumpfwiesen und Flachmoore.
Lebensbereiche: M, 3, so: Matten; feucht; sonnig; auch auf feuchten Freiflächen.
Verwendung: Im Sumpfgärtchen.
Vermehrung: Teilung.
Eigenschaften: Liebhaberstaude.
Hinweise: Gesetzlich geschützte Wildpflanze. Wächst sehr langsam.

Tofieldia calyculata

Gewöhnliche Simsenlilie
Melanthiaceae, Büschelblumengewächse

Heimat: M-Europa
Wuchsform: Heimische, horstbildende Kleinstaude.
Blatt: Linealisch, 2–4 mm breit, zweizeilig angeordnet.
Blüte: Eiförmige Traube am Stielende, 1–6 cm lang, gelblich grün.
Frucht: Kapsel.
Standort: Flachmoore und Feuchtwiesen.
Lebensbereiche: M, 3–4, so: Matten; feuchter Boden bis sumpfig; sonnig; auch Steinanlagen.
Verwendung: An feuchten Stellen im Steingarten und Sumpfgärtchen.
Vermehrung: Teilung.
Eigenschaften: Liebhaberstaude.
Ähnliche Art: *Tofieldia pusilla*, kleiner, weiße Blüten.
Hinweise: Anspruchslose Art auf feuchten Böden.

Tofieldia calyculata		Trichophorum alpinum
10–15/ 20 cm		*10/15– 20 cm*
VI–IX		*IV–V*
I		*I–II*
0–2 cm		*0–3 cm*
Staude		*Staude*

Trichophorum alpinum

Alpen-Haarbinse
Cyperaceae, Riedgrasgewächse

Heimat: Europa, Sibirien, N-Amerika.
Wuchsform: Aufrechtes Sauergras mit kriechenden Rhizomen.
Blatt: Dreikantige Stängel, grün, lockere Rasen bildend.
Blüte: Kleine Ähre am Triebende, unscheinbar.
Frucht: Weißer Schopf mit langen Fruchthaaren.
Standort: Hoch- und Zwischenmoore der Berge.
Lebensbereiche: M, 3–4, so: Matten; feuchter Boden bis sumpfig; sonnig.
Verwendung: Am Rande von Teichen und im Moorgarten.
Vermehrung: Teilung.
Eigenschaften: Liebhaberstaude.
Hinweise: Auffällig zur Fruchtzeit. Wirkt wie ein Miniatur-Wollgras.

Vaccinium myrtillus

Heidelbeere, Blaubeere
Ericaceae, Heidekrautgewächse

Heimat: Europa bis Sibirien.
Wuchsform: Kleinstrauch bis 50 cm hoch, Ausläufer bildend. Zweige geflügelt.
Blatt: Sommergrün, ei-lanzettlich, 1–3 cm lang, unterseits hellgrün, kahl. Rote Herbstfärbung.
Blüte: Einzeln in den Blattachseln, kugelig, hängend, grün bis rot.
Frucht: Dunkelblaue, kugelige Beere, wohlschmeckend. Saft rotfärbend.
Standort: Wälder, Heiden und Moore.
Lebensbereiche: M, 3–4, hs–sch: Matten; feuchter Boden bis sumpfig; halbschattig bis schattig.
Verwendung: Am Rand von Moorgärten, Gehölzgruppen.
Vermehrung: Stecklinge, Abtrennen der Ausläufer.
Eigenschaften: Sehr wertvoller Kleinstrauch. Marmelade.

Vaccinium myrtillus		Vaccinium oxycoccos
30–50 cm		5/10–15 cm
V–VI		V–VII
II		II
0 cm		0 cm
Zwergstrauch		Zwergstrauch

Vaccinium oxycoccos

Gewöhnliche Moosbeere
Ericaceae, Heidekrautgewächse

Heimat: Europa, N-Asien, N-Amerika, Grönland.
Wuchsform: Kleinstrauch bis 5 cm hoch, lange, fadenförmige Ausläufer bildend.
Blatt: Immergrün, lanzettlich, 0,5–1 cm lang, unterseits grau, kahl.
Blüte: Am Zweigende, hängend, mit 4 zurückgeschlagenen Zipfeln, rosa, 1,5 cm.
Frucht: Rote, kugelige Beere, bis 8 mm groß.
Standort: Wälder, Heiden und Moore.
Lebensbereiche: M, 3–4, so–hs: Matten; feuchter Boden bis sumpfig; sonnig bis halbschattig.
Verwendung: Moorgärten.
Vermehrung: Stecklinge, Abtrennen der Ausläufer.
Eigenschaften: Wertvoller Kleinstrauch. Marmelade.

Vaccinium uliginosum
Rauschbeere, Moorbeere
Ericaceae, Heidekrautgewächse

Heimat: Europa bis Sibirien und Kamtschatka, N-Amerika.
Wuchsform: Kleinstrauch bis 50 cm hoch, Ausläufer bildend, Zweige rund.
Blatt: Sommergrün, ei-lanzettlich, 1–3 cm lang, oberseits blaugrün, unterseits graugrün, kahl.
Blüte: In Trauben am Triebende, hängende, weiße Glöckchen, bis 1 cm groß.
Frucht: Dunkelblaue, kugelige Beere, giftig. Saft hell.
Standort: Wälder, Heiden und Moore.
Lebensbereiche: M, 3–4, hs–sch: Matten; feuchter Boden bis sumpfig; halbschattig bis schattig.
Verwendung: Am Rand von Moorgärten, Gehölzgruppen.
Vermehrung: Ausläufer.
Eigenschaften: Kleinstrauch.
Hinweise: Die Früchte sind giftig.

30–50 cm		*bis 30 cm*
V–VI		*V–VI*
II		*II*
0 cm		*0 cm*
Zwergstrauch		*Zwergstrauch*

Vaccinium vitis-idaea
Preiselbeere
Ericaceae, Heidekrautgewächse

Heimat: Europa bis Sibirien, Kamtschatka, N-Amerika, Grönland.
Wuchsform: Kleinstrauch bis 30 cm hoch, Ausläufer bildend.
Blatt: Immergrün, eiförmig, 1–3 cm lang, oberseits dunkelgrün glänzend, unterseits hellgrün, drüsig punktiert.
Blüte: In kurzen hängenden Trauben, weiße Glöckchen.
Frucht: Rote, kugelige Beere, 5–8 mm groß.
Standort: Wälder, Heiden und Moore.
Lebensbereiche: M, 3–4, hs–sch: Matten; feuchter Boden bis sumpfig; halbschattig bis schattig.
Verwendung: Am Rand von Moorgärten, Gehölzgruppen.
Vermehrung: Stecklinge.
Eigenschaften: Sehr wertvoller Kleinstrauch. Marmelade.

Wasserpflanzen

Wasserpflanzen – Webcode: teich663

Acorus calamus
Kalmus
Acoraceae, Kalmusgewächse

Heimat: O-Asien, S-Asien.
Wuchsform: Locker, aufrechte Staude, Verbreitung durch weit verzweigte Rhizome.
Blatt: Wechselständig, schwertförmig, oft mit gewelltem Blattrand.
Blüte: Unscheinbarer Kolben, grünlich gelb, 10–20 cm lang.
Frucht: Kolben mit wenigen Beeren. Bildet selten Samen aus.
Standort: Wasserrand, Sumpf bis 30 cm Wassertiefe.
Lebensbereiche: WR, 5, so–hs: Wasserrand; flaches Wasser; sonnig bis halbschhattig.
Verwendung: Größere Wasseranlagen auf nährstoffreichen, lehmigen Böden.
Vermehrung: Teilung.
Eigenschaften: Wertvolle Wildstaude.
Hinweise: Heilpflanze.

Acorus calamus		Alisma plantago-aquatica
60–80 cm		*80/100 cm*
VI–VII		*VI–IX*
II		*II*
10–40 cm		*10–30 cm*
Staude		*Staude*

Alisma plantago-aquatica
Froschlöffel
Alismataceae, Froschlöffelgewächse

Heimat: Afrika, Europa bis Asien.
Wuchsform: Horstige Sumpfpflanze mit knolligem Wurzelstock.
Blatt: Wechselständig, breit elliptisch, langgestielt bis 80 cm Länge.
Blüte: Klein; an hoher, reich verzweigter, quirliger Rispe, weiß.
Frucht: Unscheinbare Nüsschen.
Standort: Heimische Sumpfpflanze in sonnigen bis halbschattigen Lagen.
Lebensbereiche: WR, 5, so–hs: Wasserrand; flaches Wasser; sonnig bis halbschattig.
Verwendung: Teichrand, bis 30 cm Wassertiefe, nährstoffreiche Gewässer.
Vermehrung: Aussaat.
Eigenschaften: Wertvolle Wildstaude.
Hinweise: Heilpflanze. Fruchtstände nach der Blüte entfernen. Schnittpflanze.

Butomus umbellatus

Blumenbinse, Schwanenblume
Butomaceae, Schwanenblumengewächse

Heimat: Asien, Europa, N-Afrika.
Wuchsform: Aufrechte, lockerhorstige Staude. Rhizome schwach kriechend.
Blatt: Linealisch, bis 80 cm lang, aber nur 1 cm breit, grün.
Blüte: 6-teilig, in doldigem Blütenstand, rosa.
Frucht: Unscheinbare Nüsschen.
Standort: In bis zu 50 cm tiefem Wasser in Gräben, Teichen und Sümpfen.
Lebensbereiche: WR, 5, so: Wasserrand; flaches Wasser; sonnig.
Verwendung: Für größere Wasserbecken und Teiche.
Vermehrung: Aussaat sofort nach der Ernte in Moorerde. Töpfe halb ins Wasser stellen. Teilung im Frühling.
Eigenschaften: Besonders wertvolle Wildstaude.
Sorte: 'Schneeweißchen', weiß.
Hinweise: In Kübeln schwaches Wachstum.

Butomus umbellatus		Cladium mariscus
60–80/ 80–120 cm		80/180 cm
VI–VIII		VI–VIII
I		II
10–50 cm		0–40 cm
Staude		Staude

Cladium mariscus

Binsen-Schneide
Cyperaceae, Riedgrasgewächse

Heimat: In Europa heimisch, weltweit verbreitet.
Wuchsform: Aufrecht, locker überhängend, kriechender Wurzelstock.
Blatt: Linealisch, bis 80 cm lang, 1,5 cm breit, wintergrün, Unterseits am Kiel und am Blattrand mit scharfen Zähnchen bewehrt.
Blüte: Ährige Blütenköpfe an runden Halmen, über dem Laub, braun.
Frucht: Ährchen mit eiförmigen, braunen Samen.
Standort: Am Rand von Naturteichen.
Lebensbereiche: WR, 4–5, so–hs: Wasserrand; sumpfig, Flachwasser; sonnig bis halbschattig.
Verwendung: Für große Wasserflächen.
Vermehrung: Teilung.
Eigenschaften: Wertvolle Wildstaude.
Hinweise: In Gefäße pflanzen.

Glyceria maxima

Wasserschwaden, Süßgras
Poaceae, Rispengrasgewächse

Heimat: Asien, Europa.
Wuchsform: Aufrechte, lockere Staude mit Rhizomen.
Blatt: Linealisch, bis 50 cm lang und 1,5 cm breit, steif.
Blüte: Breite Rispe über dem Laub, gelbbraun, bis 40 cm lang.
Frucht: Nussfrucht (Karyopse) mit Spelzen.
Standort: Am Wasserrand von Seen in sonniger Lage.
Lebensbereiche: WR, 4–5, so: Wasserrand; sumpfig bis flaches Wasser, sonnig.
Verwendung: Für große Wasserflächen in der Landschaft.
Vermehrung: Teilung.
Eigenschaften: Wertvolle Wildstaude.
Sorten: 'Pallida', im Herbst fahlgelb.
Hinweise: Für die Abwasserreinigung geeignet.

Glyceria maxima		Hippuris vulgaris
80/100–250 cm		30–40 cm
VII–VIII		VI–VIII
II		I
10–50 cm		0–40 cm
Staude		Staude

Hippuris vulgaris

Tannenwedel
Hippuridaceae, Tannenwedelgewächse

Heimat: Europa, N-Amerika, N-Asien.
Wuchsform: Unter Wasser Ausläufer bildend, aufrechte Triebe über Wasser.
Blatt: Nadelähnlich, waagerecht abstehend, quirlständig, 1–2 cm lang, grün.
Blüte: Unscheinbar in den Blattachseln, rosa.
Frucht: Unscheinbare Steinfrucht.
Standort: In kalkhaltigen, meist stehenden Gewässern in voller Sonne.
Lebensbereiche: WR, 5, so: Wasserrand; flaches Wasser; sonnig. Auch Wasser.
Verwendung: Teichränder in sonnigen Lagen.
Vermehrung: Teilung der Rhizome im Frühling.
Eigenschaften: Besonders wertvolle Wildstaude.
Hinweise: Zur Sauerstoffversorgung von Teichen. In Kübel pflanzen, Pflanze breitet sich sonst sehr stark aus.

Hottonia palustris

Wasserfeder, Wasserprimel
Primulaceae, Primelgewächse

Heimat: Europa, Klein-Asien, Sibirien.
Wuchsform: Wasserpflanze, wurzelt im Schlamm. Stängel und Blätter untergetaucht.
Blatt: Wechselständig, fiederschnittig, rosettenförmig, bis 12 cm lang.
Blüte: In aufrechten Quirlen über dem Wasser, 5-zählig, zartrosa.
Frucht: Kapsel, 5 mm groß.
Standort: Stehende, saure Gewässer, halbschattig.
Lebensbereiche: W, 7, so–sch: Wasser; untergetauchte Pflanzen; sonnig bis schattig. Auch WR, 5, so–sch: Wasserrand; flaches Wasser; sonnig bis schattig.
Verwendung: Teiche mit kalkarmem Wasser.
Vermehrung: Teilung, Aussaat.
Eigenschaften: Liebhaberstaude.
Hinweise: Geschützte Wildpflanze!

Hottonia palustris		Hydrocotyle vulgaris
20 cm		5–10 cm
V–VII		VI–VII
II		II
5–40 cm		0–20 cm
Staude		Staude

Hydrocotyle vulgaris

Wassernabel
Apiaceae, Selleriegewächse

Heimat: Europa bis Kaukasus, N-Afrika.
Wuchsform: Teppich- bzw. rasenartig, bildet fadenförmige Ausläufer.
Blatt: Gestielt, kreisrund mit Einkerbungen, 2–4 cm groß.
Blüte: Unscheinbar, klein, in doldigen Blütenständen, weißlich.
Frucht: Nur 2 mm groß, warzig.
Standort: Teichrand, Sümpfe und Gräben
Lebensbereiche: WR, 4, so–hs: Wasserrand; sumpfig; sonnig bis halbschattig. Auch Freiflächen, feucht.
Verwendung: Am Rand von Teichen in Flachwasserzonen.
Vermehrung: Teilung der dünnen Rhizome.
Eigenschaften: Heimisch.
Ähnliche Arten: *H. novae-zelandiae*, nur 5 cm hoch, rasig; *H. bonariensis*.
Hinweise: Liebt saure Böden.

Littorella uniflora

Europäischer Strandling

Plantaginaceae, Wegerichgewächse

Heimat: Europa.

Wuchsform: Grasartige, ausdauernde Pflanze, rhizombildend.

Blatt: In grundständiger Rosette, schmal lineal, kahl.

Blüte: Mit langen Staubfäden, einhäusig, unscheinbar, weißlich.

Frucht: Am Stielgrund einsamige Nuss.

Standort: Sandig kiesige Ufer, sonnig.

Lebensbereiche: WR, 5, so–hs: Wasserrand; Flachwasser; sonnig bis halbschattig.

Verwendung: Am Rand von Naturteichen, Wasserbecken.

Vermehrung: Aussaat, aber Saat kaum erhältlich.

Eigenschaften: Heimisch.

Hinweise: Seltene, geschützte, heimische Pflanze.

Littorella uniflora		Marsilea quadrifolia
3–12 cm		10 cm
IV–IX		VII–X
II		I
10–40 cm		0–40 cm
Staude		Staude

Marsilea quadrifolia

Kleefarn

Marsileaceae, Kleefarngewächse

Heimat: Europa, Asien, NW-USA.

Wuchsform: Kleeartiger Farn mit dünnen Ausläufern.

Blatt: 4-teilig, gestielt, meist schwimmend, grün.

Sporangien: Gestielt, bohnenförmig, 3–5 mm.

Frucht: Unscheinbar, selten zu sehen.

Standort: Sümpfe, Teiche, Altwasser von Flüssen.

Lebensbereiche: WR, 5–6, so–hs: Wasserrand; flaches Wasser, auch Schwimmblattpflanze; sonnig bis halbschattig.

Verwendung: Wasserrand, Sumpfgärtchen.

Vermehrung: Teilung.

Eigenschaften: Liebhaberstaude.

Hinweise: Geschützte Wildpflanze. Benötigt warme Lagen. Winterschutz erforderlich.

Menyanthes trifoliata

Fieberklee, Bitterklee
Menyanthaceae, Fieberkleegewächse

Heimat: Kaukasus, Sibirien, Mittelasien.
Wuchsform: Niederliegend, meterlange Triebe liegen auf dem Wasser, Blütentriebe aufrecht.
Blatt: 3-teilig, gestielt, grün, eiförmige Fieder.
Blüte: 5-teilig, stark gefranst, an aufrechtem Blütenschaft traubig angeordnet, weiß.
Frucht: Kugelig, erst grün, später braun.
Standort: Kalkarme Flach- und Quellmoore.
Lebensbereiche: WR, 4–5, so–hs: Wasserrand; sumpfig bis flaches Wasser; sonnig bis halbschattig.
Verwendung: Für kleinere und größere Sumpfanlagen.
Vermehrung: Teilung der Rhizome im Vorfrühling.
Eigenschaften: Besonders wertvolle Wildstaude.
Hinweise: Geschützte Wildpflanze. Heilpflanze.

Menyanthes trifoliata	Myriophyllum aquaticum
20/30 cm	10–15 cm
V–VI	VI–VIII
I	II
10–30 cm	40–100 cm
Staude	Staude

Myriophyllum aquaticum

Brasilianisches Tausendblatt, Papageienfeder
Haloragaceae, Seebeerengewächse

Heimat: S-Amerika: Argentinien, Brasilien.
Wuchsform: Niederliegend, am Grunde wurzelnd, Triebe aufrecht.
Blatt: Quirlförmig, fein gefiedert. Unter Wasser zierlichere Blätter.
Blüte: Zweihäusig, in einer Ähre über dem Wasser, blassgelb.
Frucht: Unscheinbar, wird selten gebildet.
Standort: Stehende Flachwasserbereiche.
Lebensbereiche: W, 6, so–hs: Wasser; Schwimmblattpflanzen; sonnig bis halbschattig. Auch W, 7, so–hs: Wasser, untergetauchte Pflanzen.
Verwendung: Einzeln in sauren, sonnigen Teichen.
Vermehrung: Teilung. Wasserkultur im Kalthaus.
Eigenschaften: Liebhaberstaude.
Hinweise: Frostfrei überwintern.

Myriophyllum spicatum
Ähriges Tausendblatt
Haloragaceae, Seebeerengewächse

Heimat: Europa, dann weltweit verbreitet.
Wuchsform: Lange, liegende Triebe, wuchert.
Blatt: In Etagen, Quirle mit 4 Blättern, sehr fein gefiedert.
Blüte: Unscheinbar, klein, in Quirlen über dem Wasser, rosa.
Frucht: Klein, unscheinbar.
Standort: Stehende Gewässer, sonnig.
Lebensbereiche: W, 7, so–hs: Wasser; untergetauchte Pflanzen; sonnig bis halbschattig.
Verwendung: Größere Wasseranlagen.
Vermehrung: Teilung, Kultur in im Wasser stehenden Töpfen.
Eigenschaften: Wertvolle Wildstaude.
Hinweise: Winterhart, wuchert stark, Sauerstofflieferant.

5–20 cm		20–30 cm
VI–VIII		V–VI
III		II
30–100 cm		10–50 cm
Staude		Staude

Orontium aquaticum
Goldkeule
Araceae, Aronstabgewächse

Heimat: Östliche USA.
Wuchsform: Horstige Staude.
Blatt: Grundständig, elliptisch, bis 30 cm lang, 5 cm breit, oberseits bläulich grün, unterseits silbrig.
Blüte: Gelber Kolben am Ende weißer Stiele, auffallend, 10–20 cm lang.
Frucht: Kugelige Samen am Kolben.
Standort: Am Rand von Wasserbecken, sonnig.
Lebensbereiche: WR, 5, so–hs: Wasserrand; flaches Wasser; sonnig bis halbschattig. Schwimmblattpflanzen.
Verwendung: Sonnige Gartenteiche, nährstoffreiche Böden.
Vermehrung: Teilung, Aussaat (Saatschalen mit Wasser bedecken).
Eigenschaften: Liebhaberstaude.
Hinweise: Laubschutz im Winter vorteilhaft.

Phragmites australis

Schilfrohr

Poaceae, Rispengrasgewächse

Heimat: Weltweit verbreitet.

Wuchsform: Aufrechte, bis 4 m hohe, rhizombildende Staude.

Blatt: Am ganzen Stängel, wechselständig, graugrün, 30–50 cm lang, bis 3 cm breit.

Blüte: Rispe, 20–50 cm lang, am Ende des Stängels, bräunlich.

Frucht: Nussfrucht mit Spelzen.

Standort: Teichrand, Ufer von meist stehenden Gewässern.

Lebensbereiche: WR, 5, so: Wasserrand, flaches Wasser; sonnig.

Verwendung: Für große Wasseranlagen, Renaturierung.

Vermehrung: Abtrennung der Rhizome.

Eigenschaften: Wertvolle Wildstaude.

Sorten: 'Variegatus', gelbgrün längs gestreift, schwächerer Wuchs. (Bild!)

Hinweise: Wärmeliebend.

Phragmites australis		Pilularia globulifera
200–280/ 200–300 cm		3–10 cm
VIII–IX		–
III		II
20–80 cm		0–20 cm
Staude		Staude

Pilularia globulifera

Pillenfarn

Marsileaceae, Wasserfarngewächse

Heimat: W-Europa.

Wuchsform: Büschelig, aufrecht, mit weit kriechendem Rhizom.

Blatt: Binsenartig, 3–10 cm hoch, grün, entrollt sich beim Austrieb.

Sporangien: Am Grunde der Blätter, kugelig, braun, 3 mm groß.

Standort: Sümpfe und Teiche in warmen Lagen.

Lebensbereiche: WR, 4, so–hs: Wasserrand; sumpfig; sonnig bis halbschattig. Auch Wasserrand; flaches Wasser.

Verwendung: Kleine Wasserflächen, Miniteiche, sonnig.

Vermehrung: Teilung der Rhizome.

Eigenschaften: Liebhaberstaude.

Hinweise: Geschützte Wildpflanze. Selten in Kultur.

Pontederia cordata

Hechtkraut

Pontederiaceae, Hechtkrautgewächse

Heimat: Östliches N-Amerika.

Wuchsform: Aufrechte, schwach kriechende Staude.

Blatt: Lang gestielt, herzförmig, bis 60 cm hoch, glänzend grün.

Blüte: Scheinähre mit kleiner Spatha, bis 30 cm über dem Wasser, blau.

Frucht: Nussfrucht, wird nur in warmen Lagen reif.

Standort: Teichränder.

Lebensbereiche: WR, 5, so: Wasserrand; flaches Wasser; sonnig.

Verwendung: Gartenteiche in sonniger Lage.

Vermehrung: Teilung, auch Aussaat (Wasserkultur).

Eigenschaften: Wertvolle Wildstaude.

Sorten: 'Alba', weiße Blüte.

Hinweise: Besonders schöne, blaublütige Wasserpflanze. Winterschutz erforderlich.

Pontederia cordata		Ranunculus flammula
50–70/ 50–80 cm		20–30/ 20–50 cm
VI–IX		VII–X
I		II
10–30 cm		0–20 cm
Staude		Staude

Ranunculus flammula

Brennender Hahnenfuß

Ranunculaceae, Hahnenfußgewächse

Heimat: Europa bis Mittelasien, N-Amerika.

Wuchsform: Niederliegende bis aufrechte Staude, wenig Ausläufer.

Blatt: Wechselständig, lanzettlich, grün.

Blüte: 5-teilig, schalenförmig, goldgelb, bis 2 cm groß.

Frucht: Sammelbalgfrucht.

Standort: Sumpfwiesen, Moore.

Lebensbereiche: WR, 4, so: Wasserrand; sumpfig; sonnig. Auch Freifläche; feucht.

Verwendung: Wasserrand von größeren Teichen, Pionierpflanze.

Vermehrung: Aussaat.

Eigenschaften: Wertvolle Wildstaude.

Hinweise: Giftpflanze. Lange Blütezeit.

Ranunculus lingua

Zungen-Hahnenfuß
Ranunculaceae, Hahnenfußgewächse

Heimat: Europa, Sibirien
Wuchsform: Niederliegende bis aufrechte Staude, Ausläufer.
Blatt: Wechselständig, lanzettlich, bis 25 cm lang, graugrün, kahl.
Blüte: 5-teilig, schalenförmig, goldgelb, glänzend, bis 4 cm groß.
Frucht: Sammel-Balgfrucht.
Standort: Am Rand von Wasserbecken und Teichen in voller Sonne.
Lebensbereiche: WR, 4–5, so–hs: Wasserrand; sumpfig bis flaches Wasser; sonnig bis halbschattig.
Verwendung: Am Wasserrand in kleinen Gruppen.
Vermehrung: Abtrennen der Ausläufer.
Eigenschaften: Wertvolle Wildstaude.
Hinweise: Kann sich stark ausbreiten, besser in Behälter pflanzen.

Ranunculus lingua	Sagittaria sagittifolia
60–80/70–100 cm	30–60/40–60 cm
VI–VIII	VI–VIII
I	II
5–30 cm	10–40 cm
Staude	Staude

Sagittaria sagittifolia subsp. sagittifolia

Pfeilkraut
Alismataceae, Froschlöffelgewächse

Heimat: Europa, Sibirien.
Wuchsform: Aufrecht, knolliger Wurzelstock, Ausläufer treibend.
Blatt: Pfeilförmig, lang gestielt, grün, im Herbst gelb. Grundblätter. Variiert in Form und Größe je nach Standort.
Blüte: 3 Kronblätter, weiß, gelbe Staubblätter, in etagenförmigen Quirlen.
Frucht: Kugeliges Nüsschen.
Standort: Am Teichrand in meist sonniger Lage.
Lebensbereiche: WR, 4–5, so–hs: Wasserrand; sumpfig bis flaches Wasser; sonnig bis halbschattig.
Verwendung: Wasserflächen.
Vermehrung: Teilung, Abtrennen der Winterknollen.
Eigenschaften: Besonders wertvolle Wildstaude.
Sorte: 'Plena', weiß gefüllt.
Hinweise: Knollen essbar.

Sparganium emersum

Einfacher Igelkolben
Sparganiaceae, Igelkolbengewächse

Heimat: M-Europa, Asien, N-Amerika.
Wuchsform: Heimische, aufrechte Staude, Triebe nie verzweigt, Ausläufer bildend.
Blatt: Linealisch, wechselständig, 1,2 cm breit, oft flutend
Blüte: In kugeligen Köpfchen, ohne Kronblätter, zart weiß, wenig auffällig.
Frucht: Steinfrucht, 5–8 mm lang.
Standort: Stehende Gewässer in sonnigen Lagen.
Lebensbereiche: WR, 5, so–hs: Wasserrand; flaches Wasser; sonnig bis halbschattig.
Verwendung: In natürlichen Teichen. Rekultivierung.
Vermehrung: Aussaat, Abtrennen der Ausläufer.
Eigenschaften: Wertvolle Wildstaude.
Ähnliche Arten: *S. angustifolium*.
Hinweise: Wuchert stark.

50–80/ 50–60 cm		80–100/ 60–80 cm
VII–VIII		VII–VIII
I		I
20–40 cm		5–40 cm
Staude		Staude

Sparganium erectum

Ästiger Igelkolben
Sparganiaceae, Igelkolbengewächse

Heimat: M-Europa, Klein-Asien.
Wuchsform: Heimische, aufrechte Staude, verzweigte Triebe, Ausläufer bildend.
Blatt: Wechselständig, linealisch, steif, 1,5 cm breit.
Blüte: In kugeligen Köpfchen, ohne Kronblätter, weiß, wenig auffällig.
Frucht: Steinfrucht, 7–11 mm groß, von Vögeln geschätzt.
Standort: Wasserrand in sonnigen Lagen.
Lebensbereiche: WR, 5, so–hs: Wasserrand; flaches Wasser; sonnig bis halbschattig.
Verwendung: In natürlichen Teichen, benötigt Platz. Rekultivierung.
Vermehrung: Aussaat, Abtrennen der Ausläufer.
Eigenschaften: Wertvolle Wildstaude.
Hinweise: Wuchert stark.

Sparganium natans

Zwerg-Igelkolben
Sparganiaceae, Igelkolbengewächse

Heimat: Europa.
Wuchsform: Ausläuferbildend, locker aufrecht.
Blatt: 30 cm lang, grün, linealisch zugspitzt, glatt, ganzrandig.
Blüte: Weiß, halbkugelig, VII–VIII.
Frucht: Steinfrucht.
Standort: Sonnige bis halbschattige Standorte, nährstoffreich, mäßig bis schwach saurer mooriger Boden.
Lebensbereiche: WR, 4–5, so–hs; Wasserrand, sumpfig bis flaches Wasser, sonnig bis halbschattig
Verwendung: In Verlandungsgesellschaften, Moortümpeln und Gräben.
Vermehrung: Abtrennen der Ausläufer.
Eigenschaften: Wertvolle Wildstaude.
Hinweis: Fruchtschmuck.

Sparganium natans		Typha angustifolia
45 cm		180–200/ 160–180 cm
VII–VIII		VII–VIII
II		II
10–30 cm		20–100 cm
Staude		Staude

Typha angustifolia

Schmalblättriger Rohrkolben
Typhaceae, Rohrkolbengewächse

Heimat: Europa, N-Amerika, W-Asien.
Wuchsform: Straff aufrechte Staude, wuchernd.
Blatt: Schmal, bis 1 cm breit, den Blütenstand überragend.
Blüte: Unscheinbare Blüten in einem bis 35 cm langen Kolben vereint. Dunkelbraun. Zwischen männlichem (oben) und weiblichen Blütenstand ist eine bis 8 cm lange Lücke.
Frucht: Kolben, bei der Reife in viele Fruchthaare zerfallend.
Standort: Stehende, oft schlammige Gewässer bis 1,50 m Tiefe.
Lebensbereiche: WR, 5, so: Wasserrand; flaches Wasser, sonnig.
Verwendung: Kleine Teiche.
Vermehrung: Teilung.
Eigenschaften: Wertvolle Wildstaude.
Hinweise: Einzige Art für tieferes Wasser.

Typha latifolia

Breitblättriger Rohrkolben
Typhaceae, Rohrkolbengewächse

Heimat: Europa, N-Amerika, Asien.
Wuchsform: Straff aufrechte Staude, wuchernd.
Blatt: Lineal, 2–3 cm breit, blaugrün, den Blütenstand überragend.
Blüte: Unscheinbare Blüten in einem bis 20 cm langen Kolben vereint. Schwarzbraun. Zwischen männlichem (oben) und weiblichen Blütenstand ist keine Lücke.
Frucht: Dicker Kolben, bei der Reife in viele Fruchthaare zerfallend. Nussfrüchte.
Standort: Stehende, oft schlammige Gewässer.
Lebensbereiche: WR, 5, so: Wasserrand; flaches Wasser, sonnig.
Verwendung: In großen Wasseranlagen.
Vermehrung: Teilung, Abtrennen der Ausläufer.
Eigenschaften: Wertvolle Wildstaude.

Typha latifolia		Typha laxmannii
180–250/ 130–150 cm		*120–150/ 80–100 cm*
VII–VIII		*V–VI*
II		*II*
20–40 cm		*20–40 cm*
Staude		*Staude*

Typha laxmannii

Laxmanns Rohrkolben
Typhaceae, Rohrkolbengewächse

Heimat: SO-Europa, Asien.
Wuchsform: Straff aufrechte Staude, schwach wuchernd.
Blatt: Schmal, gewölbt, bis 0,5 cm breit, den Blütenstand überragend.
Blüte: Unscheinbare Blüten in einem bis 9 cm langen Kolben vereint. Dunkelbraun. Zwischen männlichem (oben) und kurzem weiblichen Blütenstand bis 5 cm lange Lücke.
Frucht: Nussfrucht in Kolben, bei der Reife in viele Fruchthaare zerfallend.
Standort: Stehende, oft schlammige Gewässer bis 50 cm Tiefe.
Lebensbereiche: WR, 5, so: Wasserrand; flaches Wasser, sonnig.
Verwendung: In kleinen Gruppen in naturnahen Teichen.
Vermehrung: Teilung, Abtrennen der Ausläufer.
Eigenschaften: Wertvolle Wildstaude. Für kleinere Becken.

Typha minima

Zwerg-Rohrkolben
Typhaceae, Rohrkolbengewächse

Heimat: Europa, W-Asien bis zum Kaukasus.
Wuchsform: Aufrecht, locker, Ausläufer treibende Sumpfpflanze.
Blatt: Sehr schmal, bandförmig, mattgrün.
Blüte: Weibliche Blütenkolben 3–4 cm lang, 1,5–2 cm dick. Oberhalb davon befinden sich die männlichen, unscheinbaren Blüten.
Frucht: Kolben dunkelbraun, im Sommer in viele Pappushaare zerfallend.
Standort: Am Rande von stehenden Gewässern. Schwere Böden.
Lebensbereiche: WR, 4, so: Wasserrand, sumpfig; sonnig.
Verwendung: Kleinere Wasserflächen bis 10 cm Tiefe. Auch für Tröge. Trockenbinderei.
Vermehrung: Abtrennen der Ausläufer im Frühling.
Eigenschaften: Wertvolle Wildstaude.
Hinweise: Gut auf Kalkböden.

Typha minima		Typha shuttleworthii
50/75 cm		120–150/ 80–100 cm
V–VI		VII–VIII
II		II
0–10 cm		20–40 cm
Staude		Staude

Typha shuttleworthii

Shuttleworths Rohrkolben
Typhaceae, Rohrkolbengewächse

Heimat: M–Europa.
Wuchsform: Straff aufrechte Staude.
Blatt: Schmal, bis 1 cm breit, den Blütenstand überragend.
Blüte: Unscheinbare Blüten in bis 15 cm langen Kolben vereint. Dunkel graubraun. Männliche Blüten sitzen direkt über weiblichen.
Frucht: Nussfrucht in Kolben, bei der Reife in viele Fruchthaare zerfallend.
Standort: Stehende, oft schlammige Gewässer bis 50 cm Tiefe.
Lebensbereiche: WR, 5, so: Wasserrand; flaches Wasser, sonnig.
Verwendung: In kleinen Gruppen in naturnahen Teichen.
Vermehrung: Teilung, Abtrennen der Ausläufer.
Eigenschaften: Wertvolle Wildstaude.
Hinweise: Kolben für Trockenbinderei geeignet.

Schwimmpflanzen

Schwimmpflanzen – Webcode: teich664

Aponogeton distachyos
Afrikanische Wasserähre
Aponogetonaceae, Wasserährengewächse

Heimat: S-Afrika. In wärmeren Ländern eingebürgert.
Wuchsform: Ausdauernde Schwimmblattpflanze, knolliger Wurzelstock.
Blatt: Länglich oval, bis 20 cm lang, gestielt, auf dem Wasser liegend.
Blüte: Über dem Wasser, gegabelte Ähre, weiß, zygomorph, nach Vanille duftend.
Frucht: Balgfrucht, Samen schwimmen nach der Reife auf dem Wasser.
Standort: Stehende Gewässer in warmen Regionen.
Lebensbereiche: W, 6, so: Wasser; Schwimmblattpflanzen; sonnig.
Verwendung: Teiche in voller Sonne, Wintergärten.
Vermehrung: Teilung, Aussaat.
Eigenschaften: Wärmeliebend.
Hinweise: Unreife Samenstände sind ein beliebtes Gemüse. Winterschutz erforderlich.

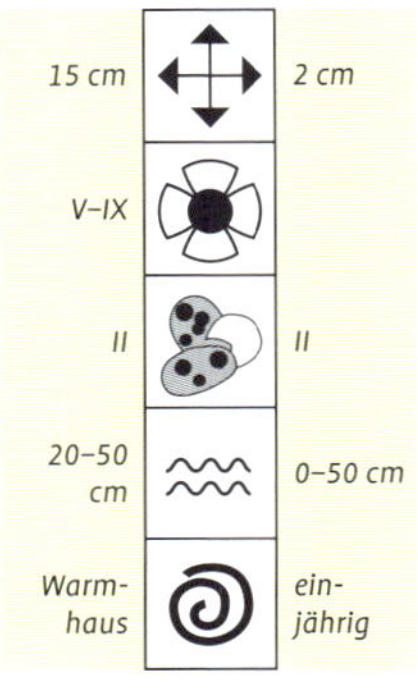

Azolla caroliniana
Moskito-Algenfarn
Azollaceae, Schwimmfarngewächse

Heimat: N-Amerika, weltweit verschleppt.
Wuchsform: Flach auf dem Wasser schwimmend, meist einjährig.
Blatt: Kraus gelappt, 1–2 cm groß, smaragdgrün, im Herbst rötlich.
Blüte: Keine.
Frucht: Sporenpflanze.
Standort: Stehende Gewässer, Bäche, Teiche.
Lebensbereiche: W, 8, so: Wasser; freischwimmende Pflanze; sonnig.
Verwendung: Teiche aller Art, Aquarienpflanze.
Vermehrung: Vermehrt sich selbst durch Sporen.
Eigenschaften: Kurzlebig.
Ähnliche Art: *Azolla filiculoides*, Großer Algenfarn.
Hinweise: Bedeckt in kurzer Zeit die Wasseroberfläche, kann lästig werden. Nimmt aber Fadenalgen das Licht weg.

Callitriche palustris

Sumpf-Wasserstern
Callitrichaceae, Wassersterngewächse

Heimat: Europa, Asien, N-Amerika.
Wuchsform: Frei schwimmende Staude, klein mit fadenförmigen Stängeln.
Blatt: Oval, klein, kreuz-gegenständig, in sternförmiger Rosette angeordnet.
Blüte: Winzig, über dem Wasser erscheinend, weiß, unscheinbar.
Frucht: Vierteilig, geflügelt, winzig.
Standort: Unverschmutzte Teiche, Tümpel und Bäche.
Lebensbereiche: W, 6, so–hs: Wasser; Schwimmblattpflanzen; sonnig bis halbschattig.
Verwendung: Wasseranlagen aller Art.
Vermehrung: Teilung.
Eigenschaften: Wertvolle Wildstaude.
Hinweise: Submerse Blätter erzeugen Sauerstoff. Wintergrüne Blätter.

2 cm		10 cm
V–IX		VI–IX
II		II
10–80 cm		25–200 cm
Staude		Staude

Ceratophyllum demersum

Raues Hornblatt
Ceratophyllaceae, Hornblattgewächse

Heimat: Weltweit verbreitet.
Wuchsform: Submers, freischwimmend, teils im Boden sich verankernd.
Blatt: Quirlig, 2–3fach gabelteilig, 2 cm lang, stachelig gezähnt, immergrün.
Blüte: Winzig, grünlich, in den Blattachseln erscheinend.
Frucht: Nüsschen, braun, 0,5 mm.
Standort: Teiche, Tümpel, stehende Gewässer aller Art.
Lebensbereiche: W, 8, so–hs: Wasser; freischwimmende Pflanzen; sonnig bis halbschattig.
Verwendung: Sauerstofflieferant in Teichen aller Art.
Vermehrung: Teilung, Aussaat.
Eigenschaften: Wertvolle Wildstaude.
Hinweise: Starre Triebe können bis 3 m lang werden, brüchig.
Hinweise: Nährstoffbedürftig.

Chara fragilis
Armleuchteralge
Characeae, Armleuchteralgengewächse

Heimat: Weltweit verbreitet in kalkhaltigen Gewässern.
Wuchsform: Unterwasserpflanze, wurzellos, quirlförmig.
Blatt: Etagenförmig am Stängel, sehr fein, 2 cm lang, hellgrün, bald mit Kalkkruste überzogen.
Blüte: Keine.
Standort: Klare, kalkreiche Gewässer in sonniger Lage.
Lebensbereiche: W, 8, so: Wasser; Schwimmblattpflanzen, nicht verwurzelt, sonnig.
Verwendung: Sauerstofflieferant in kalkreichen Gewässern.
Vermehrung: Einfache Teilung im Sommer.
Eigenschaften: Sauerstoff liefernd.
Hinweise: Wärmeliebende Art. Enthärtet das Wasser. Zur Kalksteinbildung unentbehrlich.

0 cm		0 cm
–		V–IX
II		II
0–80 cm		30–200 cm
Staude		Staude

Elodea canadensis
Kanadische Wasserpest
Hydrocharitaceae, Froschbissgewächse

Heimat: N-Amerika.
Wuchsform: Untergetauchte, im Boden wurzelnde Staude, Sprosse dicht beblättert.
Blatt: In 3-zähligen Quirlen, länglich lanzettlich, 6–13 mm lang.
Blüte: Zweihäusig, unscheinbar, weiß, über dem Wasser.
Frucht: Klein, unscheinbar.
Standort: Stehende und langsam fließende Gewässer.
Lebensbereiche: W, 7, so–hs: Wasser; untergetauchte Pflanzen; sonnig bis halbschattig.
Verwendung: Große Wasseranlagen.
Vermehrung: Teilstücke bewurzeln rasch.
Eigenschaften: Wertvolle Wildstaude.
Hinweise: Guter Sauerstofflieferant, wuchert aber sehr stark. Aquarienpflanze.

Hydrocharis morsus-ranae

Froschbiss
Hydrocharitaceae, Froschbissgewächse

Heimat: Europa bis W-Sibirien, W-Afrika.
Wuchsform: Schwimmblattpflanze, im Wasser treibend.
Blatt: Rundlich-herzförmig, 2–5 cm groß, lang gestielt.
Blüte: Zweihäusig, gestielt, über dem Wasser, 3 rundliche Perigonblätter, weiß.
Frucht: Schließfrucht, kugelig.
Standort: Stehende, saure Gewässer im Halbschatten.
Lebensbereiche: W, 8, so–hs: Wasser; freischwimmende Pflanzen; sonnig bis halbschattig.
Verwendung: Teiche aller Art.
Vermehrung: Winterknospen (Hibernakeln), auch Aussaat.
Eigenschaften: Wertvolle Wildstaude.
Hinweise: Hibernakeln sinken im Winter auf den Boden.
Hinweise: Blätter ab Mai.

Hydrocharis morsus-ranae		Lemna minor
5 cm		2 cm
VII–VIII		V–IX
II		–
20–80 cm		0–100 cm
Staude		Staude

Lemna minor

Kleine Wasserlinse, Entengrütze
Lemnaceae, Wasserlinsengewächse

Heimat: Europa, Asien, Amerika, Afrika.
Wuchsform: Freischwimmend, wuchernd.
Blatt: Blattartiger Spross oval, 2–6 mm lang, oft zusammenhängend
Blüte: Sehr selten blühend, unscheinbar.
Standort: Stehende und langsam fließende, nährstoffreiche Gewässer.
Lebensbereiche: W, 8, so–hs: Wasser; freischwimmende Pflanzen; sonnig bis halbschattig.
Verwendung: Wasserflächen, gut als Entenfutter.
Vermehrung: Teilung, vermehrt sich selbst enorm.
Eigenschaften: Wildstaude.
Ähnliche Arten: *L. gibba,* Buckelige Wasserlinse.
Hinweise: Wird oft beim Kauf eingeschleppt. Sollte abgefischt werden, wenn sie überhand nimmt.

Lemna trisulca

Dreifurchige Wasserlinse
Lemnaceae, Wasserlinsengewächse

Heimat: Eurasien, Amerika, Afrika.
Wuchsform: Unter dem Wasserspiegel freischwebend, wuchernd.
Blatt: Blattartiger Spross lanzettlich, bis 10 mm lang.
Blüte: Sehr selten, unscheinbar.
Frucht: Kleines Nüsschen.
Standort: Stehende und langsam fließende, nährstoffreiche Gewässer.
Lebensbereiche: W, 8, so–hs: Wasser; freischwimmende Pflanzen; sonnig bis halbschattig.
Verwendung: Wasserreinigung.
Vermehrung: Sprossung.
Eigenschaften: Wertvolle Wildstaude.
Hinweise: Liefert Sauerstoff. Wird nicht so lästig wie die anderen Arten.

Lemna trisulca		Nuphar advena
0,5 cm		30–50 cm
V–IX		V–VIII
III		I
0–100 cm		55–150 cm
Staude		Staude

Nuphar advena

Amerikanische Teichrose
Nymphaeaceae, Seerosengewächse

Heimat: Mexiko, USA.
Wuchsform: Rhizombildende Schwimmblattpflanze.
Blatt: Herzförmig, ganzrandig, bis 30 cm lang, stehen meist über dem Wasser.
Blüte: Goldgelbe Kugelblüte, 4–5 cm groß.
Frucht: Sammelfrucht.
Standort: Stehende, große Gewässer in sonniger Lage.
Lebensbereiche: W, 6, so–hs: Wasser, Schwimmblattpflanzen; sonnig bis halbschattig.
Verwendung: Für größere Naturteiche.
Vermehrung: Teilung der armdicken Rhizome im Frühling.
Eigenschaften: Wertvolle Wildstaude.
Hinweise: Üppiger Wachser.

Nuphar lutea
Mummel, Gelbe Teichrose
Nymphaeaceae, Seerosengewächse

Heimat: Europa, Kleinasien, Sibirien.
Wuchsform: Rhizombildende Schwimmblattpflanze.
Blatt: Oval, tief herzförmig, 10–30 cm lang, glänzend.
Blüte: Gelbe Kugelblüte, 4–5 cm groß, über dem Wasser stehend.
Frucht: Sammelfrucht. Einzelfrüchte sind schwimmfähig. Essbar.
Standort: Sonnige, aber auch schattige Gewässer, kalkreicher Untergrund.
Lebensbereiche: W, 6, so–hs: Wasser; Schwimmblattpflanzen; sonnig bis halbschattig.
Verwendung: Größere Wasseranlagen.
Vermehrung: Teilung der hellgelben, armdicken Rhizome.
Eigenschaften: Besonders wertvolle Wildstaude.
Hinweise: Leicht giftige Pflanze.

Nuphar lutea		Nuphar pumila
20 cm		5–10 cm
VI–VIII		VI–VII
I		I
50–200 cm		5–50 cm
Staude		Staude

Nuphar pumila
Kleine Teichrose
Nymphaeaceae, Seerosengewächse

Heimat: Europa bis Sibirien und Ostasien.
Wuchsform: Schwimmblattpflanze mit Rhizomen.
Blatt: Oval, herzförmig, nur bis 10 cm lang.
Blüte: Hellgelb, halbkugelige Scheibenblüte, 2–3 cm groß.
Frucht: Sammelfrucht.
Standort: Stehende, nährstoffarme Gewässer.
Lebensbereiche: W, 6, so–hs: Wasser; Schwimmblattpflanzen; sonnig bis halbschattig.
Verwendung: Auch für kleinere Naturteiche.
Vermehrung: Teilung im Frühling.
Eigenschaften: Wertvolle Wildstaude.
Hinweise: Schwächerer Wuchs. Bevorzugt saures Wasser.

Nymphoides peltata

Seekanne

Menyanthaceae, Fieberkleegewächse

Heimat: Europa, Asien.

Wuchsform: Ausläufertreibende Schwimmblattpflanze.

Blatt: Kreisrund, herzförmig eingeschnitten, 3–10 cm groß.

Blüte: Einzeln, goldgelb, fünfzählig, gefranste Ränder.

Frucht: Eiförmige Kapsel.

Standort: Stehende, meist sonnige Wasserflächen.

Lebensbereiche: W, 6, so–hs: Wasser; Schwimmblattpflanzen; sonnig bis halbschattig. Auch für den Wasserrand.

Verwendung: Auch für kleine Teiche im Garten.

Vermehrung: Teilung im Frühling.

Eigenschaften: Wertvolle Wildstaude.

Hinweise: Geschützte Wildpflanze. Kann größere Bestände bilden.

Nymphoides peltata		Persicaria amphibia
2–5 cm		10–15 cm
VI–VIII		V–VIII
I		I
10–60 cm		20–100 cm
Staude		Staude

Persicaria amphibia

(Syn. *Polygonum amphibium*)

Wasser-Knöterich

Polygonaceae, Knöterichgewächse

Heimat: Europa, Asien, Amerika.

Wuchsform: Ausläufertreibende Schwimmblattpflanze mit oft langen Blattstielen.

Blatt: Elliptisch, 5–15 cm lang, lederig braun. Bildet auch Landformen aus.

Blüte: Walzenförmiger Blütenstand, rosa, über dem Wasser.

Frucht: Nüsschen, sehr selten zu sehen.

Standort: Tümpel, Gräben.

Lebensbereiche: W, 6, so–hs: Wasser; Schwimmblattpflanzen; sonnig bis halbschattig. Auch für den Wasserrand und feuchte Freiflächen.

Verwendung: Naturteiche, Wasserrand, auch für tiefere Teiche.

Vermehrung: Teilung, Aussaat.

Eigenschaften: Wertvolle Wildstaude.

Hinweise: Ausbreitung durch lange Rhizome.

Potamogeton crispus

Krauses Laichkraut
Potamogetonaceae, Laichkrautgewächse

Heimat: Europa, Asien, Australien.
Wuchsform: Mehrjährige Unterwasserpflanze mit Hibernakeln (Überwinterungsknospen).
Blatt: Länglich, starr, bis 8 cm lang, am Rand gewellt. Gegenständige Anordnung.
Blüte: In Ähren, die aus dem Wasser ragen, unscheinbar.
Frucht: Kleine, steinfruchtartige Nüsschen.
Standort: Stehende, nährstoffreiche Gewässer.
Lebensbereiche: W, 7, so–hs: Wasser; untergetauchte Pflanzen; sonnig bis halbschattig.
Verwendung: Wasserreinigung und Sauerstoffversorgung.
Vermehrung: Abtrennen der langen Triebe; Winterknospen.
Eigenschaften: Wertvolle Wildstaude.
Hinweise: Wuchert nicht so stark wie andere Arten.

Potamogeton lucens

Glänzendes Laichkraut
Potamogetonaceae, Laichkrautgewächse

Heimat: Europa, Asien.
Wuchsform: Mehrjährige Unterwasserpflanze, lange Ausläufer.
Blatt: Länglich oval, 8–20 cm lang, glänzend.
Blüte: In vielblütigen Ähren, die aus dem Wasser ragen, unscheinbar.
Frucht: Kleine, steinfruchtartige Nüsschen.
Standort: Stehende, nährstoffreiche Gewässer.
Lebensbereiche: W, 7, so–hs: Wasser; untergetauchte Pflanzen; sonnig bis halbschattig.
Verwendung: Wasserreinigung und Sauerstoffversorgung.
Vermehrung: Abtrennen der langen Triebe.
Eigenschaften: Wertvolle Wildstaude.
Hinweise: Für nährstoffreiche Gewässer. Wuchert nicht so stark wie andere Arten.

P. crispus		P. lucens
5–10 cm	✥	5 cm
VI–VII	✿	VII
II	●	II
30–200 cm	≈	20–100 cm
Staude	@	Staude

Potamogeton natans

Schwimmendes Laichkraut
Potamogetonaceae, Laichkrautgewächse

Heimat: Europa, Asien, N-Afrika.
Wuchsform: Mehrjährige, rhizombildende Unterwasserpflanze.
Blatt: Länglich elliptisch, bräunlich, bis 12 cm lang und 5 cm breit. Unterwasserblätter schmaler, bis 5 mm breit.
Blüte: In Ähren, die aus dem Wasser ragen.
Frucht: Kleine, steinfruchtartige Nüsschen.
Standort: Stehende, nährstoffreiche Gewässer.
Lebensbereiche: W, 6, so–hs: Wasser; Schwimmblattpflanzen; sonnig bis halbschattig. Auch für den Wasserrand.
Verwendung: Landschaftliche Pflanzungen.
Vermehrung: Abtrennen der langen Triebe im Frühling.
Eigenschaften: Wertvolle Wildstaude.
Hinweise: Nur für größere Teiche. Wuchert.

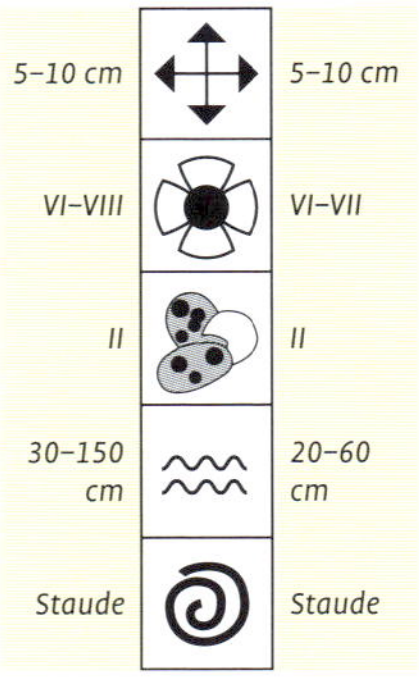

Potamogeton pectinatus

Kamm-Laichkraut
Potamogetonaceae, Laichkrautgewächse

Heimat: Europa, S-Amerika, östliche USA, Afrika.
Wuchsform: Mehrjährige Unterwasserpflanze mit Rhizomen und Winterknospen.
Blatt: Länglich, fadenförmig, bis 15cm lang.
Blüte: In Ähren, die 5 cm aus dem Wasser ragen, unscheinbar.
Frucht: Kleine, steinfruchtartige Nüsschen.
Standort: Stehende und fließende, nährstoffreiche Gewässer.
Lebensbereiche: W, 7, so–hs: Wasser; untergetauchte Pflanzen; sonnig bis halbschattig.
Verwendung: Wasserreinigung und Sauerstoffversorgung.
Vermehrung: Abtrennen der langen Triebe; Winterknospen.
Eigenschaften: Wertvolle Wildstaude.
Hinweise: Erstbesiedler. Wuchert stark. Nützlich für Kleinlebewesen im Wasser.

Ranunculus aquatilis
Wasser-Hahnenfuß
Ranunculaceae, Hahnenfußgewächse

Heimat: Fast weltweit verbreitet, auch heimisch.
Wuchsform: Ein- bis mehrjährige Wasserpflanze, kriechend.
Blatt: Schwimmblatt rund, 3–5-spaltig gelappt; Unterwasserblatt fein gefiedert.
Blüte: Weiß, gelber Schlundfleck, radiär.
Frucht: Nüsschen.
Standort: Stehende, nährstoffreiche Gewässer.
Lebensbereiche: W, 6–7, so–hs: Wasser; Schwimmblattpflanzen bis untergetauchte Pflanzen; sonnig bis halbschattig.
Verwendung: Für größere Wasseranlagen.
Vermehrung: Abtrennen der Triebe im Frühling.
Eigenschaften: Wertvolle Wildstaude.
Hinweise: Zur Sauerstoffversorgung von Teichen geeignet.

Ranunculus aquatilis	Ranunculus fluitans
5 cm	5 cm
V–VIII	VI–VIII
II	II
20–100 cm	20–100 cm
Staude	Staude

Ranunculus fluitans
Flutender Hahnenfuß
Ranunculaceae, Hahnenfußgewächse

Heimat: W-Europa, heimisch.
Wuchsform: Mehrjährige Wasserpflanze, bis 6 m lang flutend.
Blatt: Untergetauchte Blätter fadenförmig, 10–30 cm lang.
Blüte: Weiß, 1,5–3 cm groß, radiär, ragt aus dem Wasser.
Frucht: Nüsschen.
Standort: Fließende Gewässer von 1–2 m Tiefe.
Lebensbereiche: W, 7, so–hs: Wasser; untergetauchte Pflanzen; sonnig bis halbschattig.
Verwendung: Für klare Bäche und Flüsse.
Vermehrung: Abtrennen der Triebe im Frühling.
Eigenschaften: Wildpflanze.
Hinweise: Für Sauerstoffversorgung. Wichtig als Laichpflanze.

Riccia fluitans

Untergetauchtes Sternlebermoos
Ricciaceae, Sternlebermoosgewächse

Heimat: Weltweite Verbreitung, in Deutschland meist im Flachland.
Wuchsform: Untergetaucht lebende Moospflanze, auch an Land vorkommend.
Blatt: Thallus schmal bandförmig, gabelig verzweigt.
Standort: Schattige Gräben und Tümpel, meist im Erlenbruchwald.
Lebensbereiche: W, 7, so–hs: Wasser; Untergetauchte Pflanzen; sonnig bis halbschattig.
Verwendung: Sumpfige Bereiche im Wassergarten.
Vermehrung: Teilung der Geflechte in 4–5 cm große Stücke.
Eigenschaften: Wildpflanze.
Hinweise: Besitzt weder Blätter, Blüten noch Wurzeln. Entzieht dem Wasser Stickstoff.

Riccia fluitans		Spirodela polyrhiza
5 cm		0,5 cm
–		V–VI
II		II
0–20 cm		0–50 cm
Staude		Staude

Spirodela polyrhiza

Teichlinse
Lemnaceae, Wasserlinsengewächse

Heimat: Europa, Asien, N-Amerika, Australien.
Wuchsform: Sprossende Schwimmpflanze mit büscheligen Wurzeln.
Blatt: Blattähnliche, runde Sprossglieder, 5–10 mm groß, grün, unterseits purpurfarben.
Blüte: Unscheinbar.
Frucht: Unscheinbar.
Standort: Wärmeliebende Kleingewässer mit sauberem Wasser.
Lebensbereiche: W, 6, so–hs: Wasser; Schwimmblattpflanzen; sonnig bis halbschattig.
Verwendung: In Ententeichen.
Vermehrung: Sprossung, nimmt oft überhand.
Eigenschaften: Wildpflanze.
Hinweise: Überwintert mit Winterknospen. Kann oft lästig werden.

Stratiotes aloides

Krebsschere, Wasseraloe
Hydrocharitaceae, Krebsscherengewächse

Heimat: Mitteleuropa bis zum Kaukasus.
Wuchsform: Rosettige Schwimmpflanze, auch submers. Bildet Winterknospen.
Blatt: 15–45 cm lang, lineal lanzettlich, steif, am Rand bestachelt, Trichterförmige Rosette im Winter untergetaucht, im Sommer halb aus dem Wasser ragend.
Blüte: Zweihäusig, 3 weiße Kronblätter, männliche Blüten gestielt, wenig auffällig.
Frucht: Kapsel, selten.
Standort: Stehende, kalkfreie Gewässer in sonniger Lage.
Lebensbereiche: W, 8, so–hs: Wasser; freischwimmende Pflanze; sonnig bis halbschattig.
Verwendung: Für Teiche mit kalkarmem Wasser.
Vermehrung: Abtrennen der dünnen Ausläufer.
Eigenschaften: Wertvolle Wildstaude. Geschützte Wildpflanze.

Stratiotes aloides		Trapa natans
10–15 cm		1 cm
VI–VII		VI–VIII
I		II
0–200 cm		20–200 cm
Staude		einjährig

Trapa natans

Wassernuss
Trapaceae, Wassernussgewächse

Heimat: M-Europa, SO-Europa, S-Asien.
Wuchsform: Rosetten bildende, einjährige Schwimmpflanze.
Blatt: Rautenförmig, gezähnt, dunkelgrün glänzend, im Herbst rötlich.
Blüte: Unscheinbar weißlich, trichterförmig, 4-zählig.
Frucht: Nuss mit 4 hornartigen Widerhaken, 2–4 cm groß.
Standort: Stehende, nährstoffreiche, warme Gewässer.
Lebensbereiche: W, 6, so–hs: Wasser; Schwimmblattpflanzen; sonnig bis halbschattig.
Verwendung: Warme, kalkarme Gartenteiche.
Vermehrung: Nüsse ernten und nass lagern, im Frühling in Schlamm aussäen.
Eigenschaften: Liebhaberstaude.
Hinweise: Geschützte Wildpflanze. Blattstiel mit Blasen.

Utricularia vulgaris
Gewöhnlicher Wasserschlauch
Lentibulariaceae,
Wasserschlauchgewächse

Heimat: Europa, Klein-Asien, Syrien.
Wuchsform: Frei schwimmende, flache Staude mit aufrechten Blütenstielen.
Blatt: Doppelt gefiedert, mit haarförmigen Zipfeln. An jedem Blatt viele Fangblasen (Schläuche), 1–4 mm groß.
Blüte: An aufrechten Trauben über dem Wasser, gestielt, bis 3 cm groß, zygomorph, gelb.
Frucht: Kleine Kapsel.
Standort: Kalkarme Moortümpel, Torfgräben.
Lebensbereiche: W, 8, so–hs: Wasser; freischwimmende Pflanzen; halbschattig.
Verwendung: Sumpfteiche.
Vermehrung: Durch Winterknospen und Teilung.
Eigenschaften: Liebhaberstaude.
Hinweise: Geschützte Wildart. Vertilger von Mückenlarven.

15–30 cm	0,2 mm
VI–VII	V–IX
II	–
30–50 cm	0–100 cm
Staude	Kalthaus

Wolffia arrhiza
Wurzellose Zwergwasserlinse
Lemnaceae, Wasserlinsengewächse

Heimat: Europa, Asien, Afrika, Australien.
Wuchsform: Freischwimmend, wuchernd.
Blatt: Blattartiger Sproß oval, 0,5–2 mm lang, oft zusammenhängend
Blüte: Sehr selten blühend, unscheinbar, grün.
Standort: Stehende und langsam fließende, nährstoffreiche Gewässer.
Lebensbereiche: W, 8, so–hs: Wasser; freischwimmende Pflanzen; sonnig bis halbschattig.
Verwendung: Wasserflächen.
Vermehrung: Teilung, vermehrt sich selbst enorm.
Hinweise: Eine der kleinsten Blütenpflanzen der Welt. Nicht ausreichend winterhart.

Seerosen

Seerosen – Webcode: teich665

Nymphaea alba

Weiße Seerose
Nymphaeaceae, Seerosengewächse

Heimat: Europa, Kaukasus, Mittelmeergebiet.
Wuchsform: Schwimmblättrige Wasserpflanze, armdicke Rhizome waagerecht.
Blatt: Herzförmig, 20 cm groß, ganzrandig, glänzend grün, schwimmend.
Blüte: Schalenförmig, weiß, 10–12 cm Durchmesser, gelbe Staubgefäße, blüht über dem Wasser, schließt sich am Nachmittag.
Frucht: Vielsamige Kapsel.
Standort: Kalkarme, stehende Gewässer in sonniger Lage.
Lebensbereiche: W, 6, so: Wasser; Schwimmblattpflanze.
Verwendung: Sonnige Naturteiche und Seen. Schnittpflanze.
Vermehrung: Teilung der meterlangen Rhizome im Frühling.
Eigenschaften: Wertvolle Wildstaude.
Hinweise: Gesetzlich geschützte Wildpflanze. Giftig!

Nymphaea alba		Nymphaea candida
1/10 cm		*1/10 cm*
VI–VIII		*V–VIII*
I		*I*
100–150 cm		*50–70 cm*
Staude		*Staude*

Nymphaea candida

Glänzende Seerose
Nymphaeaceae, Seerosengewächse

Heimat: Europa, Kaukasus, Sibirien, Asien.
Wuchsform: Schwimmblättrige Wasserpflanze, armdicke Rhizome waagerecht.
Blatt: Herzförmig, 20 cm groß, ganzrandig, glänzend grün, schwimmend.
Blüte: Schalenförmig, weiß, 8 cm Durchmesser, gelbe Staubgefäße, grünliche Kelchblätter, blüht über dem Wasser.
Frucht: Vielsamige Kapsel.
Standort: Stehende Gewässer, auch in kühleren Lagen und Schlammböden.
Lebensbereiche: W, 6, so: Wasser; Schwimmblattpflanze.
Verwendung: Sonnige Teiche, auch für kleinere Wasserbecken. Schnittpflanze.
Vermehrung: Teilung der meterlangen Rhizome im Frühling.
Eigenschaften: Wildstaude.
Hinweise: Gesetzlich geschützte Wildpflanze.

Nymphaea odorata

Wohlriechende Seerose
Nymphaeaceae, Seerosengewächse

Heimat: Amerika: von Kanada bis Zentralamerika.
Wuchsform: Schwimmblättrige Wasserpflanze, weiße, dicke Rhizome, waagerecht.
Blatt: Kreisrund, 15–30 cm groß, lederartig, blassgrün, im Austrieb rötlich, schwimmend.
Blüte: Schalenförmig, spitzig, weiß, 10 cm Durchmesser, gelbe Staubgefäße, schwimmen auf dem Wasser.
Frucht: Vielsamige Kapsel mit meist sterilen Samen.
Standort: Kalkarme, stehende Gewässer in sonniger Lage.
Lebensbereiche: W, 6, so: Wasser; Schwimmblattpflanze.
Verwendung: Am Rand sonniger Teiche und größerer Wasserbecken. Schnittpflanze.
Vermehrung: Teilung der meterlangen Rhizome im Frühling.
Eigenschaften: Wildstaude.
Hinweise: Wächst sehr ungestüm.

Nymphaea tetragona

Zwerg-Seerose
Nymphaeaceae, Seerosengewächse

Heimat: Europa, Asien, Amerika.
Wuchsform: Schwimmblättrige Wasserpflanze ohne Rhizome, waagerecht.
Blatt: Herzförmig, 5–8 cm groß, ganzrandig, glänzend grün, schwimmend.
Blüte: Schalenförmig, weiß, 2,5 cm Durchmesser, gelbe Staubgefäße, blüht über dem Wasser.
Frucht: Kapsel mit vielen Samen.
Standort: Kleine Teiche in sonniger Lage.
Lebensbereiche: W, 6, so: Wasser; Schwimmblattpflanze.
Verwendung: Gefäße aller Art, auch kleine Wasserbecken.
Vermehrung: Teilung im Frühling.
Eigenschaften: Wertvolle Wildstaude.
Hinweise: Lange Blütezeit bis zum Frost. Blüten stehen in Kreuzform.

1/10 cm		1/5 cm
VI–VIII		VI–VIII
I		I–II
40–80 cm		10–40 cm
Staude		Staude

Nymphaea tuberosa

Weiße Knollen-Seerose
Nymphaeaceae, Seerosengewächse

Heimat: Östliches Amerika.
Wuchsform: Schwimmblättrige Wasserpflanze, weißliche Rhizome mit verdickten Seitensprossen.
Blatt: Kreisrund, 20 cm groß, ganzrandig, glänzend grün, schwimmend.
Blüte: Schalenförmig, weiß, selten rosa, 10–12 cm Durchmesser, gelbe Staubgefäße, blüht über dem Wasser.
Frucht: Vielsamige Kapsel mit fertilen Samen.
Standort: Kalkarme, stehende Gewässer in sonniger Lage.
Lebensbereiche: W, 6, so: Wasser; Schwimmblattpflanze.
Verwendung: Sonnige Teiche und größere Wasserbecken. Schnittpflanze.
Vermehrung: Abtrennen der Seitenknollen im Frühling.
Eigenschaften: Wildstaude.
Hinweise: Mächtiges Wachstum.

Nymphaea tuberosa		Nymphaea 'Anna Epple'
1/15 cm		1/10 cm
VI–VIII		VI–IX
I		I
60–100 cm		40–80 cm
Staude		Staude

Nymphaea-Cultivar 'Anna Epple'

Garten-Seerose
Nymphaeaceae, Seerosengewächse

Heimat: Züchtung (Epple, D, 1970).
Wuchsform: Schwimmblättrige Wasserpflanze, dicke Rhizome, waagerecht.
Blatt: Kreisrund, 20 cm groß, ganzrandig, glänzend grün, schwimmend.
Blüte: Halbgefüllt, hellrosa, 10 cm Durchmesser, duftet süßlich.
Frucht: Vielsamige Kapsel.
Standort: Stehende Gewässer.
Lebensbereiche: W, 6, so: Wasser; Schwimmblattpflanze.
Verwendung: Sonnige Teiche und größere Wasserbecken. Schnittpflanze.
Vermehrung: Teilung der Rhizome im Frühling.
Eigenschaften: Wertvolle Wasserpflanzen-Züchtung.
Hinweise: Pflanzung in kräftigen Lehmboden. Wüchsige Sorte mit langer Blütezeit der Einzelblüte.

Nymphaea-Cultivar 'Attraction'

Garten-Seerose
Nymphaeaceae, Seerosengewächse

Heimat: Züchtung (Marliac, F, 1910)
Wuchsform: Schwimmblättrige Wasserpflanze, dicke Rhizome waagerecht.
Blatt: Kreisrund, 20 cm groß, ganzrandig, glänzend grün, schwimmend.
Blüte: Halbgefüllt, karminrot, 18–25 cm Durchmesser, duftet süßlich.
Frucht: Vielsamige Kapsel.
Standort: Stehende Gewässer.
Lebensbereiche: W, 6, so: Wasser; Schwimmblattpflanze; sonnig.
Verwendung: Sonnige Teiche und größere Wasserbecken. Schnittpflanze.
Vermehrung: Teilung der Rhizome im Frühling.
Eigenschaften: Wertvolle Wasserpflanzen-Züchtung.
Hinweise: Pflanzung in kräftigen Lehmboden. Wüchsige Sorte für warme Klimagebiete.

Nymphaea-Cultivar 'Charles de Meurville'

Garten-Seerose
Nymphaeaceae, Seerosengewächse

Heimat: Züchtung (Marliac, F, 1931).
Wuchsform: Schwimmblättrige Wasserpflanze, dicke Rhizome, waagerecht.
Blatt: Herzförmig, 30 cm groß, ganzrandig, glänzend grün, schwimmend.
Blüte: Halbgefüllt, rot, 25 cm Durchmesser.
Frucht: Vielsamige Kapsel.
Standort: Stehende Gewässer in sonniger Lage.
Lebensbereiche: W, 6, so: Wasser; Schwimmblattpflanze; sonnig.
Verwendung: Sonnige Teiche und größere Wasserbecken.
Vermehrung: Teilung der Rhizome im Frühling.
Eigenschaften: Wertvolle Wasserpflanzen-Züchtung.

'Attraction'		'Charles de Meurville'
1/15 cm		1/10 cm
VI–VIII		V–IX
I		I
80–120 cm		40–90 cm
Staude		Staude

Nymphaea-Cultivar 'Colossea'

Garten-Seerose
Nymphaeaceae, Seerosengewächse

Heimat: Züchtung (MARLIAC, F, 1901).
Wuchsform: Schwimmblättrige Wasserpflanze, dicke Rhizome waagerecht.
Blatt: Kreisrund, bronzegrün, 20 cm groß, glänzend grün, schwimmend.
Blüte: Tassenförmig, fleischfarben bis weiß, 20 cm Durchmesser, duftet süßlich.
Frucht: Vielsamige Kapsel.
Standort: Stehende Gewässer in sonniger Lage.
Lebensbereiche: W, 6, so: Wasser; Schwimmblattpflanze; sonnig.
Verwendung: Sonnige Teiche und größere Wasserbecken. Schnittpflanze.
Vermehrung: Teilung der Rhizome im Frühling.
Eigenschaften: Wertvolle Wasserpflanzen-Züchtung.

'Colossea'		'Ellisiana'
1/15 cm		1/10 cm
VI–X		VI–IX
I		I
40–90 cm		20–30 cm
Staude		Staude

Nymphaea-Cultivar 'Ellisiana'

Garten-Seerose
Nymphaeaceae, Seerosengewächse

Heimat: Züchtung (MARLIAC, F, 1896).
Wuchsform: Schwimmblättrige Wasserpflanze, dicke Rhizome, waagerecht.
Blatt: Herzförmig, 15 cm groß, ganzrandig, glänzend grün, schwimmend.
Blüte: Halbgefüllt, malvenrosa bis rot, 9 cm Durchmesser, gelbe Staubgefäße.
Frucht: Vielsamige Kapsel.
Standort: Stehende Gewässer in sonniger Lage.
Lebensbereiche: W, 6, so: Wasser; Schwimmblattpflanze.
Verwendung: Sonnige Teiche und kleine Wasserbecken.
Vermehrung: Teilung der Rhizome im Frühling.
Eigenschaften: Wertvolle Züchtung.
Hinweise: Wüchsige Sorte, blüht reich. Pflanzung in kräftigen Lehmboden. Vorsicht vor Seerosenfäule.

Nymphaea-Cultivar 'Ernst Epple Sen.'

Garten-Seerose
Nymphaeaceae, Seerosengewächse

Heimat: Züchtung. (Epple, D, 1970).
Wuchsform: Schwimmblättrige Wasserpflanze, dicke Rhizome waagerecht.
Blatt: Oval, 30 cm groß, ganzrandig, hellgrün, schwimmend.
Blüte: Gefüllt, weiß, gelbe Staubgefäße, 15 cm Durchmesser.
Frucht: Vielsamige Kapsel.
Standort: Stehende Gewässer in sonniger Lage.
Lebensbereiche: W, 6, so: Wasser; Schwimmblattpflanze; sonnig.
Verwendung: Sonnige Teiche und größere Wasserbecken. Schnittpflanze.
Vermehrung: Schwierig, nur durch schlafende Augen.
Hinweise: Pflanzung in kräftigen Lehmboden. Wächst ausgepflanzt besser als im Gefäß.

'Ernst Epple Sen.'		'Escarboucle'
1/10 cm		1/10 cm
VI–VIII		VI–IX
I		I
40–80 cm		50–120 cm
Staude		Staude

Nymphaea-Cultivar 'Escarboucle'

Garten-Seerose
Nymphaeaceae, Seerosengewächse

Heimat: Züchtung (Marliac, F, 1909).
Wuchsform: Schwimmblättrige Wasserpflanze, dicke Rhizome.
Blatt: Herzförmig, 30 cm groß, in der Jugend rötlich, glänzend grün, schwimmend.
Blüte: Halbgefüllt, tiefrot, 18 cm Durchmesser.
Frucht: Vielsamige Kapsel.
Standort: Stehende Gewässer in sonniger Lage.
Lebensbereiche: W, 6, so: Wasser; Schwimmblattpflanze.
Verwendung: Sonnige Teiche und größere Wasserbecken. Schnittpflanze.
Vermehrung: Teilung der Rhizome im Frühling.
Eigenschaften: Besonders wertvolle Züchtung.
Hinweise: Wüchsige Sorte, blüht reich, auch noch am Abend. Pflanzung in Lehmboden.

Nymphaea-Cultivar ‘Gladstoniana’ (‘Pöstlingberg’)

Garten-Seerose
Nymphaeaceae, Seerosengewächse

Heimat: Züchtung (RICHARDSON, USA, 1897).
Wuchsform: Schwimmblättrige Wasserpflanze, dicke Rhizome, waagerecht.
Blatt: Kreisrund, bis 45 cm groß, ganzrandig, glänzend grün, schwimmend bis weit aus dem Wasser ragend.
Blüte: Halb gefüllt, rein weiß, 16–18 cm Durchmesser.
Frucht: Vielsamige Kapsel.
Standort: Stehende Gewässer in sonniger Lage.
Lebensbereiche: W, 6, so: Wasser; Schwimmblattpflanze.
Verwendung: Nur für größere Wasserbecken.
Vermehrung: Teilung der Rhizome im Frühling.
Eigenschaften: Wertvolle Züchtung.
Hinweise: Besonders starkwüchsige Sorte.

‘Gladstoniana’		‘Hermine’
1/10 cm		1/10 cm
VI–IX		V–VII
I		I
70–180 cm		40–100 cm
Staude		Staude

Nymphaea-Cultivar ‘Hermine’

Garten-Seerose
Nymphaeaceae, Seerosengewächse

Heimat: Züchtung (MARLIAC, F, 1910).
Wuchsform: Schwimmblättrige Wasserpflanze, dicke Rhizome, waagerecht.
Blatt: Herzförmig, 30 cm groß, ganzrandig, glänzend grün, schwimmend.
Blüte: Sternförmig, rein weiß, 10–12 cm Durchmesser, duftet süßlich.
Frucht: Vielsamige Kapsel.
Standort: Stehende Gewässer.
Lebensbereiche: W, 6, so: Wasser; Schwimmblattpflanze; sonnig.
Verwendung: Sonnige Teiche und kleinere Wasserbecken.
Vermehrung: Teilung der Rhizome im Frühling.
Eigenschaften: Wertvolle Züchtung.
Hinweise: Pflanzung in kräftigen Lehmboden. Nicht wuchernde Sorte, auch gut im Halbschatten.

Nymphaea-Cultivar 'James Brydon'

Garten-Seerose
Nymphaeaceae, Seerosengewächse

Heimat: Züchtung (Dreer, USA, vor 1899).
Wuchsform: Schwimmblättrige Wasserpflanze, dicke Rhizome, waagerecht.
Blatt: Kreisförmig, 20 cm groß, ganzrandig, glänzend grün, rot gesprenkelt.
Blüte: Halbgefüllt, kugelig, kirschrot, 12–14 cm Durchmesser.
Frucht: Vielsamige Kapsel.
Standort: Stehende Gewässer in sonniger Lage.
Lebensbereiche: W, 6, so: Wasser; Schwimmblattpflanze.
Verwendung: Sonnige Teiche und größere Wasserbecken. Schnittpflanze.
Vermehrung: Teilung der Rhizome im Frühling.
Eigenschaften: Wertvolle Züchtung.
Hinweise: Wüchsige Sorte.

James Brydon		Laydekeri Fulgens
1/10 cm		1/10 cm
VI–VII		VI–IX
I		I
50–60 cm		20–40 cm
Staude		Staude

Nymphaea-Cultivar 'Laydekeri Fulgens'

Garten-Seerose
Nymphaeaceae, Seerosengewächse

Heimat: Züchtung (Marliac, F, 1895).
Wuchsform: Schwimmblättrige Wasserpflanze, Rhizome waagerecht.
Blatt: Rundlich, 15 cm groß, glänzend grün, purpur gesprenkelt, schwimmend.
Blüte: Halbgefüllt, karmin mit roten Staubgefäßen, 10 cm Durchmesser.
Frucht: Vielsamige Kapsel.
Standort: Stehende Gewässer in sonniger Lage.
Lebensbereiche: W, 6, so: Wasser; Schwimmblattpflanze.
Verwendung: Sonnige Teiche und kleinere Wasserbecken. Schnittpflanze.
Vermehrung: Teilung der Rhizome im Frühling.
Eigenschaften: Wertvolle Züchtung.
Hinweise: Reichblühende Sorte mit schwachem Wuchs.

Nymphaea-Cultivar ‘Marliacea Albida’

Garten-Seerose
Nymphaeaceae, Seerosengewächse

Heimat: Züchtung (Marliac, F, 1880).
Wuchsform: Schwimmblättrige Wasserpflanze, dicke Rhizome, waagerecht.
Blatt: Herzförmig, 20 cm groß, ganzrandig, tiefgrün mit braunen Flecken.
Blüte: Halbgefüllt, weiß, 10–13 cm Durchmesser, duftet.
Frucht: Vielsamige Kapsel.
Standort: Stehende Gewässer.
Lebensbereiche: W, 6, so: Wasser; Schwimmblattpflanze.
Verwendung: Sonnige Teiche und größere Wasserbecken. Schnittpflanze.
Vermehrung: Teilung der Rhizome im Frühling.
Eigenschaften: Wertvolle Züchtung.
Hinweise: Wüchsige Sorte, reichblühend, lange Blütezeit.

Nymphaea-Cultivar ‘Marliacea Carnea’

Garten-Seerose
Nymphaeaceae, Seerosengewächse

Heimat: Züchtung (Marliac, F, 1887).
Wuchsform: Schwimmblättrige Wasserpflanze, dicke Rhizome, waagerecht.
Blatt: Herzförmig, 25 cm groß, glänzend grün, in der Jugend purpur, schwimmend.
Blüte: Sternförmig, weiß mit rosa, 15–18 cm Durchmesser, duftet.
Frucht: Vielsamige Kapsel.
Standort: Stehende Gewässer in sonniger Lage.
Lebensbereiche: W, 6, so: Wasser; Schwimmblattpflanze; sonnig.
Verwendung: Sonnige Teiche und größere Wasserbecken. Schnittpflanze.
Vermehrung: Teilung der Rhizome im Frühling.
Eigenschaften: Wertvolle Züchtung.
Hinweise: Wüchsigste Sorte.

'Marliacea Albida'		'Marliacea Carnea'
1/20 cm		1/10 cm
VI–IX		VI–IX
I		I
80–100 cm		100–120 cm
Staude		Staude

Nymphaea-Cultivar 'Marliacea Chromatella'
Garten-Seerose
Nymphaeaceae, Seerosengewächse

Heimat: Züchtung (Marliac, F, 1887).
Wuchsform: Schwimmblättrige Wasserpflanze, dicke Rhizome, waagerecht.
Blatt: Kreisförmig, 20 cm groß, ganzrandig, glänzend grün, schwimmend.
Blüte: Halbgefüllt, hellgelb, 10–12 cm Durchmesser, duftet.
Frucht: Vielsamige Kapsel.
Standort: Stehende Gewässer.
Lebensbereiche: W, 6, so: Wasser; Schwimmblattpflanze.
Verwendung: Sonnige Teiche und größere Wasserbecken. Schnittpflanze.
Vermehrung: Teilung der Rhizome im Frühling.
Eigenschaften: Wertvolle Züchtung.
Hinweise: Wüchsige Sorte mit langer Blütezeit der Einzelblüte.

'Marliacea Chromatella'		'Marliacea Rosea'
1/10 cm		1/10 cm
VI–IX		VI–IX
I		I
40–80 cm		80–120 cm
Staude		Staude

Nymphaea-Cultivar 'Marliacea Rosea'
Garten-Seerose
Nymphaeaceae, Seerosengewächse

Heimat: Züchtung (Marliac, F, 1879).
Wuchsform: Schwimmblättrige Wasserpflanze, dicke Rhizome, waagerecht.
Blatt: Herzförmig, 20 cm groß, ganzrandig, glänzend grün, schwimmend.
Blüte: Halbgefüllt, weiß mit rosa Schattierung, 15–20 cm Durchmesser, duftet.
Frucht: Vielsamige Kapsel.
Standort: Stehende Gewässer.
Lebensbereiche: W, 6, so: Wasser; Schwimmblattpflanze.
Verwendung: Sonnige Teiche und größere Wasserbecken. Schnittpflanze.
Vermehrung: Teilung der Rhizome im Frühling.
Eigenschaften: Wertvolle Züchtung.
Hinweise: Wüchsige Sorte mit langer Blütezeit. Verbreitetste Sorte.

Nymphaea-Cultivar 'Masaniello'

Garten-Seerose
Nymphaeaceae, Seerosengewächse

Heimat: Züchtung (MARLIAC, F, 1908).
Wuchsform: Schwimmblättrige Wasserpflanze, dicke Rhizome, waagerecht.
Blatt: Herzförmig, 20 cm groß, ganzrandig, glänzend grün, schwimmend.
Blüte: Halbgefüllt, tiefrosa, karmin gesprenkelt, 15 cm Durchmesser. Stark duftend.
Frucht: Vielsamige Kapsel.
Standort: Stehende Gewässer in sonniger Lage.
Lebensbereiche: W, 6, so: Wasser; Schwimmblattpflanze; sonnig.
Verwendung: Sonnige Teiche und größere Wasserbecken.
Vermehrung: Teilung der Rhizome im Frühling.
Eigenschaften: Wertvolle Züchtung.
Hinweise: Pflanzung in kräftigen Lehmboden. Wüchsige Sorte.

'Masaniello'		'Meteor'
1/20 cm		1/10 cm
VI–IX		VI–IX
I		I
50–80 cm		80–100 cm
Staude		Staude

Nymphaea-Cultivar 'Meteor'

Garten-Seerose
Nymphaeaceae, Seerosengewächse

Heimat: Züchtung (MARLIAC, F, 1909).
Wuchsform: Schwimmblättrige Wasserpflanze, dicke Rhizome, waagerecht.
Blatt: Herzförmig, 20 cm groß, ganzrandig, glänzend dunkelgrün, schwimmend.
Blüte: Halbgefüllt, kirschrot, 15 cm Durchmesser.
Frucht: Vielsamige Kapsel, setzt Samen an.
Standort: Stehende Gewässer in sonniger Lage.
Lebensbereiche: W, 6, so: Wasser; Schwimmblattpflanze; sonnig.
Verwendung: Sonnige Teiche und größere Wasserbecken.
Vermehrung: Teilung der Rhizome im Frühling.
Eigenschaften: Wertvolle Züchtung.
Hinweise: Pflanzung in kräftigen Lehmboden. Besonders wüchsige Sorte.

Nymphaea-Cultivar 'Newton'
Garten-Seerose
Nymphaeaceae, Seerosengewächse

Heimat: Züchtung (Marliac, F, 1910).
Wuchsform: Schwimmblättrige Wasserpflanze, dicke Rhizome, waagerecht.
Blatt: Herzförmig, 20 cm groß, grasgrün mit rötlichem Rand, schwimmend.
Blüte: Strahlenförmig, zinnoberrot, 15 cm Durchmesser, über dem Wasser stehend, Staubblätter orange.
Frucht: Vielsamige Kapsel.
Standort: Stehende Gewässer in sonniger Lage.
Lebensbereiche: W, 6, so: Wasser; Schwimmblattpflanze; sonnig.
Verwendung: Sonnige Teiche und größere Wasserbecken. Schnittpflanze.
Vermehrung: Teilung der Rhizome im Frühling.
Eigenschaften: Wertvolle Züchtung.
Hinweise: Wüchsige Sorte.

1/30 cm		1/10 cm
VI–IX		VI–IX
I		I
90–150 cm		40–80 cm
Staude		Staude

Nymphaea-Cultivar 'Rosennymphe'
Duftende Garten-Seerose
Nymphaeaceae, Seerosengewächse

Heimat: Züchtung (Junge, D, 1911).
Wuchsform: Schwimmblättrige Wasserpflanze, dicke Rhizome, waagerecht.
Blatt: Herzförmig, 20 cm groß, ganzrandig, glänzend grün, schwimmend.
Blüte: Halbgefüllt, hellrosa, 10 cm Durchmesser, duftet süßlich.
Frucht: Vielsamige Kapsel.
Standort: Stehende Gewässer.
Lebensbereiche: W, 6, so: Wasser; Schwimmblattpflanze.
Verwendung: Sonnige Teiche und größere Wasserbecken.
Vermehrung: Teilung der Rhizome im Frühling.
Eigenschaften: Wertvolle Züchtung.
Hinweise: Wüchsige Sorte mit langer Blütezeit der Einzelblüte.

Nymphaea-Cultivar 'William B. Shaw'

Duftende Garten-Seerose
Nymphaeaceae, Seerosengewächse

Heimat: Züchtung (DREER, USA).
Wuchsform: Schwimmblättrige Wasserpflanze, dicke Rhizome waagerecht.
Blatt: Herzförmig, 20 cm groß, ganzrandig, glänzend grün, schwimmend.
Blüte: Halbgefüllt, rosa, sternförmig, 12 cm Durchmesser, duftet süßlich.
Frucht: Vielsamige Kapsel.
Standort: Stehende Gewässer.
Lebensbereiche: W, 6, so: Wasser; Schwimmblattpflanze.
Verwendung: Sonnige Teiche und größere Wasserbecken. Schnittpflanze.
Vermehrung: Teilung der Rhizome im Frühling.
Eigenschaften: Wertvolle Züchtung.
Hinweise: Stark wüchsige Sorte mit langer Blütezeit.

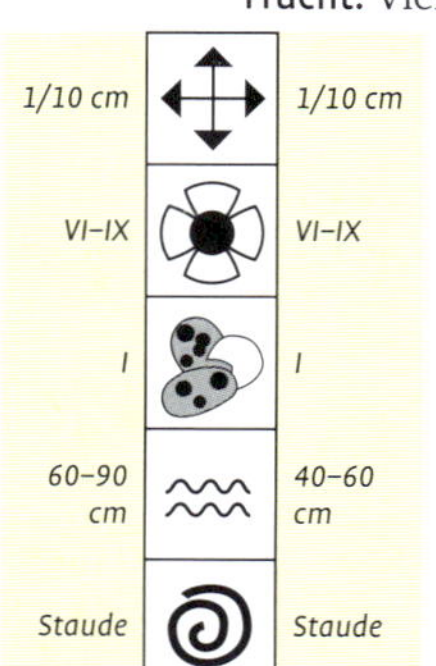

Nymphaea-Cultivar 'William Falconer'

Garten-Seerose
Nymphaeaceae, Seerosengewächse

Heimat: Züchtung (DREER, USA, 1899)
Wuchsform: Schwimmblättrige Wasserpflanze, dicke Rhizome waagerecht.
Blatt: Herzförmig, 20 cm groß, ganzrandig, rot gefleckt, schwimmend.
Blüte: Halbgefüllt, dunkel rubinrot, 14 cm Durchmesser, duftet süßlich.
Frucht: Vielsamige Kapsel.
Standort: Stehende Gewässer.
Lebensbereiche: W, 6, so: Wasser; Schwimmblattpflanze.
Verwendung: Sonnige Teiche und größere Wasserbecken.
Vermehrung: Teilung der Rhizome im Frühling.
Eigenschaften: Wertvolle Züchtung.
Hinweise: Mittelstark wachsende Sorte mit langer Blütezeit der Einzelblüte. Dunkelste Sorte.

Tropische Wasserpflanzen

Tropische Wasserpflanzen – Webcode: teich666

Acorus gramineus

Lakritz-Kalmus, Zwerg-Kalmus
Acoraceae, Kalmusgewächse

Heimat: Ostasien.
Wuchsform: Grasartige Staude, aufrecht mit schwachen Rhizomen.
Blatt: Schwertförmig, 15–20 cm lang, dunkelgrün.
Blüte: Wird sehr selten ausgebildet, grünliche Spatha.
Standort: Sumpfbereiche in vorwiegend sonniger Lage.
Lebensbereiche: WR, 4, so–hs: Wasserrand; sumpfig; sonnig bis halbschattig.
Verwendung: Kleine Teiche.
Vermehrung: Teilung.
Eigenschaften: Liebhaberstaude.
Sorten: 'Pusillus' zierlich, schmalblättrig, blüht nicht. 'Licorice', 20–30 cm hoch, fruchtet, benötigt Frostschutz.
Hinweise: Winterschutz erforderlich. Kann auch submers im Aquarium stehen.

Acorus gramineus		Anemopsis californica
15–20 cm	(Größe)	30–40/45 cm
	(Blüte)	VII–VIII
II	(Samen)	I–II
10 cm	(Wassertiefe)	5–10 cm
Kalthaus	(Überwinterung)	Kalthaus

Anemopsis californica

Kalifornischer Eidechsenschwanz
Saururaceae, Molchschwanzgewächse

Heimat: SW-USA, Mexiko.
Wuchsform: Horstig, aber mit langen Ausläufern, Wurzelstock wohlriechend.
Blatt: Grundständig, oval, gestielt, 12–15 cm lang, mattgrün.
Blüte: Ähre, 2–3 cm lang, auffällige weiße Tragblätter, 4-zählig, eigentliche Blüten unscheinbar.
Frucht: Kapsel mit Balgfrüchtchen.
Standort: Sonnig bis halbschattig.
Lebensbereiche: WR, 4, hs: Wasserrand; sumpfig, halbschattig.
Verwendung: Teichrand, Sumpfbeet.
Vermehrung: Aussaat im Frühling unter Glas. Pflanzung: im Spätfrühling, Humusboden.
Eigenschaften: Liebhaberstaude.
Hinweise: Heilpflanze bei den Indianern. Nicht winterhart, frostfrei überwintern.

Cyperus haspan
Zwerg-Papyrus
Cyperaceae, Riedgrasgewächse

Heimat: Tropische USA
Wuchsform: Aufrechtes, rhizombildendes Gras.
Blatt: Am Ende der knotenlosen Stängel in borstigen Büscheln, dunkelgrün, haarfein, 5–6 cm lang.
Blüte: Kleine Blütchen in büschelförmigen Ährchen, unscheinbar, 0,5 cm.
Frucht: Karyopse.
Standort: Hell und warm, im Winter etwas kühler.
Verwendung: Sumpfgarten, im Sommer auch im Freien, Kleingewächshaus. Nicht winterharte Warmhauspflanze.
Vermehrung: Teilung im Frühling.
Eigenschaften: Zimmerpflanze.
Hinweise: Kultur in lehmig-humosem Substrat. Im Freien Winterschutz erforderlich.

Cyperus haspan		Cyperus involucratus
30–50 cm		60–80 cm
VI–X		I–XII
I–II		I
10–20 cm		10–15 cm
Warmhaus		Warm-, Kalthaus

Cyperus involucratus
Zypergras
Cyperaceae, Riedgrasgewächse

Heimat: Tropisches Afrika, S-Afrika.
Wuchsform: Aufrechtes, horstbildendes Gras.
Blatt: Grundständig, aber an der Triebspitze schirmartig angeordnet. Schmal linealisch, immergrün, 25–30 cm lang.
Blüte: Kleine Blütchen in rosettenförmigen Ähren am Triebende, gelb, 0,5 cm.
Frucht: Karyopse.
Standort: Hell und warm, im Winter etwas kühler, stets feucht halten.
Verwendung: Sumpfgärtchen, am Fensterbrett in wasserdichtem Übertopf. Nicht winterharte Warmhauspflanze.
Vermehrung: Blattschopf-Stecklinge in Wasser legen. Teilung im Frühling. Kultur in lehmig-humosem Substrat.
Eigenschaften: Zimmerpflanze.
Hinweise: Im Untersetzer sollte immer etwas Wasser stehen.

Cyperus papyrus
Papyrusstaude
Cyperaceae, Riedgrasgewächse

Heimat: Zentral-Afrika, auch in Sizilien.
Wuchsform: Aufrechtes, rhizombildendes Gras.
Blatt: Am Ende der blattlosen Stängel in Büscheln, linealisch, immergrün, 25–30 cm lang.
Blüte: Kleine Blütchen in büschelförmigen Ähren am Triebende, gelb, 0,5 cm.
Frucht: Karyopse.
Standort: Hell und warm, im Winter etwas kühler.
Verwendung: Sumpfgarten, im Sommer auch im Freien, Kleingewächshaus. Nicht winterharte Warmhauspflanze.
Vermehrung: Teilung im Frühling. Kultur in lehmig-humosem Substrat.
Eigenschaften: Zimmerpflanze.
Hinweise: Im Untersetzer sollte immer etwas Wasser stehen.

Cyperus papyrus		Eichhornia crassipes
150–200 cm	(Höhe/Breite)	15/20 cm
VI–X	(Blüte)	VII–IX
I	(Frucht)	III
10–50 cm	(Wassertiefe)	ab 20 cm
Warmhaus	(Überwinterung)	Warmhaus

Eichhornia crassipes
Wasserhyazinthe
Pontederiaceae, Hechtkrautgewächse

Heimat: Brasilien, in den Tropen und Subtropen eingebürgert.
Wuchsform: Tropische Schwimmblattpflanze mit Ausläufern, Blattstiele knollig verdickt, dadurch schwimmfähig.
Blatt: In Rosetten, rundlich herzfömig, fleischig, grün, 15 cm lang.
Blüte: In aufrechten Ähren, Einzelblüte hellviolett mit gelbem Auge, zygomorph, 3–4 cm.
Frucht: Nuss, reift unter Wasser.
Standort: Stehende und schwach fließende Gewässer der Tropen.
Lebensbereiche: W, 8, so: Wasser; freischwimmende Pflanzen; sonnig.
Verwendung: In größeren Teichen.
Vermehrung: Abtrennen der Ausläufer, vermehrt sich enorm.
Eigenschaften: Wuchert.
Hinweise: Frostfrei überwintern.

Houttuynia cordata

Herzblättriger Eidechsenschwanz
Saururaceae, Molchschwanzgewächse

Heimat: China, Himalaja, Japan.
Wuchsform: Wärmeliebende Staude mit Ausläufern, Bodendecker.
Blatt: Herzförmig, wechselständig, sommergrün mit purpurnen Flecken an sonnigem Standort.
Blüte: Ähre, 2–3 cm lang, auffällige weiße Tragblätter, 4-zählig, Blüten unscheinbar.
Frucht: Kapsel mit Balgfrüchtchen.
Standort: Sonnig.
Lebensbereiche: WR, 4, so; Fr, 3, so: Wasserrand; sumpfig, sonnig; auch Freiflächen, feucht.
Verwendung: Teichrand.
Vermehrung: Aussaat im Frühling unter Glas. Pflanzung im Spätfrühling in Humusboden.
Eigenschaften: Nicht frosthart.
Sorte: 'Chameleon', rot-weiß-grünes Laub. (Bild!)
Hinweise: Nicht ausreichend winterhart, frostfrei überwintern.

Houttuynia cordata		Hydrocleys nymphoides
30–50/ 50 cm		5–10 cm
VI–VIII		VI–X
II–III		II
5–20 cm		20–80 cm
Staude		Warmhaus

Hydrocleys nymphoides

Wassermohn
Limnocharitaceae, Wassermohngewächse

Heimat: Tropisches Südamerika (Brasilien).
Wuchsform: Ausläufer treibende Schwimmblattpflanze.
Blatt: Eiförmig, gestielt, lederig, dunkelgrün, 8 cm lang.
Blüte: Schalenförmig, gelb, 4–5 cm groß, steht über dem Wasser. Reichblütig, aber Einzelblüte kurzlebig.
Frucht: Balgfrucht.
Standort: Stehende Gewässer in voller Sonne.
Lebensbereiche: W, 8, so: Wasser; freischwimmende Pflanzen; sonnig.
Verwendung: Gartenteiche am Haus, Aquarienpflanze.
Vermehrung: Schösslinge abtrennen.
Eigenschaften: Wuchert.
Hinweise: Überwinterung im hellen Zimmer bei mindestens 12 °C.

Ludwigia peploides
Heusenkraut, Ludwigie
Onagraceae, Nachtkerzengewächse

Heimat: S-Amerika, in den Tropen verbreitet.
Wuchsform: Kriechende Staude mit aufrechten Blütentrieben.
Blatt: Wechselständig, elliptisch, bis 9 cm lang, dunkelgrün.
Blüte: In den Blattachseln, goldgelb, vierzählig, 4–5 cm groß.
Frucht: Kapsel vierklappig.
Standort: Teichrand, Sumpf.
Lebensbereiche: WR, 4, so: Wasserrand, sumpfig, sonnig.
Verwendung: Sumpfgarten, Teichrand.
Vermehrung: Stecklinge, im Haus überwintern.
Eigenschaften: Liebhaberstaude.
Hinweise: Nicht optimal winterhart. Verträgt nur leichten Frost.

Nelumbo nucifera
Indische Lotosblume
Nelumbonaceae, Lotosblumengewächse

Heimat: Tropisches Asien, N-Australien.
Wuchsform: Aufrecht, mit kriechendem Rhizom.
Blatt: Kreisrund, tafelförmig, bläulich grün, bis 60 cm groß.
Blüte: Schalenförmig, radiär, bis 35 cm groß, rosa bis weiß.
Frucht: Kapsel, bis 10 cm groß, mit vielen Nüssen, braun.
Standort: Sumpf, Teichrand
Lebensbereiche: WR, 5, so: Wasserrand; sumpfig bis dauernass; sonnig.
Verwendung: Auffallende Art für beheizte Becken.
Vermehrung: Rhizomteilung, nährstoffreiche Erde.
Eigenschaften: Wärmeliebende Sumpfpflanze.
Hinweise: Überwinterung frostfrei. Früchte sind in der Floristik begehrt.

50–60 cm		1,0/1,5–2,0 m
VII–IX		VI–VIII
II–III		II–III
20–60 cm		40–100 cm
Kalthaus		Kalthaus

Nymphaea caerulea
Blaue Ägyptische Seerose
Nymphaeaceae, Seeerosengewächse

Heimat: Tropisches Afrika, Palästina.
Wuchsform: Rhizompflanze mit Schwimmblättern.
Blatt: Rundlich, bis 30 cm breit, gewellt, ragt auch aus dem Wasser.
Blüte: Radiär, halb gefüllt, 8–15 cm groß, blau, 20 cm über dem Wasser.
Frucht: Schwammig mit Arillus, öffnen sich, wenn der Schleim aufquillt.
Standort: Stehende oder langsam fließende Gewässer in voller Sonne.
Lebensbereiche: W, 5, so: Wasser; Schwimmblattpflanze; sonnig.
Verwendung: Beheizte Becken, Wintergarten, Gewächshaus.
Vermehrung: Aussaat mit Vorkultur.
Eigenschaften: Nicht frosthart, benötigt beheizte Wasserbecken mit Zusatzbeleuchtung.

10/30 cm		*10 cm*
VII–IX		*VII–X*
I		*II–III*
50–80 cm		*20–50 cm*
Warmhaus		*Warmhaus*

Pistia stratiotes
Wassersalat , Muschelblume
Araceae, Aronstabgewächse

Heimat: Tropen und Subtropen.
Wuchsform: Schwimmblattpflanze mit feinhaarigen Wurzeln.
Blatt: Spatelförmig in Rosetten, blaugrün, samtene Oberfläche, 10–15 cm groß.
Blüte: Unscheinbarer Kolben mit Spatha.
Frucht: Kolben.
Standort: Vollsonnige, stehende oder langsam fließende Gewässer.
Lebensbereiche: W, 8, so: Wasser; freischwimmende Pflanzen, sonnig.
Verwendung: Sommerliche Bereicherung von Teichen.
Vermehrung: Ableger, vermehrt sich selbst reichlich.
Eigenschaften: Nicht frosthart, stirbt im Herbst ab.
Hinweise: Ist in den Tropen zum Unkraut geworden. Überwinterung im hellen Wintergarten möglich.

Salvinia natans

Gewöhnlicher Schwimmfarn
Salviniaceae, Schwimmfarngewächse

Heimat: Europa bis Zentralasien.
Wuchsform: Freischwimmende Farnpflanze mit etwa 10 cm langen Trieben.
Blatt: Elliptisch, 2–3 cm lang, hell bläulich grün, gekielt.
Frucht: Sporen.
Standort: Sonnige, stehende Gewässer.
Lebensbereiche: W, 8, so–hs: Wasser; freischwimmende Pflanzen; sonnig bis halbschattig.
Verwendung: Flache Teiche.
Vermehrung: Sporen, die im Frühjahr keimen.
Eigenschaften: Nicht frosthart.
Ähnliche Art: *Salvinia auriculata*, Westindischer Schwimmfarn, Warmhauspflanze.
Hinweise: Geschützte Pflanze. Vermehrt sich oft intensiv, stirbt aber im Herbst ab, besser einige Pflanzen im Haus überwintern.

2 cm		80–150 cm
–		VII–IX
I–II		I
20–50 cm		10–40 cm
Kalthaus		Warmhaus

Thalia dealbata

Große Marante
Marantaceae, Pfeilwurzgewächse

Heimat: Osten der USA.
Wuchsform: Locker, aufrecht.
Blatt: Große lanzettliche, graugrüne Blätter, unterseits weißlich glänzend.
Blüte: Kompakte aufrechte Blütenähren mit kleinen, blauvioletten Blüten.
Frucht: Unscheinbar.
Standort: Sonniger Standort. Nährstoffreiches, fruchtbares Substrat und regelmäßige Düngung.
Lebensbereiche: WR, 4, so: Wasserrand, feucht, sonnig.
Verwendung: Sehr dekorative Blattschmuckstaude.
Vermehrung: Aussaat, Teilung
Eigenschaften: Liebhaberpflanze.
Hinweise: Überwinterung in einem hellen aber frostfreien Raum, möglichst nicht unter 10 °C, ins Freie erst wieder ab Mitte Mai.

Victoria amazonica
Riesenseerose, Victoria
Nymphaeaceae, Seerosengewächse

Heimat: Amazonasgebiet.
Wuchsform: Riesige Schwimmblattpflanze.
Blatt: Rund, über 100 cm breit, mit 10 cm hohem Rand, unterseits dicke, bedornte Blattrippen, gelbgrün.
Blüte: Radiär, 30 bis 35 cm groß, weiß, duftend, öffnet sich erst nachts, Blütendauer 3 Tage, im Verblühen rosa und rot.
Frucht: Kapsel mit vielen Samen.
Standort: Tropische, meist stehende vollsonnige Gewässer.
Lebensbereiche: W, 5, so: Wasser; Schwimmblattpflanzen.
Verwendung: Beheizte, große Wasserbecken.
Vermehrung: Samen nach der Ernte in destilliertes Wasser legen. Aussaat im Januar bei 29 °C Wassertemperatur im Aquarium, Samen anfeilen.
Eigenschaften: Liebhaberstaude.
Hinweise: Hohe Düngergaben.

15/30 cm		50/60–80 cm
VII–X		I–V
I		I–II
150–200 cm		0–10 cm
Warmhaus		Staude

Zantedeschia aethiopica
Zimmerkalla
Araceae, Aronstabgewächse

Heimat: S-Afrika; mediterran, subtropisch.
Wuchsform: Aufrecht, knolliger Erdstamm, zieht ab VI ein.
Blatt: Wechselständig, pfeilförmig, lang gestielt, 40–60 cm lang, grün.
Blüte: Trichterförmiges, weißes Hochblatt (Spatha) mit gelbem Kolben,15 cm.
Frucht: Kolben mit Beeren.
Standort: Feuchter Boden, sonnig, in der Heimat auf Sumpfwiesen.
Lebensbereiche: WR, 4, so: Wasserrand; sumpfig; sonnig.
Verwendung: Topfpflanze, im Sommer auch im Sumpfbeet, Kleingewächshaus.
Vermehrung: Teilung der Wurzelstöcke im Sommer.
Eigenschaften: Schnittpflanze, Kübelpflanze. Nicht frosthart.
Hinweise: Ruhezeit von VI–VIII, Überwinterung im Kalthaus bei 10–12 °C.

Literatur

Beck, P.: Treffpunkt Wassergarten. Franckh-Kosmos Verlag, Stuttgart 1999.
Bollerhey, H., Germann, Th., Wachter, K.: Der Wassergarten. Ulmer Verlag, Stuttgart 2005.
Christmann, A.: Miniteiche und Brunnen. Ulmer Verlag, Stuttgart 2005.
Franke, W.: Der Traum vom eigenen Schwimmteich. BLV Verlag, München 2004.
Hagen, P.: Wasser im Garten, Ulmer Verlag, Stuttgart 2003.
Hilble, R.: Koi faszinierend und gesund. Gräfe und Unzer Verlag, München 2004.
Hofmann, K.F., Wissing, F.: Wasserreinigung mit Pflanzen, Ulmer Verlag, Stuttgart 2002.
Howcroft, H.: Brunnen. Callwey Verlag, München 2001.
Jansen, A.: Teichpflanzen einsetzen & pflegen. Gräfe und Unzer Verlag, München 2003
Kircher, W.: Wasserpflanzen für den Garten. Ulmer Verlag, Stuttgart 1996.
Krausch, H.-D.: Farbatlas Wasserpflanzen und Uferpflanzen. Ulmer Verlag, Stuttgart 1996.
Schaefer, C.: Fische im Gartenteich, Ulmer Verlag, Stuttgart 2000.
Seegers, L.: Teiche und Tümpel im Garten, Ulmer Verlag, Stuttgart 1998.
Stadelmann, P.: Fische für den Gartenteich. Gräfe und Unzer Verlag, München 2005.
Stadelmann, P.: Wassergarten für Einsteiger. Gräfe und Unzer Verlag, München 2001.
Thinschmidt, A., Böswirth, D.: Wassergärten. Ulmer Verlag Stuttgart, 2001.
Wachter, K.: Der Wassergarten, Ulmer Verlag, Stuttgart 2005.
Wachter, K.: Seerosen. Ulmer Verlag, Stuttgart 1998.
Waechter, D.: Der Gartenteich. Ulmer Verlag, Stuttgart 2006

Zeitschriften

Gartenpraxis, Verlag Eugen Ulmer KG, 70599 Stuttgart
Flora Garten, Gruner + Jahr AG, 20444 Hamburg
Gartenteich, Dähne Verlag GmbH, 76275 Ettlingen
Kraut & Rüben, DLV GmbH, Lothstraße 29, 80797 München
Mein schöner Garten, Burda Senator Verlag, Postfach 1520, 77605 Offenburg

Bezugsquellen

Pflanzen

Adresse	Sortiment
Staudengärtnerei Augustin Neunkirchener Str. 15 91090 Effeltrich Tel: 09133-77660; Fax : -776677 info@stauden-augustin.de www.stauden-augustin.de	Sumpf- und Wasserpflanzen, winterharte Seerosen, Stauden, Gräser, Farne, Steintröge Postversand: Nein
Seerosenkulturen, Franz Berthold Hadrianstraße 55 83413 Fridolfing Tel: 08684-784; Fax: -9111 www.seerosenkulturen.de	Sumpf- und Wasserpflanzen, winterharte Seerosen, Lotos Postversand: Ja
Gartencenter Bollerhey Eichenbergerstraße 19 34233 Fuldatal-Rothwesten Tel: 05607-7778; Fax -7888 bollerhey@t-online.de www.bollerhey.de	Sumpf- und Wasserpflanzen, winterharte Seerosen, Stauden, Gräser, Hosta Postversand: Nein
Seerosen-Epple Im Schemming 1 71726 Benningen Tel: 07144-6951; Fax: -17227 info@seerosen-epple.de www.Seerosen-Epple.de	Sumpf- und Wasserpflanzen, Lotos, tropische und winterharte Seerosen Postversand: Ja
Lohhof-Stauden, Burkhard Früchtenicht Lohhof 28 31600 Uchte Tel: 05763-2815; Fax: -2808 info@lohhof-stauden.de www.lohhof-stauden.de	Sumpf- und Wasserpflanzen, winterharte Seerosen, Stauden, Gräser, Farne Postversand: Nein

Gärtnerei Germann Am Rübsamenwühl 22 67346 Speyer Tel: 06232-63040; Fax: -63041 gaertnerei-germann@t-online.de www.gaertnerei-germann.de	Sumpf- und Wasserpflanzen, Lotos, tropische und winterharte Seerosen, Stauden, Gräser, Farne Postversand: Nein
Karl-Benno Grajczyk Ostermoorstraße 203 26683 Saterland-Bollingen Tel: 04498-921226; Fax: -921228 k.-b.grajczyk@t-online.de	Sumpf- und Wasserpflanzen, winterharte Seerosen, Repositionspflanzen Postversand: Nein
Gärtnerei Andreas Ham Obergangstraße 7 07552 Gera-Langenberg 0365-4202001	Sumpf- und Wasserpflanzen, winterharte Seerosen Postversand: Ja
Stauden-Junge, Matthias Großmann Seeangerweg 1 31787 Hameln-Wehrbergen Tel: 05151-3470; Fax: -92434 info@staudenjunge.de www.staudenjunge.de	Sumpf- und Wasserpflanzen, winterharte Seerosen, Stauden, Gräser, Farne Postversand: Ja
Teich- und Wasserpflanzen Werner Krause Inh. Heike Fink Althener Anger 31 b 04451 Leipzig Tel: 034291-22209; Fax: -22209	Sumpf- und Wasserpflanzen, winterharte Seerosen Postversand: Ja
Erich Maier Hansell 155 48341 Altenberge Tel.: 02505-1533 Fax: 02505-3967 www.erichmaier.de E-Mail: anfrage@erichmaier.de	Moorpflanzen, Seerosen Postversand: Nein
Wasserpflanzengärtnerei Metzler An den Querteilen 8 27616 Frelsdorf Tel: 04749-102081; Fax: -102082	Sumpf- und Wasserpflanzen, winterharte Seerosen Postversand: Nein

La vie en rose, Christian Meyer Mittelstraße 30 15366 Dahlwitz-Hoppegarten Tel: 03342-301756; Fax: -301770 lyriando@yahoo.de www.seerosenfarm.de	Winterharte und tropische Seerosen, Lotos, Seerosen-Schnitt Postversand: Ja
Wasserpflanzen Dettmar Möller Cuxhavener Straße 577 21149 Hamburg-Neugraben-Fischbek Tel: 040-7005316; Fax: -7000765 info@wassergarten-moeller.de www.wassergarten-moeller.de	Sumpf- und Wasserpflanzen, winterharte Seerosen, Lotos-Blumen Postversand: Nein
Nymphaion, Werner Wallner Mathias-Wahl-Straße 22 86343 Königsbrunn Tel: 08231-919872; Fax:-919873 kontakt@nymphaion.de	Sumpf- und Wasserpflanzen, winterharte Seerosen, Lotos Postversand: Ja
Jürgen Peter Hermann-Löns-Weg 121 42697 Solingen Tel: 0212-78529; Fax: -76806 www.wasserpflanzen-peter.de	Sumpf- und Wasserpflanzen, winterharte Seerosen Postversand: Nein
Petrowsky Sumpf- und Wasserpflanzen Aschauteiche 2 29348 Eschede Tel: 05142-803; Fax: -4030 Petrowsky.Wasserpflanzen@t-online.de www.repo-pflanzen.de www.seerosensorten.de	Sumpf- und Wasserpflanzen, winterharte Seerosen, Repositions-Pflanzen Postversand: Ja
Wasserpflanzenkulturen, Eberhard Schuster Augustenhof Kladower Weg 6 19089 Crivitz Tel: 03863-222705; Fax: -222706 eberhard.schuster@t-online.de www.wasserpflanzen-schuster.de	Sumpf- und Wasserpflanzen, winterharte Seerosen Postversand: Ja

Seeburger-Wassergarten, Martina Müller Schwarzer Weg 5 14624 Dallgow-Döberitz Tel: 033201-21006; Fax: -21006 info@seeburger-wassergarten.de www.seeburger-wassergarten.de	Sumpf- und Wasserpflanzen, winterharte Seerosen, Wasserpflege Postversand: Ja
Seerosen-Farm Erhard Oldehoff Sieglmühle 2 94065 Hauzenberg Tel.: 08586-1693 Fax: 08586-91534 www.seerosen-farm.de E-Mail: seerosen-farm@t-online.de	Sumpf- und Wasserpflanzen, winterharte Seerosen Postversand: Ja
Seerosen, Elly Strobel Ullitz 6 95183 Trogen Tel: 09281-43366	Sumpf- und Wasserpflanzen, tropische und winterharte Seerosen Postversand: Ja
Seerosen-Wachter, Inh. Heinrich Stuber Hochgart 1 93189 Reichenbach Tel: 09464-434; Fax: -434	Winterharte Seerosen Postversand: Nein
Wasserpflanzen Tolksdorf & Beckers Heidkamp 12 a 24326 Kalübbe Tel: 04526-3977; Fax: -3980 tobe_info@gmx.de	Sumpf- und Wasserpflanzen, winterharte Seerosen Postversand: Nein
Karl Wachter KG Rollbarg 17 25482 Appen - Etz Tel: 04101-62511; Fax: -61026 Karlwachter@t-online.de www.karlwachter.de	Sumpf- und Wasserpflanzen, winterharte Seerosen, Stauden, Gräser, Farne Postversand: Ja

Teichtechnik und -pflege

Adresse	Sortiment
AVITA GmbH, Biomodulare Teich- u. Dachbegrünungssysteme Hauptstr. 147-149 76461 Muggensturm Tel: 07222-403830; Fax: -403858 avita.hettel@t-online.de www.firestonebpe.com	Teichabdichtungen
Dennerle Kröpperstr. 17 66957 Vinningen Tel. 06331-724-1701; Fax: -724-1201 www.dennerle.de	Teichpflegemittel, Wasserpflanzen
Deutsche Zeolith Amselweg 11, 78544 Aldingen Tel: 07424-1744	Zeolith und Filtertechnik
DIA Diekmann GmbH & Co. KG Zum Hämeler Wald 21, 31275 Lehrte-Arpke Tel: 05175-3010; Fax: -30132 info@dia-diekmann.de www.dia-diekmann.de	Tonteiche und Naturstein
Edelstahl-Sicherungsgitter: G&F Gartenteiche Erlenstraße 2 48485 Neuenkirchen Tel.: 05973-947723 Fax: 05973-947795 www.teichvertrieb.de E-Mail: info@teichvertrieb.de Verbände/Vereine	Sicherungsgitter (Kindersicherung)
Hagen Deutschland GmbH & Co.KG Lehmweg 99-105 25487 Holm Tel. 04103-960-0, Fax: 960-180 kunden.service-deu@rchagen.com www.hagen.com	Teichfilter, Filtermedien, Teichpumpen, UV-Teichklärer, Teichbeleuchtung, Schläuche, Fittings, Schlauchverbinder, Teichfutter, Teichdekorationen, Teichpflegartikel

Heissner AG Schlitzer Straße 24, 36341 Lauterbach Tel: 06641-86-0; Fax: -86-299 info@heissner.de www.heissner.de	Teichtechnik, Teichpumpen, Filtertechnik
Japan-Koi-Mainz e.K. Suderstr. 148 55120 Mainz Tel: 06131-683568; Fax: -681700 japan-koi-mainz@gmx.de	Filteranlagen, Filter für Koiteiche, Teichzubehör, Futter, Wasseranalyse
Kunststoff-Sicherungsnetze: Seilerwaren Gampper & Gagstätter Obere Straße 19 71134 Aidlingen Tel.: 07034-5359	Kindersicherung
Kruk Kunststoffe Dieselstraße 10 37235 Hessisch-Lichtenau Tel.: 05602-809950 Fax: 05602-809969 www.kruk-kunststoffe.de E-Mail: gfk@kruk-kunststoffe.de	Fertigteiche und -bäche, auch in Modulbauweise
Meßner GmbH & Co. KG Echternhagen 7 32689 Kalletal Tel: 05264-6400; Fax: -640135 info@messner-pumpen.de www.messner-pumpen.de	Pumpen, Teich- und Gartenbeleuchtung Wasserspiele, Filtersysteme, Zubehör, Ersatzteile
Mielke's Naturteiche Raiffeisenstr. 53 32457 Porta Westfalica Tel: 05751-8811; Fax: -982937 info@mielkesteiche.de www.mielkesteiche.de	Bade-, Zier- und Klärteiche Folien, Wasserpflanzen
Naturagart Deutschland Riesenbecker Str. 63 49479 Ibbenbüren Tel: 05451-59340; Fax: -593419 info@naturagart.de www.naturagart.com	Schwimmteiche Natur-, Zier-, -Klär- und Filterteiche, Folien, Pflanzen, Technik

OASE GmbH Tecklenburger Str. 161, 48477 Hörstel Tel: 05454-80-0; Fax: -80-253 info@oase-pumpen.com www.oase-pumpen.com	Teichpumpen, Filtertechnik, technische Geräte für den Teich
Pondtech Leipziger Weg 6 31552 Rodenberg Tel.: 05723-917340 Fax: 05723-917341 www.pondtech.de E-Mail: info@pondtech.de	Teichbau, Teichtechnik, Koiteiche
Pronagard Moosbachstr. 19 74626 Bretzfeld Tel: 07946-942777; Fax: -942985 info@pronagard.de www.pronagard.de	Folien, Vliese, Pumpen, Zubehör für Natur-, Zier- und Schwimmteiche
re-natur Charles-Ross-Weg 24 24601 Ruhwinkel Tel.: 04323-90100 Fax: 04323-901029 www.re-natur.de E-Mail: info@re-natur.de	Folien, Sumpfbeet-Klärstufen, Schwimmteiche, Wasserpflanzen
Seitz-Folien e. K. Schiltorn 25, 94447 Plattling Tel: 09931-3545; Fax: -5406 info@seitz-folien.de www.seitz-folien.de	Teichfolien, Überlauf
sera GmbH Postfach 1466 52518 Heinsberg Tel: 02452-912615; Fax: -5922 info@sera.de www.sera.de	Teichpflegemittel, Fischfutter, Wassertest-Chemikalien

Dr. rer. nat. K. Söchting Biotechnik GmbH Lindenweg 1 82544 Attenham Tel: 08176-7367; Fax: -7060 oxydator@t-online.de www.oxydator.de	Sauerstoffgeräte für Teiche und Aquarien
Technische Folien Johann Schumacher Am Mohrenshof 3 28277 Bremen Tel.: 0421-8789971 Fax: 0421-8789973 www.teichfolie.ag E-Mail: info@teichfolie.ag	Teichfolien
teich-i-tekten M. Meßner KG Dorfstr. 174 21365 Adendorf/OT Erbstorf Tel: 04131-249810; Fax: -789149 info@teich-i-tekten.de	Teichtechnik, Teichfilter, Schwimmteich Technik, EPDM-Folien, PVC-Farbfolien, Verbindungstechnik, Wasseraufbereitung
Tetra Werke Postfach 1580 49304 Melle Tel: 05422-105-0; Fax: - 4 29 85 www.tetra.net	Teichpflegemittel, Wassertest-Chemikalien
Timrott Bio Produkte GmbH An der Ahlmühle 76831 Ilbesheim Tel: 0 63 41-94 55 90; Fax: -94 55 99 info@timrott-bioprodukte.de www.timrott-bioprodukte.de	Biologische Algenstopp-Präparate
Ubbink Garten GmbH Im Fisserhook 11 46395 Bocholt Tel: 02871-2101-0; Fax: -2101-70 E-Mail : info@ubbinkgarden.com	Teichtechnik, Pumpen und Filter
Zeobon GmbH Linzerstr. 21, 53604 Bad Honnef Tel: 02224-918316; Fax: -918308 info@zeobon.com www.zeobon.com	Zeolith

Gesellschaften und Verbände

Bundesverband Garten-, Landschafts- und Sportplatzbau e.V.
Alexander-von-Humboldtstraße 4
53604 Bad Honnef
Tel.: 02224-7707-0
Fax: 02224-7707-77
www.galabau.de
E-Mail: info@galabau.de

Gesellschaft der Wassergarten-Freunde
Am Rübsamenwühl 22
67346 Speyer
Tel: 06232-63040; Fax: -63041
www.wassergarten.de
gaertnerei-germann@t-online.de

Mitglieder in ganz Europa, überwiegend in Deutschland, Österreich und der Schweiz. Regionalgruppen im Rhein-Neckar-Raum, Nürnberg und Frankenland, Kassel-Mitte und Gera-Ost.
Wassergarten-Journal mit Lesenswertem rund um den Teich.

Arbeitskreis Wasserpflanzen im Bund deutscher Staudengärtner
Godesberger Allee 142–148
53175 Bonn
www.stauden.de

Register

Register der Fachbegriffe

Register der Pflanzennamen

Mit Sternchen * versehene Seitenzahlen kennzeichnen Pflanzen, die ohne Bild und ausführliches Porträt nur erwähnt werden.

Bildquellen

Angerer, O.; München: Seite 320 (links), 332 (rechts)
Bollerhey, H.; Fuldatal-Rothwesten: Seite 375
Fa. Haas Garten- und Landschaftsbau; Wangen: Seite 115
Fa. Diekmann; Lehrte: Seite 80, 81 (beide), 82
GBA/Noun: Seite 242/243
Günzel, W.R.; Bornheim: Seite 11 (unten), 94 (unten), 97
Haberer, M.; Nürtingen: alle nicht genannten Aufnahmen des Abschnittes Wasserpflanzen
Hagen, P.; Homburg: Seite 8, 21, 26, 35 (beide), 39 (alle),41, 98 (unten), 104 (oben), 105 (beide), 106 (unten), 109, 111, 113, 123, 126, 127 (beide), 133, 141, 144, 147, 148, 150, 152, 160 (beide), 161, 170, 172, 174, 184, 187 (beide), 188, 190, 193, 194, 196, 199, 207 (beide), 216, 218, 219 (rechts), 225, 227, 229 (links)
Hecker, F.; Panten-Hammer: Seite 145 (rechts), 166 (rechts), 167, 168 (beide), 182, 220, 221, 223 (links), 224 (links)
Heißel, K.; Göppingen: Seite 258 (links), 272 (rechts), 284 (links), 331 (rechts), 346 (rechts)
Muer, T.; Bad Mentheim: Seite 266 (links), 282 (rechts)
Paysan, K.; Stuttgart: Seite 229 (rechts)
Redeleit, W.; Bienenbüttel: Seite 13, 24, 25, 32, 38, 47, 48 (alle), 49, 50 (beide), 51 (beide), 52 (beide), 53 (beide), 54 (beide), 55 (beide), 56 (beide), 57 (beide), 58 (alle), 59 (beide), 66, 68 (beide), 69 (beide), 70 (alle), 71, 72 (beide), 73 (beide), 74 (beide), 93 (beide), 95, 98 (oben), 118/119, 142/143, 213, 214 (beide), 219 (links), 223 (rechts), 224 (rechts), 346 (rechts)
Reinhard H.; Heiligkreuzsteinach: Seite 10, 11 (oben), 16, 19, 61, 87, 94 (oben), 99, 101, 103, 104 (unten), 106 (oben), 120, 135, 145 (links), 160 (links), 179, 181, 204/205, 209 (beide), 226, 245, 248, 255 (rechts), 271 (rechts), 274 (rechts), 299 (links), 327 (links), 335 (links), 369, 372/373
Smit, Daan; Haarlem, NL: Seite 329 (rechts), 353 (beide), 358 (rechts)
Strauß, F.; Au/Hallertal: Seite 252 (links), 319 (links)

Die Zeichnungen des Abschnittes „Teichbau“ wurden von Helmuth Flubacher; Fellbach, nach Vorlagen des Autors gefertigt. Die Zeichnungen auf den Seiten 64, 67 und 116 sind von Hannelore von Engelhard, Appen und stammen aus dem Buch von Karl Wachter, Der Wassergarten.
Die Zeichnungen im Abschnitt „Teichpflege“ wurden von Brigitte Zwickel-Noelle nach Vorlagen des Verfassers angefertigt.

Bibliografische Information der Deutschen Bibliothek
Die Deutsche Bibliothek verzeichnet diese Publikation in der Deutschen Nationalbibliografie; detaillierte bibliografische Daten sind im Internet über http://dnb.ddb.de abrufbar.

Wollgrasweg 41, 70599 Stuttgart (Hohenheim)
E-Mail: info@ulmer.de
Internet: www.ulmer.de
Umschlaggestaltung: Atelier Reichert, Stuttgart
Lektorat: Karin Wachsmuth
Herstellung: Jürgen Sprenzel
Druck und Bindung: Printer, Trento
Printed in Italy

ISBN-13: 978-3-8001-5189-9

Quelle: pixelquelle

Rund um den Garten.

Der Wellness-Garten.
Entspannen - erholen - genießen. B. Kleinod. 2006. 118 S., 68 Farbf., 14 Farbzeichn., geb. ISBN 978-3-8001-4796-0.

Das Ulmer Gartenbuch.
Sonderausgabe. W. Kawollek. 2. Aufl. 2005. 720 S., über 1000 Farbabbildungen, geb. ISBN 978-3-8001-4874-5.

Ganz nah dran. Ulmer